KB262256

현대 우리말의 되풀이법 연구

현대 우리말의 되풀이법 연구

현대 우리말의 되풀이법 연구

한 길

도서출판 역락

　되풀이 현상은 말을 이루고 있는 다양한 층위에 걸쳐 일어나지만, 원칙 없이 무질서하게 되풀이되는 것이 아니라 일정한 질서와 원리 아래 체계적이고 규칙 지배적으로 일어나며, 되풀이 자체가 새로운 기능과 의미를 만들어 내기 때문에 되풀이법으로 확립된다.

　되풀이법이 월을 포함해, 월을 짜 이루는 모든 요소에 걸쳐 체계적이고 규칙적으로 실현되기 때문에 우리말 연구에서 되풀이법이 마땅히 한 영역으로서 자리를 잡아야 한다. 이 글의 연구 목적은 바로 되풀이법을 말본 연구의 한 영역으로 확고히 자리 잡게 하고, 이의 연구의 필요성을 강조하며, 우리말 되풀이법의 하위 영역에 대하여 전반적으로 조명하고자 하는 데 있다.

　말을 이루고 있는 요소 가운데 되풀이 현상이 일어나는 것들을 가능한 모두 골라내어, 되풀이법의 연구 대상으로 삼고, 이들을 형태론적 측면에서 그 실태 파악과 결합적 특성을 규명하고, 통사적 측면에서는 되풀이 요소들의 통사적 제약 현상과 통합관계의 특성을 밝히며, 의미적 측면에서는 되풀이됨으로 말미암아 새로운 의미적 기능이 생성됨에 따라 그 의미적 특성을 드러내고, 화용적 측면에서는 실제 쓰임의 양상을 논의하고자 하였다.

　되풀이법에 관한 연구서로 2009년 초에 『우리말의 낱말 생성 되풀이법 연구』를 펴낸 바 있다. 이 책을 통해 낱말, 뿌리, 단순 음절들이 되풀이되어 낱말과 뿌리를 생성하는 되풀이법을 다룬 바 있기 때문에, 이 글에서는 월을 포함한 그 밖의 모든 요소들의 되풀이법에 한정하여 논의하였다.

　제2장은 월을 짜 이루는 기본 단위인 월조각의 되풀이법에 관한 논의이다. 한 월 안에서 어떤 월조각에 대하여 그것과 기능이 동일하며, 꼴에서도

같거나 비슷한 월조각을 되풀이하는 일이 있다. 월조각이 되풀이될 때에는 월조각마다 일정한 질서와 원리에 따라 이루어지는 바, 이에 관하여 체계적으로 규명하고자 하였다.

제3장은 되풀이에 관여하는 서술법과 물음법 마침씨끝에 관한 논의이다. 서술법 마침씨끝 가운데, 되풀이되어 월을 짜 이룰 수 있는 마침씨끝을 선정하여, 그 형태·통사적 특성을 밝혔다. 물음법 마침씨끝 가운데 되풀이되어 선택 물음월과 반어법 물음월을 짜 이루는 마침씨끝을 선정하여, 그 형태·통사적 특성을 규명하였다.

제4장은 되풀이에 관여하는 이음씨끝과 안김씨끝에 관한 논의이다. 이음씨끝과 안김씨끝 가운데 필수적으로 되풀이되거나 수의적으로 되풀이되는, 되풀이 이음씨끝과 되풀이 안김씨끝을 선정하고, 그 형태·통사적 특성과 의미 기능에 관하여 살폈다.

제5장은 이음토씨와 도움토씨의 되풀이법에 관한 논의이다. 필수적 되풀이 이음토씨와 수의적 되풀이 이음토씨의 판별 기준에 따라, 필수적 되풀이 이음토씨와 수의적 되풀이 이음토씨를 선정하고, 그 형태·통사적 특성과 의미 기능을 규명하였다. 되풀이 도움토씨도 이음토씨에서와 같은 방식으로 다루었다.

제6장은 매인이름씨 가운데 되풀이되어 되풀이 매인이름씨를 짜 이루는 것들에 관한 논의이다. 되풀이 매인이름씨를 필수적 되풀이 매인이름씨와 수의적 되풀이 매인이름씨로 갈라서 되풀이 매인이름씨마다 형태·통사적 특성과 의미 기능을 규명하였다.

제7장은 풀이씨와 이름씨의 되풀이를 요구하는 최소 말본형에 관한 논의이다. 풀이씨와 이름씨의 되풀이를 요구하는 말본 요소를 찾아, 되풀이법의 최소 말본형으로 설정하고, 최소 말본형마다 그 형태·통사적 특성과 의미 기능을 살폈다.

제8장은 월의 되풀이를 요구하는 마침씨끝에 관한 논의이다. 월 되풀이법은 말할이가 자신의 월이나 상대방의 월을 전부, 또는 일부를 되풀이하는

방식이다. 월의 되풀이에 관여하는 마침씨끝을 선정하고, 이들 월 되풀이 요구 마침씨끝의 형태·통사적 특성과 의미·화용적 기능을 밝혔다.

끝으로, 이 책이 간행될 수 있도록 여러 모로 도움을 주신 역락출판사 이 대현 사장님께 감사를 드리며, 이 책을 위해 애써 주신 편집부 이소희 님을 비롯한 관계자 여러분께도 고마운 마음을 전한다.

2009년 8월
지은이 적음

차 례

제1장

모두풀이

1. 연구 목적 및 대상

말을 이루고 있는 요소들은 대부분, 말할이의 어떤 목적을 수행하기 위해 꼭 같은 꼴로나 약간 손질한, 비슷한 꼴로 되풀이가 이루어지는 일이 있다. 최소의 노력으로 최대의 효과를 얻는 경제성에 비추어 볼 때, 곧 말의 경제성 측면에서 보면, 말의 어떤 요소를 같거나 비슷한 꼴로 되풀이하는 것은 비효율적이고 비능률적인 방식에 해당하는 것 같기도 하다.[1] 그러나 되풀이함으로써 말할이가 의도한 효과를 얻을 수 있는 이점이 있기 때문에 비경제적 언어 현상임에도 불구하고 되풀이 현상이 일어난다.

되풀이 방식은 월을 비롯해, 월을 짜 이루고 있는 대부분의 요소에 걸쳐 나타나는 보편적이고 일반적인 언어 현상이다. 뜻을 가진 말소리나 말소리의 연속체인 언어 형식(linguistic form) 중에서 가장 큰 단위인 월이 마침씨끝

---

[1] 이에 대하여 장석진(1985 : 133)에서는 "意思疏通(communication)의 효율성을 생각할 때 이미 알고 있는 정보는 생략되거나 代用形(proform)으로 약화, 축약되는 것이 일반적인 언어 현상인 데 반해, 반복표현은 겉보기에 이 통보의 효능에 위배되는 잉여성(redundancy)을 노정하는 언어 현상이다."라 한 바 있다.

따위에 이끌려 되풀이되기도 하며, 월의 짜 이루는 기본 단위인 월조각도 같은 꼴이나 비슷한 꼴로 되풀이되기도 한다. 월조각의 기본 요소인 낱말도 되풀이되어 합성낱말을 짜 이루기도 하며, 낱말 자격이 모자라는 형태소도 되풀이되어 낱말이나, 낱말 자격이 모자라는 뿌리를 생성하기도 한다.

또한 씨끝과 토씨도 되풀이되어 최소 말본형을 짜 이루는 것들도 있으며, 토씨, 씨끝, 매인이름씨 따위가 통사적 짜임새를 이루어 같은 낱말의 되풀이가 이루어지기도 한다. 뜻을 가지지 않아 언어 형식에는 해당하지 않지만, 언어 단위(linguistic unit) 중 하나인 말소리도 되풀이되어 쓰일 수 있으며, 또한 뜻을 가지지 않은 단순 음절도 되풀이되어 낱말이나 낱말 자격이 모자라는 뿌리를 생성하기도 한다. 이와 같이 되풀이 현상은 언어 단위 중 가장 큰 월의 되풀이에서부터 가장 작은 단위인 말소리에 이르기까지 다양한 층위와 양상으로 실현된다.

이와 같이 되풀이 현상은 말을 이루고 있는 다양한 층위에서 일어나는데, 되풀이 현상은 한길(2009ㄱ : 11)에서 "아무런 원칙 없이 무질서하게 일어나는 것이 아니라 일정한 질서와 원리 아래 체계적으로 일어나며, 되풀이 자체가 새로운 기능을 만들어 내기 때문에 되풀이법으로 설정된다."고 한 바와 같이, 되풀이 현상은 체계적이고 규칙 지배적이며, 되풀이 자체의 새로운 기능 생성으로 말미암아 되풀이법으로 확립된다.[2]

장석진(1985 : 133)이 "반복표현은 문법 기술에서 별로 대접을 받지 못하고 소외되어 온 현상 중의 하나이다."라고 지적한 바와 같이, 그 동안 말본 연구에서는 되풀이법에 관한 연구가 거의 이루어지지 못하였다. 되풀이법이 월을 포함해, 월을 짜 이루는 모든 요소에 걸쳐 체계적이고 규칙적으로 실현될 수 있기 때문에 우리말 연구에서 되풀이법 연구는 마땅히 한 영역으로

---

[2] '되풀이법'이란 갈말은 흔히 '반복법(反復法)'으로 일컬어진다. 『표준국어대사전』에는 '되풀잇법'으로 적혀 있지만, 이를 따르지 않고 '되풀이법'으로 적기로 한다. 허웅(1975 : 620)에서도 되풀이법이란 갈말을 썼지만, 15세기 옛말의 이음법의 한 종류로 되풀이되는 일, 겹쳐지는 일을 나타내는 이음법을 가리키므로, 여기서의 '되풀이법'과는 전혀 다른 갈말에 해당한다.

서 자리를 잡아야 하며,[3) 이에 대한 연구의 필요성도 제기되어야 한다. 이
글의 연구 목적은 바로 되풀이법을 말본 연구의 한 영역으로 확고히 자리
잡게 하고, 이의 연구의 필요성을 강조하며, 우리말 되풀이법의 하위 영역
에 대하여 전반적으로 조명하고자 하는 데 있다.

　아울러 말을 이루고 있는 요소 가운데 되풀이 현상이 일어나는 것들을
가능한 모두 골라내어, 되풀이법의 연구 대상으로 삼고, 이들을 형태론적
측면에서 그 실태 파악과 결합적 특성을 규명하고, 통사적 측면에서는 되풀
이 요소들의 통사적 제약 현상과 통합관계의 특성을 규명하며, 의미적 측면
에서는 되풀이됨으로 말미암아 새로운 의미적 기능이 생성됨에 따라 그 의
미적 특성을 규명하고, 화용적 측면에서는 실제 쓰임의 양상을 규명하는 데,
이 글의 목적이 있다. 곧 이 연구에서는 모든 되풀이 요소들의 형태·통사
적 특성과 의미·화용적 기능을 규명하고자 한다.

　한길(2009ㄱ : 12)에서는 되풀이 대상이 되는 언어 요소를 바탕소(basis element)
라 하고 되풀이되는 것을 되풀이소(repetition element)라 하였다. 되풀이소가
바탕소와 꼭 같은 경우가 같은 꼴 되풀이법이고, 바탕소에 약간의 손질을
한 되풀이소인 경우에 비슷한 꼴 되풀이법이라 한 바 있다. 되풀이소가 바
탕소에 잇달아 되풀이되는 방식이 잇달음 꼴 되풀이법이고, 바탕소 뒤에 다
른 요소가 개입된 다음에 되풀이소가 되풀이되는 방식이 떨어짐 꼴 되풀이
법이라 한 바 있다. 이 글의 연구 대상은 같은 꼴 되풀이법과 아울러 비슷
한 꼴 되풀이법, 잇달음 꼴 되풀이법, 떨어짐 꼴 되풀이법 등 모든 양상의
되풀이법이 다 포함된다.

　월과 아울러 월을 짜 이루는 요소 가운데 되풀이되는 것은 모두 이 글의
연구 대상에 포함됨은 이미 앞에서 밝힌 바 있다. 이 밖에도 같은 낱말의
되풀이를 요구하는 통사적 짜임새나 형태적 짜임새도 연구 대상에 포함된
다. 이를테면, (1)과 같이 씨끝의 통사적 짜임새인 '-으면⋯-을수록'과 매인

---

3) 이와 같은 의도에서, 낱말이나, 낱말 자격이 모자라는 뿌리의 되풀이법에 관한 연구서로
　한길(2009ㄱ)을 펴낸 일이 있다.

이름씨를 포함한 통사적 짜임새인 '–을 대로'는 같은 풀이씨의 되풀이를 요구하며, 통사적 짜임새인 'N1＋가 N1인지라'는 같은 이름씨의 되풀이를 요구한다.

> (1) ㄱ. 산에 높이 오르**면** 오를**수록** 공기가 희박하다.
>   ㄴ. 밤이 이미 깊을 **대로** 깊었다.
>   ㄷ. 때**가** 때**인지라** 한시도 소홀히 할 수 없다.

이와 같이, 같은 낱말의 되풀이를 요구하는 통사적 짜임새로는 여러 가지가 있는데, 이들도 되풀이법 연구의 논의 대상에 당연히 포함된다. 아울러 (2)와 같이 같은 풀이씨의 되풀이를 요구하는 형태적 짜임새 '–기는', '–디' 따위도 연구 대상에 해당된다.

> (2) ㄱ. 일요일이라고 쉬**기는** 누가 쉽니까?
>   ㄴ. 방이 좁**디**좁다.

되풀이법 연구 대상은 되풀이에 관여되는 모든 요소와 아울러 되풀이를 요구하는 짜임새들이 포함되어야 함은 자명한 일이다. 따라서 되풀이법 연구는 말을 이루고 있는 요소들 중에 되풀이에 직접 가담한 것들과 함께 되풀이를 일으키는 요소들을 찾아서 이들의 형태·통사적 특성과 의미·화용적 기능을 규명하는 것이며, 이 글의 연구 목적도 여기에 있다.

언어 형식 중에 가장 큰 단위인 월이 되풀이되는 경우가 월 되풀이법에 해당한다. 이에 관한 연구도 이 글의 연구 대상에 포함된다. 월 되풀이를 요구하는 요소로는 마침씨끝을 들 수 있다. 마침씨끝 중에 단순형으로 각 의향법의 반말 마침씨끝인 '–어'가 있다.

> (3) ㄱ. 철수가 학교에 갔다. ⌃ 철수가 학교에 갔**어**.
>   ㄴ. 철수가 학교에 갔니? ⌃ 철수가 학교에 갔**어**?
>   ㄷ. 점심이나 먹자. ⌃ 점심이나 먹**어**.

    ㄹ. 점심이나 먹어라.^점심이나 먹<u>어</u>.

  (3)에서와 같이, '-어'는 말할이가 자신의 앞 월을 잇달아 되풀이 할 수 있게 해 주는 역할을 맡고 있다. '-어'와 마찬가지로 월 되풀이를 요구하는 마침씨끝에는 복합형으로 여러 가지가 있다. 각 의향법 마침씨끝의 중화형에 씨끝이 결합된 것들로, '-고' 결합형에는 '-는다고 / -느냐고 / -자고 / -으라고'가 있으며, '-어도' 결합형에는 '-는대도 / -느내도 / -재도 / -으래도'가 있다. '-니까' 결합형으로는 '-는다니까 / -느냐니까 / -자니까 / -으라니까'가 있으며, '-니' 결합형으로는 '-다니 / -느냐니 / -자니 / -으라니'가 있다. '-면서' 결합형으로는 '-는다면서 / -자면서 / -으라면서'가 있으며, '-나' 결합형으로는 '-는다나 / -자나 / -으라나'가 있다. 이 중에 서술법의 '-는다고'가 월 되풀이에 관여한 보기를 들면 (4)와 같다.

    (4) ㄱ. 철수가 신문을 읽는다. 철수가 신문을 읽는<u>다고</u>
        ㄴ. A→B : 철수가 신문을 읽는다.
          B→A : 뭐라고 하셨습니까?
          A→B : 철수가 신문을 읽는<u>다고</u>

  월 되풀이법에서는 위와 같이 월 되풀이를 요구하는 마침씨끝을 선정하고, 이를 대상으로 그 쓰임과 뜻에 관하여 기술하고자 한다.[4]

  월의 짜 이루는 기본적인 짜임새에 해당하는 월조각[文章成分]도 되풀이되어 쓰이기도 한다. 월조각의 종류가 무엇이든지 간에 일정한 규칙과 질서에 따라 체계적으로 되풀이되어 쓰일 수 있는데, 이를 월조각 되풀이법이라 한다. 월조각의 유형들이 어떤 방식으로 되풀이되며, 어떤 기능을 가지는가 따위가 이 글의 연구 대상이다. 월조각 되풀이법에서는 월조각의 종류를,

---

4) 월 되풀이법은 한 월 안에서 일어나는 되풀이 현상이 아니라, 월과 월 사이에 관여되는 되풀이 현상이기 때문에 통사론의 영역을 벗어난, 담화와 관련된 화용론의 영역에 속한다. 따라서 월 되풀이법에 관한 논의는 마지막 장에서 하기로 한다.

최현배(1971 : 748~759)에 따라, 풀이말[說明語, 述語], 임자말[主語], 부림말[目的語, 客語], 기움말[補語], 어찌말[副詞語], 매김말[冠形語], 홀로말[獨立語]로 갈라서 각각의 월조각 되풀이법에 관하여 논의하고자 한다. 월조각에 따른 되풀이 보기는 (5)와 같다.

    (5) ㄱ. 뒤뜰에 꽃이 **피었다**, <u>**피었어**</u>.
       ㄴ. **꽃이**, <u>**꽃이**</u> 아름답다. / **꽃이** 아름답다, <u>**꽃이**</u>.
       ㄷ. 나는 **너를**, <u>**너를**</u> 사랑한다. / 나는 **너를** 사랑한다, <u>**너를**</u>.
       ㄹ. 너는 **사람이**, <u>**사람이**</u> 아니다. / 너는 **사람이** 아니다, <u>**사람이**</u>.
       ㅁ. 바람이 **몹시**, <u>**몹시**</u> 분다. / 바람이 **몹시** 분다, <u>**몹시**</u>.
       ㅂ. **까만**, <u>**까만**</u> 장갑을 낀 분이 김 선생이다.
       ㅅ. **아버지**, <u>**아버지**</u> 손님이 오셨어요 / **아버지**, 손님이 오셨어요, <u>**아버지**</u>.

    위와 같이 우리말의 모든 월조각은 되풀이되어 쓰일 수 있는데, 이 글에서는 월조각마다의 되풀이 방식과 유형의 특성을 규명하기로 한다.
    서술법과 물음법 마침씨끝 중에 일부는 되풀이되어 최소의 통사적 짜임새를 이루어 새로운 용법과 뜻을 나타내게 되는 바, 이를 마침씨끝의 되풀이법이라 한다. 마침씨끝의 되풀이법도 이 글의 연구 대상에 포함된다.
    서술법 마침씨끝 가운데 되풀이되어 한 몸처럼 작용하여 월을 짜 이루는 데 관여하는 것으로는 '-지', '-어', '-것다' 따위가 있다. 이들 서술법 되풀이 마침씨끝은 서로 불러일으키는 관계에 놓이며, 그 자체가 특수한 말본적 기능을 수행한다. 서술법 마침씨끝의 되풀이로 이루어진 마디로만 짜여진 월은 없지만, 서술법 되풀이 마침씨끝이 앞마디 부분을 이루고 여기에 뒷마디가 이어져 이은월을 짜 이루기도 하며, 그 자체가 안은월의 안김마디가 되기도 한다.

    (6) ㄱ. [[[그는 공부 잘 하—**지**]_{앞마디} [운동 잘 하—**지**]_{뒷마디}]_{앞마디} [못하는 게
         없다]_{뒷마디}]·_{이은월}

　　ㄴ. [[[철수는 [그 일을 하겠**다**, 못 하겠**다**고]_{안김마디} 하는]_{매김마디}] 말이
　　　　없다].

　　물음법 마침씨끝 중 일부도 되풀이되어 한 몸처럼 작용하는 최소의 통사
적 짜임새를 이루며, 선택 물음월과 반어법 물음월을 짜 이루는 역할을 한
다. 한 월에 두 물음법 마침씨끝이 쓰여서 겉 짜임에서 보면 두 월의 형식
을 이루고 있지만, 속 짜임에서 보면, 앞의 마침씨끝 부분까지가 앞마디를
이루며 뒷부분은 뒷마디를 이루는 이은월로, 이음 장치(이음씨끝이나 이음토씨
따위)에 의하지 않은 특수한 이은월에 해당한다.

　　(7) ㄱ. [[철수가 학교에 갔니]_{-∅이음씨끝}]_{앞마디}, [(철수가) 시내에 갔니?]_{뒷마디}]
　　　　　　　_{이은월}
　　　　ㄴ. [[내가 돈이 있니]_{-∅이음씨끝}]_{앞마디}, [(내가) 친구가 있니?]_{뒷마디}]_{이은월}

　　이와 같이 서술법과 물음법 마침씨끝 중 일부는 되풀이되어 최소의 통사
적 짜임새를 이루어, 월 짜임에 일정한 기능을 담당하기 때문에 되풀이 마
침씨끝의 말본적 특성과 의미적 기능에 관한 논의가 필요하다.
　　이음씨끝과 안김씨끝 중 일부도 되풀이되어 최소의 통사적 짜임새를 이
루며, 이들은 독자적인 용법과 의미적 기능을 가지는 바, 이를 이음씨끝과
안김씨끝의 되풀이법이라고 한다. 되풀이 이음씨끝으로는 선택(선접)법에 해
당하는 것으로, '-으나…-으나', '-거나…-거나', '-든지…-든지' 따위가
있으며, 강조법에 해당하는 것으로, '-고…-고', '-으면서…-으면서', '-다
가…-다가', '-느니…-느니', '-으며…-으며' 따위가 있다. 되풀이 안김씨
끝으로는 '-으락…-으락', '-느니…-느니', '-거니…-거니', '-고…-고',
'-다가…-다가', '-든지…-든지', '-든가-든가', '-거나…-거나' 따위가 있
다. 이음씨끝과 안김씨끝이 쓰인 월의 짜임새를 보면 다음과 같다.

　　(8) ㄱ. [[철수가 오<u>거나</u> 가<u>거나</u>]_{앞마디} [내가 알 바가 아니다.]_{뒷마디}]_{이은월}

ㄴ. [아이가 [(아이가) 눈을 떴<u>다가</u> 감았<u>다가</u>]_{안김마디} 한다.]_{안은월}

이들 되풀이 이음씨끝과 안김씨끝은 되풀이됨으로 말미암아 각각 독자적인 쓰임과 뜻을 가진다. 이들의 형태·통사적 특성과 의미 기능을 밝히는 일도 이 글에서 수행해야 할 과제이다.

토씨 중에서도 주로 이음토씨가 되풀이되어 최소 말본형(minimal grammatical form)을 짜 이루며, 도움토씨 중에서는 '도'가 되풀이되어 최소 말본형 '도…도'를 짜 이루어, 새로운 용법과 뜻을 나타내게 되는데, 이를 토씨의 되풀이법이라 한다. 토씨의 되풀이법도 이 글의 연구 대상이다. 필수적 되풀이 이음토씨로는 '에…에', '하며…하며', '이고…이고', '이든지…이든지', '이나…이나', '이거나…이거나', '인가…인가', '인지…인지', '이든가…이든가', '이야…이야', '이다…이다', '이랴…이랴', '이니…이니' 등이 있으며, 수의적 되풀이 이음토씨로는 '하고…(하고)', '이랑…(이랑)', '이며…(이며)', '이라든지…(이라든지)', '이라든가…(이라든가)', '과…(과)' 따위가 있다. 되풀이 이음토씨가 쓰인 월의 보기를 들면 다음과 같다.

(9) ㄱ. 철수는 [학교에서<u>고</u> 집에서<u>고</u>]_{위치말} 열심히 공부한다.
ㄴ. [엿<u>이든지</u> 떡<u>이든지</u>]_{부림말} 마음대로 먹어라.

이 글의 연구 대상은 필수적 되풀이 이음토씨와 수의적 되풀이 이음토씨, 되풀이 도움토씨이다. 되풀이 토씨들은 각각 고유의 의미적 특성을 가지고 있으며, 토씨마다 앞이나 뒤에 결합관계를 이루는 요소들이 차이를 보이기도 하며, 통사적 특성에서도 차이를 보이기도 하는 바, 이 글에서는 이에 관하여 논의하기로 한다.

매인이름씨 가운데 일부인 '둥, 체, 듯, 데, 겸'은 월 안에서 되풀이되어 최소 말본형인 되풀이 매인이름씨 '둥…둥', '체…체', '듯…듯', '데…데', '겸…겸'을 짜 이루며, 새로운 용법과 뜻을 나타내게 되는 바, 이를 매인이름씨의 되풀이법이라고 한다. 매인이름씨의 되풀이법도 이 글의 연구 대상이다. 되풀이 매인이름씨가 쓰인 월의 보기는 다음과 같다.

(10) ㄱ. 철수가 밥을 먹는 <u>둥</u> 마는 <u>둥</u> 하고 학교에 갔다.
     ㄴ. 철수는 순이를 본 <u>체</u> 만 <u>체</u> 하였다.

되풀이 매인이름씨마다 앞에 놓이는 매김말에 제약이 따르며, 앞자리 매인이름씨와 뒷자리 매인이름씨 앞에 놓이는 요소들에도 제약이 따르는 등, 되풀이 매인이름씨들은 각각 말본적 특성과 의미 기능에서 차이를 보이기 때문에, 되풀이 매인이름씨를 선정하여 각각의 형태・통사적 특성을 규명하고, 의미적 기능을 밝히기로 한다.

말본 요소 중에는 앞과 뒤에 같은 낱말의 되풀이를 요구하는 것들이 있다. 씨끝이나 토씨, 매인이름씨들 중 통합관계와 결합관계에 놓였던 것이 한 몸처럼 작용하여 통사적 짜임새나 형태적 짜임새를 이루어 최소 말본형으로서 같은 낱말 되풀이를 요구하기도 하며, 새로운 용법과 뜻을 나타내게 되는 바, 이를 같은 낱말 요구 최소 말본형의 되풀이법이라 한다.

이를테면, 통사적 짜임새 '-고…-은'은 같은 그림씨 뿌리의 되풀이를 요구하며, <힘줌>의 뜻을 덧보태고, 토씨 '에'와 '을'은 '에…을'이란 짜임새를 이루어, 같은 이름씨의 되풀이를 요구하며, '-고…-은'과 마찬가지로 <힘줌>의 뜻을 덧보태어 강조법을 실현한다.

(11) ㄱ. <u>넓</u>고 <u>넓</u>은 바닷가에 오두막 한 채가 서 있다.
     ㄴ. <u>만전</u>에 <u>만전</u>을 기하시오.

풀이씨 되풀이를 요구하는 통사적 짜임새로는, '씨끝…씨끝'으로 짜인 '-고…-은', '-으나…-은', '-디…-은', '-으면…-을수록', '-으면…-지'가 있으며, '씨끝…매인이름씨'로 짜인 '-을 대로', '-을 만큼', '-을 테면'이 있다. '씨끝+토씨'로 짜인 형태적 짜임새 '-기는'도 풀이씨의 되풀이를 요구한다. 이름씨 되풀이를 요구하는 통사적 짜임새로는 '(토씨)가…인지라',

‘(토씨)는…이(다)’, ‘(토씨)는…대로’, ‘이란…는’, ‘(토씨)에…를’이 있으며, ‘(‘이다’의 *끝바꿈꼴*)이면…이면’이 있다.

이 글에서는 낱말 되풀이를 요구하는 이들 말본 요소를 선정하여, 되풀이법의 최소 말본형으로 설정하고, 각각의 형태·통사적 특성과 아울러 의미 기능을 밝히기로 한다.

되풀이법은 통사적 짜임새에서만 이루어지는 것은 아니고 낱말의 내부 짜임새, 곧 형태적 짜임새 안에서도 생산적으로 활발히 이루어진다. 형태적 짜임새인 낱말의 내부 안에서 일어나는 되풀이 현상도 되풀이법의 연구 대상에 포함된다.5) 형태적 짜임새 안에서의 되풀이법은, 낱말이 되풀이되면서 결합과정을 거쳐 다시 새로운 낱말을 만드는 경우와 낱말의 자격이 모자라는 뿌리가 되풀이되면서 결합과정을 거쳐 새로운 낱말을 만드는 경우로 나누어진다. 낱말이나 뿌리 되풀이에 의한 낱말 만드는 방식은 합성법의 한 종류에 해당한다. 이 방식은 합성어찌씨를 생성하는 데 있어서 생산성이 큰 낱말 만드는 방식이다. 어찌씨가 되풀이되어 합성어찌씨를 생성하는 보기는 매우 흔하며, 어찌씨 이외의 낱말들이 되풀이되어 합성어찌씨를 생성한 보기도 일부 찾아볼 수 있다.6)

(12) ㄱ. 이름씨 → 어찌씨 : [가닥] → [가닥가닥]
    ㄴ. 셈씨 → 어찌씨 : [하나] → [하나하나]
    ㄷ. 움직씨(이름꼴) → 어찌씨 : [포갬] → [포갬포갬]
    ㄹ. 그림씨(매김꼴) → 어찌씨 : [드문] → [드문드문]

낱말 생성, 낱말 되풀이법이나 낱말 생성, 뿌리 되풀이법이 적용되어, 어찌씨나 어찌씨스런 뿌리가 그대로 되풀이되면서 결합과정을 거쳐 되풀이

---

5) 우리말 되풀이법 연구에서 형태적 짜임새인 낱말 안에서의 되풀이는 중요한 자리를 차지한다. 이에 관한 논의는 한길(2009ㄱ : 33~316)에서 이미 이루어진 바 있기 때문에 이에 관한 기술은 본론에서 따로 다루지 않기로 한다.
6) (12)의 보기는 한길(2009ㄱ : 16)에서 인용하였다.

어찌씨가 생성되는 것이 일반적이다. 어찌씨 밖에도 합성어찌씨 생성에 비해 생산성은 크지 않지만, 낱말이나 뿌리가 되풀이되어 이름씨, 대이름씨, 셈씨, 느낌씨, 매김씨 따위의 합성낱말을 생성하기도 한다. 낱말 생성, 낱말 되풀이법의 보기(ㄱ)와 낱말 생성, 뿌리 되풀이법의 보기(ㄴ)는 다음과 같다.

(13) ㄱ. [뺑끗]어찌씨 → [뺑끗뺑끗]합성어찌씨

　　　　　[골목]이름씨 → [골목골목]합성이름씨

　　　　　[누구]대이름씨 → [누구누구]합성대이름씨

　　　　　[하나]셈씨 → [하나하나]합성어찌씨

　　　　　[전]매김씨 → [전전]합성매김씨

　　　　　[오냐]느낌씨 → [오냐오냐]합성느낌씨

　　　ㄴ. [날씬-]어찌씨스런 뿌리 → [날씬날씬]어찌씨

　　　　　[뒹굴-]움직씨 뿌리 → [뒹굴뒹굴]어찌씨

낱말이 되풀이되어 낱말 자격이 모자라는 뿌리를 만드는, 뿌리 생성 되풀이법과, 낱말 자격이 모자라는 뿌리가 되풀이되어 뿌리를 만드는, 뿌리 생성 되풀이법도 우리말 되풀이법의 연구 대상에 포함된다. 이 방식에 의한 되풀이 뿌리 생성은 그리 생산성이 크지 않으며, 다음 보기가 이에 해당한다.

(14) ㄱ. [옆]이름씨 → [옆옆-][7]

　　　　　[짬]이름씨 → [짬짬-]

　　　　　[틈]이름씨 → [틈틈-]

　　　ㄴ. [까랑-] → [까랑까랑-][8]

　　　　　[들렁-] → [들렁들렁-]

　　　　　[시끌-] → [시끌시끌-]

---

7) [옆옆-]이 파생가지 '-이'가 결합되어야 비로소 낱말 자격을 갖게 되는 뿌리[語基에 해당]에 불과하다.

8) [까랑-]과 이의 되풀이 꼴 [까랑까랑-] 모두 파생가지 '-하-'가 결합되어야 낱말 자격을 갖게 되는 뿌리[語基에 해당]에 불과하다.

낱말 생성 되풀이법에서 바탕소와 되풀이소가 꼭 같은 것들과 비슷한 것들이 있다. 전자를 같은 꼴 되풀이법이라 하고 후자를 비슷한 꼴 되풀이법이라 하였다.9) 같은 꼴 되풀이법에는 낱말이 같은 꼴로 그대로 되풀이되는 완전 되풀이가 있고, 두 음절인 경우 바탕소의 앞 음절이 되풀이된 다음에 뒤 음절이 되풀이되는 겹 되풀이가 있다.10)

    (15) ㄱ. 마디 → 마디마디
         ㄴ. 깡충 → 깡충깡충
         ㄷ. 정당(正當) → 정정당당

(15ㄷ)과 같이 겹 되풀이인 경우에는 토박이말에서는 실현되지 않고 주로 한자어에서 실현된다.

낱말이나 뿌리, 형태소 자격이 모자라는 단순 음절11)이 되풀이되어 결합 과정을 거쳐 합성낱말이나 뿌리를 생성하기도 하는데, 이에 관한 논의도 우리말 되풀이법 연구 대상에 포함된다.12)

한자 낱말이나 뿌리도 되풀이되어 한자 합성낱말이나 뿌리를 생성하기도 하는 바, 이를 한자말 되풀이법이라 한다.13) 한자말 되풀이법은 토박이 낱말의 되풀이법과 다른 점도 있기 때문에 토박이말의 되풀이법과는 별도로

---

9) 비슷한 꼴 되풀이는 바탕소와 되풀이소의 모습이 약간 다른 것으로, 주로 되풀이소의 모습이 바뀐다. 주로 바탕소의 닿소리나 홀소리가 바뀌어 되풀이된다. 우리말에서는 닿소리가 첨가되거나 탈락되어 되풀이되는 것이 일반적이다. 이에 관한 자세한 논의는 한길(2009ㄱ : 13~15)을 참조할 것.
10) (14)의 보기는 한길(2009ㄱ : 13)에서 인용한 것이다.
11) 단순 음절이 되풀이되어 낱말을 만드는 경우를 보면, 1음절짜리가 되풀이되어 이름씨, 어찌씨, 느낌씨 따위를 생성하고, 2음절짜리도 되풀이되어 [ABAB]꼴의 어찌씨와 [AABB]꼴의 어찌씨, 느낌씨를 생성한다. 또한 낱말 자격이 모자라는 뿌리를 만드는 경우도 있는데, 이는 합성법에 해당되지 않고 단순 음절의 되풀이에 불과하다.
12) 이에 관한 자세한 논의는 한길(2009ㄱ : 279~316)에서 이루어진 바 있으므로, 이 글에서는 더 이상 논의하지 않는다.
13) 한자 낱말 되풀이법에 관하여는 한길(2009ㄱ : 319~370)에서 논의된 바 있기 때문에 이에 관한 기술은 본론에서 따로 다루지 않기로 한다.

다루어야 한다. 이에 관한 연구도 우리말 되풀이법 연구 대상에 포함되어야 한다.

한자말 되풀이법은 낱말의 음절수에 따라 바탕소가 1음절로 이루어진, 1음절 한자말 되풀이법과 바탕소가 2음절로 이루어진, 2음절 한자말 되풀이법으로 나뉜다.14) 1음절 한자말 되풀이법에서는 되풀이되어, 낱말을 생성하는 짜임새와 뿌리를 생성하는 짜임새에 속하는 것들을 품사별로 보기를 들고 그 의미 특성을 살펴야 한다. 2음절 한자말 되풀이법에서는 낱말을 생성하는 짜임새와 뿌리를 생성하는 짜임새에 속하는 것들을 [AABB] 꼴과 [ABAB] 꼴에 속하는 것들로 나누어 품사별로 보기를 들고 그 의미 특성을 살펴야 한다. 한자 낱말의 되풀이 생성 유형은 다음과 같다.

(16) ㄱ. 1음절 한자말 되풀이법 보기

[반(半)]이름씨 → [반반(半半)]이름씨

[조(朝)-]뿌리 → [조조(朝朝)]이름씨

[긍(兢)-]뿌리 → [긍긍(兢兢)-]뿌리

ㄴ. 2음절 한자말 되풀이법 보기

[계승(繼承)]이름씨 → [계계승승(繼繼承承)]이름씨

[순간(瞬間)]이름씨 → [순간순간(瞬間瞬間)]이름씨

[기괴(奇怪)-]뿌리 → [기기괴괴(奇奇怪怪)-]뿌리

[여사(如斯)-]뿌리 → [여사여사(如斯如斯)-]뿌리

한자말 되풀이법에서는 위에서 보기로 든 되풀이 한자말의 짜임새를 포함해 모든 짜임새에 대하여, 세부적인 차이에 따라 하위 짜임새로 다시 가르고, 각각의 짜임새에 대한 구체적인 보기와 그 의미 특성을 기술하여야 하지만, 이에 관하여는 더 이상 논의하지 않는다.

요컨대, 이 글의 연구 목적은 월과, 월을 이루는 모든 요소들의 되풀이 현상을 체계적으로 규명하여 되풀이법을 확립하고, 되풀이 요소와 아울러

---

14) 바탕소가 3음절로 이루어진 경우는 별로 없기 때문에 별도로 다루지 않았다.

되풀이를 요구하는 모든 요소들의 형태·통사적 특성과 의미·화용적 기능을 밝히는 데 있다. 따라서 연구 대상은 언어 형식 중 가장 큰 단위인 월의 되풀이에서부터 낱말이나 낱말 자격이 모자라는 뿌리의 되풀이에 이르기까지, 되풀이에 관련된 요소는 모두 포함된다.

2. 연구 방법

우리말 되풀이법 연구 대상은, 되풀이에 관련되는 것은 무엇이든지 다 해당되기 때문에 월에서부터 말소리에 이르기까지 되풀이 현상이 일어나면 모두 다 포함된다. 따라서 우리말의 되풀이 현상을 전반적으로 체계화하기 위해서는 언어 연구의 각 층위적인 연구 방법이 모두 적용되어야 한다. 곧 화용론, 의미론, 통사론, 형태론, 음운론의 방법론이 되풀이 요소의 성격에 따라 모두 혹은 선별적으로 적용되어야만 그 특성이 제대로 규명될 수 있기 때문에 되풀이법 연구에는 언어 연구의 모든 방법론이 적용된다고 볼 수 있다.

이를테면, 월 되풀이를 요구하는 마침씨끝에 관한 연구에서는 화용론 층위에서의 연구가 필수적으로 적용되어야 한다. 월 되풀이법은 한 월 안에서 일어나는 되풀이 현상이 아니라 월과 월 사이의 관계이기 때문에 담화의 영역인 화용론에 해당한다. 월 되풀이를 요구하는 복합형 마침씨끝 '-느냐고'는 말할이 자신의 앞선 월을 되풀이하거나 상대방(=들을이)의 월을 되풀이하는 기능을 가진다.

    (17) ㄱ. A→B : 내일 학교에 가니?
           B→A : 뭐라고?
           A→B : 내일 학교에 **가냐고**?
       ㄴ. A→B : 내일 학교에 가니?
           B→A : 내일 학교에 **가냐고**?

(17)에서 ㄱ의 '-느냐고'는 말할이 A가 자신의 앞선 월을 되풀이하는 용법으로 쓰였으며, ㄴ의 '-느냐고'는 말할이 B가 들을이인 A의 앞선 월을 되풀이하는 용법으로 쓰였다. 이처럼 월 되풀이를 요구하는 '-느냐고'의 쓰임을 규명하기 위해서는 화용론적 층위에서의 연구가 필연적이다. 따라서 되풀이법 관련 요소들의 용법이 월 밖의 요소와 관련되는 경우에는 화용론 층위에서 논의하기로 한다.

말을 이루는 요소들이 되풀이법에 따라 되풀이되는 경우에 새로운 용법으로 쓰이는 것은 물론, 특별한 뜻을 나타내기도 한다. 되풀이됨으로 말미암아 얻게 되는 뜻을 파악하는 일은 의미론 층위에서 이루어지게 된다. 되풀이되는 요소는 무엇이든지 되풀이됨으로 말미암아 되풀이 자체가 특정의 뜻을 더하는 역할을 한다.

> (18) ㄱ. 그 영화가 아주 **아주** 재미있었다.
>   ㄴ. 어릴 때의 생각이 언뜻**언뜻** 머리를 스쳤다.
>   ㄷ. 그 사람이 나를 흘기죽**흘기죽** 쳐다보았다.
>   ㄹ. 오늘은 국경일이라 집**집**마다 태극기를 게양하였다.
>   ㅁ. 내가 돈이 있니, 시간이 있**니**?

(18)에서 ㄱ은 월조각 되풀이법으로, 바탕소 '아주'를 그대로 되풀이함으로써 바탕소 '아주'를 <강조>하였다. 곧 되풀이소 '아주'는 바탕소의 뜻을 강조하는 의미적 특성을 나타내었다. ㄴ은 낱말 되풀이법으로, 바탕소 '언뜻'이 되풀이되어 결합과정을 거쳐 합성어찌씨가 생성되었다. 여기서 되풀이소 '언뜻'은 바탕소 '언뜻'의 <잇따라>의 의미적 특성을 나타내었다. ㄷ도 ㄴ과 마찬가지로 낱말 되풀이법에 해당하는데, 되풀이소 '흘기죽'은 바탕소 '흘기죽'의 <계속>의 의미적 특성을 나타내었다. ㄹ도 낱말 되풀이법으로, 되풀이소 '집'은 바탕소 '집'의 <겹셈>의 의미적 특성을 나타내었다. ㄴ, ㄷ, ㄹ은 낱말 되풀이법에 해당하지만, 되풀이 자체의 의미적 기능은 각기 다름을 확인할 수 있다. ㅁ은 마침씨끝 되풀이법으로, 물음씨끝 '-니'가

되풀이됨으로 말미암아 반어법 월을 짜 이루게 하며, 의미적으로 축어적 의미와 내재적 의미가 모순관계에 놓이게 한다. 곧 ㅁ은 <내가 돈도 없고, 시간도 없다.>의 의미적 특성을 나타내는 바, 이런 의미를 갖게 된 것은 바로 마침씨끝 '-니'의 되풀이 때문이다.

이처럼 되풀이 자체가 각각 독특한 의미적 특성을 가지기 때문에 의미론의 층위에서 되풀이 요소와 아울러 되풀이를 요구하는 요소들에서 되풀이 자체가 어떤 의미적 기능을 나타내는가를 밝힐 필요성이 제기된다.

월이나 월을 이루는 요소들이 되풀이법에 따라 되풀이되는 경우에 새로운 용법으로 쓰임은 이미 지적한 바 있다. 통사론의 층위에서 되풀이 요소들이 새로운 월 짜임새를 이루기도 한다. 이를테면, 특정한 물음법 마침씨끝이 되풀이되어 선택 물음월이나 반어법 물음월을 짜 이룬다.

> (19) ㄱ. 이번 주말에 산에 **갈까**, 바다에 **갈까**?
>   ㄴ. 철수가 공부를 잘 하**니**, 그렇다고 운동을 잘 하**니**?

(19)는 두 월 모두 물음법 마침씨끝의 되풀이에 의해 짜여진 물음월이지만, ㄱ은 두 개의 질문항 중에서 대답으로 하나의 질문항을 택하는 선택 물음월이고, ㄴ은 축어적 의미와 내재적 의미가 반의관계에 놓여 <철수는 공부를 잘 하지 못하고, 운동도 잘하지 못한다.>의 뜻을 나타내는 반어법 물음월이다. 이와 같이 물음법 씨끝의 되풀이에 따라 물음월의 종류가 달라지며, 각 물음월마다 독특한 통사론적 제약을 보이기도 한다. 또한 말본적 요소들이 되풀이되어 통사적 짜임새를 이루어 최소 말본형으로 기능하기도 하고, 특정의 말본 요소들이 통합관계를 이루어 되풀이를 요구하는 경우가 있기 때문에 이들에 관하여 통사론 층위에서의 연구가 이루어져야 한다.

월이나 월을 이루는 요소들이 되풀이되어 적격하게 쓰이기 위해서는 일정한 통사론적 제약에 적용받게 되며, 아울러 형태론적 제약 아래 쓰여야 적격해진다. 따라서 되풀이 요소나 되풀이를 요구하는 짜임새의 쓰임을 살피기 위해서는 형태론적 층위에서 이들의 됨됨이는 물론이고 인접한 요소들과의 결합과정 따위에 대한 규명이 이루어져야 한다. 되풀이 이음씨끝과 되풀이를 요구하는 '-기는'이 적격하게 쓰이기 위한 형태론적 제약에 대하여 검토해 보기로 한다.

(20) ㄱ. 비가 **오거나** 눈이 **오거나**, 하루도 산책을 거르지 않았다.
　　 ㄴ. 철수가 산책을 하**기는** 한다.

　(20)에서 ㄱ의 되풀이 이음씨끝 '-거나…-거나'가 적격하게 쓰이기 위해서는 형태론적인 층위에서 다음과 같은 제약이 따른다. '-거나1'과 '-거나2'에 결합될 수 있는 풀이씨 뿌리 종류에는 제약이 따르지 않지만, '-거나1'과 '-거나2' 앞에는 꼭 같은 풀이씨가 되풀이되어야 하는 제약이 따른다. 또한 '-거나' 앞에는 때매김씨끝 가운데 '-었-'이 결합될 수 있지만, '-거나1'과 '-거나2'에 모두 결합되어야만 하며, '-겠-'과 '-더-'는 결합될 수 없는 제약이 따른다. 월의 주체를 높이는 경우에 '-으시-'도 '-거나1'과 '-거나2' 앞에 모두 결합되어야 하는 제약이 따른다.
　ㄴ의 '-기는'도 적격하게 쓰이기 위해서는 다음과 같은 형태론적 제약이 따른다. '-기는'의 앞에는 움직씨, 그림씨, 잡음씨 등 모든 종류의 풀이씨 뿌리가 결합될 수 있어 제약이 따르지 않지만, 뒤에는 앞에 놓인 풀이씨와 꼭 같은 것이 되풀이되어야 한다. '-기는' 앞에는 어떤 때매김씨끝도 결합될 수 없지만, 뒤 풀이씨에는 결합될 수 있는 때매김씨끝에 제약이 따르지 않는다. 다만 '-기는' 뒷부분이 생략되는 경우에 한하여, '-기는' 뒤에 놓였던 때매김씨끝 중에 '-었-'과 '-겠-'은 '-기는' 앞으로 옮겨 올 수 있지만, '-더-'는 옮겨 올 수 없는 제약이 따른다.
　이와 같이 되풀이 요소나 되풀이를 요구하는 짜임새가 적격하게 쓰이기 위해서는 형태론적 제약이 따르기 때문에, 되풀이법의 연구 대상에 따라 형태론적 층위에서의 연구 방법론이 적용되어야 함은 당연하다.

낱말이나, 낱말 자격이 모자라는 뿌리가 되풀이되어 합성낱말이나 뿌리 생성에 관여하는 되풀이 현상은 낱말 만들기에 관한 것이므로, 형태론적 층위에서 조어법에 해당한다. 이 방식에 의한 낱말, 뿌리의 생성은 조어법 중에 뿌리끼리 결합하는 낱말 만드는 방식이기 때문에 합성법 영역에 포함된다. 따라서 이 분야에 대한 연구는 되풀이법에 관한 논의와 아울러 합성법, 나아가 조어법 차원에서의 논의도 이루어져야 한다.

낱말이 되풀이되어 합성낱말 생성에 관여하는 되풀이 현상에서 과연 두 낱말이 결합과정을 거쳐 새로운 낱말로 생성되었는가, 아니면 두 낱말이 통합과정에 머물러 통사적 짜임새에 해당하는가의 판별은 그리 간단하지가 않다. 가장 단순한 방식으로는, 기존의 사전류에 기대어, 사전에 올림말로 실린 경우에 한하여 합성낱말로 처리하는 방식이다.

한자 낱말이나 뿌리가 되풀이되어, 한자 낱말이나 뿌리를 생성하는 것도 합성법의 영역에 다루어야 하지만, 토박이말과 다른 낱말 만들기에 해당하기 때문에 토박이말과는 별도로 다루게 된다. 한자 낱말의 되풀이인 경우에도 그 되풀이 낱말이 우리말 낱말에 해당되는가를 판별하기 위하여, 사전류에 올림말로 실려 있는가를 확인하는 것도 한 가지 방안이다.

월이나 월을 이루는 요소들의 되풀이 현상에 음운론적 요소들이 관여하기도 한다. 특히 얹히는 운소의 종류에 따라 되풀이 자체의 말본적 특성이 달라지기도 하며, 의미적 기능에서도 차이는 보이는 경우가 있다.

> (21) ㄱ. 철수가 학교에 가**니**? 순이가 학교에 가**니**?
>   ㄴ. 철수가 학교에 가**니**, ^순이가 학교에 가**니**?

(21)에서 ㄱ과 ㄴ은 물음법 마침씨끝이 되풀이되는 등 모든 것이 꼭 같으나, 중간에 긴밀 이음새로의 연결에서 차이이다. 긴밀 이음새로 이어지지 않은 ㄱ은 단순히 두 물음월이 벌여 있을 뿐이고, 긴밀 이음새로 이어진 ㄴ은 전체가 하나의 물음월인 한 월을 짜 이루었다. 따라서 ㄱ은 '-니'가 되

풀이되어 어떤 말본적 특성이나 의미적 기능을 나타내는 것이 아니라 단지
두 월에 같은 물음법 마침씨끝 '-니'가 쓰였을 뿐이다. ㄴ은 '-니'가 되풀
이되어 선택 물음월이나 반어법 물음월을 짜 이루게 된다. ㄴ은 긴밀 이음
새에 의한 연결로 말미암아 하나의 월로 짜여졌지만, 앞과 뒤의 물음법 마
침씨끝 다음에 어떤 종류의 말가락이 놓이느냐에 따라 쓰임과 뜻이 달라지
기도 한다.

(22) ㄱ. 철수가 학교에 가**니**, ^ ╱순이가 학교에 가**니**? ╲
　　 ㄴ. 철수가 학교에 가**니**, ^ ╱순이가 학교에 가**니**? ╱

(22)에서 ㄱ에는 앞 '-니' 다음에 올림의 말가락이, 뒤 '-니' 다음에 내림
의 말가락이 놓여서 선택 물음월이 되었으며, ㄴ에는 앞 '-니' 다음에 올림
의 말가락이, 뒤 '-니' 다음에도 올림의 말가락이 놓여 <철수도 학교에 가
지 않고 순이도 학교에 가지 않는다.>라는 뜻의 반어법 물음월을 짜 이루
었다. 어떤 종류의 말가락이 놓이느냐에 따라 쓰임과 뜻에서 차이를 보이는
또 다른 보기로, 월 되풀이를 요구하는 마침씨끝 '-는다고'의 보기를 들면
다음과 같다.

(23) ㄱ. A → B : 비가 온다.
　　　 B → A : 비가 **온다고**?(╱)
　　 ㄴ. A → B : 비가 온다.
　　　 B → A : 비가 **온다고**?(↑)

(23)에서 ㄱ과 ㄴ의 물음월은 월 되풀이를 요구하는 물음법 마침씨끝 '-는
다고'를 포함해서 모두가 동일하지만, 끝에 놓이는 말가락에서 차이를 보임
으로써 쓰임과 뜻에 차이를 보인다. ㄱ의 '-느냐고' 월은 '올림'의 말가락이
놓임으로 말미암아 <확인 질문>의 뜻을 나타내는 물음월로 쓰였으며, ㄴ의
'-느냐고' 월은 '급히 올림'의 말가락이 놓임으로 말미암아 <비가 안 온

다.>는 뜻을 나타내는 반어법 물음월로 쓰였다.

이와 같이 월이나 월을 이루는 요소들의 되풀이 현상에 음운론적 요소들이 관여하여 쓰임과 뜻에 결정적인 영향을 미치기도 하기 때문에 되풀이 현상과 관련하여 음운론적 층위에서의 연구가 필요하다.

우리말의 되풀이법은 월과 월 사이의 관계에 관련되기도 하며, 월을 포함해서 월을 짜 이루고 있는 모든 요소에 적용될 수 있다. 따라서 되풀이법 연구는 화용론, 의미론, 통사론, 형태론, 음운론 등 언어 연구의 모든 층위에서 이루어져야 하고, 각 층위의 연구 방법론이 적용되어야 한다. 이 글에서도 이런 방법을 적용하여 월이나, 월을 이루는 요소들의 되풀이 현상을 규명하기로 한다.

3. 연구사 개관

되풀이법 연구는 월이나 월을 짜 이루는 요소들이 되풀이되거나, 되풀이를 요구하는 현상에 관련된, 일정한 질서와 원리를 밝히는 데 있다. 우리말에서 월과 월을 이루는 요소들의 되풀이법 전반에 걸쳐 논의한 연구 논저는 찾아보기 어렵다. 그러나 일부 되풀이에 관련되는 요소에 관한 논의는 몇 차례 이루어진 바 있다.

되풀이법과 관련된 본격적인 논의는 장석진(1981)의 월 되풀이에 관련된 표현 연구를 비롯해서, 한길(1993)의 월조각을 대상으로 한 되풀이법 연구 이후에 몇 편의 연구 논문이 나와 있을 뿐으로, 그 성과가 미미한 수준에 불과하였으나, 최근에 한길(2009ㄱ)의 낱말 생성 되풀이법에 관한 연구가 나오면서 되풀이법에 관련된 본격적인 논의가 이루어지게 되었다.

비록 되풀이법이란 명칭 아래 논의된 것은 아니지만, 되풀이법에 해당되는 단편적이고 지엽적인 언급은 우리말 연구의 이른 시기부터 있어 왔다.

주로 조어법에서 되풀이 방식에 따른 낱말 만들기와 관련된 내용이거나, 되
풀이되어 쓰이는 토씨나 씨끝의 쓰임에 관한 것으로, 본격적인 되풀이법에
관한 연구라 하기는 어렵지만, 되풀이법 연구의 기초를 마련했다는 점에서
의의를 찾을 수 있다.

되풀이법이란 갈말은 쓰지 않았지만, 되풀이법과 관련지을 수 있는 대표
적인 논의로는 최현배(1937 : 409)가 있다. "되푸리꼴"이란 갈말 아래 다음과
같은 보기를 들고 설명을 하였다.

> 되푸리꼴(反復形)은 움직임을 여러 번 되풀이함을 보이는 꼴이니 : 이에
> 는 -(으)락이 있느니라.
> 『-락』
> 날마다 그 사람이 집으로 가락 오락 합니다.
> [잡이] 되푸리꼴은, 우의 보기와 같이, 항상 相反되는 말이 둘씩 잇기어
> 　　　　쓰히느니라.

최현배(1937 : 409)의 "되푸리꼴"의 보기는, 이 글의 연구 대상의 하나인
되풀이 이음씨끝에 관련된 것으로, [잡이]를 통해 같은 꼴의 앞뒤 이음씨끝
앞에는 의미상 맞섬관계에 놓이는 풀이씨 뿌리가 놓여야 하는, 결합과정에
서의 제약을 밝혀 놓았다. 따라서 되풀이 이음씨끝의 보기와 쓰임의 특성을
간략하게나마 지적한 점에서 이 분야 연구에 실제적인 도움을 제공하고, 이
론적인 뒷받침의 역할을 하게 되었다.

최현배(1937 : 881~3)에서는 되풀이 이음토씨에 관련하여, "이음토씨『고
(이고), 며(이며), 랑(이랑), 하고, 하며, 에』가 끝의 임자씨 아래에까지도 쓰
임이 通則이다."라고 설명하고, "『와(과)』도 또한 그렇게 우아래로 또박또박
쓰힘이 으뜸본이었음을 옛 글월에서 알 수 있나니"라 하고, 되풀이될 수 있
는 이음토씨의 보기를 다음과 같이 들었다.

『고』『이고』,

　　너**고** 나**고** 할 것 없이, 다 그리 되었네.

　　책**이고** 책상**이고** 다 타 버렸다.

『며』『이며』,

　　배**며** 대추**며** 여러 가지를 벌려 놓았다.

　　옷**이며** 신**이며** 죄다 헐어져 있었다.

『랑』『이랑』,

　　팔월 한가위에는 머루**랑** 다래**랑** 먹고 노는 재미가 참 좋았습니다.

　　먹**이랑** 붓**이랑** 다 가져와.

　　아이**랑** 집**이랑** 대 내버리고 달아났다오.

『하고』,

　　물**하고** 불**하고**는 못 볼 사이올시다.

　　붓**하고** 먹**하고** 가져오너라.

『하며』,

　　논**하며** 밭**하며** 집**하며** 다 차려 주었다.

『에』,

　　북**에** 먹**에** 종이**에** 어느 것 하나 없는 게 없네.

　위에서 든 보기들은, 이음토씨 중에 되풀이되어 통사적 짜임새를 이루어, 최소의 말본형으로 쓰이는 것들로, 이 글의 연구 대상 중 하나이다. '하고⋯ (하고)'만은 수의적 되풀이 이음토씨이고 나머지는 모두 필수적 되풀이 이음토씨에 해당된다. 위의 내용은 되풀이법이란 갈말을 쓰지 않았을 뿐이지, 되풀이 이음토씨의 쓰임과 보기에 대한 설명으로, 이음토씨의 되풀이법에 관한 연구의 밑바탕이 될 수 있는 내용에 해당한다.

　최현배(1937 : 945)에서는 낱말의 되풀이법에 관련된 언급도 단편적으로 이루어졌다. "벌린거듭씨(竝列複詞)"란 항목 아래, "벌린 겹씨 가운데서 한 가지의 말을 둘씩 포개어서 된 것을 특히 짝벌린 씨 또는 짝씨(疊詞)라 하나니"라 하고, 그 보기로 "집집, 사람사람, 나날, 다달, 더욱더욱, 자주자주, 가끔가끔과 같은 것들이니라."라 하였다. 최현배(1937 : 954~955)에서 각 품사별로 든 되풀이 낱말의 보기는 다음과 같다.

- **이름씨** : 집집, 곳곳, 때때, 사람사람, 가지가지
- **대이름씨** : 누구누구, 아무아무, 어대어대
- **어찌씨** : 자주자주, 미리미리, 자꼬자꼬, 이따금이따금, 부디부디, 오래
  오래, 빤질빤질, 미끌미끌, 펄럭펄럭, 흔들흔들, 움직움직

위의 보기들은 바로 낱말이 되풀이되어 합성낱말을 생성하는, 낱말 생성 되풀이법에 관한 것으로, 이 글의 연구 대상 중 한 분야이다. 비록 단편적인 예에 불과하지만, 이를 바탕으로 삼아 우리말의 낱말 생성 되풀이법의 연구가 이루어질 수 있다.

비록 되풀이법이란 갈말을 사용하지 않았고 한 곳에서 체계적으로 논의하지는 않았지만, 최현배(1937)에서는 되풀이법과 관련되는 기술이 극히 한정된 상태로 단편적으로나마 몇 군데서 이루어졌음을 확인하였다. 최현배(1937)에서 되풀이법과 관련지어 언급된 내용을 발판으로 삼아, 되풀이를 일으키는 요소들을 찾아내어 확대시켜 연구해 나가면 우리말의 되풀이법 연구가 확립될 수 있다.

월 되풀이법에 관한 연구 성과로는, 장석진(1981, 1985)과 한길(1991, 2004)을 들 수 있다. 장석진(1985 : 133~153)은 월 되풀이에 관련된 표현에 관한 연구로, 되풀이 표현의 유형, 되풀이 표현의 형식과 제약, 되풀이 표현의 기능 등을 다루었으며, 월 되풀이법은 대화의 화맥 속에서 파악되고 기술되어야 한다고 하였다. 한길(1991, 2004)에서는 월 되풀이를 요구하는 복합형 마침씨끝을 선정하고, 이들 마침씨끝이 어떤 환경에서 어떻게 쓰이는가를 밝히고자 하였다. 곧 이들 마침씨끝의 형태·통사적 특성과 의미·화용적 기능을 규명하였다. 이들 연구 성과를 통해서, 그 밖의 월 되풀이를 요구하는 마침씨끝이나 언어 요소를 찾아내어 그 특성을 면밀하게 규명해 낼 수 있는 기틀이 마련되었다.

월을 짜 이루는 기본 단위인 월조각도 일정한 질서와 원리 아래 되풀이되기도 하는 바, 이를 월조각 되풀이법이라 하였다. 이에 관한 연구로는 한길(1993)이 있다. 최현배(1971)에 따라서 월조각의 종류를 풀이말, 임자말, 부

림말, 기움말, 어찌말, 매김말, 홀로말로 가르고, 각각의 월조각이 되풀이되는 데 따라 어떤 양상으로 되풀이되는가, 각 되풀이 유형은 어떤 형태·통사적 제약과 어떤 의미·화용적 기능을 보이는가, 되풀이 자체는 어떤 기능을 가지는가 따위를 논의하였다. 월조각의 되풀이 현상은 주로 입말에서 많이 실현되는데다가, 발화에서 그다지 중시되지 않는 잉여적 현상 정도로 간주되었기 때문에 이에 관한 연구가 이루어지지 않으나, 이 연구를 계기로 월조각의 되풀이 현상에 관심을 가질 수 있게 되었다.

서술법과 물음법 마침씨끝 중 일부는 되풀이되어서 통사적 짜임새를 이루어 최소 말본형으로 쓰이는데, 이를 마침씨끝 되풀이법이라 하였다. 이에 관한 연구로, 서술법 되풀이 마침씨끝에 한길(2008)이 있으며, 물음법 되풀이 마침씨끝에 한길(2007)이 있다. 이들 연구에서는 되풀이 마침씨끝을 선정하여 최소의 말본형을 설정하고, 설정된 되풀이 마침씨끝이 어떤 종류의 월을 짜 이루는가, 어떤 형태·통사적 특성과 의미·화용적 기능을 가지는가, 따위를 규명하였다. 여기서 얻어진 연구 성과를 토대로 해서, 그 밖의 말본적 요소의 되풀이 현상에도 적극 활용하여 되풀이법의 연구 영역을 확대해 나갈 수 있다.

이음씨끝과 안김씨끝도 일부가 되풀이되어서 통사적 짜임새를 이루어 최소 말본형으로 쓰이는데, 이를 이음씨끝 되풀이법과 안김씨끝 되풀이법이라고 하였다. 되풀이 이음씨끝과 되풀이 안김씨끝의 종류에 대하여는 기존의 여러 연구 논저에서 간략하게 언급되어 왔다. 그중에 허웅(1995)을 보면, 되풀이 이음씨끝에 관한 종류와 그 쓰임에 관하여 설명한 바 있다. 허웅(1995)에서 든 되풀이 이음씨끝으로는 '-으니/느니/거니…-으니/느니/거니', '-(었)다가… -(었)다가', '-거나…-거나', '-든지…-든지', '-든가…-든가', '-든…-든', '-고…-고', '-으랴…-으랴', '-으락…-으락'이 있다.

이들 되풀이 이음씨끝은 필수적으로 되풀이되어서 통사적 짜임새를 이루어 한 몸처럼 작용하기 때문에, 이 최소 말본형의 용법상의 특성과 의미 기능을 밝혀야 하는데, 위 내용은 이 방면 연구의 기초 자료로 활용될 수 있다. 이 밖에도 되풀이 이음씨끝과 안김씨끝의 종류와 보기를 든 논저로는 권재일(1992)[15]이 있고, 이들의 형태적 특성을 밝힌 논저로는 한길(2006)이 있다. 그 동안 축적된 연구를 바탕으로 이들의 형태·통사적 특성과 의미· 화용적 기능 규명으로 확대해 나갈 수 있다.

토씨 중에도 대부분의 이음토씨와 일부 도움토씨가 반드시 되풀이되거나 수의적으로 되풀이되어서 통사적 짜임새를 이루어 최소 말본형으로 쓰이는데, 이를 토씨의 되풀이법이라고 하였다. 토씨의 되풀이법에 관하여는, 이미 앞에서 언급한 바와 같이, 최현배(1937 : 881~3)에서 그 종류와 보기를 들고 있다. 이 밖에도 되풀이 토씨의 보기를 든 논저는 많은데, 허웅(1995)에서는 많은 종류의 되풀이 토씨에 대하여 각각의 용법을 설명하고, 다양한 예문을 들었다. 한길(2006)에서도 되풀이 토씨를 모두 선정하고, 각각의 형태적 특성을 밝힌 바 있다. 이를 바탕으로 삼아 되풀이 토씨에 관한 정밀한 기술이 가능해 질 수 있다.

매인이름씨 중 일부도 되풀이되어서 통사적 짜임새를 이루어 최소 말본형으로 쓰이는데, 이를 매인이름씨의 되풀이법이라 하였다. 매인이름씨의 되풀이 현상은 그동안 별다른 관심의 대상이 되지 못하였으나, 허웅(1995 : 290)에서 매인이름씨 '둥'의 되풀이에 의해 짜여진 '둥…둥'에 대해, 그 용법을 설명하고 다양한 예문을 든 바 있다. 이를 토대로 되풀이가 가능한 매인이름씨를 선정하여 적용함으로써 이 분야의 연구가 확대될 수 있다.

토씨나 씨끝, 매인이름씨, 토씨와 토씨, 토씨와 씨끝, 씨끝과 씨끝, 씨끝과 매인이름씨가 형태적 짜임새나 통사적 짜임새를 짜 이루어서 최소 말본형으로 쓰여, 동일한 낱말의 되풀이를 요구하기도 하는데, 이를 '같은 낱말 되풀이 요구 최소 말본형의 되풀이법'이라 하였다. 이와 관련지을 수 있는 논

---

15) 권재일(1992)에서 되풀이 이음씨끝으로 '-고~-고, -으면서~-으면서, -다가~-다가, -으나~-으나, -자~-자, -어도~-어도'를 들었고(264쪽), 되풀이 안김씨끝으로는 '-으락~ -으락, -거니~-거니, -으면서~-으면서, -으나~-으나, -다가~-다가, -든지~-든지, -거나~-거나'(294쪽)를 들었다.

의 중 하나로, 허웅(1995 : 964~968)은 같은 낱말이 되풀이되어야 하는 씨끝으로 '-고', '-디', '-으나'를 들었다.

> (24) ㄱ. 방바닥이 **차고 차** 견딜 수가 없다.
> ㄴ. **넓디 넓**은 우주 / **밝디 밝**다
> ㄷ. 뫼는 **높**으나 **높**고, 물은 **기**나 **길**다.

(24)의 씨끝 '-고', '-디', '-으나'는 같은 낱말 되풀이를 요구하는 씨끝에 해당된다. 또한 힘줌을 나타내는 되풀이 표현으로 허웅(1999 : 265~266)은 다음 보기를 더 들었다.

> (25) ㄱ. 그 경치 좋**음도** 좋을사. / 그 집은 좋**음도** 좋으매라.
> ㄴ. 그 집의 뜰 안은 넓**고도** 넓구나. / 방바닥은 차**고도** 차다.

곧 형태적 짜임새 '-음도', '-고도'도 같은 낱말 되풀이를 요구하는 최소 말본형에 해당하는 것으로 본 셈이다. 이 밖에도 풀이씨 되풀이를 요구하는 이름법의 씨끝 '-기'에 도움토씨가 붙은 형식으로 '-기는, -기도, -기만, -기까지, -기조차, -기나, -기부터, -기야'를 들고, 다음 보기를 들었다.

> (26) ㄱ. 술을 마셔 곤드레가 되었으나, 집으로 {오**기는** 왔다.}
> ㄴ. 가을 하늘은 {높**기도** 높다.}
> ㄷ. 나는 그것도 모르고 {자**기만** 잤다.}
> ㄹ. ?그는 아내를 {나무라**기까지** 나무랐다.}
> ㅁ. ?그는 오들오들 {떨**기조차** 떨었다.}
> ㅂ. 어디 {찾아보**기나** 찾아봅시다.}
> ㅅ. ?그는 나를 보자마자 {울**기부터** 울었다.}
> ㅇ. 설마 총을 {쏘**기야** 쏠라고.}

위와 같이 허웅(1999)에서는 낱말 되풀이를 요구하는 형태적 짜임새의 보기와 이에 해당하는 예문을 들었다. 아울러 되풀이법의 가장 기본적 기능으

로 <힘줌>을 들었고, 같은 낱말 되풀이를 요구하는 씨끝 '-기'에 도움토씨
가 붙은 형식에서, 되풀이에서 오는 단조로움을 피하기 위하여 뒤의 풀이씨
를 '하다'로 갈음하는 것이 일반적이라고 하였다. 이는 되풀이법의 용법상
의 특성과 의미적 기능을 설명한 것에 해당한다. 이를 확대 적용하여, 이와
동일한 기능을 하는 형태적 짜임새와 통사적 짜임새를 찾아내고, 그것들의
형태·통사적 특성과 의미·화용적 기능을 밝히는 데 도움을 받을 수 있다.

낱말과, 낱말 자격이 모자라는 뿌리가 되풀이되어 합성낱말을 생성하기도
하는 바, 이를 낱말 생성 되풀이법이라고 하였다. 기존의 논저에서 되풀이
법의 연구 대상 가운데 낱말 생성 되풀이법과 관련된 언급이 가장 많은 편
이다. 앞에서 언급한 최현배(1937 : 945)를 비롯해서 한길(2009ㄱ)에 이르기까
지 단편적인 기술에서부터 세세한 부분까지 자세히 다룬 연구 성과가 많이
축적되어 있다.

낱말 생성 되풀이법과 관련된 연구로, 이희승(1974 : 259~260)의 "疊語
(duplicated word)"를 들 수 있다. 첩어는 "獨立性이 있는 單語나 또는 語源的
語根이 重複되어 結合하는 일이 있으니, 이것을 疊語(duplicated word)라 이른
다. 그리고 이에는 同音과 類音 두 가지 種類가 있다."고 하고, 동음첩어를
음절수와 품사별로 분류하고, 유음첩어를 음절수에 따라 분류한 바 있다.
아울러 단순첩어는 "象徵語(擬聲語·擬態語)"에서 많이 사용되며, 품사별로는
주로 부사로 사용되고, 그 부사적 어근에 "-하다·-거리다·-대다"가 첨가
될 경우에는 동사로 사용되는 말이 많으며, "-하다"만이 첨가되어 그 대부
분이 형용사로 사용된다고 하였다.

심재기(1982 : 405~6)는 '하루하루, 매일매일, 그릇그릇, 구석구석, 사이사
이' 등, 어찌씨 생성의 한 방법으로, 이름씨가 되풀이됨으로써 어찌씨가 생
성되는 되풀이 현상에 관하여 논의하였고, 이석주(1989 : 61~66)와 하치근
(1989 : 66~67)에서도 되풀이 낱말을 반복어(反復語) 혹은 첩어라 하고, 이들을
형태적 특성에 따라 구분하고, 그 짜임새의 특징, 생산성 등을 밝히고자 하
였다. 김석득(1992 : 151~156)은 되풀이되기(reduplication)를 부분 되풀이되기

(partial reduplication)와 완전 되풀이되기(complete reduplication) 또는 되풀이 합성(repetition compound)으로 가르고, 되풀이되기의 의미적 특성을 <부분 되풀이되기는 되풀이 지속상 및 부조화성의 뜻을 나타내고, 완전 되풀이되기는 겹셈의 뜻을 갖거나 되풀이 지속의 뜻을 나타냄>으로 규명한 바 있다.

낱말이나 뿌리가 되풀이되어 합성낱말이나 뿌리를 생성하는 되풀이 현상에 관하여, 전반적으로 연구한 논저로는 한길(2009ㄱ)이 있다. 한길(2009ㄱ)에서는 고유어만이 아니라 한자말의 되풀이 현상까지도 고유어와 구분하여 연구 대상으로 삼고, 바탕소의 조어법적 특성과 되풀이되어 생성된 합성낱말이나 뿌리의 조어법적 특성, 되풀이되어 얻어진 의미 특성도 기술하였다.

지금까지 살펴본 바와 같이, 월과, 월을 이루는 요소들이 되풀이되거나 되풀이를 요구하는 현상에 관한 연구 중 어느 분야는 비교적 상세한 부분까지 다루어졌는가 하면, 또 어떤 분야는 거의 언급조차 이루지지 않았다. 이 글에서는 지금까지의 연구 성과를 바탕으로 하여, 되풀이 현상에 관련된 모든 요소들을 대상으로 그 형태·통사적 특성과 의미·화용적 기능을 체계적으로 규명하기로 한다.

제 2 장

월조각의 되풀이법[1]

1. 들머리

월은, 실제 언어생활에서 사용되는 장면에 따라 여러 가지 방법으로 변형하여 표현할 수 있는데, 이때 주로 쓰이는 방법이 월을 이루고 있는 월조각을 줄이거나, 다른 자리로 옮기거나, 다른 것으로 바꾸거나, 어떤 것을 덧붙이는 방법이다.

덧붙이는 방법 중에는 어떤 월조각에 대하여 형태상 같거나 비슷한 꼴의 동일 월조각을 덧붙여 되풀이하는 방식이 있는 바, 이 글에서는 이를 '월조각의 되풀이법[反復法]'이라 하고, 이에 관하여 그 형태적 특성과 기능을 살펴보고, 월조각마다의 구조적 특성을 밝히고자 한다.

월조각의 되풀이법은 어떤 월조각에 대하여 비슷하거나 같은 꼴의 동일 월조각을 덧붙여 되풀이하기 때문에 되풀이된 월조각을 없애더라도 월의 문법성에는 영향을 미치지 않는다. 만일 되풀이된 월조각을 줄이는 경우, 부적격하거나 부자연스런 월이 되면 월조각의 되풀이법에 해당하지 않는다.

---

[1] 월조각의 되풀법은 한길(1993)을 바탕으로 하여, 모자라거나 빠진 부분을 깁고 보태는 등 손질을 한 것이다.

또한, 월조각의 되풀이이기 때문에 문법적인 형태소의 되풀이나[2] 형태적 구조 안에서의 형태소나 낱말의 되풀이[3]는 연구 대상에서 제외되며, 그 자체가 월조각이 아닌 단순한 되풀이인 경우에도 다루지 않는다.

지금까지 우리말 문법 연구에서 월조각의 되풀이법에 관한 연구는 거의 이루어지지 않았으며, 부분적으로 문법 형태소의 되풀이 현상이나, 형태적 구조 안에서의 되풀이법에 관한 연구가 이루어졌을 뿐이다.[4]

월조각이 되풀이될 때에는 나름대로의 일정한 질서와 원리에 따라 이루어지는 바, 이 장에서는 이를 체계적으로 규명하고자 한다.

2. 월조각 되풀이법의 형태

한 월 안에서 그 월을 이루고 있는 월조각들을 다른 자리로 옮기거나, 다른 것으로 바꾸거나, 줄이거나, 덧보태서 여러 가지 모습으로 달리 표현할 수 있다. 월조각을 덧보태는 방법 중에서 어떤 월조각에 대하여 그것과 같은 기능을 하며, 꼴에서도 같거나 비슷한 월조각을 덧붙여 되풀이하는 것을 '월조각의 되풀이법'이라 한 바 있다.[5]

---

2) 예컨대, 이음씨끝 중에 같은 꼴이 되풀이되어 쓰이는 '-으락…-으락', '-거니…-거니', '-고…-고', '-으면서…-으면서', '-든지…-든지' 따위는 월조각의 되풀이와는 성질이 다르므로 이 장에서는 다루지 않고 제4장에서 다루기로 한다.

3) '곳곳', '집집' 따위와 같이 낱말이 모여 다른 낱말을 구성하는 되풀이법은 형태적 구조 안에서의 일이기 때문에 통사적 구성의 문제인 월조각의 되풀이법과는 다르다. 또한 '머나먼', '다디달다'에서의 되풀이 현상도 낱말 안에서의 일이므로 여기서 다루지 않고 제6장에서 다루기로 한다.

4) 문법 형태소의 같은 꼴 되풀이에 관한 언급이 일부 논저에서 이루어졌으나, 단지 유형과 보기만 들고 있을 뿐이다. 형태적 구성 안에서의 같거나 비슷한 꼴 되풀이 현상에 관한 깊이 있는 연구로는 김석득(1992), 채완(1986) 등을 들 수 있다.

5) 그렇기 때문에 월조각의 되풀이법은 한 월 안에서의 문제이며, 월과 월 사이에서의 되풀이 현상과는 다르다.

  월조각의 되풀이법은 형태적 짜임새나 월 사이의 관계에 관한 것이 아니라 통사적 짜임새 안에서의 되풀이 현상에 관한 것이다. 예컨대, 풀이말이 되풀이될 때, 풀이말과 되풀이되는 조각 사이에 월을 끝맺는 말가락인 내림(↘)이나 올림(↗), 끊음(↓)이 놓이지 않고 끎(→)이 놓여야 하며, 그 사이에는 쉼[休止]이 놓이지 않고 연접의 긴밀이음(⌒) 얹힘형태소가 놓여야 한다.

  (1) ㄱ. 맞았다 → ⌒맞았어.
      ㄴ. 먹어라 → ⌒먹어.

  만일 풀이말과 되풀이되는 조각 사이에 월 끝에 놓이는 말가락이 놓이고, 그 사이에 쉼이 놓이게 되면, 월조각의 되풀이가 아니라 각각 두 월이 되어 여기서 다루고자 하는 월조각의 되풀이법과는 관련이 없게 된다. 곧 한 월 안에서의 월조각의 되풀이와는 그 성격이 다르게 되는데, (2)가 여기에 해당한다.

  (2) ㄱ. 맞았다↘#맞았어.
      ㄴ. 먹어라.↓#먹어.

  월조각의 되풀이법은 주로 입말에서 쓰이며, 글말에서는 잘 쓰이지 않는 특성을 보인다. 사용되는 장면을 보면, 말할이가 들을이를 의식해서 들을이에게 발화하는 상관적 장면에서도 쓰이며, 들을이를 의식하지 않거나 말할이의 혼잣말인 단독적 장면에서도 쓰일 수 있어 제약은 없다.

  월조각이 되풀이될 때, 되풀이소인 '되풀이 월조각'은 바탕소인 '토박이 월조각'6)에 앞설 수 없는 일반적 제약을 보인다. 같은 꼴 되풀이법이 적용되어 같은 월조각이 두 번 이상 나타날 때에도 언제든지 맨 앞에 놓이는 것이 토박이 월조각에 해당된다.

─────────────

6) 되풀이가 적용되는 본디 월조각을 '토박이 월조각'이라 하고, 되풀이된 월조각을 '되풀이 월조각'이라 하기로 한다.

월조각의 되풀이법은 되풀이되는 월조각의 꼴에 따라 '같은 꼴 되풀이법' 과 '비슷한 꼴 되풀이법'으로 가를 수 있다. 곧, 토박이 월조각과 꼭 같은 꼴을 되풀이하는 방법이 같은 꼴 되풀이법이며, 토박이 월조각에서 토씨나 씨끝을 줄이거나 변형시킨, 비슷한 형태의 월조각을 되풀이하는 방법이 비슷한 꼴 되풀이법이다. (3)에서 ㄱ이 같은 꼴 되풀이법의 보기이며, ㄴ이 비슷한 꼴 되풀이법의 보기이다.

> (3) ㄱ. **돈이**, **돈이** 문제이다.
>   ㄴ. 밥을 **먹어라**, **먹어**.

어떤 월조각은 되풀이될 때, 한두 번에 국한되지 않고 여러 번 되풀이되 기도 한다. 그렇다고 해서 실제 발화에서 무제한으로 되풀이되어 쓰이지는 않는다. (4)에서 ㄱ은 임자말에 같은 꼴 되풀이법이 여러 번 적용될 수 있음을 보여 주는 보기이며, ㄴ은 풀이말에 비슷한 꼴 되풀이법이 여러 번 적용될 수 있음을 보여 주는 보기이다.

> (4) ㄱ. **돈이**, **돈이**, **돈이**, … 문제이다.
>   ㄴ. 밥을 **먹어라**, **먹어** ….

되풀이되는 월조각의 되풀이 횟수는 월을 발화하는 사람의 표현 의도에 따라 결정되는데, (4)를 간결하게 나타내면 다음과 같다.

> (5) ㄱ. **돈이**^{n} 문제이다.
>   ㄴ. 밥을 **먹어라**, **먹어**^{n}.

월조각이 되풀이될 때, 토박이 월조각과의 연결되는 방식에 따라 직접 연결되는 방식과, 사이에 다른 월조각이 놓인 다음에 연결되는 간접 연결 방식이 있는데, 앞의 것을 잇달음법[連續法]이라 하고, 뒤의 것을 떨어짐법[分離

法]이라 할 수 있다. 떨어짐법에서는 되풀이되는 월조각이 항상 풀이말의 뒤에만 놓여야 하는 제약이 따른다. 만일 이 제약이 지켜지지 않으면 부적격한 월이 되는데, (7)에서 ㄷ은 되풀이되는 월조각이 풀이말 뒤에 놓이지 않았기 때문에 부적격한 월이 되었다. (6)과 (7)의 ㄱ은 잇달음법에 해당되며, ㄴ은 떨어짐법에 해당된다.

(6) ㄱ. **돈이**, **돈이** 문제이다.
　　ㄴ. **돈이** 문제이다, **돈이**.

(7) ㄱ. **철수가**, **철수가** 학교에 간다.
　　ㄴ. **철수가** 학교에 간다, **철수가**.
　　ㄷ. ***철수가** 학교에 **철수가** 간다.

잇달음법과 떨어짐법은 쓰임과 뜻에서 차이를 보이는 일이 있다. 잇달음법은 되풀이되는 월조각을 강조하는 경우와 흥미를 끌기 위해 관심 집중을 필요로 하는 경우, 말거리[話題]를 보일 때, 적당한 말거리가 생각나지 않아 말거리를 찾고자 할 때 쓰이며, 떨어짐법은 강조하는 경우에만 쓰인다. 이 둘은 생산성에서도 차이를 보여, 일반적으로 잇달음법은 제약 없이 생산적으로 쓰이는 데 비하여 떨어짐법은 제약이 따른다.[7]

위에서 살핀 바와 같이, 월조각의 되풀이법은 한 월 안에서의 통사적 짜임새에 관한 문제이며, 사용되는 장면에 제약 없이 주로 입말에서 쓰인다. 형태적 특성에 따라 같은 꼴 되풀이법과 비슷한 꼴 되풀이법으로 나뉘며, 연결 방식에 따라 잇달음법과 떨어짐법으로 나뉜다.

---

7) 잇달음법과 떨어짐법의 쓰임 차이에 관하여는 3.에서 논의하기로 하며, 생산성의 차이에 관하여는 4.에서 논의하기로 한다.

3. 월조각 되풀이법의 기능

한 월 안에서 월을 짜 이루고 있는 월조각을 잇달음법이나 떨어짐법에 따라 되풀이함으로써 말할이가 들을이에게 표현하고자 하는 내용을 다양하게 전달할 수 있다.[8] 이 장에서는 월조각의 되풀이법이 어떠한 기능을 가지는가, 곧 되풀이법이 하는 일에 관하여 살피기로 한다.

첫째, 말할이가 월에서 강조하고자 하는 월조각을 되풀이하는 경우로, 되풀이되는 월조각에 대한 강조가 바로 월조각 되풀이법의 제1차적 기능이다. 잇달음법이나 떨어짐법 모두 강조하고자 하는 월조각에 덧붙어, 되풀이되는 월조각인 토박이 월조각의 의미를 강화시키는 강조법의 기능을 담당한다.

(8) ㄱ. **철수가**, **철수가** 집에 왔어요. / **철수가** 집에 왔어요, **철수가**.
    ㄴ. 철수가 **집에**, **집에** 왔어요. / 철수가 **집에** 왔어요, **집에**.
    ㄷ. 철수가 집에 **왔어요, 왔어**.

(8)의 ㄱ에서는 월의 임자말인 '철수가', ㄴ에서는 어찌말인 '집에'가, ㄷ에서는 풀이말인 '왔어요'가 강조되었음을 알 수 있다. 곧 잇달음법이건 떨어짐법이건 상관없이 되풀이됨으로 말미암아 토박이 월조각이 강조되는 특성을 보인다.

둘째, 말할이가 들을이에 대하여 관심을 집중시키거나 흥미를 끌기 위해 되풀이하는 경우로, 이때에는 잇달음법만 가능하고 떨어짐법은 해당하지 않는다.

(9) ㄱ. **있잖아**, **있잖아**, 내가 어제 극장에 갔었다.
    ㄴ. ***있잖아**, 내가 어제 극장에 갔었다, **있잖아**.

---

8) 그렇기 때문에 되풀이법은 국어학에서보다는 문체법의 영역에서 더 많은 관심을 보였다고 할 수 있다.

(9)′ ㄱ. **그런데 말이야**, **그런데 말이야**, 그 영화가 아주 재미있었어.
　　　ㄴ. ***그런데 말이야**, 그 영화가 아주 재미있었어, **그런데 말이야**.

　(9)와 (9)′에서 되풀이된 월조각 '있잖아'와 '그런데 말이야'는 들을이에게 어떤 내용을 전달하기 위한 뜻을 가지고 있는 것이 아니라 들을이에 대한 관심 집중이나 주의 환기를 위한 기능, 곧 상황적 기능을 가진다. 그렇더라도 되풀이 자체가 강조와 관련이 없는 것은 아니며 기본적으로 강조를 바탕으로 하고 있다. 두 ㄴ이 부적격한 것은 바로 (9)와 (9)′에서의 되풀이가 제1차적으로 말할이가 들을이에게 주의를 환기시키거나 관심을 끌어들이기 위한 것이기 때문에 발화 앞에서만 되풀이될 뿐이다. 따라서 (9)에서 '있잖아'와 '그런데 말이야'는 떨어짐법 되풀이가 불가능하다.

　셋째, 시어(詩語)나 음악의 가사(歌詞)에서 주로 쓰이는 되풀이법으로, 되풀이되는 월조각을 되풀이함으로 말미암아 운율(韻律)이 생기게 된다. 이 경우에도 되풀이 자체가 강조와 관련이 없는 것은 아니며 기본적으로 강조를 바탕으로 하고 있다. 따라서 시나 음악에서의 월조각 되풀법은 강조를 바탕으로 한 아름다움을 추구하기 위한 기능을 가진다고 할 수 있다. 이 용법에서는 잇달음법만 가능하고 떨어짐법은 불가능하다.

(10) ㄱ. **아리랑**, **아리랑** 아라리오.
　　　ㄴ. ***아리랑** 아라리오, **아리랑**.

(10)′ ㄱ. **사랑**, **사랑**, **사랑**, **사랑**, **사랑**, 사랑의 꽃이로구나.[9]
　　　ㄴ. ***사랑**, 사랑의 꽃이로구나, **사랑**, **사랑**, **사랑**, **사랑**.

　넷째, 말할이가 들을이에게 발화할 때, 적당한 말거리를 찾지 못한 경우에 월조각의 되풀이법을 쓴다. 곧 적당한 말거리를 찾기 위한 기능이라고

---

9) 여기에서의 '사랑'은 매김말[冠形語] '사랑의'의 되풀이가 아니라 맨 앞의 '사랑'이 홀로말[獨立語]의 보임말[提示語]로(최현배, 1971 : 784~785), 보임말인 '사랑'이 되풀이된 것이다.

하겠다. 이때에도 되풀이 자체가 강조와 관련이 없는 것은 아니며 기본적으로 강조를 바탕으로 하고 있다. 이와 같은 쓰임은 현실 발화에서 자주 나타나는데, 이는 생각해 가면서 발화할 때, 생각이 미처 발화를 따라가지 못하는 경우에 일어난다. 이때에도 잇달음법은 가능하지만 떨어짐법은 불가능하다.

(11) ㄱ. <u>**그러니까**</u>, <u>**그러니까**</u>, 철수가 학교에 가지 않았지?
　　　ㄴ. *<u>**그러니까**</u>, 철수가 학교에 가지 않았지, <u>**그러니까**</u>?

(11)′ ㄱ. **왜냐하면**, **왜냐하면**, 내일은 공휴일이야.
　　　ㄴ. ***왜냐하면**, 내일은 공휴일이야, **왜냐하면**.

(11)″ ㄱ. <u>**에**</u>, <u>**에**</u>, 내일은 학교에 오지 마십시오.
　　　ㄴ. *<u>**에**</u>, 내일은 학교에 오지 마십시오, <u>**에**</u>.

(11)~(11)″에서 '그러니까', '왜냐하면', '에' 다음에 생각이 잘 떠오르지 않을 때, 가능한 방법으로는 여러 가지가 있을 수 있다. 곧 긴 쉼이 놓인다거나, 다른 형태의 의미 없는 표현을 덧붙인다거나, 같은 꼴을 되풀이하는 방법이 있을 수 있다. 위 보기에서는 같은 꼴을 되풀이한 경우에 해당한다.[10]

위에서 살핀 바와 같이, 월조각 되풀이법의 기능은 '뜻 강화', '관심 집중이나 주의 환기', '아름다움 추구', '말거리를 찾고자 함' 등이며, 모든 월조각 되풀이는 기본적으로 강조를 바탕으로 한다. 잇달음법은 모든 기능을 다 표시할 수 있으나, 떨어짐법은 '뜻 강화'의 기능만을 표시할 수 있음을 살펴보았다.

---

10) 만일 '그러니까'를 강조하기 위하여 되풀이한 경우라면 떨어짐법인 (11ㄴ)도 적격한 월이 된다.

4. 월조각에 따른 되풀이법의 구조적 특성

월조각에 관하여는, 그 종류에 있어서 연구 논저마다 조금씩 견해 차이를 보이기도 하지만,[11] 이 글에서는 월조각의 종류를 어떻게 가르느냐, 어느 것을 월조각에 포함시키느냐, 곧 어떤 기준에 따라서 월조각을 선정하고 분류하느냐의 문제를 다루는 것이 아니기 때문에 대체로 최현배(1971)에서 설정된 월조각을 바탕으로 논의하기로 한다.

최현배(1971)에서는 월조각을 임자말·풀이말·부림말·기움말·어찌말·매김말·홀로말로 갈랐는데, 여기서는 이를 바탕으로 각 월조각들에서 되풀이법이 어떻게 실현되는가를 살펴, 그 구조적 특성을 밝히기로 한다.

4.1. 풀이말의 되풀이법

우리말은 월조각 중에서 풀이말의 기능 부담성이 가장 크기 때문에 풀이말의 되풀이법을 먼저 다루기로 한다.

풀이말의 되풀이에는 잇달음법만 적용될 수 있을 뿐이고, 떨어짐법은 적용될 수 없는 특성을 보인다.[12] 왜냐하면, 월을 짜 이루는 월조각의 자리잡기에서 풀이말이 맨 끝에 놓이는 것이 정상적인 배열 순서인데, 이 풀이

---

11) 이를테면, 기움말[補語]을 월조각의 한 종류로 보는 연구 논저도 있고, 그렇지 않은 연구 논저도 있으며, 기움말을 설정하는 연구 논저에서도 그 대상에서 차이를 보이기도 한다.
12) 풀이말을 꾸미는 어찌말과 함께 되풀이될 때, 다음 보기와 같이 꼴로는 떨어짐법 되풀이에 해당하는 것처럼 보인다.

철수가 밥을 많이 **먹는다**, 많이 **먹어**.
날씨가 매우 **좋다**, 매우 **좋아**.

그러나 이는 풀이말만의 되풀이가 아니라 '어찌말+풀이말'이란 통사적 짜임의 잇달음법 되풀이에 해당한다.

철수가 밥을 **많이 먹는다**, **많이 먹어**.
날씨가 **매우 좋다**, **매우 좋아**.

말을 반복하는 경우에 되풀이되는 월조각이 풀이말 뒤에 놓여야 하기 때문이다. 곧 우리말에서 되풀이법이 적용될 때, 되풀이 월조각이 토박이 월조각보다 앞설 수 없는 일반적 제약 때문이다. 다시 말해서 떨어짐법이 적용되려면 토박이 풀이말과 되풀이 풀이말 사이에 다른 월조각이 놓여야 하지만, 풀이말은 월의 끝에 놓여서 되풀이 풀이말이 토박이 풀이말 바로 뒤에 연결되기 때문이다.

풀이말이 되풀이될 때, 같은 꼴 되풀이법이 적용될 수 있는 경우는 극히 드물고, 비슷한 꼴 되풀이법이 적용되는 것이 일반적이다. 곧 꼭 같은 형태의 풀이말이 거듭 되풀이되는 일은 극히 드물고, 대체로 씨끝의 꼴이 조금씩 달라진 형태로 되풀이된다.

모든 종류의 월에 풀이말 되풀이법이 적용되어 이루어지는 풀이말 되풀이 월의 기본 짜임새를 틀로 나타내면 다음과 같다.

[임자말 + … + 풀이말]월
→[[임자말 + … + 풀이말]$_{토풀}$, [풀이씨 뿌리 + … −어]$_{되풀}$]$_{되풀이월}$

먼저 같은 꼴 되풀이법이 적용될 수 있는 보기부터 살피기로 한다. 풀이말이 움직씨나 그림씨이고,[13] 마침씨끝이 반말의 '−어'이며, 풀이씨의 뿌리에 마침씨끝이 직결된 풀이말일 때, 되풀이법이 적용된다면 같은 꼴로 되풀이된다.

(12) ㄱ. 밥을 많이 **먹어**, **먹어**.
ㄴ. 오늘 기분이 **좋아**, **좋아**.

이때 토박이 풀이말 다음에 ㄱ에서 끊음(↓)의 말가락과 약간의 쉼[休止]이 놓이고, ㄴ에서 내림(↘)의 말가락과 약간의 쉼이 놓이게 되면 한 월이 아니

---

13) 풀이말이 잡음씨 '이다'이면 되풀이될 때 '이다'만 홀로 독립해서 쓰일 수 없다. 이에 대하여는 뒤쪽에서 논의하기로 한다.

라 두 월로 이해되지만, (12)에서는 토박이 풀이말 다음에 긂(→)의 말가락
이 놓이고 쉼이 극히 짧거나 없기 때문에 되풀이 풀이말이 토박이 풀이말에
바로 이어지게 되므로 하나의 월에 해당한다.

　풀이씨의 뿌리와 '-어' 사이에 주체높임의 '-으시-'나 때매김의 '-었-'
과 '-겠-'이 결합되어 있으면, 같은 꼴 되풀이법이 적용될 수도 있고, 비슷
한 꼴 되풀이법이 적용될 수도 있어 수의적이 된다.

　　(13) ㄱ. 선생님께서 학교에 **가셔, 가셔**.
　　　　ㄴ. 선생님께서 학교에 **가셔, 가**.

　　(13)′ ㄱ. 철수가 학교에 **갔어, 갔어**.
　　　　ㄴ. 철수가 학교에 **갔어, 가**.

　　(13)″ ㄱ. 철수가 학교에 **가겠어, 가겠어**.
　　　　ㄴ. 철수가 학교에 **가겠어, 가**.

　(13)~(13)″에서 ㄱ은 같은 꼴 되풀이법이 적용된 보기이고, ㄴ은 비슷한
꼴 되풀이법이 적용된 보기인데, 모두 적격한 월이 되었다.

　그러나 때매김의 '-더-'가 풀이씨 뿌리에 결합된 경우에는 되풀이 풀이
말에서 '-더-'는 되풀이되지 않기 때문에 같은 꼴 되풀이법은 적용되지 않
는다. 따라서 '-더-'가 되풀이 풀이말에 나타난 (14)의 ㄱ은 부적격한 월이
된다.

　　(14) ㄱ. *철수가 학교에 **가데, 가데**.
　　　　ㄴ. 철수가 학교에 **가데, 가**.

　곧 주체높임의 '-으시-'와 때매김의 '-었-', '-겠-', '-더-'가 풀이씨의
뿌리에 결합된 풀이말인 경우에 되풀이 풀이말에서 '-더-'는 실현될 수 없
지만 그 밖의 것은 수의적으로 실현 가능하다. 되풀이 풀이말에 '-더-'가

실현되지 않은 아래 보기들은 적격한 월이 된다.

(15) ㄱ. 철수가 학교에 **가더라**, **가**.
ㄴ. 철수가 학교에 **가더군요**, **가**.
ㄷ. 철수가 학교에 **가더이다**, **가**.
ㄹ. 철수가 학교에 **갑디다**, **가**.

(12)와 (13ㄱ)의 보기와 같이 마침씨끝이 반말의 '-어'이며, 주체높임의 '-으시-'와 때매김의 '-었-', '-겠-'이 풀이씨의 뿌리에 결합되는 경우와 풀이씨 뿌리에 '-어'가 직결되는 경우를 제외하고는 같은 꼴 되풀이법이 적용될 수 없다.

토박이 풀이말의 마침씨끝이 '-어' 이외인 경우에는 들을이높임의 정도나 의향법의 종류에 관계없이 되풀이 풀이말의 마침씨끝은 '-어'로 끝나는 것이 자연스럽다. 들을이높임의 정도가 '-어'와 같은 다른 반말의 마침씨끝에 해당하더라도 되풀이 풀이말의 마침씨끝으로는 '-어'로 끝맺는 것이 일반적이다.

(16) ㄱ. 철수가 밥을 **먹지**, **먹어**?
ㄴ. 오늘 날씨가 **좋네**, **좋아**.
ㄷ. 오늘 날씨가 **좋군**, **좋아**.

만일 (16)에서 되풀이 풀이말이 토박이 풀이말과 꼭 같은 꼴로 되풀이되면 부자연스러워지는데, 자연스럽게 느껴지는 경우에는 두 월로 이해될 때이다. 곧 한 월로서의 (17)은 부적격해진다.

(17) ㄱ. *철수가 밥을 **먹지**, **먹지**?
ㄴ. *오늘 날씨가 **좋네**, **좋네**.
ㄷ. *오늘 날씨가 **좋군**, **좋군**.

이처럼 '-어' 이외의 반말 마침씨끝은 되풀이될 때, 그 꼴을 그대로 유지할 수 없어서 '-어' 이외의 반말 마침씨끝으로 끝나는 풀이말은 비슷한 꼴 되풀이법만 적용될 수 있다.

또한 반말 이외의 들을이높임 등분에 해당하는 마침씨끝으로 끝맺는 풀이말도 되풀이 풀이말의 마침씨끝은 '-어'로 끝나는 것만 자연스럽다.[14]

> (18) ㄱ. 네 말이 **맞다**, **맞아**. / *맞다.
>   ㄴ. 자네 말이 **맞네**, **맞아**. / *맞네.
>   ㄷ. 당신 말이 **맞소**, **맞아**. / *맞소
>   ㄹ. 선생님 말씀이 **맞습니다**, **맞아**. / *맞습니다.
>   ㅁ. 선생님 말씀이 **맞아요**, **맞아**. / *맞아요

의향법에서도 토박이 풀이말이 서술법, 물음법, 꾀임법, 시킴법이냐에 관계없이 되풀이 풀이말의 끝이 '-어'여야만 적격해진다. (19)는 들을이높임의 정도가 아주낮춤에 해당되지만 되풀이 풀이말의 끝은 아주낮춤 마침씨끝으로 끝나지 않는다. 만일 토박이 풀이말의 마침씨끝과 꼭 같은 마침씨끝으로 실현된다거나 다른 꼴의 아주낮춤 마침씨끝으로 실현된다면 부적격해진다.

> (19) ㄱ. 철수가 학교에 **간다**, **가**. / *간다.
>   ㄴ. 철수야, 학교에 **가려무나**, **가**. / *가려무나.
>   ㄷ. 내가 학교에 **가마**, **가**. / *가마.
>   ㄹ. 철수가 학교에 **가는구나**, **가**. / *가는구나.
>   ㅁ. 철수가 학교에 **가니**, **가**? / *가니?
>   ㅂ. 철수야, 학교에 **가자**, **가**. / *가자.
>   ㅅ. 철수야, 학교에 **가거라**, **가**. / *가거라.

토박이 풀이말의 마침씨끝이 [+높임]에 해당하더라도 되풀이 풀이말의

---

14) 같은 꼴 되풀이법이 적용되면 (18)에서처럼 부적격하지만, 두 월로 이해되는 경우라면 적격하다.

마침씨끝 '-어' 다음에 들을이높임 토씨 '요'가 결합될 수는 없다. 따라서 '요'가 결합되면 부적격한 월이 되는데, 만일 '요'가 결합되더라도 자연스럽다면 그 때는 한 월이 아니라 두 월로 이해된다.

(20) ㄱ. 철수가 밥을 **먹습니다**, 먹어. / *먹어요
     ㄴ. 철수가 밥을 **먹으오**, 먹어. / *먹어요
     ㄷ. 철수가 밥을 **먹어요**, 먹어. / *먹어요

이처럼 되풀이 풀이말에 '요'가 결합되지 않는 것이 훨씬 자연스러운 것은 풀이말을 되풀이한다는 것이 월을 되풀이하는 것과는 다르기 때문이다. 곧 한 월이므로 이미 토박이 풀이말에 들을이높임의 정도가 표시되어 있기 때문에 되풀이 풀이말에 별도의 높임 표시가 필요 없게 된다. 만일 (20)의 보기들이 각각 두 월로 이루어졌다면 되풀이 풀이말 자리에 높임의 마침씨끝이 놓여야 하거나, '-어' 뒤에 '요'가 결합되어야만 월 사이의 높임의 호응 관계가 맞게 된다. 그러나 (20)의 보기들은 한 월이기 때문에 들을이에 대한 높임의 정도는 토박이 풀이말에만 표시되는 것으로 충분하다고 판단되어 되풀이 풀이말에는 별도로 들을이높임의 정도를 표시할 필요가 없게 된다.

위에서 살핀 바와 같이, 토박이 풀이말의 마침씨끝이 반말의 '-어'이며, '-어'가 풀이씨의 뿌리에 직결되면 같은 꼴 되풀이법이 적용되고, 풀이씨 뿌리와 '-어' 사이에 '-더-'를 제외한 때매김씨끝이나 주체높임의 '-으시-'가 결합되면 수의적으로 같은 꼴 되풀이법이 적용될 수 있으며, 그 밖의 경우에는 비슷한 꼴 되풀이법이 적용된다.

풀이말이 잡음씨인 경우에는 '이다'와 '아니다'가 있는데, '이다'가 풀이말이면 '이다' 자체만은 되풀이될 수 없다. 그 이유는 '이다'가 자립성이 없어 반드시 기움말의 도움을 받아야 하기 때문이다. '아니다'가 풀이말인 경우에는 '아니다'만 되풀이될 수 있다. 이는 '아니다'가 '이다'보다는 자립성

이 훨씬 커서 독립적으로 쓰일 수 있기 때문이다.

> (21) ㄱ. *철수는 학생<u>이다</u>, <u>이야</u>.
>   ㄴ. 철수는 학생이 <u>아니다</u>, <u>아니야</u>.

풀이말이 '이다'인 경우에 '이다'만이 되풀이되면 위와 같이 부적격해지기 때문에 '이다'가 되풀이되기 위해서는 반드시 기움말이 함께 되풀이되어야 한다. 곧 (21ㄱ)이 적격한 월이 되려면 '철수는 학생이다, 학생이야'로 되풀이되어야 한다.

잡음씨 중에서 '아니다'일 때, 같은 꼴 되풀이법과 비슷한 꼴 되풀이법의 적용 가능성 여부는 움직씨나 그림씨로 이루어진 풀이말의 되풀이법과 꼭 같다. 이를테면, 토박이 풀이말의 마침씨끝이 반말의 '-어'인 경우에 국한하여 같은 꼴로 되풀이되며, 그 밖의 반말 마침씨끝이거나 다른 등분의 마침씨끝인 경우에는 비슷한 꼴로만 되풀이된다. (22)가 같은 꼴 되풀이법에 해당하며, (22)′가 비슷한 꼴 되풀이법에 해당한다. (22)′에 같은 꼴 되풀이법이 적용되면 부적격한 월이 되지만, 두 월이라면 적격한 월이 되기도 한다.

> (22) 이것이 정답이 <u>아니야</u>, <u>아니야</u>.

> (22)′ ㄱ. 이것이 정답이 <u>아니지</u>, <u>아니야</u>. / *<u>아니지</u>.
>   ㄴ. 이것이 정답이 <u>아니네</u>, <u>아니야</u>. / *<u>아니네</u>.
>   ㄷ. 이것이 정답이 <u>아니군</u>, <u>아니야</u>. / *<u>아니군</u>.

마침씨끝이 반말의 '-어'인 경우라도 '아니-'에 '-어'가 바로 결합될 때에만 같은 꼴로 되풀이되고, 때매김씨끝 '-었-'-과 '-겠-'이나 주체높임의 '-으시-' 다음에 결합되는 경우에는 같은 꼴로 되풀이되거나 비슷한 꼴로 되풀이된다. 그러나 비슷한 꼴로 되풀이되는 것이 같은 꼴로 되풀이되는 것보다 훨씬 더 자연스럽다.

(23) ㄱ. 이것이 정답이 **아니겠어**. / **아니야**.
　　 ㄴ. 이것이 정답이 **아니었어**. / **아니야**.
　　 ㄷ. 저분이 선생님이 **아니셔**. / **아니야**.

때매김의 '-더-' 다음에 결합될 때는 비슷한 꼴로만 되풀이된다.

(24) ㄱ. *이것이 정답이 **아니더라, 아니더라**.
　　 ㄴ. 이것이 정답이 **아니더라, 아니야**.

토박이 풀이말이 반말 마침씨끝 '-어' 이외의 마침씨끝인 경우에는 비슷한 꼴로만 되풀이된다. 토박이 풀이말의 마침씨끝이 무엇이든지, 곧 의향법이나 들을이높임 정도에 관계없이 되풀이 풀이말로는 '아니야'로 실현된다.

풀이말 중에서 이름씨에 풀이씨 파생씨끝 '-지다', '-답다', '-스럽다', '-롭다', '-하다' 따위가 결합되어 이루어진 풀이말이 되풀이될 때, 그 풀이말 자체의 같은 꼴이나 비슷한 꼴이 되풀이되어 여느 풀이말의 되풀이법과 차이가 없으나, 일부는 풀이말 안의 이름씨만 되풀이되더라도 적격한 경우가 있다.

(25) ㄱ. 삼각형은 세모졌다. 세모졌어.
　　　 삼각형은 세모졌다. **세모**
　　 ㄴ. 철수는 사람답다, 사람다워.
　　　 철수는 사람답다, **사람**.
　　 ㄷ. 너 참 복스럽다, 복스러워.
　　　 너 참 복스럽다, **복**.
　　 ㄹ. 너 참 슬기롭구나, 슬기로워.
　　　 너 참 슬기롭구나, **슬기**.
　　 ㅁ. 철수는 요즘 운동한다, 운동해.
　　　 철수는 요즘 운동한다, **운동**.

파생풀이씨로 이루어진 풀이말이 되풀이될 때, 파생씨끝까지 되풀이되는 것이 일반적이지만, (25)와 같이 이름씨 부분만 되풀이되더라도 자연스럽게 느껴진다. 그 까닭은 풀이말에 포함된 이름씨의 자립성에 이끌려, 이를 독립된 단위로 생각하기 때문이 아닌가 추정된다. 그러나 파생씨끝까지 되풀이되는 것이 훨씬 더 자연스럽다. 특히 '하다'인 경우에는 '하다' 그 자체도 으뜸풀이씨인지, 파생씨끝인지 식별하기가 곤란한 경우가 생기기도 하는데, 이때에도 이름씨 부분만 되풀이되더라도 자연스럽다. 같은 이유에서 이름씨와 풀이씨가 결합되어 합성풀이씨를 이루는 경우에도 이름씨만 되풀이되어도 (26)과 같이 자연스럽게 된다.[15]

(26) ㄱ. 철수야, 네가 **인심써라**, **인심**.
ㄴ. 우리 모두 공부에 **힘쓰자**, **힘**.
ㄷ. 철수가 **상탔어**, **상**.
ㄹ. 철수가 **떼쓴다**, **떼**.
ㅁ. 철수가 **춤춘다**, **춤**.
ㅂ. 난 철수한테 **정떨어졌어**, **정**.
ㅅ. 이제는 **마음놓아라**, **마음**.

이름씨와 풀이씨가 결합되어 이루어진 합성풀이씨로 이루어진 풀이말도 그 전체가 되풀이되는 것이 적격하지만, (26)과 같이 이름씨 부분만 되풀이되기도 하는데, 그렇게 되면 (27)과 같이 합성풀이씨가 통사적 짜임새로 바뀌어, 부림말의 이름씨 부분이 해당하는 월조각의 되풀이법과 같아지게 된다.[16]

(27) ㄱ. 철수야, 네가 **인심** 써라, **인심**.
ㄴ. 우리 모두 공부에 **힘** 쓰자, **힘**.
ㄷ. 철수가 **상** 탔어, **상**.

---

15) (26)의 보기들은 최현배(1971)에서 가진겹씨의 보기로 든 풀이씨를 형태 변화시켜 인용한 것들이다.
16) (27ㅂ)은 '정떨어지다'가 '정이 떨어지다'로 바뀌어 '정이'가 임자말에 해당한다.

ㄹ. 철수가 **떼** 쓴다, **떼**.
ㅁ. 철수가 **춤** 춘다, **춤**.
ㅂ. 난 철수한테 **정** 떨어졌어, **정**.
ㅅ. 이제는 **마음** 놓아라, **마음**.

지움월에서의 풀이말이 되풀이되는 현상을 보면, 단순(안)-지움이건 능력 (못)-지움이건 상관없이 짧은 지움월에서는 풀이말만이 되풀이되는 것이 아 니라 지움말과 함께 되풀이되는 특성을 보인다. 지움말이 되풀이되지 않은 채 풀이말만 되풀이된다면 부적격한 월이 된다.

(28) ㄱ. 철수가 밥을 **안 먹는다**, **안 먹어**. / **못 먹는다**, **못 먹어**.
ㄴ. *철수가 밥을 **안 먹는다**, 먹어. / ***못 먹는다**, 먹어.

지움말인 '안'은 어찌말로서 풀이말을 꾸며 주기 때문에 풀이말이 되풀이 될 때에는 꾸며 주는 월조각인 어찌말까지 되풀이되는 것으로 일반화할 수 는 없다. 왜냐하면 '안' 이외에 풀이말을 꾸며주는 어찌말이 있는 경우에 풀 이말만 되풀이되더라도 적격해지는 일이 있기 때문이다.

(29) ㄱ. 오늘 날씨가 참 **좋다**, **좋아**.
ㄴ. 밥을 빨리 **먹어라**, **먹어**.

따라서 풀이말 앞에서 풀이말을 꾸며 주는 어찌말 중에서 지움말인 '안' 과 '못'은 반드시 풀이말과 함께 되풀이되어야 함을 알 수 있다.
긴 지움월에서도 풀이말과 아울러 지움말도 함께 되풀이되어야 적격한 월이 되며, 풀이말이나 지움말만 되풀이되면 부적격한 월이 된다.

(30) ㄱ. 철수가 밥을 **먹지 않는다**, **먹지 않아**. / **먹지 못한다**, **먹지 못해**.
ㄴ. *철수가 밥을 **먹지** 않는다, 먹어. / ***먹지** 못한다, 먹어.
ㄷ. *철수가 밥을 먹지 **않는다**, **않아**. / ***못한다**, **못해**.

‘말–’ 지움월에서도 되풀이될 때에는 긴 지움월의 되풀이에서와 꼭 같다.

    (31) ㄱ. 학교에 **가지 마라, 가지 마**.
         ㄴ. *학교에 가지 **마라, 마**.
         ㄷ. *학교에 가지 **마라, 가**.

이와 같이 지움월에서는 지움말과 더불어 풀이말이 되풀이되어야 하는데, ‘–지 아니하다’와 ‘–지 말다’인 경우에 ‘아니하다’와 ‘말다’만은 되풀이될 수 없다. 그 까닭은 ‘아니하다’와 ‘말다’가 의존형식으로 자립성이 없기 때문이다.

일반적으로 도움움직씨와 통합된 풀이말이 되풀이될 때, (32)와 같이 도움움직씨만 홀로 되풀이될 수 없는 것도 같은 이유에서이다.

    (32) ㄱ. *철수가 그릇을 깨뜨려 **버렸다, 버렸어**.
         ㄴ. *날이 점점 어두워 **온다, 와**.
         ㄷ. *하루 세끼는 먹어야 **한다, 해**.

도움풀이씨가 통합된 풀이말에서 으뜸움직씨만 되풀이되는 것도 허용되지 않으며, 반드시 으뜸움직씨와 도움움직씨가 함께 되풀이되어야 한다.

    (33) ㄱ. *철수가 그릇을 **깨뜨려** 버렸다, **깨뜨려**.
         ㄴ. 철수가 그릇을 **깨뜨려 버렸다, 깨뜨려 버렸어**.

    (33)′ ㄱ. *날이 점점 어두워 **온다, 와**.
         ㄴ. 날이 점점 **어두워 온다, 어두워 와**.

    (33)″ ㄱ. *하루 세끼는 먹어야 **한다, 해**.
         ㄴ. 하루 세끼는 **먹어야 한다, 먹어야 해**.

이처럼 으뜸움직씨와 도움움직씨로 짜여진 풀이말이 되풀이될 적에는 으뜸움직씨나 도움움직씨만이 되풀이되는 것은 아니고, 전체가 되풀이되어야 하는데, 그 까닭은 바로 도움움직씨가 자립성이 없기 때문이다.

4.2. 임자말의 되풀이법

임자말이 되풀이된 월은 임자말과 동일한 낱말이 홀로말의 보임말로 쓰인 월과 쉽게 구별이 안 되는 일이 있다. (34)에서 ㄱ은 임자말이 되풀이된 월이고, ㄴ은 맨 앞의 월조각이 홀로말 중 보임말에 해당하는 보기이다.

>   (34) ㄱ. **철수가**, **철수가** 학교에 간다.
>   ㄴ. **철수**, **철수가** 학교에 간다.

위 보기에서 ㄱ과 ㄴ의 차이는 맨 앞의 월조각에 임자자리토씨가 실현되어 있느냐 없느냐의 차이이지만, 이 차이에 대하여 이 두 월은 동일한 월로서 ㄴ은 ㄱ에서 임자자리토씨가 줄어서 이루어졌다고 보기에는 문제가 있다. 곧 ㄴ도 임자말이 되풀이된 월로서, 앞선 임자말에 토씨가 줄어든 것으로 볼 수는 없다는 점이다. 그 까닭을 보면 다음과 같다.

첫째, 동일 지시의 이름씨 중에 뒤에 놓이는 것을 대이름씨로 갈아 넣기 현상이 적용될 때, ㄱ과 ㄴ은 차이를 보인다는 점이다. (34)에서 ㄱ은 뒤에 놓인 '철수가'를 대이름씨로 갈아 넣을 수 없지만, ㄴ에서는 가능하기 때문에 ㄱ과 ㄴ을 같은 월로 보기 어렵다.

>   (35) ㄱ. *__철수가__, __그가__ 학교에 간다.
>   ㄴ. **철수**, __그가__ 학교에 간다.

둘째, (34)의 ㄱ과 ㄴ에서 두 번째 월조각인 '철수가'를 월의 끝자리로 옮기는 데 차이를 보인다는 점이다. 곧 ㄱ에서는 가능하지만, ㄴ에서는 불가능하기 때문에 같은 월로 보기 어렵다.

(36) ㄱ. **철수가** 학교에 간다, **철수가**.
     ㄴ. ***철수** 학교에 간다, **철수가**.

셋째, (34)의 ㄱ과 ㄴ은 두 번째 조각을 줄이는 데에서도 차이를 보인다는 점이다. 임자말의 되풀이인 ㄱ에서는 되풀이된 '철수가' 삭제되더라도 자연스러운 월이 되지만, ㄴ에서는 '철수가'가 삭제되면 부자연스러운 월이 되어 ㄱ과 ㄴ을 같은 월로 보기 어렵다.

위와 같은 차이로 말미암아 (34)의 ㄱ과 ㄴ을 서로 다른 월로 보고, 임자말의 되풀이법에서는 ㄴ을 제외하고 ㄱ만을 그 대상으로 다루기로 한다.[17]

임자말이 되풀이될 때에는 잇달음법과 떨어짐법이 모두 적용될 수 있으며, 적용 횟수에서도 한 번만 가능한 것이 아니라 여러 번 되풀이될 수 있다. 모든 종류의 월에 임자말 되풀이법이 적용되어 이루어지는 임자말 되풀이 월의 기본 짜임새를 틀로 나타내면 다음과 같다. ①은 잇달음법에 해당하고, ②는 떨어짐법에 해당한다.

[임자말 + … 풀이말]$_월$
①→[[임자말1]$_{토임}$, [임자말1]$_{되임}$ …[18] + … +풀이말]$_{임자말되풀이월}$
②→[[임자말1]$_{토임}$ + … +풀이말, [임자말1]$_{되임}$ …]$_{임자말되풀이월}$

임자말의 강조로 쓰이는 경우에는 잇달음법과 떨어짐법이 모두 적용될 수 있지만, 그 밖의 쓰임(들을이에 대한 관심 집중 따위)에서는 잇달음법만 적용될 수 있고 떨어짐법은 적용될 수 없기 때문에 임자말의 되풀이법에서는 잇달음법이 떨어짐법보다 생산성이 크다. (37)에서 ㄱ은 잇달음법에, ㄴ은 떨어짐법에 해당한다. ㄷ은 잇달음법이 여러 번 되풀이되었으며, ㄹ은 떨어짐

---

17) (34)의 ㄴ은 월조각의 되풀이법과는 관계없는 월로 본다. 다만 '철수'라는 낱말만이 되풀이되었을 뿐이고, '철수'와 '철수가'는 월조각의 종류가 다르다. 곧 '철수'는 홀로말에 해당하고, '철수가'는 임자말에 해당한다.
18) …는 임자말이 여러 번 되풀이됨을 나타낸다.

법이 여러 번 되풀이되었을 나타낸다.

> (37) ㄱ. <u>**철수가**</u>, <u>**철수가**</u> 학교에 간다.
> ㄴ. <u>**철수가**</u> 학교에 간다, <u>**철수가**</u>.
> ㄷ. <u>**철수가**</u>, <u>**철수가**</u>, … 학교에 간다.
> ㄹ. <u>**철수가**</u> 학교에 간다, <u>**철수가**</u>, ….

임자말이 되풀이될 때, 같은 꼴 되풀이법이 적용되는 것이 비슷한 꼴 되풀이법보다 훨씬 자연스럽다. 임자자리토씨가 토박이 임자말에 표지되어 있으면 되풀이 임자말에도 표지되는 것이 자연스럽고, 생략되어 있으면 되풀이 임자말에도 생략되는 것이 훨씬 자연스럽다. 토박이 임자말에는 임자자리토씨가 표지되어 있는데 되풀이 임자말에는 임자자리토씨가 표지되지 않거나, 토박이 임자말에는 임자자리토씨가 생략되어 있는데 되풀이 임자말에는 생략되어 있지 않는 등, 비슷한 꼴로 되풀이되면 부적격하거나 부자연스러운 월이 된다. 이는 잇달음법과 떨어짐법에 공통적으로 해당한다. (38)은 떨어짐법의 보기이고, (39)는 잇달음법의 보기에 해당한다.

> (38) ㄱ. <u>**철수가**</u> 학교에 간다, <u>**철수가**</u>.
> ㄴ. *<u>**철수가**</u> 학교에 간다, <u>**철수**</u>.
> ㄷ. <u>**철수**</u> 학교 간다, <u>**철수**</u>.
> ㄹ. *<u>**철수**</u> 학교 간다, <u>**철수가**</u>.

> (39) ㄱ. <u>**철수가**</u>, <u>**철수가**</u> 학교에 간다.
> ㄴ. *<u>**철수가**</u>, <u>**철수**</u> 학교에 간다.
> ㄷ. <u>**철수**</u>, <u>**철수**</u> 학교 간다.
> ㄹ. #[19]<u>**철수**</u>, <u>**철수가**</u> 학교 간다.

임자말에 임자자리토씨가 결합되지 않고 도움토씨가 결합된 경우에도 임

---

19) #은 적격한 월이지만 임자말 되풀이법 월로는 부적격함을 나타낸다.

자자리토씨가 결합된 경우의 되풀이법과 마찬가지로 되풀이 임자말에 도움
토씨가 실현되어야 적격한 월이 된다.

(40) ㄱ. <u>**철수는/도/만/까지**</u>, <u>**철수는/도/도/만**</u> 학교에 간다.
　　ㄴ. *<u>**철수는/도/만/까지**</u>, <u>**철수**</u> 학교에 간다.
　　ㄷ. <u>**철수는/도/만/까지**</u> 학교에 간다, <u>**철수는/도/만/까지**</u>.
　　ㄹ. *<u>**철수는/도/만/까지**</u> 학교에 간다, <u>**철수**</u>.

이름마디가 임자말로 쓰인 월에서의 되풀이법을 보면, 임자마디 전체가
되풀이될 때에는 잇달음법이나 떨어짐법이 모두 적용될 수 있다. 그러나 이
름마디 안에서의 임자말은 되풀이될 때 잇달음법만 적용 가능하다. 이와 같
은 까닭은 이름마디를 구성하는 월조각들은 이름마디 안에서만 영향을 미
칠 수 있기 때문이다. 곧 이름마디 안의 월조각은 이름마디를 벗어난 자리
로 되풀이될 수는 없다. 또한 임자말의 되풀이법과 마찬가지로 같은 꼴 되
풀이법은 적용될 수 있지만 비슷한 꼴 되풀이법은 적용될 수 없다.

(41) ㄱ. <u>**비가 자주 옴이**</u>, <u>**비가 자주 옴이**</u> 농사에 좋다.
　　ㄴ. <u>**비가 자주 옴이**</u> 농사에 좋다, <u>**비가 자주 옴이**</u>.
　　ㄷ. <u>**비가**</u>, <u>**비가**</u> 자주 옴이 농사에 좋다.
　　ㄹ. *<u>**비가**</u> 자주 옴이 농사에 좋다, <u>**비가**</u>.

매인이름씨로 이루어진 비자립성 임자말에 되풀이법이 적용되면, 임자말
을 꾸며 주는 매김말까지 함께 되풀이되어야 적격한 월이 된다. 이 때 임자
말만 되풀이되면 잇달음법이나 떨어짐법 모두 부적격한 월이 된다. 이와 같
은 이유는 임자말만으로는 자립성이 없고 반드시 매김말에 의지해야만 하
기 때문이다.

(42) ㄱ. <u>**둥근 것이**</u>, <u>**둥근 것이**</u> 공이다.
　　ㄴ. *둥근 <u>**것이**</u>, <u>**것이**</u> 공이다.

ㄷ. <u>둥근 것이</u> 공이다, <u>둥근 것이</u>.
ㄹ. 둥근 <u>것이</u> 공이다, <u>것이</u>.

자립성이 있는 임자말 앞에 매김말이 있을 때에는 잇달음법에서는 임자말만 되풀이되어도 적격한 월이 된다. 그러나 떨어짐법에서는 매김말과 함께 되풀이되어야 적격한 월이 되며, 임자말만 되풀이되면 부적격한 월이 된다.

(43) ㄱ. <u>예쁜 여자가</u>, <u>예쁜 여자가</u> 집에 왔어.
ㄴ. 예쁜 <u>여자가</u>, <u>여자가</u> 집에 왔어.
ㄷ. <u>예쁜 여자가</u> 집에 왔어, <u>예쁜 여자가</u>.
ㄹ. *예쁜 <u>여자가</u> 집에 왔어, <u>여자가</u>.

(43)의 ㄱ과 같이 임자말이 매김말과 함께 되풀이되는 것과 ㄴ과 같이 임자말만 되풀이되는 것은 차이를 보인다. 곧 강조의 범위에서 차이를 보여, ㄱ에서는 '예쁜 여자가' 강조되었지만 ㄴ에서는 '여자가'만 강조되었다. ㄹ이 부적격한 까닭은 월조각이 다른 자리로 이동할 때, '매김말+임자말'의 짜임새는 하나의 단위로 작용하는 데에 기인하는 것으로 보인다. 곧 매김말 자체는 자립성이 없기 때문에 늘 꾸밈을 받는 월조각과 한 몸으로 움직이기 때문이다.

이른바 겹임자말에서의 되풀이법을 보면, 각각의 임자말에 잇달음법과 떨어짐법이 모두 적용될 수 있다. 아울러 겹임자말 모두에도 잇달음법과 떨어짐법이 적용될 수 있으며, 임자말의 되풀이법과 마찬가지로 같은 꼴 되풀이법은 적용될 수 있지만 비슷한 꼴 되풀이법은 적용될 수 없다. '토끼가 앞발이 짧다'라는 겹임자말 월에서 적용 가능한 모든 임자말 되풀이법은 다음과 같다.

(44) ㄱ. <u>토끼가</u>, <u>토끼가</u> 앞발이 짧다.
ㄴ. 토끼가 <u>앞발이</u>, <u>앞발이</u> 짧다.
ㄷ. <u>토끼가</u> 앞발이 짧다, <u>토끼가</u>.

ㄹ. 토끼가 <u>앞발이</u> 짧다, <u>앞발이</u>.
ㅁ. <u>토끼가 앞발이</u>, <u>토끼가 앞발이</u> 짧다.
ㅂ. <u>토끼가 앞발이</u> 짧다, <u>토끼가 앞발이</u>.

위에서 살핀 바와 같이, 임자말은 되풀이될 때 같은 꼴 되풀이법이 적용될 수 있으며, 잇달음법과 떨어짐법이 모두 적용될 수 있지만, 임자말이 매인이름씨이거나, 꾸며 주는 매김말이 있는 경우에는 제약이 따르며, 제약의 정도가 잇달음법이냐 떨어짐법이냐에 따라서 달라진다.

4.3. 부림말의 되풀이법

임자말에서와 마찬가지로 부림말에서도 홀로말의 보임말과 혼동되는 일이 있다. 부림말의 되풀이가, 같은 낱말로 이루어진 보임말과 부림말의 짜임새를 식별해 내는 방법은 임자말에서와 같다.

보임말과 부림말의 짜임에서는 보임말을 월 앞으로 옮기더라도 적격한 월이 되지만, 부림말의 되풀이 짜임에서 토박이 부림말은 월 앞으로 옮기면 부적격한 문장이 된다.

(45) ㄱ. 철수가 <u>물</u>, 물을 마신다.
　　　→<u>물</u>, 철수가 물을 마신다.
　　ㄴ. 철수가 <u>물을</u>, 물을 마신다.
　　　→*<u>물을</u>, 철수가 물을 마신다.

아울러 보임말과 부림말의 짜임에서는 부림말을 월 끝으로 옮기면 부적격해지지만 부림말의 되풀이 짜임에서는 되풀이 부림말을 월 끝으로 옮기더라도 적격해진다.

(46) ㄱ. 철수가 물, <u>물을</u> 마신다.
　　　→*철수가 물, 마신다, <u>물을</u>.

ㄴ. 철수가 물을, **물을** 마신다.
　→ 철수가 물을 마신다, **물을**.

따라서 홀로말인 보임말과, 부림말의 짜임은 부림말 되풀이법의 논의 대상에 해당하지 않는다. 부림말의 되풀이법은 임자말의 되풀이법과 대체로 일치한다. 부림말을 가지는 모든 종류의 월에, 부림말 되풀이법이 적용되어 이루어지는 부림말 되풀이 월의 기본 짜임새를 틀로 나타내면 다음과 같다. ①은 잇달음법에 해당하고, ②는 떨어짐법에 해당한다.

[임자말＋부림말＋… 풀이말]월
①→[임자말＋[부림말1]토부, [부림말1]되부 …20)＋…＋풀이말]부림말되풀이월
②→[임자말＋[부림말1]토임＋…＋풀이말, [부림말1]되부 …]부림말되풀이월

부림말의 되풀이법의 특성을 보면 다음과 같다.

첫째, 잇달음법과 떨어짐법이 모두 적용될 수 있다. '철수가 밥을 먹는다.'에 잇달음법의 부림말 되풀이법이 적용되면 (47)의 ㄱ이 되며, 떨어짐법의 부림말 되풀이법이 적용되면 ㄴ이 된다.

(47) ㄱ. 철수가 **밥을**, **밥을** 먹는다.
　　ㄴ. 철수가 **밥을** 먹었다, **밥을**.

둘째, 잇달음법·떨어짐법 구별 없이 같은 꼴 되풀이법이 적용되는 것이 자연스럽다. 곧 토박이 부림말에 부림자리토씨가 실현되어 있으면, 되풀이 부림말에도 그대로 되풀이되는 것이 자연스러우며, 토박이 부림말에 부림자리토씨가 생략되어 있으면 되풀이 부림말에도 부림자리토씨가 실현되지 않는 것이 자연스럽다.

---

20) …는 부림말이 여러 번 되풀이됨을 나타낸다.

(48) ㄱ. 철수가 <u>밥을</u>, <u>밥을</u> 먹는다.
　　 ㄴ. *철수가 <u>밥을</u>, <u>밥</u> 먹는다.
　　 ㄷ. 철수가 <u>밥을</u> 먹는다, <u>밥을</u>.
　　 ㄹ. *철수가 <u>밥을</u> 먹는다, <u>밥</u>.
　　 ㅁ. 철수가 <u>밥</u> 먹는다, <u>밥</u>.
　　 ㅂ. *철수가 <u>밥</u> 먹는다, <u>밥을</u>.
　　 ㅅ. 철수가 <u>밥</u>, <u>밥</u> 먹는다.
　　 ㅇ. #21)철수가 <u>밥</u>, <u>밥을</u> 먹는다.

부림말에 부림자리토씨가 쓰이지 않고 도움토씨가 쓰인 경우에도 잇달음법과 떨어짐법으로 되풀이 될 때, 도움토씨까지 되풀이되어야 적격한 월이 된다.

셋째, 이름마디가 부림말로 쓰이는 경우에도 임자말의 되풀이법에서와 같다. 이름마디로 된 부림말이 되풀이될 때 전체가 되풀이되면 잇달음법과 떨어짐법이 모두 적용될 수 있다.

(49) ㄱ. 나는 <u>비가 오기를</u>, <u>비가 오기를</u> 바란다.
　　 ㄴ. 나는 <u>비가 오기를</u> 바란다, <u>비가 오기를</u>.

이름마디 안의 부림말이 되풀이 되는 경우에는 잇달음법만 적용되고 떨어짐법은 적용될 수 없는데, 그 까닭은 마디 안의 월조각은 마디를 벗어나 이동할 수 없기 때문이다.

(50) ㄱ. 나는 철수가 <u>밥을</u>, <u>밥을</u> 먹기를 바란다.
　　 ㄴ. *나는 철수가 <u>밥을</u> 먹기를 바란다, <u>밥을</u>.

이름마디 안에서 부림말 안의 일부 조각이 되풀이되는 경우에도 잇달음법은 가능하지만 떨어짐법은 불가능하다.

---

21) #는 적격한 월이지만 부림말의 되풀이법에는 해당되지 않음을 나타낸다.

(51) ㄱ. 나는 비가 **오기를**, **오기를** 바란다.
　　　ㄴ. *나는 비가 **오기를** 바란다, **오기를**.

넷째, 매인이름씨로 이루어진 부림말이 되풀이될 때에는 잇달음법이나 떨어짐법에 관계없이 꾸며 주는 매김말과 함께 되풀이되어야 적격한 월이 된다. 부림말만 되풀이 되면 부적격한 월이 되는데, 그 까닭은 매임이름씨가 자립성이 없기 때문이다. 곧 매김말의 꾸밈을 받아야만 자립성을 가지게 되기 때문이다.

(52) ㄱ. 철수가 **매운 것을**, **매운 것을** 잘 먹는다.
　　　ㄴ. 철수가 **매운 것을** 잘 먹는다, **매운 것을**.
　　　ㄷ. *철수가 **매운 것을**, **것을** 잘 먹는다.
　　　ㄹ. *철수가 매운 **것을** 잘 먹는다, **것을**.

자립성을 가진 낱말로 이루어진 부림말은 그 앞에 매김말이 놓인 경우에 잇달음법에서는 매김말과 함께 되풀이될 수도 있고, 부림말만 되풀이될 수 있지만, 떨어짐법에서는 부림말만 되풀이될 수는 없고, 반드시 매김말과 함께 되풀이되어야 한다.

(53) ㄱ. 철수가 **예쁜 여자를**, **예쁜 여자를** 좋아한다.
　　　ㄴ. 철수가 예쁜 **여자를**, **여자를** 좋아한다.
　　　ㄷ. 철수가 **예쁜 여자를** 좋아한다, **예쁜 여자를**.
　　　ㄹ. *철수가 예쁜 **여자를** 좋아한다, **여자를**.

(53)에서 ㄱ과 ㄴ은 둘 다 적격하지만 강조의 범위에서 차이를 보인다. ㄱ에서는 ‘예쁜 여자를’이 강조되었지만, ㄴ에서는 ‘여자를’이 강조되었다.

다섯째, 겹부림말에서의 되풀이법도 겹임자말의 되풀이법에서와 같다. 곧 각각의 부림말에 잇달음법과 떨어짐법이 모두 적용될 수 있으며, 겹부림말 모두가 잇달음법과 떨어짐법에 따라 되풀이될 수 있다. 또한 같은 꼴 되풀이법만 적용될 수 있다. '철수가 책을 나를 주었다.'에 적용될 수 있는 모든 되풀이법을 적용하면 다음과 같다.

> (54) ㄱ. 철수가 **책을**, **책을** 나를 주었다.
> ㄴ. 철수가 **책을** 나를 주었다, **책을**.
> ㄷ. 철수가 책을 **나를**, **나를** 주었다.
> ㄹ. 철수가 책을 **나를** 주었다, **나를**.
> ㅁ. 철수가 **책을 나를**, **책을 나를** 주었다.
> ㅂ. 철수가 **책을 나를** 주었다, **책을 나를**.

위에서 살핀 바와 같이, 부림말은 같은 꼴 되풀이법만 적용되며, 잇달음법은 제약 없이 적용되지만 떨어짐법은 약간의 제약이 따름을 알 수 있다.

4.4. 기움말의 되풀이법

기움말은 연구 논저에 따라 월조각 가운데 하나로 설정하기도 하고, 설정하지 않기도 한다. 또한 월조각으로 설정하더라도 설정 범위에서 차이가 나기도 한다. 여기서는 최현배(1971)에 따라 잡음씨 '이다'와 '아니다' 앞에 놓이는 월조각을 기움말로 보고, 이들의 되풀이법에 관하여 논의하기로 한다.[22]

기움말의 되풀이에도 잇달음법과 떨어짐법이 모두 적용될 수 있다. 기움말을 가지는 모든 종류의 월에 기움말 되풀이법이 적용되어 이루어지는 기움말 되풀이 월의 기본 짜임새를 틀로 나타내면 다음과 같다. ①은 잇달음법에 해당하고, ②는 떨어짐법에 해당한다.

---

[22] 학교문법에서는 '되다', '아니다' 앞에 놓이는 월조각을 기움말로 인정하고 있다. '이다'는 독립적인 월조각으로 다루지 않고, 그 앞에 놓이는 이름씨와 결합된 것을 합쳐 월조각으로 다루고 있다.

[임자말+…기움말+풀이말]$_{월}$
① →[임자말+…[기움말1]$_{토기}$, [기움말1]$_{되기}$+풀이말]$_{기움말되풀이월}$
② →[임자말+…[기움말1]$_{토기}$+풀이말, [기움말1]$_{되기}$]$_{기움말되풀이월}$

(55)에서 ㄱ은 '이다' 앞에 놓인 기움말이 잇달음법으로 되풀이되었으며, ㄴ은 떨어짐법으로 되풀이되었다. ㄷ은 '아니다' 앞에 놓인 기움말이 잇달음법으로 되풀이되었고, ㄹ은 떨어짐법으로 되풀이되었다.

(55) ㄱ. 이것이 <u>산삼</u>, <u>산삼</u>이다.
　　　ㄴ. 이것이 <u>산삼</u>이다, <u>산삼</u>.
　　　ㄷ. 이것이 <u>산삼이</u>, <u>산삼이</u> 아니다.
　　　ㄹ. 이것이 <u>산삼이</u> 아니다, <u>산삼이</u>.

'이다' 앞의 기움말에는 토씨가 결합되지 않지만, '아니다' 앞의 기움말에는 기움자리토씨가 결합되어야 한다. 또한 '아니다' 앞에서는 잇달음법과 떨어짐법 모두 되풀이 기움말에도 기움자리토씨가 결합되어 되풀이된 같은 꼴 되풀이법만이 적격하며, 되풀이 기움말에 기움자리토씨가 결합되지 않으면 (56)과 같이 부적격한 월이 된다.

(56) ㄱ. *이것이 <u>산삼이</u>, <u>산삼</u> 아니다.
　　　ㄴ. *이것이 <u>산삼이</u> 아니다, <u>산삼</u>.

기움말 되풀이와 혼동되기 쉬운 월로, (57)이 있다.

(57) 이것이 <u>산삼</u>, <u>산삼이</u> 아니다.

임자말과 부림말의 되풀이법에서 살편 바와 같이, (57)의 '산삼'도 토박이 기움말이 아니라 홀로말 가운데 보임말에 해당한다. 되풀이법에서는 토박이 월조각은 그대로 있고 되풀이 월조각이 바로 뒤에 되풀이되거나 월 끝자리로 옮기는 것이 원칙이며, 토박이 월조각은 월 앞으로 자리를 옮기지 않는다. 그러나 홀로말인 보임말은 월의 앞자리로 옮기더라도 적격한 월이 되는데, 바로 (58)의 ㄱ은 기움말의 되풀이 월에서 토박이 기움말이 월이 앞으로 자리를 옮겨 부적격한 월이 되었으며, ㄴ은 보임말이 월 앞자리로 옮겼으나 적격한 월이 되었음이 이를 증명해 준다.

    (58) ㄱ. *<u>산삼이</u>, 이것이 <u>산삼이</u> 아니다.
         ㄴ. <u>산삼</u>, 이것이 <u>산삼이</u> 아니다.

  (55ㄱ)에서 '이다' 앞의 기움말도 논리적으로 보면, 토박이 기움말이 보임말과 같은 꼴을 이루는 것으로 보인다. 곧 토박이 기움말은 월 앞자리로 옮기는 것이 불가능하지만, 보임말인 경우는 월 앞자리로 옮길 수 있기 때문이다. 따라서 (59ㄱ)의 밑줄 친 '산삼'은 기움말 되풀이법의 토박이 기움말이 아니라 보임말에 해당한다. (59ㄱ)의 보임말 '산삼'은 (59ㄴ)의 '산삼'과 동일한 보임말로, 자리 옮김의 차이일 뿐이다.

    (59) ㄱ. <u>산삼</u>, 이것이 산삼이다.
         ㄴ. 이것이 <u>산삼</u>, 산삼이다.

  기움말이 이름마디로 되어 있는 경우에도 이름마디로 된 기움말 자체가 모두 되풀이되면 잇달음법과 떨어짐법이 다 적격하다.

    (60) ㄱ. 문제는 <u>철수가 책을 못 읽음</u>이다.
         →문제는 <u>철수가 책을 못 읽음</u>, <u>철수가 책을 못 읽음</u>이다.
         →문제는 <u>철수가 책을 못 읽음</u>이다, <u>철수가 책을 못 읽음</u>.
        ㄴ. 문제는 <u>철수가 책을 못 읽음</u>이 아니다.
         →문제는 <u>철수가 책을 못 읽음</u>이, <u>철수가 책을 못 읽음</u>이 아니다.
         →문제는 <u>철수가 책을 못 읽음</u>이 아니다, <u>철수가 책을 못 읽음</u>이.

그러나 이름마디 가운데 일부 월조각만 되풀이되는 경우에는 잇달음법은 가능하지만, 월의 끝자리에 실현되는 떨어짐법은 불가능하다. 이와 같은 까닭은 떨어짐법은 마디의 영역을 벗어나서 실현되기 때문이다.

> (61) ㄱ. 문제는 <u>철수가 책을 못 읽음이</u>, <u>못 읽음이</u> 아니다.
>   ㄴ. *문제는 <u>철수가 책을 못 읽음</u>이 아니다, <u>못 읽음이</u>.
>   ㄷ. 문제는 <u>철수가 책을 못 읽음이</u>, <u>책을 못 읽음이</u> 아니다.
>   ㄹ. *문제는 <u>철수가 책을 못 읽음이</u> 아니다, <u>책을 못 읽음이</u>.

'이다' 앞에 놓이는 기움말의 되풀이법에서는 (62)와 같이, 다른 월조각의 되풀이법과는 다른 형태로 실현되는 일이 있다.

> (62) ㄱ. 그 사람이 <u>구두쇠는</u> <u>구두쇠</u>이다.
>   ㄴ. 철수가 <u>장사는</u> <u>장사</u>이다.
>   ㄷ. 과연 <u>약은</u> <u>약</u>이다.

위 보기에서 어느 것이 토박이 기움말이고 어느 것이 되풀이 기움말인지 판별하기가 어렵다. 왜냐하면 일반적으로 앞에 놓이는 월조각이 토박이 월조각이고 뒤에 놓이는 월조각이 되풀이 월조각에 해당하며, 삭제할 때 잇달음법이든지 떨어짐법이든지 되풀이 월조각이 삭제되는 것이 자연스럽지만, (62)에서는 뒤에 놓이는 월조각이 삭제되면 부적격한 월이 되기 때문이다. 그렇더라도 (62)에서는 일관성을 위하여 앞의 기움말을 토박이 기움말로 보기로 한다. 되풀이 기움말이 삭제되는 경우에 토박이 기움말에 결합된 도움토씨 '는'도 삭제되는 것으로 보고자 한다. 결과적으로 (62)에서는 기움말이 되풀이될 때 기움말에 도움토씨 '는'이 결합되면서 되풀이되는 것으로 설명된다.

토박이 기움말에 결합된 도움토씨 '는'은 어떤 경우에도 다른 도움토씨로 대치될 수 없는 특성을 보인다. 기움말의 되풀이에서 '는'이 결합되지 않는 것이 무표적(unmarked)이고, '는'이 결합되는 것이 유표적(marked)이라 할 수 있다. 이 두 가지 되풀이 방식은 '강조'의 뜻을 나타내는 점에서 공통적이지만 강조의 정도에서 차이가 있을 수 있으며, '는' 결합형은 강조 이외에 '부분 시인'의 뜻을 더 나타내기도 한다.

　(62)와 같은 되풀이법은 풀이말이 '이다'인 경우에만 가능할 뿐이고 '아니다'이면 (63)과 같이 부적격한 월이 된다.

　　(63) ㄱ. *그 사람이 **구두쇠는 구두쇠가** 아니다.
　　　　 ㄴ. *철수가 **장사는 장사가** 아니다.
　　　　 ㄷ. *과연 **약은 약이** 아니다.

　(62)는 잇달음법에 해당되지만, 이를 떨어짐법으로 바꿀 수는 없기 때문에, 이와 같은 특수한 되풀이법은 풀이말이 '이다'인 월에서 기움말이 잇달음법으로 되풀이될 때만 실현되는 것으로 보인다.

　풀이말이 '이다'인 월에서 표면상으로 되풀이 기움말 중에 되풀이 기움말이 대이름씨로 갈아 넣을 수 있는 것처럼 보이기도 하여 다른 되풀이법에서와 차이가 난다.

　　(64) ㄱ. 저분이 **김철수 씨, 김철수 씨**이다.
　　　　 ㄴ. 저분이 **김철수 씨, 그분**이다.

　그러나 앞에서 논의한 바와 같이, 풀이말 '이다' 앞의 기움말은 기움말 되풀이법과 기움말 앞에 놓이는 보임말 짜임과 동일한 모습을 가진다. (64)의 짜임새는 기움말 되풀이에 해당하는 것이 아니라 보임말과 기움말 짜임에 해당하기 때문에 동일 지시의 뒷부분이 대이름씨로 바뀌게 되었다. 보임말과 기움말 짜임에서는 기움말이 월 끝자리에 되풀이될 수 없으며, 보임말은 월의 앞자리로 옮길 수 있는데, (64ㄴ)에 이를 적용하면, (65)와 같이 정확하게 들어맞게 된다.

(65) ㄱ. *저분이 <u>김철수 씨</u>이다, <u>그분</u>.
　　 ㄴ. <u>김철수 씨</u>, 저분이 <u>그분</u>이다.

그러므로 '이다'가 풀이말인 월에서 표면상으로는 되풀이되는 기움말 중 되풀이 기움말을 대이름씨로 갈아 넣을 수 있는 것 같으나, 실제적으로는 불가능하다.

풀이말이 '아니다'인 월에서도 보임말과 기움말 짜임이라면 기움말을 대이름씨로 갈아 넣을 수 있다.

(66) ㄱ. 저분이 <u>김철수 씨</u>, <u>김철수 씨가</u> 아니다.
　　 ㄴ. 저분이 <u>김철수 씨</u>, <u>그분이</u> 아니다.

(66)이 기움말 되풀이 월이 아니고, 보임말과 기움말 짜임새의 월이기 때문에 (64)와 마찬가지로 기움말이 월 끝으로 옮긴 ㄱ은 부적격하며, 보임말이 월 앞으로 옮긴 ㄴ은 적격하다.

(67) ㄱ. *저분이 <u>김철수 씨</u> 아니다, <u>그분이</u>.
　　 ㄴ. <u>김철수 씨</u>, 저분이 <u>그분이</u> 아니다.

따라서 풀이말이 '이다'이건 '아니다'이건 관계없이 되풀이 기움말은 대이름씨로 갈아 넣을 수 없다. 풀이말이 '아니다'인 월에서 기움말이 되풀이된 (68)을 통해 이를 확인할 수 있다.

(68) ㄱ. 저분이 <u>김철수 씨가</u>, <u>김철수 씨가</u> 아니다.
　　　 →*저분이 <u>김철수 씨가</u>, <u>그분이</u> 아니다.
　　 ㄴ. 저분이 <u>김철수 씨가</u> 아니다, <u>김철수 씨가</u>.
　　　 →*저분이 <u>김철수 씨가</u> 아니다, <u>그분이</u>.

위에서 살핀 바와 같이 '이다'와 '아니다' 앞의 기움말은 잇달음법과 떨어짐법에 따라 같은 꼴로 되풀이되며, 되풀이 기움말을 대이름씨로 갈아 넣을 수 없다.

4.5. 매김말의 되풀이법

매김말은 월조각을 이루고 있는 이름씨, 대이름씨, 셈씨를 꾸미는 역할을 한다.[23] 매김말의 꾸밈을 받는 월조각 측면에서 보면, 해당 월조각이 이름씨, 대이름씨, 셈씨로 이루어지면 어떤 월조각이라도 매김말의 꾸밈이 가능하다. 이를테면, 이름씨인 경우, 그 이름씨가 어느 월조각으로 쓰이더라도 매김말의 꾸밈이 가능함을 (69)를 통해 확인할 수 있다.

> (69) ㄱ. **저** <u>사람이</u> 밥을 먹는다.(임자말)
> ㄴ. 철수가 **저** <u>사람을</u> 모른다.(부림말)
> ㄷ. 철수가 **저** <u>사람에게</u> 책을 준다.(어찌말)
> ㄹ. 철수가 **저** <u>사람의</u> 말을 듣고 있다.(매김말)
> ㅁ. 범인이 **저** <u>사람이</u> 아니다.(기움말)
> ㅂ. **이** <u>사람아</u>, 내 말 좀 잘 들어 봐.(홀로말)

이와 같이 매김말은 형식상으로는 풀이말을 제외한 모든 월조각을 꾸미는 셈이 되지만, 실제로는 뒤에 놓이는 임자씨를 꾸미게 된다.

매김씨, 임자씨＋의, 풀이씨의 매김꼴로 이루어진 매김말은 되풀이될 때, 잇달음법은 자연스럽게 적용될 수 있지만, 떨어짐법은 적용될 수 없다. 매김말을 가지는 모든 종류의 월에 매김말 되풀이법이 적용되어 이루어지는, 매김말 되풀이 월의 기본 짜임새를 틀로 나타내면 다음과 같다.

---

23) 한길(2006 : 482~491)에 따르면, 매김씨, 임자씨＋의, 풀이씨의 매김꼴로 이루어진 매김말은 이름씨에는 제약이 없이 통합 가능하다. 대이름씨에는 풀이씨의 매김꼴만 통합이 가능하며 셈씨에는 특수한 경우에 한정하여 매김씨로 이루어진 매김말만 통합될 수 있다.

[⋯매김말＋꾸밈 받는 월조각⋯]_월
→[⋯[매김말1]_{토매}, [매김말1]_{되매}＋꾸밈 받는 월조각⋯]_{매김말되풀이월}

떨어짐법이 적용되려면 매김말의 꾸밈을 받는 월조각도 함께 되풀이되어야 하는데, 그렇게 되면 매김말의 되풀이법에만 해당되지 않는다. 이와 같이 매김말의 되풀이에서 떨어짐법이 적용될 수 없는 까닭은 매김말이 꾸며 주는 월조각에 매여 있어 자립성이 없기 때문이다. 곧 한 월 안에서 월조각의 자리 옮김이 일어날 때, 매김말만의 자리 옮김이 불가능한 것과 마찬가지이다.

> (70) ㄱ. <u>저</u> 사람이 누구니?
> → <u>저</u>, <u>저</u> 사람이 누구니?
> → *<u>저</u> <u>사람이</u> 누구니, <u>저</u>?
> ㄴ. <u>철수의</u> 부모님이 학교에 오셨다.
> → <u>철수의</u>, <u>철수의</u> 부모님이 학교에 오셨다.
> → *<u>철수의</u> 부모님이 학교에 오셨다, <u>철수의</u>.
> ㄷ. <u>빨간</u> 사과가 있다.
> → <u>빨간</u>, <u>빨간</u> 사과가 있다.
> → *<u>빨간</u> 사과가 있다, <u>빨간</u>.

매김말의 되풀이에는 비슷한 꼴 되풀이법은 적용될 수 없고 같은 꼴 되풀이법만 적용될 수 있다. 풀이씨의 매김꼴로 이루어진 매김말인 경우에 (71ㄴ)과 같이 비슷한 꼴 되풀이법이 적용될 수 있는 것처럼 보이는 일이 있다.

> (71) ㄱ. <u>넓은</u>, <u>넓은</u> 들에 곡식이 익었다.
> ㄴ. <u>넓고</u> <u>넓은</u> 들에 곡식이 익었다.

(71ㄱ)은 매김말 '넓은'의 되풀이로 의심의 여지가 없으나, ㄴ도 마치 매

김말의 되풀이처럼 보인다. 곧 ㄴ에는 매김말의 비슷한 꼴 되풀이법이 적용된 보기처럼 보인다. 그러나 ㄴ은 매김말의 되풀이가 아니라, 짜임 순서에서 볼 때, '넓고 넓다'라는 풀이 이은말이 짜여진 다음에 이것이 매김꼴로 바뀌어 매김말로 쓰인 것이기 때문에 매김말의 되풀이법과는 무관하다.

매김말이 잇달아 놓인 월에서의 매김말 되풀이법을 보면, 잇달음법만 적용될 수 있으며, 각각의 매김말이 되풀이될 수도 있고, 매김말 모두가 되풀이될 수 있다.

(72) ㄱ. <u>저</u> 푸른 바다를 보아라.
　　　→<u>저</u>, <u>저</u> 푸른 바다를 보아라.
　　　→*<u>저</u> 푸른 바다를 보아라, <u>저</u>.
　　ㄴ. 저 <u>푸른</u> 바다를 보아라.
　　　→ 저 <u>푸른</u>, <u>푸른</u> 바다를 보아라.
　　　→*저 <u>푸른</u> 바다를 보아라, <u>푸른</u>.
　　ㄷ. <u>저</u> <u>푸른</u> 바다를 보아라.
　　　→<u>저</u> <u>푸른</u>, <u>저</u> <u>푸른</u> 바다를 보아라.
　　　→*<u>저</u> <u>푸른</u> 바다를 보아라, <u>저</u> <u>푸른</u>.
　　ㄹ. <u>저</u> <u>푸른</u> 바다를 보아라.
　　　→<u>저</u>, <u>저</u> <u>푸른</u>, <u>푸른</u> 바다를 보아라.

마디로 이루어진 매김말이 되풀이되는 경우에도 잇달음법만 가능하고, 매김마디 안에서의 월조각이 되풀이되는 경우에도 잇달음법만 적용될 수 있다.

(73) ㄱ. <u>몸이 튼튼한</u> 사람은 행복하다.
　　　→<u>몸이 튼튼한</u>, <u>몸이 튼튼한</u> 사람은 행복하다.
　　　→*<u>몸이 튼튼한</u> 사람은 행복하다, <u>몸이 튼튼한</u>.
　　ㄴ. 몸이 <u>튼튼한</u> 사람은 행복하다.
　　　→몸이 <u>튼튼한</u>, <u>튼튼한</u> 사람은 행복하다.
　　　→*몸이 <u>튼튼한</u> 사람은 행복하다, <u>튼튼한</u>.

이상에서 살핀 바와 같이 매김법의 되풀이에는 잇달음법만 적용될 수 있으며, 항상 같은 꼴 되풀이법만 적용 가능하다.

4.6. 어찌말의 되풀이법

어찌말은 주로 풀이씨로 이루어진 월조각을 꾸미기도 하며, 월 전체를 꾸며 주기도 한다. 또한 어떤 것은 어찌씨나 풀이씨의 어찌꼴로 이루어진 어찌말을 꾸며 주기도 하며, 일부 어찌말은 임자씨나 풀이씨의 이름꼴로 이루어진 임자말, 부림말, 매김말 따위를 꾸미기도 하며 극히 일부 어찌말은 매김씨로 이루어진 매김말을 꾸미기도 한다.

어찌말을 가지는 모든 종류의 월에, 어찌말 되풀이법이 적용되어 이루어지는 어찌말 되풀이 월의 기본 짜임새를 틀로 나타내면 다음과 같다. ①은 잇달음법에 해당하고, ②는 떨어짐법에 해당한다.

[…+어찌말+꾸밈 받는 월조각…]$_월$
① → […[어찌말1]$_{토어}$, [어찌말1]$_{되어}$+꾸밈 받는 월조각…]$_{어찌말되풀이월}$
② → […[어찌말1]$_{토어}$+꾸밈 받는 월조각…, [어찌말1]$_{되어}$]$_{어찌말되풀이월}$

어찌말이 월 전체를 꾸미느냐, 않느냐, 어떤 월조각을 꾸미느냐에 관계없이 잇달음법 되풀이가 적용될 수 있다.

(74) ㄱ. 날씨가 <u>**매우**</u> 맑다.
　　　→ 날씨가 <u>**매우**</u>, <u>**매우**</u> 맑다.
　　ㄴ. 아이들이 <u>**학교에서**</u> 공부한다.
　　　→ 아이들이 <u>**학교에서**</u>, <u>**학교에서**</u> 공부한다.
　　ㄷ. 철수가 <u>**순이에게**</u> 과일을 주었다.
　　　→ 철수가 <u>**순이에게**</u>, <u>**순이에게**</u> 과일을 주었다.
　　ㄹ. 철수가 <u>**아주**</u> 새 만년필을 샀다.
　　　→ 철수가 <u>**아주**</u>, <u>**아주**</u> 새 만년필을 샀다.

ㅁ. 자동차가 <u>아주</u> 빨리 달린다.

　→ 자동차가 <u>아주</u>, <u>아주</u> 빨리 달린다.

ㅂ. <u>바로</u> 네가 철수로구나.

　→ <u>바로</u>, <u>바로</u> 네가 철수로구나.

ㅅ. 나뭇잎이 <u>소리도 없이</u> 떨어진다.

　→ 나뭇잎이 <u>소리도 없이</u>, <u>소리도 없이</u> 떨어진다.

ㅇ. <u>과연</u> 철수가 일등을 하였구나.

　→ <u>과연</u>, <u>과연</u> 철수가 일등을 하였구나.

ㅈ. <u>제발</u> 비가 왔으면 좋겠다.

　→ <u>제발</u>, <u>제발</u> 비가 왔으면 좋겠다.

위 보기에서 ㅇ과 ㅈ은 월 꾸밈 어찌말이고, ㄱ부터 ㅅ까지는 월조각 꾸밈 어찌말이다. ㄱ, ㄴ, ㄷ에서는 어찌말이 풀이말을, ㄹ에서는 매김말을, ㅁ에서는 어찌말을, ㅂ에서는 임자말을 꾸민다. ㅅ에서는 풀이말을 꾸미되 마디로 이루어졌다.

토박이 어찌말과 되풀이 어찌말은 꼭 같기 때문에 같은 꼴 되풀이법만 적용될 수 있다. 토박이 어찌말과 되풀이 어찌말의 꼴이 다르게 되면 부적격한 월이 된다. 예컨대, 토박이 어찌말에 토씨가 결합되어 있으면 되풀이 어찌말에도 그와 동일한 토씨가 결합되어야 하며, 토씨가 결합되지 않으면 부적격해진다.

(75) ㄱ. 철수가 <u>몹시도</u>, <u>몹시도</u> 보고 싶다.

　　ㄴ. *철수가 <u>몹시도</u>, <u>몹시</u> 보고 싶다.

(74)에서 떨어짐법의 되풀이법을 적용하면 일부가 부적격해지는 경우가 있다. 어찌말이 다른 어찌말이나 임자말과 매김말을 꾸며 주는 ㄹ, ㅁ, ㅂ이 이에 해당하고, 그 밖에는 떨어짐법 되풀이가 가능하다. 곧 모든 월 꾸밈 어찌말과 풀이말 꾸밈 어찌말은 떨어짐법 되풀이가 가능하다. 떨어짐법 되풀이에서도 같은 꼴 되풀이법만 적용될 수 있다.

(76) ㄱ. 날씨가 <u>매우</u> 맑다, <u>매우</u>.
ㄴ. 아이들이 <u>학교에서</u> 공부한다, <u>학교에서</u>.
ㄷ. 철수가 <u>순이에게</u> 과일을 주었다, <u>순이에게</u>.
ㄹ. *철수가 <u>아주</u> 새 만년필을 샀다, <u>아주</u>.
ㅁ. *자동차가 <u>아주</u> 빨리 달린다, <u>아주</u>.
ㅂ. *<u>바로</u> 네가 철수로구나. <u>바로</u>.
ㅅ. 나뭇잎이 <u>소리도 없이</u> 떨어진다. <u>소리도 없이</u>.
ㅇ. <u>과연</u> 철수가 일등을 하였구나, <u>과연</u>.
ㅈ. <u>제발</u> 비가 왔으면 좋겠다. <u>제발</u>.

(76)에서 ㄹ, ㅁ, ㅂ이 부적격한 것은 토박이 어찌말이 꾸밈을 받는 월조각과 긴밀히 맺어져 있어 어찌말 자체의 자립성의 부족하기 때문인 것 같다. 매김말은 자립성이 적기 때문에 떨어짐법 되풀이가 불가능했던 것과 같은 까닭으로 볼 수 있다. ㄹ, ㅁ, ㅂ이 적격한 월이 되려면 꾸밈을 받는 월조각과 함께 되풀이되어야 한다. ㄹ과 같이 어찌말이 매김말을 꾸미는 경우에는 매김말의 꾸밈을 받는 월조각까지 함께 되풀이되어야 적격한 월이 될 수 있다.

(77) ㄱ. 철수가 <u>아주</u> 새 만년필을 샀다, <u>아주</u> 새 만년필을.
ㄴ. 자동차가 <u>아주</u> 빨리 달린다, <u>아주</u> 빨리.
ㄷ. <u>바로</u> 네가 철수로구나. <u>바로</u> 네가.

풀이말 앞에 놓여 '부정'을 나타내는 어찌말 '아니'와 '못'은 되풀이법이 적용될 때, 잇달음법은 가능하지만 떨어짐법은 불가능하다. 떨어짐법이 적용되려면 '아니'와 '못'의 꾸밈을 받는 풀이말까지 되풀이되어야 한다.

(78) ㄱ. 철수가 밥을 <u>안</u> 먹었어.
→ 철수가 밥을 <u>안</u>, <u>안</u> 먹었어.
→ *철수가 밥을 <u>안</u> 먹었어, <u>안</u>.
→ 철수가 밥을 <u>안</u> 먹었어, <u>안</u> 먹어.

　　ㄴ. 철수가 밥을 **못** 먹었어.
　　　→철수가 밥을 **못**, **못** 먹었어.
　　　→*철수가 밥을 **못** 먹었어, **못**.
　　　→철수가 밥을 **못** 먹었어, **못** 먹어.

위에서 살핀 바와 같이 어찌말은 같은 꼴 되풀이법이 적용되며, 잇달음법은 모든 어찌말에 두루 적용될 수 있지만, 떨어짐법은 월 꾸밈 어찌말과, '안'과 '못'을 제외한 풀이말 꾸밈 어찌말에만 적용될 수 있는 제약이 따른다.

4.7. 홀로말의 되풀이법

최현배(1971 : 783)에 따르면, 홀로말에는 부름말[呼稱語], 보임말[提示語], 느낌말[感動語], 이음말[接續語]이 있다. 여기에서는 홀로말의 하위 부류인 이들의 되풀이법에 관하여 논의하기로 한다.

홀로말의 종류에 따라 되풀이법에서 차이를 보이기도 하지만, 일반적으로 홀로말을 가지는 월에 홀로말 되풀이법이 적용되어 이루어지는, 홀로말 되풀이 월의 기본 짜임새를 틀로 나타내면 다음과 같다. ①은 잇달음법에 해당하고, ②는 떨어짐법에 해당한다.

　　[홀로말, 임자말+⋯+풀이말]월
　　①→[[홀로말1]토홀, [홀로말1]되홀, 임자말+⋯풀이말]홀로말되풀이월
　　②→[[홀로말1]토홀, 임자말+⋯풀이말, [홀로말1]되홀]홀로말되풀이월

홀로말의 종류에 따라 잇달음법 되풀이만 가능하기도 하고, 잇달음법만이 아니라 떨어짐법 되풀이도 가능하기도 하기 때문에 홀로말의 종류에 따라 되풀이법이 어떻게 실현되는가 살피기로 한다.

첫째, 부름말에서의 되풀이법을 보면, 잇달음법과 떨어짐법이 제약 없이 적용될 수 있으며, 같은 꼴로 되풀이되어야 한다.

(79) ㄱ. <u>아버지</u>, 손님이 오셨어요.

　　→<u>아버지</u>, <u>아버지</u>, 손님이 오셨어요.

　　→<u>아버지</u>, 손님이 오셨어요, <u>아버지</u>.

　ㄴ. <u>철수야</u>, 손님이 오셨어.

　　→<u>철수야</u>, <u>철수야</u>, 손님이 오셨어.

　　→<u>철수야</u>, 손님이 오셨어, <u>철수야</u>.

부름말에 부름자리토씨가 결합된 경우에는 되풀이 부름말에도 부름자리
토씨가 그대로 되풀이되어야 하며, 토박이 부름말에도 토씨를 줄일 수는 없
다. 이 제약은 잇달음법과 떨어짐법에 모두 적용된다. 이 제약을 지키지 않
으면 (80)과 같이 부적격한 월이 된다.

(80) ㄱ. *<u>철수야</u>, <u>철수</u>, 손님이 오셨어.

　ㄴ. *<u>철수</u>, <u>철수야</u>, 손님이 오셨어.

　ㄷ. *<u>철수야</u>, 손님이 오셨어, <u>철수</u>.

　ㄹ. *<u>철수</u>, 손님이 오셨어, <u>철수야</u>.

둘째, 보임말에서 되풀이법을 보면, 잇달음법만 적용될 수 있으며 같은
꼴로만 되풀이될 수 있다. 떨어짐법이 적용되면 부적격한 월이 된다.

(81) ㄱ. <u>평양</u>, 평양은 고조선의 고도이다.

　　→<u>평양</u>, <u>평양</u>, 평양은 고조선의 고도이다.

　　→*<u>평양</u>, 평양은 고조선의 고도이다, <u>평양</u>.

　ㄴ. <u>죽겠다</u>, 그게 무슨 소리이냐?

　　→<u>죽겠다</u>, <u>죽겠다</u>, 그게 무슨 소리이냐?

　　→*<u>죽겠다</u>, 그게 무슨 소리이냐, <u>죽겠다</u>?

　ㄷ. <u>사랑</u>, 세상에 사랑이 제일 위대하다.

　　→<u>사랑</u>, <u>사랑</u>, 세상에 사랑이 제일 위대하다.

　　→<u>사랑</u>, 세상에 사랑이 제일 위대하다, <u>사랑</u>.

셋째, 느낌말에서의 되풀이법을 보면, 느낌말은 느낌씨[感歎詞]로 되고 다른 토씨를 더부는 일이 없기 때문에(최현배, 1971 : 785) 항상 같은 꼴로만 되풀이되며, 잇달음법만 적용될 수 있을 뿐 떨어짐법은 적용될 수 없는 제약을 보인다.

(82) ㄱ. <u>아</u>, 가엾은 일이로군!
　　　　→<u>아</u>, <u>아</u>, 가엾은 일이로군!
　　　　→*<u>아</u>, 가엾은 일이로군, <u>아</u>!
　　ㄴ. <u>예</u>, 저도 그 말을 들었습니다.
　　　　→<u>예</u>, <u>예</u>, 저도 그 말을 들었습니다.
　　　　→*<u>예</u>, 저도 그 말을 들었습니다, <u>예</u>.

넷째, 이음말에서의 되풀이법을 보면, 이음말은 이음어찌씨[接續副詞]로만 되고, 다른 토씨의 도움을 받지 않기 때문에(최현배, 1971 : 785) 같은 꼴로 되풀이되며, 잇달음법만 적용될 수 있고 떨어짐법은 적용될 수 없다.

(83) ㄱ. <u>그러나</u> 내 말 좀 들어 보십시오.
　　　　→<u>그러나</u>, <u>그러나</u> 내 말 좀 들어 보십시오.
　　　　→*<u>그러나</u> 내 말 좀 들어 보십시오, <u>그러나</u>.
　　ㄴ. <u>**왜냐하면**</u>, 비가 안 오기 때문이야.
　　　　→<u>**왜냐하면**</u>, <u>**왜냐하면**</u>, 비가 안 오기 때문이야.
　　　　→*<u>**왜냐하면**</u>, 비가 안 오기 때문이야 <u>**왜냐하면**</u>.

위에서 살핀 바와 같이, 홀로말의 되풀이에서는 모두 같은 꼴 되풀이법만 적용될 수 있으며, 부름말에서만 잇달음법과 떨어짐법이 모두 적용될 수 있고, 보임말·느낌말·이음말에서는 잇달음법만 적용될 수 있다.

5. 마무리

한 월 안에서 어떤 월조각에 대하여 그것과 기능이 동일하며, 꼴에서도 같거나 비슷한 월조각을 되풀이하는 일이 있는데, 이를 '월조각의 되풀이법'이라고 하였다. 월조각이 되풀이될 때에는 월조각마다 일정한 질서와 원리에 따라 이루어지는 바, 이 장에서는 이에 관하여 체계적으로 규명하고자 하였다.

월조각의 되풀이법은 한 월 안에서의 통사적 구성에 관한 문제로, 토박이 월조각과 되풀이 월조각의 형태적 특성에 따라 '같은 꼴 되풀이법'과 '비슷한 꼴 되풀이법'으로 나뉘며, 연결 방식에 따라 '잇달음법'과 '떨어짐법'으로 구분된다.

월조각 되풀이법의 기능은 기본적으로 강조를 바탕으로 하며, 쓰임에 따라 '뜻 강화', '관심 집중이나 주의 환기', '아름다움 추구', '적당한 말거리를 찾고자 함'인데, 잇달음법은 모든 기능을 다 표시할 수 있으나, 떨어짐법은 '뜻 강화'의 기능만을 표시한다.

월조각에 따른 되풀이법의 구조적 특성에서는 월조각마다 되풀이법이 어떤 방식으로 실현되는가, 잇달음법과 떨어짐법, 같은 꼴과 비슷한 꼴 되풀이법이 적용될 때 어떤 제약이 따르는가, 왜 그런 제약이 따르는가를 규명하고자 하였다. 월조각마다의 되풀이법 특성을 간단히 정리하면 다음과 같다.

(1) 풀이말의 되풀이법 : 잇달음법만 적용될 수 있을 뿐이고 떨어짐법은 적용될 수 없다. 극히 제한된 환경에서만 같은 꼴 되풀이법이 실현될 수 있으며, 일반적으로 비슷한 꼴 되풀이법이 적용된다. 되풀이 풀이말의 마침씨끝은 반드시 반말의 '-어'이어야 하는 제약이 따른다.

(2) 임자말과 부림말의 되풀이법 : 같은 꼴 되풀이법만 적용될 수 있으며, 잇달음법과 떨어짐법이 모두 적용될 수 있지만, 적용 가능성의 정도

에서 차이를 보인다.

(3) 기움말의 되풀이법 : 잇달음법과 떨어짐법이 모두 적용될 수 있지만, 제약의 정도에서 차이가 난다. 잡음씨가 '이다'나 '아니다'나에 따라 되풀이법 적용에 차이를 보이기도 하는데, '이다'인 경우에는 다른 월조각의 되풀이법에서 찾아볼 수 없는 특이한 형태의 되풀이가 가능하다.

(4) 매김말의 되풀이법 : 잇달음법과 같은 꼴 되풀이법만 적용될 수 있으며, 떨어짐법과 비슷한 꼴 되풀이법은 적용될 수 없다. 떨어짐법이 적용될 수 없는 까닭은 매김말이 자립성이 없기 때문이다.

(5) 어찌말의 되풀이법 : 같은 꼴 되풀이법만 적용 가능하며, 잇달음법은 제약 없이 적용될 수 있으나, 떨어짐법은 월 꾸밈 어찌말과 풀이말 꾸밈 어찌말에만 적용되는 제약이 따른다.

(6) 홀로말의 되풀이법 : 같은 꼴 되풀이법만 적용 가능하며, 부름말에서만 잇달음법과 떨어짐법이 제약 없이 적용될 수 있고, 보임말·느낌말·이음말에서는 잇달음법만 가능할 뿐 떨어짐법은 적용될 수 없다.

제 3 장

마침씨끝의 되풀이법

1. 서술법 되풀이 마침씨끝 월의 특성[1]

1.1. 들머리

서술법의 마침씨끝 중에서 일부는 되풀이되어 한 몸처럼 작용하여 월을 짜 이루는 데 관여하게 된다. 이들 서술법 되풀이 마침씨끝은 서로 불러일으키는 관계를 이루며, 그 자체가 말본적 기능을 수행한다. 서술법 마침씨끝의 되풀이로 이루어진, 마디로만 짜여진 월은 없지만,[2] 이들이 앞마디가 되고 여기에 뒷마디가 이어져 이은겹월을 이루거나, 그 자체가 안김마디가 되는 일이 있다.[3]

한길(2004 : 482~3)에서 들고 있는 서술법 마침씨끝 가운데, 되풀이되어 월을 짜 이루는 데 관여하는 마침씨끝은 '-지', '-어', '-것다'[4]뿐이다. 이

---

1) 서술법 되풀이 마침씨끝 월에 관하여는 한길(2008)을 바탕으로 하여, 모자라거나 빠진 부분을 깁고 보태는 등 손질을 한 것이다.
2) 물음법 되풀이 마침씨끝은 앞 마침씨끝이 앞마디를 짜 이루고, 뒤 마침씨끝이 뒷마디를 짜 이루어 그 자체가 이은겹월이 되는 경우가 있다. 이에 관하여는 한길(2007 : 308~313) 참조
3) 보기 (1)은 이은겹월의 앞마디에 해당하고, (2)는 안김마디에 해당한다.

들이 되풀이되어 월을 짜 이루는 보기는 다음과 같다.5)

    (1) ㄱ. 아들 있**지**, 딸 있**지**, 뭐가 걱정입니까?
        ㄴ. 영희는 얼굴 예**뻐**, 마음씨 고**와**, 신붓감으로는 최고입니다.
        ㄷ. 철수는 공부 잘하**것다**, 착하**것다**, 뭐가 부족합니까?

    (1)의 서술법 되풀이 마침씨끝은 공통으로 이은겹월을 이루면서 그 자체가 앞마디가 되어 뒷마디와 다시 이은겹월을 짜 이루었다.

    이 밖에도 '-는다'가 되풀이되어 월을 짜 이루는 경우도 있다. 그러나 이때의 '-는다'는 아주낮춤의 '-는다'가 아니라 서술법 마침씨끝의 중화형에 해당한다.

    (2) ㄱ. 철수는 옷을 갈아입**는다**, 짐을 꾸**린다** 하면서 한참 부산을 피웠다.
        ㄴ. 사람들은 값이 비싸**다**, 질이 나쁘**다** 하고는 물건을 사지 않았습
           니다.

    (2)에서는 '-는다2' 다음에 '-고 하다'가 이어져 건너따옴월의 짜임새를 이루었기 때문에 '-는다'는 아주낮춤의 마침씨끝이 아니라 서술법 마침씨끝이 건너따옴월로 안길 때 실현되는 중화형에 해당한다. (2)의 '-는다1' 마디와 '-는다2' 마디는 이은겹월의 월 짜임새를 이루면서 그 자체가 안은월의 안김마디가 되는 짜임새를 이룬다.

    이 글에서는 서술법 마침씨끝 '-지', '-어', '-것다'와 중화형 '-는다'의 되풀이에 의한 월 짜임새와 이 월의 형태·통사적 특성에 대하여 논의하기로 한다.

---

4) 한길(2004 : 482)에서는 서술법 마침씨끝으로 '-것다'를 설정하지 않았다. '-것다'를 마침
    씨끝으로 보는 까닭은 4.에서 논의하기로 한다.
5) 서술법 되풀이 마침씨끝을 가리키는 경우 앞 것은 1로, 뒤 것은 2로 표기하기로 한다.

1.2. '-지' 되풀이 월의 형태·통사적 특성

마침씨끝 '-지'는 서술법으로만 쓰이는 것이 아니라 물음법, 시킴법, 꾀임법 등 모든 의향법에 두루 쓰이기 때문에 마침씨끝으로 쓰이더라도 의향법의 종류에 따라 꼴 같고 뜻 다른 '-지'에 해당한다.6) 서술법의 마침씨끝 '-지'는 다른 의향법의 '-지'와 달리, (3)과 같이 되풀이되어 쓰이는 일이 있다.

> (3) ㄱ. 그는 돈도 있<u>지</u>, 옷도 있<u>지</u>, 없는 게 없다.
> ㄴ. 너는 선생이<u>지</u>, 네 부인은 의사이<u>지</u>, 뭐가 부족하니?

(3)에서는 서술법의 '-지'가 되풀이되어 이은겹월을 짜 이루면서 그 자체로 월을 끝맺는 경우는 없고 그 자체가 앞마디가 되며, 뒷마디와 이은겹월을 짜 이루는 특성을 보인다. (3)의 짜임새는 (4)와 같다.

> (4) ㄱ. [[[그는 돈도 있-<u>지</u>]앞마디 [옷도 있-<u>지</u>]뒷마디]앞마디 [없는 게 없다]뒷마디].이은겹월
> ㄴ. [[[너는 선생이-<u>지</u>]앞마디 [네 부인은 의사이-<u>지</u>]뒷마디]앞마디 [뭐가 부족하니]뒷마디]?이은겹월

(4)에서와 같이 (3)은 세 마디가 이어져 짜 이루어진 이은겹월이지만7) 여느 이은겹월과 달리 이음 장치(이음씨끝이나 이음토씨 따위)에 의존하지 않고 온전한 월이 그대로 앞마디를 이루는 특수한 경우에 해당한다.8)

마침씨끝은 보통 월의 끝자리에 놓이기 때문에 마침씨끝의 수에서 보면,

---

6) 마침씨끝 '-지'의 쓰임과 뜻에 관하여는 한길(2004 : 117~139) 참조.
7) 겉짜임새로는 세 마디이지만, 속짜임새로는 첫째 마디와 둘째 마디가 먼저 통합되어 앞마디를 이루고, 다시 셋째 마디를 뒷마디로 하여 통합되는 짜임새를 이룬다.
8) 온전한 월이 그대로 앞마디가 되어 이은겹월을 짜 이루는 특수한 경우에 관하여는 권재일 (1992 : 254~255) 참조.

(3)은 독립된 세 월이 이어져 있는 것처럼 보인다. 그러나 (3)은 하나의 이은겹월에 해당한다. 왜냐하면, 독립된 세 월이라면 '-지' 뒤에 내림(↘)의 말가락이 놓이고 쉼이 놓이게 되지만, (3)의 '-지' 다음에는 끎(→)의 말가락이 놓이면서 쉼 없이 바로 다음 마디로 연결되기 때문이다.[9] 또한 세 월이라면 동일한 들을이에게 연속적으로 하는 말이기 때문에 들을이높임의 등분이 같아야 하지만, (3)은 한 월이기 때문에 (5)와 같이, 끝마디의 들을이높임법의 등분으로 반말(5ㅁ)만이 아니라 아주낮춤(5ㄱ), 예사낮춤(5ㄴ), 예사높임(5ㄷ), 아주높임(5ㄹ), 비격식체의 높임(5ㅂ) 등 모든 등분이 다 가능하다는 점을 들 수 있다.[10]

> (5) ㄱ. 그는 돈도 있<u>지</u>, 옷도 있<u>지</u>, 없는 게 없<u>다</u>.
>   ㄴ. 그는 돈도 있<u>지</u>, 옷도 있<u>지</u>, 없는 게 없<u>네</u>.
>   ㄷ. 그는 돈도 있<u>지</u>, 옷도 있<u>지</u>, 없는 게 없<u>소</u>
>   ㄹ. 그는 돈도 있<u>지</u>, 옷도 있<u>지</u>, 없는 게 없<u>습니다</u>.
>   ㅁ. 그는 돈도 있<u>지</u>, 옷도 있<u>지</u>, 없는 게 없<u>어</u>.
>   ㅂ. 그는 돈도 있<u>지</u>, 옷도 있<u>지</u>, 없는 게 없<u>어요</u>.

만일 (5)의 ㄱ~ㅂ이 각각 한 월이 아니라 세 월이라면 들을이높임법의 등분에서 호응관계가 이루어질 수 있는 ㄱ과 ㅁ만이 적격하고 그 밖의 것은 부적격해야 할 것이지만, 한 월이기 때문에 모두 적격한 월이 되었다.

되풀이된 '-지' 자체만으로는 들을이높임법 등분에서 반말에 해당하지만 (5)에서의 '-지'는 월 끝에 놓인 마침씨끝의 들을이높임 정도에 해석을 받게 되어 ㄱ은 아주낮춤, ㄴ은 예사낮춤, ㄷ은 예사높임, ㄹ은 아주높임, ㅁ은 반말(비격식체 안높임), ㅂ은 비격식체 높임의 등분으로 해석된다. 다시 말

---

9) 월의 중요한 형식적 특색으로 허웅(1999 : 58~62)에서는 월은 다른 언어 형태와 짜임새를 이루지 않는다는 점과 월의 끝에는 마침법의 씨끝으로 맺어지며 높낮이가 겹쳐지는 점을 들었다.

10) 현대 우리말의 들을이높임법 등분 체계에 관하여는 한길(2002 : 188) 참조.

해서, '-지' 자체의 들을이높임 정도는 중화되고, 월 끝에 놓이는 마디의 마침씨끝의 들을이높임 정도가 앞마디에도 영향을 미치게 된다.

'-지'의 되풀이는 대체로 두 번 정도 이루어지지만 이 자체만으로는 월을 끝맺음할 수 없는 제약이 있다. 곧 서술법의 [-지…-지]로 짜 이루어지는 이은겹월은 불가능하고, 이 짜임이 앞마디가 되고 뒤에는 뒷마디가 이어져야 하는 제약이 따른다. 이 구조에서 '-지'는 반드시 두 번 되풀이되어야 적격한 월이 되지만, 이론적으로는 세 번 이상 되풀이되는 것도 가능하다. 여러 번 되풀이되더라도 끝마디에는 '-지'가 쓰이지 않는 것이 자연스럽다.

(6) ㄱ. 그는 돈도 있<u>지</u>, 옷도 있<u>지</u>, 친구도 있<u>지</u>, 없는 게 없<u>다</u>.
ㄴ. 그는 돈도 있<u>지</u>, 옷도 있<u>지</u>, 친구도 있<u>지</u>, 애인도 있<u>지</u>, 없는 게 없<u>다</u>.

월의 끝마디에는 (3)에서와 같이 서술법과 물음법의 마침씨끝이 주로 쓰이지만, 꾀임법과 시킴법의 마침씨끝도 쓰일 수 없는 것은 아니다. 끝마디에 꾀임법과 시킴법의 마침씨끝이 쓰인 보기를 보면 (7)과 같다.

(7) ㄱ. 철수는 머리 좋지, 공부 잘 하지, 해외 유학을 보<u>냅시다</u>.
ㄴ. 날씨 좋지, 시간 있지, 여행이나 다녀오<u>십시오</u>

물음법 마침씨끝이 쓰이는 경우에는 일반 물음월에 해당되는 것보다는 반어법 물음월에 해당되는 것들이 더 많이 쓰이는 특성을 보인다. 반어법 물음월은 내재적 의미에서 축어적 의미와 모순관계나 반의관계에 놓이는 서술법으로 주로 해석되기 때문에 형식상으로만 물음법 마침씨끝이 쓰이는 것으로 보인다.[11]

월의 끝마디에 반어법 물음월이 놓이게 되면, 월 전체의 의미가 반어법

---

11) 반어법 물음월의 의미적 특성에 관하여는 한길(2005 : 131~142)을 참조할 것.

의미로 해석되는 것은 아니고 끝마디만 반어법 의미로 해석됨을 (8)을 통해
확인할 수 있다.

(8) ㄱ. 철수는 공부 잘 하지, 운동 잘 하지, 못하는 게 뭐가 있습니까?
　　　 [철수는 공부 잘 하지, 운동 잘 하지, 못하는 게 아무 것도 없습니
　　　 다.]
　　 ㄴ. 비는 오지, 우산은 없지, 어떻게 갈 수 있습니까?
　　　 [비는 오지, 우산은 없지, 갈 수 없습니다.]

'-지1' 마디와 '-지2' 마디는 같은 짜임새이어야 할 필요는 없다. 따라서
각각 같은 짜임새로 서로 맞섬관계를 이루기도 하고, 다른 짜임새로 이루어
지기도 하지만, 모두 적격한 월이 된다.

(9) ㄱ. 아드님은 운동 잘 하지, 따님은 그림을 잘 그리지, 부러울 게 없
　　　 겠습니다.
　　 ㄴ. 순이는 얼굴이 예쁘지, 공부를 잘 하지, 나무랄 데가 없습니다.

(9)의 ㄱ에서 '-지1' 마디와 '-지2' 마디는 '누가 무엇을 어찌하다'의 짜
임새로 동일하며, ㄴ에서 '-지1' 마디는 '누가 무엇이 어떠하다'의 짜임새
이고, '-지2'는 '누가 무엇을 어찌하다'의 짜임새로, 서로 다른 짜임새이지
만 모두 적격한 월이 되었다.

'-지1' 마디와 '-지2' 마디의 임자말 제약을 보면, (9)의 ㄱ에서는 서로
다른 임자말이지만 적격한 월이 되었고, ㄴ에서는 같은 임자말이지만 적격
한 월이 되었기 때문에 동일 임자말 제약은 없다. 끝마디의 임자말은 '-지
1'의 임자말과 같을 수도 있고 다를 수도 있으며, '-지2'의 임자말과도 같
을 수도 있고 다를 수도 있기 때문에 각 마디의 임자말에는 제약이 따르지
않는다. 각 마디의 임자말의 가능성과 보기는 (10)과 같다.

(10) ㄱ. [[임(자말)1····-지1], [임1····-지2], [임1····-마침씨끝]]
　　 <u>**철수는**</u> 공부 잘 하지, <u>(**철수는**)</u> 운동도 잘 하지, <u>(**철수는**)</u> 못하
　　 는 게 없다.
　 ㄴ. [[임(자말)1····-지1], [임2····-지2], [임1····-마침씨끝]]
　　 <u>**너는**</u> 수학 잘 하지, **네 동생은** 영어 잘 하지, <u>**너는**</u> 좋겠다.
　 ㄷ. [[임(자말)1····-지1], [임2····-지2], [임2····-마침씨끝]]
　　 네 **남편은** 의사지, <u>**너는**</u> 교수지, <u>(**너는**)</u> 부러울 게 없겠구나.
　 ㄹ. [[임(자말)1····-지1], [임1····-지2], [임2····-마침씨끝]]
　　 <u>**네 아들은**</u> 공부 잘 하지, <u>(**네 아들은**)</u> 운동도 잘 하지, **너는** 얼
　　 마나 좋으니?
　 ㅁ. [[임(자말)1····-지1], [임2····-지2], [임3····-마침씨끝]]
　　 막차는 떠났지, **돈은** 없지, 내 **심정이** 어떠했겠니?

　‘-지1’ 마디와 ‘-지2’ 마디의 풀이말은 같아도 되고 같지 않아도 상관이
없으며, 풀이말을 이루는 풀이씨 종류에도 제약이 따르지 않는다. 따라서
‘-지1’ 마디의 풀이말에 움직씨, 그림씨, 잡음씨가 모두 가능하며, ‘-지1’
마디 풀이말의 종류에 관계없이 ‘-지2’ 마디의 풀이말도 움직씨, 잡음씨, 그
림씨가 다 쓰일 수 있다. 또한 끝마디도 ‘-지1’이나 ‘-지2’ 마디의 풀이말
의 종류에 관계없이 움직씨, 그림씨, 잡음씨가 다 풀이말로 쓰일 수 있어 각
마디 사이의 풀이말 제약이 없으며, 풀이말을 이루는 풀이씨의 종류에도 제
약이 따르지 않는다.

　풀이말의 때매김 제약을 보면, ‘-지1’ 마디와 ‘-지2’ 마디에는 때매김 씨
끝 ‘-었-’, ‘-겠-’ 은 결합될 수 있지만, ‘-더-’는 결합되지 않는다. ‘-더-’
는 ‘-지’와 어떤 경우라도 결합되지 않는 제약이 있는데, 이 월 짜임에서도
유효하다. ‘-었-’과 ‘-겠-’은 ‘-지’와 결합될 수도 있는데, ‘-지1’ 마디와
‘-지2’ 마디의 때매김이 일치하지 않더라도 적격한 월이 되기 때문에 때매
김 일치 제약은 따르지 않는다. ‘-지1’과 ‘-지2’ 마디의 때매김의 가능성과
보기는 (11)과 같다.

(11) ㄱ. [[⋯-∅-지1], [⋯-∅-지2], [끝마디]]
　　　 시간 있지, 날씨 좋지, 여행이나 갑시다.
　　ㄴ. [[⋯-었-지1], [⋯었-지2], [끝마디]]
　　　 아침 못 먹**었**지, 점심 못 먹**었**지, 하루 종일 굶었습니다.
　　ㄷ. [[⋯-겠-지1], [⋯-겠-지2], [끝마디]]
　　　 아이들이 말 잘 **듣겠**지, 공부 잘 **하겠**지, 뭐가 걱정이니?
　　ㄹ. [[⋯-었-지1], [⋯-겠-지2], [끝마디]]
　　　 지난 학기 성적 **좋았**지, 다음 학기에도 성적 **좋겠**지, 뭐가 염려
　　　 됩니까?
　　ㅁ. [[⋯었-지1], [⋯-∅-지2], [끝마디]]
　　　 예식 시간은 **되었**지, 주례는 안 오지, 어찌하면 좋습니까?
　　ㅂ. [[⋯-∅-지1], [⋯-겠-지2], [끝마디]]
　　　 순이는 얼굴 예쁘지, 앞으로 **의사되겠**지, 신붓감으로 최고 아닙
　　　 니까?

　끝마디에는 때매김씨끝 '-었-', '-겠-', '-더-'가 모두 결합 가능하여 제약이 없다. 또한 끝마디의 때매김이 '-지1'이나 '-지2' 마디의 때매김에 제약을 받거나 제약을 주지 않는다.

　주체높임법의 '-으시-' 쓰임에 대한 제약을 보면, 서술법 마침씨끝 '-지'는 임자말이 둘째가리킴이고 높임의 대상인 경우에 풀이말에 '-으시-'가 결합되고, 또한 들을이가 높임의 대상이기 때문에 들을이 <안높임>의 '-지' 뒤에 들을이 <높임>의 토씨 '요'가 결합되어 쓰여야 적격한 월이 된다.

(12) ㄱ. 너는 시험에 합격했지.
　　ㄴ. **선생님께서는**(=둘째가리킴) 시험에 합격하시었지요.

　'-지' 되풀이 월에서도 각 마디마다 월의 주체가 둘째가리킴이고 높임의 대상이면 풀이말에 '-으시-'가 결합되지만, '-지' 뒤에는 '요'가 결합되지 않더라도 적격한 월이 된다. 이 점에서 '-지'로 끝나는 일반 서술월에서와 차이를 보인다.

(13) ㄱ. **선생님께서는**(＝둘째가리킴) 영어 잘 하시지, 중국어 잘 하시지,
　　　얼마나 좋으십니까?

　　ㄴ. **선생님께서는**(＝둘째가리킴) 영어 잘 하시지요, 중국어 잘 하시
　　　지요, 얼마나 좋으십니까?

　'-지1'과 '-지2'는 동일한 '-지'의 되풀이 마침씨끝으로, 명제 내용에 대한 <확인>의 의미 특성을 나타내며, 맞섬관계의 마디를 짜 이룬다. 이 짜임은 다시 끝마디에 대해서는 끝마디의 <이유나 원인의 확인>을 보이는 특성을 보이기 때문에 전체 월 짜임은 딸림 이은겹월에 해당한다.

　서술법 마침씨끝 '-지' 되풀이에 의한 월 짜임은 (14)와 같다.

(14) [[[-지1]앞마디, [-지2]뒷마디]앞마디, [끝마디]뒷마디]딸림 이은겹월

　되풀이되는 '-지' 마디는 세 번 이상도 실현 가능하기 때문에 이를 반영하여 월 짜임을 다시 나타내면 (15)와 같다.

(15) [[[-지1]앞마디, [-지2]뒷마디 …]앞마디, [끝마디]뒷마디]딸림 이은겹월

1.3. '-어' 되풀이 월의 형태·통사적 특성

　반말의 대표적 마침씨끝 '-어'도, 앞에서 살핀 '-지'와 마찬가지로, 되풀이되어 쓰이는 일이 있다. 마침씨끝 '-어'는 서술법으로만 쓰이는 것이 아니라 물음법, 시킴법, 꾀임법 등 모든 의향법에 두루 쓰이기 때문에 마침씨끝으로 쓰이더라도 의향법의 종류에 따라, 꼴 같고 뜻 다른 '-어'에 해당한다.12) 서술법의 마침씨끝 '-어'도 (16)과 같이 되풀이되어 쓰이는 일이 있다.

(16) ㄱ. 철수는 공부 잘 해, 운동 잘 해, 뭐가 부족합니까?

---

12) 마침씨끝 '-어'의 쓰임과 뜻에 관하여는 한길(2004 : 117~139) 참조.

    ㄴ. 아들은 잘 생겨, 딸은 예뻐, 부러울 게 없겠다.

서술법의 '-지' 되풀이법과 마찬가지로, 서술법의 '-어'도 (16)에서와 같이 되풀이되어 이은겹월을 짜 이루면서 월을 끝맺는 경우는 없고, 그 자체가 앞마디가 되어, 뒷마디와 이은겹월을 짜 이루는 특성을 보인다. (16)의 짜임새는 (17)과 같다.

(17) ㄱ. [[[철수는 공부 잘하-<u>어</u>]_{앞마디} [운동 잘 하-<u>어</u>]_{뒷마디}]_{앞마디} [뭐가 부족합니까]_{뒷마디}]?_{이은겹월}

      ㄴ. [[[아들은 잘 생기-<u>어</u>]_{앞마디} [딸은 예쁘-<u>어</u>]_{뒷마디}]_{앞마디} [부러울 게 없겠다]_{뒷마디}]._{이은겹월}

(17)에서와 같이 (16)은 세 마디가 이어져 짜 이루어진 이은겹월이지만 여느 이은겹월과 달리 이음 장치(이음씨끝이나 이음토씨 따위)에 의존하지 않고 온전한 월이 그대로 마디를 이루는 특수한 이은겹월에 해당한다.

(16)이 한 월에 해당하는 까닭은 '-지'에서와 같다. 곧 '-어' 뒤에 놓이는 말가락 종류와 쉼에서 마디에 놓이는 것과 일치한다는 점과 세 월이라면 들을이높임의 등분 사이의 호응관계가 일치하지 않는다는 점을 들 수 있다. (16)은 한 월이기 때문에 (18)과 같이 끝마디의 들을이높임법의 등분으로 반말만이 아니라 모든 등분이 다 가능하다.

(18) ㄱ. 철수는 공부 잘 해, 운동 잘 해, 뭐가 부족하-<u>니/ ㄴ가/ 오/ ㅂ니까/어/어요</u>?

      ㄴ. 아들은 잘 생겨, 딸은 예뻐, 부러울 게 없겠-<u>다/네/오/습니다/어/어요</u>

'-어'는 들을이높임법 등분에서 비격식체인 [안높임]에 해당하지만 (18)에서의 되풀이된 '-어'는 [안높임]으로 해석되지 않고 월 끝에 놓인 마침씨끝의 들을이높임 정도에 해석을 받게 된다. 곧 끝마디가 아주높임이면 '-어'

도 아주높임을, 끝마디가 아주낮춤이면 '-어'도 아주낮춤을 나타내게 된다.

'-어'의 되풀이는 대체로 두 번 정도 이루어지지만 이 자체만으로는 월을 끝맺음할 수 없는 제약이 있다. 곧 서술법의 [-어…-어]로 짜 이루어지는 이은겹월은 불가능하고, 이 짜임이 앞마디가 되고 뒤에는 뒷마디가 이어져야 하는 제약이 따른다.

이 구조에서 '-어'는 반드시 두 번 되풀이되어야 적격한 월이 되지만, 이론적으로는 세 번 이상 되풀이되는 것도 가능하다. 여러 번 되풀이될 때 끝마디의 마침씨끝으로 '-어'가 쓰이더라도 (19)와 같이 적격한 월이 된다.

> (19) ㄱ. 아들 잘 생**겨**, 딸 예**뻐**, 집 부자**야**, 뭐가 아쉬워?
> ㄴ. 철수는 공부 잘 **해**, 운동 잘 **해**, 노래 잘 불**러**, 못하는 게 없**어**.

월 끝마디에는 (16)과 같이 주로 서술법이나 물음법의 의향법이 놓이지만 (20)과 같이 꾀임법과 시킴법도 놓일 수 있어 의향법 제약은 없다.

> (20) ㄱ. 돈 많**아**, 시간 있**어**, 어디 여행이나 **갑시다**.
> ㄴ. 철수는 공부 잘**해**, 운동 잘**해**, 칭찬해 **주십시오**

끝마디의 의향법에는 제약이 없지만, 끝마디의 의향법이 앞마디의 '-어1' 마디와 '-어2' 마디에는 영향을 미치지 않는다. 곧 끝마디의 의향법이 무엇이든지 관계없이 앞마디의 '-어'는 서술법이 그대로 유지된다. 끝마디의 의향법이 물음법인 경우에는 일반 물음월에 해당되는 것보다는 반어법 물음월에 해당되는 것들이 더 많이 쓰이는 특성을 보인다.[13]

'-어1' 마디와 '-어2' 마디는 같은 짜임이어야 할 필요는 없다. 따라서 각각 같은 짜임으로 서로 맞섬관계를 이루기도 하고, 다른 짜임으로 이루어지더라도 적격한 월이 된다.

---

13) (19)의 ㄱ이 반어법 월에 해당하며, <아들 잘 생겨, 딸 예뻐, 집 부자여, 아쉬운 게 없다.>란 내재적 의미로 해석된다.

 '-어1' 마디와 '-어2' 마디의 임자말 제약을 보면, 서로 다른 임자말이건 같은 임자말이건 적격한 월이 되었기 때문에 동일 임자말 제약은 없다. 끝마디의 임자말은 '-어1'의 임자말과 같을 수도 있고 다를 수도 있으며, '-어2'의 임자말과도 같을 수도 있고 다를 수도 있기 때문에 각 마디의 임자말에는 제약이 따르지 않는다. 곧 세 마디의 임자말이 다 같을 수도 있고 다를 수도 있으며, 일부가 같거나 다를 수도 있다.

 '-어1' 마디와 '-어2' 마디의 풀이말은 같아도 되고 같지 않아도 상관이 없으며, 풀이말을 이루는 풀이씨 종류에도 제약이 따르지 않는다. 따라서 '-어1' 마디의 풀이말로 움직씨, 그림씨, 잡음씨가 모두 가능하며, '-어1' 마디 풀이말의 종류에 관계없이 '-어2' 마디의 풀이말도 움직씨, 잡음씨, 그림씨가 다 쓰일 수 있다. 또한 끝마디도 '-어1'이나 '-어2' 마디의 풀이말의 종류에 관계없이 움직씨, 그림씨, 잡음씨가 다 풀이말로 쓰일 수 있어 각 마디 사이의 풀이말 제약이 없으며, 풀이말을 이루는 풀이씨의 종류에도 제약이 따르지 않는다.

 풀이말의 때매김 제약을 보면, '-어1' 마디와 '-어2' 마디에는 때매김씨끝 '-었-', '-겠-'은 결합될 수 있지만, '-더-'는 결합되지 않는다. 또한 '-어1' 마디와 '-어2' 마디의 때매김이 일치하지 않더라도 적격한 월이 되기 때문에 때매김 제약은 따르지 않는다. 끝마디에는 '-었-', '-겠-', '-더-'가 모두 결합될 수 있어 때매김의 제약이 따르지 않으며, '-어1' 마디와 '-어2' 마디의 때매김에 영향을 주거나 영향을 받지 않는다.

 '-어' 되풀이 월에서도 각 마디마다 월의 주체가 둘째가리킴이고 높임의 대상이면 풀이말에 '-으시-'가 결합되며, '-어' 뒤에는 '요'가 결합되지 않더라도 적격한 월이 된다. 이 점에서 '-어'로 끝나는 일반 서술월에서와 차이를 보인다.

 주체높임법의 '-으시-' 쓰임에 대한 제약을 보면, 서술법 마침씨끝 '-어'로 끝맺는 월은 임자말이 둘째가리킴이고 높임의 대상인 경우에 풀이말에 '-으시-'가 결합되고, 또한 들을이가 높임의 대상이기 때문에 들을이 <안

높임>의 '-어' 뒤에 들을이 <높임>의 토씨 '요'가 결합되어 쓰여야 적격한 월이 된다. '-어' 되풀이 월에서도 각 마디마다 월의 주체가 둘째가리킴이고 높임의 대상이면 풀이말에 '-으시-'가 결합되지만, '-어' 뒤에는 '요'가 결합되지 않더라도 적격한 월이 된다.

'-어1'과 '-어2'는 동일한 '-어'의 되풀이 마침씨끝으로, 맞섬관계의 마디를 짜 이룬다. 이 짜임은 다시 끝마디에 대해서는 끝마디의 <이유나 원인>을 나타내는 특성을 보이기 때문에 전체 월 짜임은 딸림 이은겹월에 해당한다.

서술법 마침씨끝 '-어' 되풀이에 의한 월 짜임새는 (21)과 같다.

    (21) [[[-어1]_{앞마디}, [-어2]_{뒷마디}]_{앞마디}, [끝마디]_{뒷마디}]_{딸림 이은겹월}

되풀이되는 '-어' 마디는 세 번 이상도 실현 가능하기 때문에 이를 반영하여 월 짜임새를 다시 나타내면 (22)와 같다.

    (22) [[[-어1]_{앞마디}, [-어2]_{뒷마디} …]_{앞마디}, [끝마디]_{뒷마디}]_{딸림 이은겹월}

위에서 살핀 바와 같이, '-어' 되풀이 월은, 월 짜임에서 '-지' 되풀이 월과 같으며, 이 월의 형태·통사적 특성에서도 '-지' 되풀이 월과 그리 큰 차이를 보이지 않는다.

1.4. '-것다' 되풀이 월의 형태·통사적 특성

현대 우리말에서는 마침씨끝 '-것다'가 그리 생산적으로 쓰이지 않을 뿐 아니라 쓰는 사람도 한정적인 관계로 예스러운 표현의 마침씨끝에 해당한다. 현재는 '-것다' 대신 미정법 때매김씨끝인 '-겠-'과 아주낮춤의 마침씨끝 '-다'의 결합형인 '-겠다'가 주로 쓰이고 있다. 그렇지만 현재도 '-것다'로 쓰이는 일이 있기 때문에 옛말로 처리할 수는 없다.

국립국어연구원 편(1999)『표준국어대사전』에 따르면, '-것다'는 "해라할 자리에 쓰여, 경험이나 이치로 미루어 틀림없이 그러할 것임을 추측하거나 다짐하는 뜻을 나타내는 종결 어미"라 하고, (23)의 보기를 들었다.

> (23) ㄱ. 옳지, 네가 바로 그놈이**것다**.
>   ㄴ. 이놈, 네가 날 속이려 들었**것다**.
>   ㄷ. 이번에도 네가 일등을 했**것다**.

'-것다'는 '확인(다짐) 강조'의 '-것-'과 서술법 아주낮춤의 마침씨끝 '-다'로 형태소 분석이 되지만, '-것-'을 떼어내어 안맺음씨끝으로 처리하지 않는 까닭은 '-것-'이 '-다'와만 결합관계를 이루고, '-것-'과 '-다' 사이에 어떤 요소도 끼어들 수 없다는 점이다. 다시 말해서 '-것다'는 한 몸처럼 결합하여 마침씨끝으로 쓰이며, 아주낮춤으로 <확인(다짐) 강조 서술>의 의미적 특성을 나타낸다.

'-것다'도 (24)와 같이 되풀이되어 쓰이는 일이 있다.[14]

> (24) ㄱ. 얼굴 예쁘**것다**, 마음씨 좋**것다**, 신붓감으로 제격이다.
>   ㄴ. 아이들도 다 키웠**것다**, 부모님도 건강하시**것다**, 무슨 걱정이십니까?

(24)에서와 같이 '-것다'는 되풀이되어 이은겹월을 짜 이루면서 월을 끝맺는 경우는 없고 그 자체가 앞마디가 되며, 뒷마디와 이은겹월을 짜 이루는 특성을 보여, '-지', '-어'의 되풀이 월에서와 동일하다. 곧 서술법의 [-것다…-것다]로만 짜 이루어지는 이은겹월은 불가능하고, 이 짜임이 앞마디가 되고 뒤에는 뒷마디가 이어져야 하는 제약이 따른다. (24)의 짜임새는

---

14) 연세대학교 언어정보개발원 편(1998)『연세한국어사전』에서는 '-것다'의 되풀이 꼴에 대하여, [-것다…-것다의 꼴로 쓰이어] 원인, 조건 등이 충분함을 열거하는 뜻을 나타내는 연결어미라 하였다.

(25)와 같다.

> (25) ㄱ. [[[얼굴 예쁘-**것다**]앞마디 [마음씨 좋-**것다**]뒷마디]앞마디, [신붓감으
>   로 제격이다]뒷마디].이은겹월
>   ㄴ. [[[아이들 다 키웠-**것다**]앞마디 [부모님도 건강하시-**것다**]뒷마디]앞마
>   디 [무슨 걱정이십니까]뒷마디]?이은겹월

(24)는 세 마디가 이어져 짜 이루어진 이은겹월 같지만, 실제로는 (25)와 같이 [-것다⋯-것다]가 앞마디가 되고 그 뒤에 뒷마디가 놓이는 이은겹월에 해당된다. 이 이은겹월은 어떠한 이음 장치(이음씨끝이나 이음토씨 따위)에도 의존하지 않고 온전한 월 짜임이 그대로 마디를 이루는 특수한 경우에 해당한다.

이런 이은겹월의 특수한 짜임에서, 앞에서 살핀 '-지'와 '-어'는 (26)의 ㄱ, ㄴ과 같이 한번만 쓰이게 되면 부적격한 월이 되며, 반드시 두 번 이상 되풀이되어야 적격한 월이 되지만, '-것다'는 (26)ㄷ과 같이 한번만 쓰이고 그 자체가 앞마디로 쓰이더라도 적격한 월이 되는 점에서 '-지', '-어'와는 차이를 보인다. 곧 '-것다'의 되풀이는 수의적이다.

> (26) ㄱ. *아이들 공부 잘하**지**, 뭐가 걱정입니까?
>   ㄴ. *아이들 공부 잘**해**, 뭐가 걱정입니까?
>   ㄴ. 아이들 공부 잘하**것다**, 뭐가 걱정입니까?

이론적으로는 '-것다'도 세 번 이상 되풀이되는 것도 가능하다. 여러 번 되풀이되더라도 끝마디에는 마침씨끝으로 '-것다'가 쓰이지 않는 것이 자연스럽다.

> (27) ㄱ. 얼굴 곱**것다**, 몸 건강하**것다**, 마음씨 착하**것다**, 신붓감으로 최고
>   아닙니까?
>   ㄴ. 얼굴 곱**것다**, 몸 건강하**것다**, 마음씨 착하**것다**, 부자이**것다**, 신

붓감으로 최고 아닙니까?15)

'-것다'가 여러 번 되풀이될 수 있는 월의 기본 짜임새는 다음과 같다.

(28) [[[···-것다1]앞마디1, [···-것다2]뒷마디2, ···]앞마디, [끝마디]뒷마디]이은겹월

끝마디에는 마침씨끝으로 '-것다'가 쓰이면 부적격하지만, 서술법이나 물음법의 마침씨끝은 들을이높임의 등분에 관계없이 쓰일 수 있다.

(29) ㄱ. 미남이**것다**, 공부 잘하**것다**, 부족한 게 없-다/-네/-오/-습니다/-어/-어요

ㄴ. 돈 있**것다**, 실력 있**것다**, 무슨 걱정이-니/-ㄴ가/-오/-ㅂ니까/-야/-어요?

(29)의 ㄱ과 ㄴ은 하나의 이은겹월에 해당하며, 단순히 세 월이 이어진 것으로 볼 수 없는데, 그 까닭은 자명하다. 만일 '-것다' 부분의 짜임새만을 떼어낸다면 그 자체만으로는 적격한 월일 수 있지만, 그렇게 되면 끝자리의 아주낮춤 이외의 들을이높임 등분과는 호응관계가 이루어지지 않는다는 점이다. (29)의 ㄱ과 ㄴ이 각각 세 월이라면 들을이높임의 등분이 같거나 비슷한 정도이어야 한다. 곧 각각 세 월로 짜여 있다면 '-것다'가 아주낮춤에 해당하기 때문에 끝마디에도 아주낮춤이나 반말에 해당하는 마침씨끝인 월만이 적격해야 하지만, (29)와 같이 끝마디에 모든 등분의 마침씨끝이 놓일 수 있다는 점에서 (29)의 ㄱ과 ㄴ이 한 월임을 증명해 준다. 다시 말해서, '-것다'는 아주낮춤에 해당지만 아주높임이나 예사높임, 비격식체 높임과 자연스럽게 호응된다는 점에서 세 월로 볼 수는 없다.

---

15) (27)ㄴ에서 앞마디 안에는 '-것다'의 수효만큼의 마디가 들어 있는데, 이들 마디는 각각 대립적으로 벌여 있는 이은겹월의 짜임새를 이루고 있다. 그러나 이 자체만으로는 단독으로 월이 되지 못한다.

또한 (29ㄱ)에서 '미남이것다'가 독립된 한 월이라면 서술월 끝에 놓이는 '내림'의 말가락이 놓이고 쉼이 놓이는 것이 원칙이지만, 여기에서는 '마디' 다음에 놓이는 '끎'의 말가락이 놓이면서 바로 뒷마디가 연결됨을 통해 독립된 하나의 월이 아님이 확인된다. '공부 잘 하것다'와 '부족한 게 없다' 사이에도 '끎'의 말가락이 놓이는 것으로 보아 이들 전체가 한 월에 해당한다. 곧 '미남이것다', '공부 잘 하것다', '부족한 게 없다'는 각각의 독립된 월이 아니라 더 큰 언어형식인 '미남이것다, 공부 잘 하것다, 부족한 게 없다'란 이은겹월에 포함된 자리를 차지하기 때문에 독립된 월로 간주되지 않는다.

'-것다'는 비록 서술법의 아주낮춤 마침씨끝이지만, (29)에서는 서술법으로서의 의향법은 그대로 유지한 채, 들을이높임 등분으로서는 그 기능을 잃고 끝마디의 마침씨끝 들을이높임의 등분에 따라 해석되는 특성을 보인다.

끝마디가 물음월의 짜임새인 경우에는 일반 물음월보다는 (30)과 같이 수사적 질문인 반어법 물음월인 경우가 자연스럽다. 그렇지만 반어법의 영역 안에는 끝마디만 들어가고, '-것다'가 포함된 앞마디는 제외된다. 이 점은 '-지', '-어' 되풀이 월에서와 동일하다.

> (30) ㄱ. 미남이것다, 공부 잘하것다, <u>뭐가 부족하니</u>?
>   [미남이것다, 공부 잘하것다, <u>부족한 것이 없다</u>.]
>   ㄴ. 열심히 공부했것다, 머리 좋것다, <u>시험에 떨어질 리 있니</u>?
>   [열심히 공부했것다, 머리 좋것다, <u>시험에 떨어질 리가 없다</u>.]

'-것다' 되풀이 월에서도 끝마디에 서술법과 물음법 마침씨끝만이 놓일 수 있는 것이 아니라, 들을이높임법 각 등분의 꾀임법과 시킴법 마침씨끝이 놓이더라도 (31)과 같이 적격한 월이 된다.[16)]

---

16) 서술월·물음월에서와 마찬가지로, 시킴월·꾀임월에서도 '-것다'는 서술법으로서의 의향법은 그대로 유지되지만, 들을이 높임 등분에서는 아주낮춤이 유지되지 못하고 끝마디의 들을이높임 등분의 해석을 받게 된다.

(31) ㄱ. 돈 있**것다**, 친구 많**것다**, 많이 초대하-자/-세/-ㅂ시다/-어/-어요

　　ㄴ. 돈 있**것다**, 친구 많**것다**, 많이 초대하-어라/-게/-시오/-ㅂ시오/
　　　-어/-어요.

　이와 같이 '-것다' 되풀이 월에서는 끝마디의 의향법에는 제약이 없지만, 끝마디의 의향법이 '-것다1' 마디와 '-것다2' 마디의 의향법에는 영향을 미치지 못한다. 곧 '-것다1' 마디와 '-것다2' 마디의 의향법은, 끝마디의 의향법이 무엇이든 간에, '-것다'의 의향법인 서술법이 그대로 유지된다.

　'-것다' 되풀이 월에서 '-것다1' 마디와 '-것다2' 마디는 월 짜임새가 같아야 할 필요는 없다. 따라서 각각 같은 짜임새로 서로 맞섬관계를 이룰 수도 있고, 다른 짜임새로 이루어지더라도 적격한 월이 된다. 끝마디도 '-것다1' 마디나 '-것다2' 마디의 월 짜임새에 영향을 받거나 주지 않기 때문에 각 마디의 월 짜임의 종류에는 제약이 따르지 않는다.

　'-것다1' 마디와 '-것다2' 마디, 끝마디의 임자말 제약을 보면, 각 마디의 임자말이 동일하거나 동일하지 않거나, 적격한 월이 되기 때문에 임자말 제약이 따르지 않는다.

　'-것다1' 마디와 '-것다2' 마디, 끝마디의 풀이말 제약을 보면, 각 마디의 풀이말이 동일하거나 동일하지 않거나 적격한 월이 되기 때문에 풀이말 제약이 따르지 않는다. 또한 풀이말의 풀이씨로 움직씨, 그림씨, 잡음씨가 모두 쓰일 수 있어 풀이씨의 종류에 대한 제약도 없다.

　풀이말의 때매김 제약을 보면, '-것다1' 마디와 '-것다2' 마디에는 때매김 씨끝 '-었-'은 결합될 수 있지만, '-겠-'과 '-더-'는 결합되지 않는다. '-것다1' 마디와 '-것다2' 마디의 때매김은 일치하지 않더라도 적격한 월이 되기 때문에 때매김 일치 제약은 따르지 않는다. 끝마디에는 '-었-', '-겠-', '-더-'가 모두 쓰일 수 있으며, 끝마디가 앞마디의 때매김에도 영향을 미치지 않는다.

　주체높임법의 '-으시-' 쓰임에 대한 제약을 보면, 서술법 마침씨끝 '-것

다'인 월에서는 높임의 대상인 둘째가리킴은 임자말로 쓰일 수 없다. 이는 아주낮춤 서술법 마침씨끝 월에 두루 적용되는 제약이다. 왜냐하면, 둘째가리킴 월은 월의 주체와 들을이가 동일인인데, 월의 주체가 높임의 대상이면 동일인을 월의 주체로서는 높이고 들을이로서는 낮추게 되는 모순을 띠게 되기 때문이다. 그러나 '-것다' 되풀이 월에서는 높임의 대상인 둘째가리킴 낱말이 월의 임자말로 쓰일 수 있으며, 각 마디마다 월의 주체가 둘째가리 킴이고 높임의 대상이면 풀이말에 '-으시-'가 결합되어야 적격한 월이 된 다. 그러나 '-것다' 뒤에는 들을이높임 토씨 '요'는 결합되지 않는다. 이 점 에서 '-지', '-어' 되풀이 월과 차이를 보인다.

    (32) ㄱ. <u>선생님께서는</u>(=둘째가리킴) 풍채 좋<u>으시</u>것다, 말 잘 하<u>시</u>것다, 얼마나 행복하<u>십</u>니까?
       ㄴ. *<u>선생님께서는</u>(=둘째가리킴) 풍채 좋<u>으시</u>것다요, 말 잘 하<u>시</u>것 다요, 얼마나 행복하<u>십</u>니까?

'-것다1'과 '-것다2'는 동일한 '-것다'의 되풀이 마침씨끝으로, 명제 내 용에 대한 '확인(다짐) 강조'의 의미 특성을 나타내며 맞섬관계의 마디를 짜 이룬다. 이 짜임은 다시 끝마디에 대해서는 끝마디의 <'이유나 원인'의 '확 인(다짐) 강조'>를 보이는 특성을 보이기 때문에 전체 월 짜임새는 딸림 이 은겹월에 해당한다. 이 이은겹월도 아무런 이음 장치(이음씨끝이나 토씨 따위) 에 의지하지 않고 마침씨끝을 갖춘 월 짜임이 그대로 앞마디를 이루기 때문 에 특수한 이은겹월에 해당한다.

서술법 마침씨끝 '-것다'가 두 번 되풀이된 월 짜임새는 (33)과 같다.

    (33) [[[-것다1]앞마디, [-것다2]뒷마디]앞마디, [끝마디]뒷마디]딸림 이은겹월

되풀이되는 '-것다' 마디는 세 번 이상도 실현 가능하기 때문에 이를 반 영하여 월 짜임새를 다시 나타내면 (34)와 같다.

(34) [[[-것다1]_{앞마디}, [-것다2]_{뒷마디} …]_{앞마디}, [끝마디]_{뒷마디}]_{딸림 이은겹월}

1.5. '-는다' 되풀이 월의 형태·통사적 특성

서술법 마침씨끝은 들을이높임법 등분에 따라 각 등분마다 갖추어져 있을 뿐 아니라, 같은 등분에도 여러 가지가 속해 있다.[17] 서술법 마침씨끝은 어느 것이든 관계없이 건너따옴월로 포함될 때 '-는다'[18]로 중화되는 공통성을 가진다. 서술법 마침씨끝의 중화형인 '-는다'도 되풀이되어 쓰이는 일이 있다.

 (35) ㄱ. 청소를 <u>한다</u>, 음식을 만<u>든다</u> 하면서 야단법석을 떨었다.
   ㄴ. 철수는 그 일을 하겠<u>다</u>, 못 하겠<u>다</u> 하는 말이 없다.

(35)에서는 '-는다2' 다음에 '-고'가 줄어든 것을 쉽게 확인할 수 있다. (35)에 '-고'를 회복시키면 (36)과 같이 되는데, (35)와 (36)은 뜻에서 차이를 보이지 않는다.

---

17) 한길(2004 : 482~3)에서 든 서술법 마침씨끝을 들을이높임의 등분에 따라 정리하면 다음과 같다.
 반말 : 단순형--어, -지, -게, -네, -는군, -데, -거든, -는데, -고
   복합형--다나, -자나, -으라나, -는다고, -느냐고, -자고, -으라고, -는다니까, -냐니까, -자니까, -으라니까, -을래, -을게, -는걸, -을걸, -고말고, -다마다
 예사낮춤 : 단순형--ㄹ세, -음세, -으이, -네, -거니, -느니
   복합형--는다네
 예사높임 : 단순형--오, -는구려
   복합형--는다오, -읍디다, -으리다
 아주낮춤 : 단순형--는다, -으마, -는구나, -어라, -으니, -을라, (-노라, -누나)
   복합형--는단다, -느니라(-도다, -을진져, -을지니라, -을거나, -을러라, -을레라, -을지라, -을지로다)
 아주높임 : 복합형--습니다, -는답니다, -나이다, -으오이다, -올시다
 높낮이없음 : 단순형--다, -음
18) '-는다'는 결합되는 풀이씨 종류에 따라, 닿소리 뒤냐 홀소리 뒤냐에 따라 변이형태 /-는다/, /-ㄴ다/, /-다/, /-라/로 실현된다.

(36) ㄱ. 청소를 <u>한다</u>, 음식을 만<u>든다</u>고 하면서 야단법석을 떨었다.
     ㄴ. 철수는 그 일을 하겠<u>다</u>, 못 하겠<u>다</u>고 하는 말이 없다.

(35)에서 '하면서'와 '하는'도 줄어들 수 있다. 그렇게 되면 '-는다1⋯-는다2' 마디와 뒷마디가 (37)과 같이 이은겹월의 꼴로 보이게 된다.

(37) ㄱ. 청소를 <u>한다</u>, 음식을 만<u>든다</u>, 야단법석을 떨었다.
     ㄴ. 철수는 그 일을 하겠<u>다</u>, 못 하겠<u>다</u>, 말이 없다.

(37)에서는 비록 '-는다1⋯-는다2' 마디와 뒷마디가 바로 이어져 있는 것 같지만 실제적으로는 바로 이어져 있지 않고 그 사이에 (36)에서처럼 '-고 하면서'와 '-고 하는'이 줄어든 것을 쉽게 보완할 수 있으므로 '-는다1⋯-는다2' 마디는 안은겹월의 안김마디가 되는 짜임새임을 확인할 수 있다. 따라서 서술법 마침씨끝의 중화형인 '-는다1⋯-는다2'로만은 온전한 월 짜임새를 이룰 수 없다. (36)의 월 짜임새를 나타내면 (38)과 같다.

(38) ㄱ. [[[청소를 <u>한다</u>, 음식을 만<u>든다</u>고]안김마디 하면서]앞마디 [야단법석
        을 떨었다]뒷마디].
     ㄴ. [[[철수는 [그 일을 하겠<u>다</u>, 못 하겠<u>다</u>고]안김마디 하는]매김마디] 말
        이 없다].

(38)에서 안김마디 안의 '-는다1' 마디와 '-는다2' 마디는 온전한 월의 짜임새로, 이음 장치(이음씨끝이나 토씨 등)에 의하지 않은 특수한 이은겹월의 짜임새를 이루며, 건너따옴월로서 안겼다.
  '-는다'는 (39)와 같이 한번만 쓰이면서 그 자체가 안김마디로 쓰이더라도 적격한 월이 되기 때문에 '-는다1'과 '-는다2'의 공기관계는 그리 긴밀한 편은 아니다. 또한 '-는다'의 되풀이가 반드시 이루어져야 하는 것은 아니기 때문에 '-는다'의 되풀이는 수의적이다.

(39) ㄱ. [철수는 야영을 떠난다]고 하면서 한참 부산을 피웠다.
     ㄴ. 철수는 [이 음식이 맛이 없다]고 하는 말을 남기고 떠났다.

이론적으로는 '-는다'도 세 번 이상 되풀이될 수 있다. 여러 번 되풀이되더라도 뒤에는 '-고 하-' 꼴이 놓이게 된다.

(40) ㄱ. 철수는 야영을 떠**난다**, 옷을 갈아입**는다**, 등산모를 꺼**낸다**고 하
        면서 한참 부산을 피웠다.
     ㄴ. 철수는 야영을 떠**난다**, 옷을 갈아입**는다**, 등산모를 꺼**낸다**, 짐을
        꾸**린다**고 하면서 한참 부산을 피웠다.

'-는다' 되풀이 월에서 '-는다1' 마디와 '-는다2' 마디는, (41ㄱ)과 같이, 월 짜임새가 같은 경우가 가장 자연스럽다. 곧 '-는다1' 마디와 '-는다2' 마디는 맞섬관계의 같은 월 짜임새를 이룰 때 가장 자연스러우나, (41ㄴ)과 같이 다른 짜임새로 이루어지더라도 적격한 월이 된다.

(41) ㄱ. 철수는 <u>비가 온다</u>, <u>바람이 분다</u>고 하면서 달려 나갔다.
     ㄴ. 철수는 <u>시간이 없다</u>, <u>밥을 못 먹는다</u>고 하는 불평을 하였다.

'-는다1' 마디와 '-는다2' 마디의 임자말 제약을 보면, 각 마디의 임자말이 동일하거나 동일하지 않거나 적격한 월이 되기 때문에 임자말 제약은 따르지 않는다.

'-는다1' 마디와 '-는다2' 마디의 풀이말 제약을 보면, 각 마디의 풀이말이 동일하거나 동일하지 않거나 적격한 월이 되기 때문에 풀이말 제약은 따르지 않는다. 또한 풀이말로 움직씨, 그림씨, 잡음씨가 모두 쓰일 수 있어 풀이씨의 종류에 대한 제약도 없다.

풀이말의 때매김 제약을 보면, '-는다1' 마디와 '-는다2' 마디에는 때매김씨끝 '-었-', '-겠-', '-더-'가 결합될 수 있어 제약이 따르지 않는다.

(42) ㄱ. 철수가 밥을 먹는다, 안 먹는다고 하는 말을 하지 않았다.
     ㄴ. 철수는 밥을 먹**었**다, 안 먹**었**다고 하는 말을 하지 않았다.
     ㄷ. 철수는 밥을 먹**겠**다, 안 먹**겠**다고 하는 말을 하지 않았다.
     ㄹ. 철수가 밥을 먹**더**라, 안 먹**더**라고 하는 말을 하지 않았다.

'-는다1' 마디와 '-는다2' 마디의 때매김은 일치하지 않더라도 적격한 월이 되기 때문에 때매김 일치 제약도 따르지 않는다.

(43) ㄱ. 철수는 지금 비가 온다, 내일도 비가 오**겠**다 하면서 나갔다.
     ㄴ. 철수는 어제 비가 **왔**다, 내일도 비가 오**겠**다 하면서 나갔다.
     ㄷ. 철수는 지금 비가 온다, 어제도 비가 **왔**다 하면서 나갔다.

'-는다1'과 '-는다2'는 동일한 '-는다'의 되풀이 마침씨끝으로, 맞섬관계의 마디를 짜 이루지만, 그 자체로는 월을 끝맺지 못하고 다시 안은겹월의 안김마디로 포함되는 특성을 보이기 때문에 '-는다'가 되풀이되는 전체 월 짜임새는 안은겹월에 해당한다.

서술법 마침씨끝의 중화형태 '-는다' 되풀이에 의한 월 짜임새는 (44)와 같다.

(44) [[[-는다1]$_{앞마디}$, [-는다2]$_{뒷마디}$$_{안김마디}$ ···]$_{안은겹월}$

되풀이되는 '-는다' 마디는 세 번 이상도 실현 가능하기 때문에 이를 반영하여 월 짜임새를 다시 나타내면 (45)와 같다.

(45) [[[-는다1]$_{앞마디}$, ··· [-는다n]$_{뒷마디}$]$_{안김마디}$ ···]$_{안은겹월}$

1.6. 마무리

서술법 마침씨끝 가운데, 되풀이되어 월을 짜 이룰 수 있는 마침씨끝은

'-지', '-어', '-것다'뿐이다. '-는다'가 되풀이되어 월을 짜 이루는 경우도 있으나, 이때의 '-는다'는 아주낮춤의 '-는다'가 아니라 서술법 마침씨끝의 중화형인 '-는다'이다.

'-지', '-어', '-것다'는 되풀이되어 맞섬관계의 마디를 짜 이루지만 그 자체로 월을 이루지 못하고 뒷마디와 어울려 딸림 이은겹월의 앞마디를 이룬다. 이때 각 마디는 이음 장치(이음씨끝이나 이음토씨 따위)에 의존하지 않고 온전한 월이 그대로 마디를 이루는 특수한 이은겹월에 해당한다.

'-지', '-어', '-것다' 되풀이 월의 특성을 간추리면 다음과 같다.

첫째, '-지', '-어', '-것다'는 두 번만 되풀이되는 것이 아니라 세 번 이상의 되풀이도 가능하다.

둘째, 의향법과 들을이높임법에 제약이 따르지 않는다. 끝마디의 의향법은 이들 되풀이 마디에 영향을 미치지 않으나, 들을이높임의 등분에는 영향을 미쳐, 되풀이마디의 본디 등분은 사라지고 끝마디 등분의 해석을 받게 된다.

셋째, 되풀이 마디 사이에 월 짜임새는 맞섬관계의 동일한 짜임새인 경우가 가장 자연스러우나 반드시 동일한 월 짜임새일 필요는 없다.

넷째, 되풀이 마디 사이의 임자말, 풀이말, 때매김 따위에서 특별한 제약 현상은 나타나지 않는다.

'-지' 되풀이 마침씨끝은, 명제 내용에 대한 <확인>의 의미 특성을 가지고 맞섬관계의 마디를 짜 이룬다. 이 짜임새는 다시 끝마디에 대해서는 끝마디의 <이유나 원인의 확인>을 나타내는 특성을 보인다.

'-어' 되풀이 마침씨끝은 맞섬관계의 마디를 짜 이루며, 이 짜임은 다시 끝마디에 대해서는 끝마디의 <이유나 원인>을 나타내는 특성을 보인다.

'-것다' 되풀이 마침씨끝은 명제 내용에 대한 <확인(다짐) 강조>의 의미 특성을 가지고 맞섬관계의 마디를 짜 이루며, 이 짜임새는 다시 끝마디에 대해서는 끝마디의 <이유나 원인의 확인(다짐) 강조>를 보이는 특성을 보인다.

'-는다'도 되풀이되어 맞섬관계의 마디를 이루지만 그 자체가 월을 이루지 못하는 점에서는 -지', '-어', '-것다'와 동일하다. 그러나 '-는다' 되풀이 마디는 안은겹월의 안김마디로 안기기 때문에 전체 월은 안은겹월에 해당한다.

안김마디 안의 '-는다1' 마디와 '-는다2' 마디는 온전한 월의 짜임새로, 이음 장치(이음씨끝이나 토씨 등)에 의하지 않은 특수한 이은겹월의 짜임새를 이루며, 건너따옴월로서 안긴다. '-는다1'과 '-는다2'의 공기관계는 그리 긴밀한 편은 아니다. '-는다'도 세 번 이상 되풀이될 수 있지만 뒤에는 항상 '-고 하-' 꼴이 놓이게 된다.

'-는다' 되풀이 마디 사이에서 임자말, 풀이말, 때매김 따위에서 특별한 제약 현상은 나타나지 않는다.

'-는다' 되풀이 마침씨끝은 맞섬관계의 마디를 짜 이루지만, 그 자체로는 월을 끝맺지 못하고 다시 안은겹월의 안김마디로 포함되는 특성을 보인다.

2. 물음법 되풀이 마침씨끝 월의 특성[19]

2.1. 들머리

물음월의 끝에는 하나의 물음법 마침씨끝이 통합되어 쓰이는 것이 일반적이다. 그러나 때로는 물음법 마침씨끝이 같은 꼴로 되풀이되어 쓰이는 경우가 있다. 물음법 마침씨끝이 되풀이되어 쓰이되, 한 몸처럼 작용하여 서로 불러일으키는 관계에 놓이며, 그 자체가 말본적 기능을 수행하는 일이 있다. 이런 경우에 한 월에 해당하는지, 아니면 마침씨끝의 수만큼 월에 해당하는지 판별하기가 쉽지 않은 실정이다.[20]

---

19) 물음법 되풀이 마침씨끝 월에 관하여는 한길(2007)을 바탕으로 하여, 모자라거나 빠진 부분을 깁고 보태는 등 손질을 한 것이다.

20) 변형생성문법에서는 한 월 안에 여러 월이 안기거나 이어져 있는 것으로 보기 때문에 월 속에 월이 존재하는 것은 당연하지만, 역시 한 월의 한계를 결정하는 것은 그리 쉬운 일

이를테면, ‘철수가 학교에 갑니까, 순이가 학교에 갑니까?’에서는 물음법 마침씨끝 ‘-습니까’가 두 번 되풀이되었지만, 이들이 단순히 벌여 있는 것이 아니고,21) 되풀이됨으로 말미암아 두 질문 항목 중에서 하나를 선택하는 물음법을 나타내게 된다. 이는 한 월에 해당하여 ‘철수가 학교에 갑니까’가 앞마디에 해당하고, ‘순이가 학교에 갑니까’가 뒷마디에 해당하는지, 아니면 ‘-습니까’의 수만큼 두 월에 해당하는지 결정하여야 한다.22)

이 글에서는 ‘철수가 학교에 갑니까, 순이가 학교에 갑니까?’를 한 월로 보아야 함을 증명하고자 한다. 곧 이 월은 이음법 씨끝에 의존하지 않는 특이한 꼴의 이은겹월에 해당하며, 앞마디와 뒷마디의 관계가 대등하기 때문에 맞섬 이은겹월의 한 가지로 보아야 한다.

(46) [[철수가 학교에 갑니까]_{앞마디}, [순이가 학교에 갑니까?]_{뒷마디}]_{이은겹월}

이와 같은 짜임의 월은 모든 물음법 마침씨끝에 의해 이루어질 수 있는 것은 아니며, 이에도 제약이 따른다. 또 이와 같은 월의 짜임에도 일정한 형태·통사적 제약이 따르게 마련이다. 이와 같은 월 짜임에서 어떤 형태·통사적 특성이 따르는가를 살피기로 한다.

아울러 위와 같은 월은 의미적으로도 단순 선택 질문(alternative question)인 선택 물음월로 쓰이거나, 시험 질문(tentative question)이나 확인 질문(confirmative question)의 물음월로 쓰이기도 하며, 수사 질문(rhetorical question)인 반어법의 물음월로 쓰이기도 하기 때문에, 이에 관하여도 논의하기로 한다.

같은 꼴로 되풀이되는 마침씨끝의 짜임으로 된 월이, 안은월의 안김마디로 쓰이기도 한다. ‘나는 내일 서울에 갈까 말까 한다.’와 같은 월은 ‘나는

이 아니다.

21) 단순히 벌여 있다면 당연히 두 월에 해당한다. 곧 ‘철수가 학교 갑니까?’라 묻고, 다시 ‘순이가 학교에 갑니까?’라 묻게 되면, 두 월임이 너무나 자명해진다.

22) 논저에 따라 두 월로 다루기도 하고 한 월로 처리기도 한다. 두 월로 다룬 논저로는 최현배(1971 : 824)가 있다.

내일 서울에 갈까, 말까'가 안김마디가 되어 안은월 '나는 … 한다'에 안긴, 안은겹월의 짜임새를 이루기도 한다. 이 글에서는 이에 관하여는 논의하지 않고 같은 꼴로 이루어진 물음법 마침씨끝에 의해 이루어지는 맞섬 이은겹월의 짜임새에 한정하여 논의하기로 한다.

2.2. 물음법 되풀이 마침씨끝 월의 짜임새

월의 형식적 특징으로 허웅(1999 : 58~62)은 다음과 같이 다섯 가지를 들고 있다. 첫째, 월의 기본적인 특색으로 "월은 다른 언어형태와 짜임새를 이루지 않는다. 곧 월은 다른 월과 짜임새를 이루지 못한다."는 점을 들었다. 둘째, "월의 *끄트머리*는 풀이씨의 마침법(의향법)의 씨끝으로 맺어지는 것이 보통"이며, 셋째, 풀이씨의 마침씨끝에는 "소리의 높낮이가 겹쳐진다."는 점을 들었다.[23] 넷째, 월의 끝에는 마침표, 물음표, 느낌표 따위의 월점이 놓인다고 하였다. 다섯째, 월의 길이는 이론적으로 제한이 없지만, 들을이가 지루함을 느끼지 않고 잘 알아듣도록 하기 위해서는 한 월은 적당한 길이로 유지되어야 한다고 하였다.

물음법의 되풀이 마침씨끝 월이 되풀이되는 마침씨끝 수만큼의 홑월인지, 아니면 하나의 겹월인지는 위의 형식적 특색을 적용해 보면 판별될 수 있다.

같은 꼴의 물음법 마침씨끝이 되풀이되더라도 하나의 월이 아니라 두 월인 것을 쉽게 알 수 있는 것들이 있다.

> (47) ㄱ. 철수가 학교에 **갔습니까**? 순이도 학교에 **갔습니까**?
> ㄴ. 내일 비가 **올까**? 바람은 불지 **않을까**?

(47ㄱ)에서 '철수가 학교에 갔습니까?'와 '순이도 학교에 갔습니까?'는 서

---

23) 끝높낮이로 허웅(1999 : 59)은 물음에서는 높아짐이나 낮아짐이, 서술, 시킴, 함께함에서는 대체로 낮아짐이 놓인다고 하였다.

로 어떠한 짜임새도 이루지 않는다. 곧 앞부분이 뒷부분에 포함된다든가, 뒷부분과 어우러져 더 큰 언어형식을 이루지 않기 때문에 각각 월에 해당한다. 그리고 '-습니까'가 되풀이되어 있지만, 앞 '-습니까' 뒤에는 여느 가부 물음월과 마찬가지로 올림의 말가락이 놓이며, 쉼(pause)이 놓인 다음에 뒤 '-습니까' 월이 이어지며, 앞 '-습니까' 뒤에는 물음월에 놓이는 물음표가 놓이는 점으로 보아 두 월에 해당함이 분명하다. (2ㄴ)도 앞부분과 뒷부분이 어떠한 짜임새를 이루지 않고 단지 벌여 있을 뿐이고, 앞 '-ㄹ까' 다음에 올림의 말가락과 쉼이 놓이며 물음표가 놓이기 때문에 두 홑월에 해당된다. 여기에서의 '-습니까'와 '-ㄹ까'는 서로 한 몸처럼 작용하여 서로 불러일으키는 관계에 놓인다거나 새로운 말본적 기능을 수행하는 것이 아니기 때문에 되풀이 마침씨끝의 범주에 해당하지는 않는다.

그러나 주로 선택 질문의 용법과 반어법으로 쓰이는 물음법 마침씨끝의 되풀이 월에 대하여는 두 월로 다루는 견해도 있고, 한 월로 처리하는 견해도 있다. 최현배(1971 : 824)에서는 이들이 겹월이 될 수 없고 홑월들에 해당함을 다음과 같이 주장하였다.

> 홑월이 모여서 한 낱의 겹월(複文)을 이루었다 함은, 그 조각조각의 홑월의 뜻으로만 서로 관계가 있을 뿐 아니라 그 말의 꼴(形式)에서 서로 관계가 있음이니: 곧 그 낱낱의 홑월이 그 꼴에서 서로 떨어지지 아니하고 서로 잇기어서 한 덩이가 된 것을 이름이니라.
>
> 그러므로 둘 이상의 홑월이 다만 그 뜻으로만 서로 관계를 가지고 그 꼴(形式)로는 아무 관계가 없는 것, 다시 말하면, 그 각각의 홑월의 풀이말의 풀이씨가 이음법으로 되어서 따로따로의 꼴을 가진 것은, 비록 그 뜻인즉 서로 합하여서 한 덩이의 생각을 나타내었을지라도, 이는 한 낱의 겹월로 보지 아니하고, 따로따로 선 여러 낱의 홑월로 보느니라.

그리고 겹월로 볼 수 없고 마침씨끝의 수만큼 각각의 홑월로 보아야 하는 보기로 다음을 들었다.

(48) ㄱ. 너는 산을 좋아하느냐, 물을 좋아하느냐?(2)[24]

　　ㄴ. 네가 이겼느냐, 그 애가 이겼느냐?(2)

　　ㄷ. 밥이 좋으냐, 술이 좋으냐?(2)

　　ㄹ. 비가 올까, 눈이 올까?(2)

　곧 최현배(1971 : 825)는 "위에 든 보기들은 다 각각 여러 낱의 홑월이 모여서 한 덩어리의 생각을 나타낸 것이다. 이 따위는 다 말의 꼴(言語의 形式)에서는 아무 관계가 없는 홑월의 모인 것인즉, 이를 겹월이라 할 수는 없는 것이니라."라 하여, 여러 홑월이냐 하나의 겹월이냐의 판단은 의미상의 관계가 아니라 형식상의 걸림관계가 이루어지느냐에 달려 있는 것으로 보았다. 곧 위 보기는 하나의 겹월로 걸림관계를 형성해 주는 요소가 없기 때문에 홑월이 모인 것이라 하였다.

　한편, 위 보기를 하나의 겹월로 보는 주장도 있다. 권재일(1992 : 254~5)은 접속문 구성의 형식에는 접속어미에 의한 접속문 구성, 접속조사에 의한 접속문 구성,[25] 특수하게 다양한 모습으로 실현되는 접속문 구성,[26] 종결된 문장이 그대로 선행절의 형식을 취하여 후행절에 이어 있는 접속문 구성 등을 들었다. 마지막의 접속문 구성이 이 글에서 논의하고자 하는 것과 관련을 지을 수 있는 것으로, 이에 대한 보기를 다음과 같이 들었다.

---

24) 괄호 안의 수는 최현배(1971 : 825)에서 나타낸 월의 수효에 해당한다.

25) 권재일(1992)은 접속조사 <과/와, 하고, 이니, 이며, 이다, 이나, 이건, 이고, 이랑, 에(다가)>에 의해 접속문이 구성될 수 있다고 하였다.

26) 이에 해당하는 보기로 권재일(1992 : 254~5)은 다음의 보기를 들었다.

　(1) 문장종결조사 <마는>에 의한 접속문 구성.

　　ㄱ. 죄송합니다—마는, 책 좀 주시겠어요?

　(2) 명사구 내포문 구성이 부사어로 기능하여, 선행절의 형식을 취하고 있는 접속문 구성.

　　ㄴ. 그는 나를 못 본 체, 지나가 버렸다.

　　ㄷ. 비가 온 다음에, 날씨가 쌀쌀해졌다.

　　ㄹ. 비가 오기 (때문)에, 학교에 못 간다.

　　ㅁ. 비가 오므로, 학교에 못 갔다.

(49) ㄱ. 아들 있<u>지</u>, 딸 있<u>지</u>, 무슨 걱정이오?

  ㄴ. 아들 있겠다, 딸 있겠다, 무슨 걱정이오?

  ㄷ. 아들 있<u>어</u>, 딸 있<u>어</u>, 무슨 걱정이오?

같은 꼴의 물음법 마침씨끝이 되풀이되어 이루어진 선택 물음월이나 반어법 물음월을 최현배(1971)는 두 홑월의 이어짐으로 보았으나, 그렇게 보지 않고 한 월로 짜여진 겹월로 보아야 하는 까닭을 살피기로 한다.

(50) ㄱ. 철수가 학교에 갔니, 시내에 갔니?

  ㄴ. 내가 돈이 있니, 친구가 있니?

(50)에서 ㄱ과 ㄴ은 각각 월의 끝에 놓이는 마침씨끝이 둘씩 놓여 있기 때문에 단순히 월의 형식적 짜임새에서 보면 두 가지 홑월이 이어져 있는 것으로 보인다. 그러나 (50ㄱ)은 단순히 '철수가 학교에 갔느냐'와 '철수가 시내에 갔느냐'라는 두 가지 질문을 하는 것이 아니다. 만일 두 가지 질문을 한다면 (50ㄱ)은 당연히 두 가지 홑월에 해당하게 된다. (50ㄱ)은 한 가지 질문으로서 두 질문항 가운데 어느 하나를 선택하기를 기대하는 선택 질문으로, 앞부분 질문항만으로나 뒷부분 질문항만으로는 자립적으로 선택 질문의 용법을 나타낼 수 없기 때문에 전체가 한 월이 되며, 앞부분인 '철수가 학교에 갔니'는 전체인 선택 물음월의 한 부분으로서의 짜임새를 이루어 앞마디가 되며, '시내에 갔니'도 전체인 선택 물음월의 뒷마디로 포함된 자리를 차지하였다.

(50ㄴ)도 (50ㄱ)과 마찬가지로, '내가 돈이 있니'와 '내가 친구가 있니'라는 두 가지 질문을 하는 것이 아니라 '-니'가 되풀이됨으로써 <나는 돈도 없고 친구도 없다.>란 뜻을 가진 반어법 질문을 나타내게 되며, 단순히 앞부분과 뒷부분이 벌여 있는 것은 아니다. 곧 앞부분이 전체 월의 앞마디가 되고 뒷부분은 뒷마디가 되어 반어법 월의 짜임새를 이루게 된다.

(50)의 ㄱ과 ㄴ이 각각 한 월에 해당함의 두 번째 근거로, 이들 월이 건

너따옴월에 포함될 때 한 월을 짜 이루는 점을 들 수 있다. 곧 (50ㄱ)이 건너따옴월에서는 (61)과 같이 안은월에 안김마디로 포함된다는 점을 들 수 있다.

(51) **선생님이** 철수가 학교에 갔느냐, 시내에 갔느냐고 **물었다.**

(50ㄱ)을 한 월로 보아야 하는 세 번째 근거로, 말가락과 쉼의 놓임을 들 수 있다. 곧 (50ㄱ)이 두 월이라면 '철수가 학교에 갔니?' 다음에 올림의 말가락이 놓이면서 쉼이 놓인 다음 '시내에 갔니?'가 이어지는데, 선택 물음월인 경우에는 올림의 말가락이 놓이면서 쉼 없이 바로 '시내에 갔니?'가 이어진다는 점이다. 또한 두 월이라면 '시내에 갔니?'의 끝에도 올림의 말가락이 놓이게 되지만 한 월이기 때문에 내림의 말가락이 놓인다는 점이다.[27)

(50ㄴ)에서도 앞마디 다음에 올림의 말가락이 놓이면서 쉼 없이 바로 뒷마디가 연결되며 뒷마디 끝에 내림의 말가락이 놓이는 점에서 두 홑월이 이어져 있는 경우에서와 차이를 보인다.

(50)의 ㄱ과 ㄴ을 각각 한 월로 보아야 하는 네 번째 근거로, 앞뒤 마디의 제약 관계가 따르는 점을 들 수 있다. 곧 한 월이기 때문에 앞부분과 뒷부분 사이에 제약 관계가 이루어진다는 점이다. 만일 두 홑월이라면 앞부분과 뒷부분 사이에 형태·통사적 걸림관계가 그리 크게 나타나지 않지만, (50)의 ㄱ과 ㄴ은 한 월이기 때문에 이 짜임새에서는 앞부분과 뒷부분이 맞섬관계를 이루어야 하는 제약, 가부 물음월만 적격하고 설명 물음월은 부적격한 제약, 앞부분과 뒷부분의 시제가 일치해야 하는 제약 등이 따르게 되

---

27) 서정수(1994 : 310)에서는 선택 질문에는 일반적으로 다음과 같은 말가락이 놓인다고 하였다.
  a. 비가 오니, 눈이 오니, 우박이 내리니?
  b. → → ↗ → → ↗   →   → ↘
  "곧 각 질문항마다 그 끝이 올라가는 억양이 되었다가, 문말에서는 내림의 억양이 되어 선택항이 마감되었음을 나타낸다."고 하였다.

는 특성을 보인다는 점이다.28)

(50)의 ㄱ과 ㄴ을 각각 한 월로 보아야 하는 다섯 번째 근거로, 월점치기를 들 수 있다. 만일 이들이 두 월이라면 앞부분의 '-니' 다음에 월점으로 물음표가 놓여야 하지만, 물음표가 쓰이지 않고 쉼표가 쓰인다는 점도 이들이 하나의 월임을 뒷받침해 준다. 그러나 월점치기로 한 월인지 두 월인지를 식별하는 것은 보조적 수단일 뿐이다. 글자로 표기된 경우에 한하여 가능하되, 월점치기 자체도 글쓴이에 따라 달라질 수 있는 주관적 성격을 가지기 때문이다.

(50)의 ㄱ과 ㄴ을 각각 한 월로 보아야 하는 여섯 번째 근거로, 질문에 대한 응답관계를 들 수 있다. 다시 말해서, 물음에 대한 응답관계에서도 (50ㄱ)이 하나의 월임을 알 수 있다는 점이다. 만일 (50ㄱ)이 두 월이라면 질문항마다 응답을 기대하게 되지만, (50ㄱ)은 두 질문항 가운데 하나만의 응답을 기대하기 때문에 하나의 월에 해당한다. (50ㄴ)도 두 물음월이라면 질문항마다 응답이 필요하지만, (50ㄴ)은 물음월 형식이더라도 내재적으로 응답이 필요 없는 하나의 서술월 효과를 나타낸다는 점에서 하나의 월임을 알 수 있다.

위에서 든 여섯 가지 근거에 따라, (50)의 ㄱ과 ㄴ은 월의 형식을 갖춘 두 월이 앞마디와 뒷마디로 짜 이루어져 하나의 월 짜임새를 이룬 겹월로서, 이은겹월에 해당함을 규명하였다. 곧 앞부분은 이은겹월의 앞마디에 해당하고 뒷부분은 뒷마디에 해당한다. 앞마디와 뒷마디는 특별한 이음 장치(이음씨끝, 이음토씨 따위) 없이 이어지는 특성을 보인다. 앞마디와 뒷마디는 서로 대등한 관계를 이루기 때문에 맞섬 이은겹월에 해당한다. (50)의 월 짜임새는 (52)와 같다.

(52) ㄱ. [[철수가 학교에 갔니]앞마디, [(철수가) 시내에 갔니?]뒷마디]이은겹월

ㄴ. [[내가 돈이 있니]앞마디, [(내가) 친구가 있니?]뒷마디]이은겹월

---

28) 이와 같은 형태·통사적 제약에 관하여는 2.3.에서 구체적으로 논의하기로 한다.

앞에서 살핀 바와 같이, 되풀이 물음법 마침씨끝은 그 자체가 선택 물음월과 반어법 물음월을 짜 이루는 기능을 담당하며, 앞의 마침씨끝은 앞마디의 끝자리에 해당하고 뒤의 마침씨끝은 뒷마디의 끝자리이면서 월의 마침씨끝 역할을 담당하게 된다. 이때 앞마디와 뒷마디는 맞섬관계를 이루기 때문에 맞섬 이은겹월의 짜임새에 해당한다.

2.3. 선택 물음월의 형태·통사적 특성

되풀이 물음법 마침씨끝은 선택 물음월과 반어법 물음월을 짜 이룸은 앞에서 논의하였다. 여기서는 먼저 선택 물음월의 특성에 관하여 살피기로 한다.

물음법의 되풀이 마침씨끝으로 이루어진 선택 물음월은 여러 가지 형태·통사적 제약을 보인다.

첫째, 이 월은 의향법에서 물음월에 해당하지만 일반적인 물음월과 달리 가부 물음월이어야 하는 제약이 따른다. 곧 물음말이 쓰이는 설명 물음월로는 쓰이지 않는다. 앞마디나 뒷마디, 앞마디와 뒷마디 모두에 물음말이 쓰이게 되면 부적격해진다.

이 이은월은 앞마디와 뒷마디 중에서 하나를 선택하는 물음월이기 때문에 앞마디를 선택할 것인가 뒷마디를 선택할 것인가를 나타낼 수 있는 가부 물음월이어야 한다. 물음말이 쓰이는 설명 물음월은 질문항마다 응답을 해야 하기 때문에 선택 물음월로 쓰일 수 없는 제약이 따른다. 만일 두 홑월이 이어짐에 해당할 뿐이고 하나의 이은월의 짜임이 아니라면, 이런 제약은 따르지 않는다. 곧 (53)과 같이 앞 월과 뒤 월이 모두 설명 물음월이건(53ㄱ), 앞 월이 설명 물음월이고 뒤 월이 가부 물음월이건(53ㄴ), 반대로 앞 월이 가부 물음월이고 뒤 월이 설명 물음월이건(53ㄷ) 적격성에 문제가 되지 않는다.

> (53) ㄱ. 철수가 어디에 갔니? 순이도 어디에 갔니?
> 　　 ㄴ. 철수가 어디에 갔니? 순이는 학교에 갔니?

ㄷ. 철수가 학교에 갔니? 순이는 어디에 갔니?

선택 이은월은 앞마디와 뒷마디가 맞섬관계에 놓여야 하는 제약이 따른다. 앞마디와 뒷마디가 동일한 짜임새를 이루되, 주로 한 월조각의 낱말에서만 맞서게 되는 특성을 보인다. 이를테면, '철수가 오늘 순이에게 새 책을 줍니까?'와 맞섬관계를 이루는 보기를 보면 (54)와 같다.

(54) ㄱ. **철호**가 오늘 순이에게 새 책을 줍니까?
　　　ㄴ. 철수가 **내일** 순이에게 새 책을 줍니까?
　　　ㄷ. 철수가 오늘 **순자**에게 새 책을 줍니까?
　　　ㄹ. 철수가 오늘 순이에게 **헌** 책을 줍니까?
　　　ㅁ. 철수가 오늘 순이에게 새 **공책**을 줍니까?
　　　ㅂ. 철수가 오늘 순이에게 새 책을 **팝니까**?

(54)의 각 월은 '철수가 오늘 순이에게 새 책을 줍니까?'와 꼭 같은 월 짜임새를 이루고 있지만, 월조각을 이루는 낱말에서 맞섬관계를 이루고 있다. 곧 ㄱ에서는 임자말 자리에서 '철수와 철호'가 맞서고, ㄴ에서는 어찌말 자리에서 '오늘과 내일'이, ㄷ에서도 어찌말 자리에서 '순이와 순자'가, ㄹ에서는 매김말 자리에서 '새와 헌'이, ㅁ에서는 부림말 자리에서 '책과 공책'이, ㅂ에서는 풀이말 자리에서 '주다와 팔다'가 맞섬관계를 이루고 있다.

선택 물음월에서는 앞마디와 뒷마디의 맞섬관계가 반드시 하나의 월조각에서만 이루어져야 하는 제약은 없다. 둘 이상의 월조각에서 맞섬관계를 보이는 경우에도 선택 물음월에 해당된다. 이를테면, (55)는 각각 앞부분과 뒷부분에서 두 가지 월조각에서 맞섬관계를 보이지만 하나의 선택 물음월에 해당한다.

(55) ㄱ. 철수가 **영어를 공부하니**, (철수가) **노래를 부르니**?
　　　ㄴ. **철수가 영어를** 공부하니, **순이가 수학을** 공부하니?
　　　ㄷ. **철수가** 영어를 **읽니**, **순이가** 영어를 **말하니**?

(55)에서 만일 앞마디 다음에 올림의 말가락과 쉼이 놓이고, 뒷부분에 올림의 말가락이 놓이며, 대답으로는 각각의 물음에 따로따로 이루어지게 되면 두 가지 홑월이 단순히 이어져 있는 월들이 된다. 그렇게 되면 한 가지 사항만 대답하는 선택 물음월과 차이를 보인다.

비록 (55)가 적격한 이은월일지라도 한 가지 월조각에서 맞섬관계에 놓이는 이은월보다는 자연스럽지 않다. 가장 자연스러운 선택 물음월은 앞마디와 뒷마디가 같은 짜임으로 맞섬관계를 이루되, 하나의 월조각에서 맞섬관계를 이루는 경우이다.

그러므로 '철수가 오늘 순이에게 새 책을 줍니까?'를 앞마디로 삼아 이은월을 이룰 수 있는 뒷마디 자리에 놓일 수 있는 월은 (54)가 되어, (56)과 같이 선택 물음월로 적격한 월을 짜 이루게 된다.

(56) ㄱ. 철수가 오늘 순이에게 새 책을 줍니까, **철호**가 오늘 순이에게 새 책을 줍니까?

ㄴ. 철수가 오늘 순이에게 새 책을 줍니까, 철수가 **내일** 순이에게 새 책을 줍니까?

ㄷ. 철수가 오늘 순이에게 새 책을 줍니까, 철수가 오늘 **순자**에게 새 책을 줍니까?

ㄹ. 철수가 오늘 순이에게 새 책을 줍니까, 철수가 오늘 순이에게 **헌** 책을 줍니까?

ㅁ. 철수가 오늘 순이에게 새 책을 줍니까, 철수가 오늘 순이에게 새 **공책**을 줍니까?

ㅂ. 철수가 오늘 순이에게 새 책을 줍니까, 철수가 오늘 순이에게 새 책을 **팝니까**?

이와 같이 선택 물음월은 앞마디와 뒷마디 사이에 맞섬관계가 이루어지지 않는다면 부적격한 월이 된다. 그러나 단순히 두 홑월이 이어져 있는 경우에는 앞 월과 뒤 월 사이에 이러한 맞섬관계가 지켜져야 할 필연성은 없다. 곧 월의 짜임새가 다르더라도 적격한 월들이 되며, 월조각을 이루는 낱말에서도 맞섬관계가 요구되지 않는다.

이론적으로는 (56)이 모두 적격한 월이지만, 실제 쓰임에서는 같은 월조각 줄이기 규칙이 적용되어, 앞마디와 꼭 같은 뒷마디의 월조각이 줄어들어 (57)과 같이 쓰이게 된다.

> (57) ㄱ. 철수가 오늘 순이에게 새 책을 줍니까, **철호**가 줍니까?
> ㄴ. 철수가 오늘 순이에게 새 책을 줍니까, **내일** 줍니까?
> ㄷ. 철수가 오늘 순이에게 새 책을 줍니까, **순자**에게 줍니까?
> ㄹ. 철수가 오늘 순이에게 새 책을 줍니까, **헌** 책을 줍니까?
> ㅁ. 철수가 오늘 순이에게 새 책을 줍니까, 새 **공책**을 줍니까?
> ㅂ. 철수가 오늘 순이에게 새 책을 줍니까, **팝니까**?

이때 뒷마디의 풀이말이 앞마디의 풀이말과 꼭 같더라도 (57ㄱ)에서처럼 줄어들지 않으며, 매김말이 대립되는 경우에 (57ㄹ)에서처럼 매김말의 받침 말도 줄어들 수 없는 제약을 보인다. 이 제약이 지켜지지 않으면 (58)과 같이 부적격한 월이 된다.

> (58) ㄱ. *철수가 오늘 순이에게 새 책을 줍니까, **철호**가?
> ㄴ. *철수가 오늘 순이에게 새 책을 줍니까, **헌** 줍니까?

이와 같은 맞섬관계는 월조각을 이루는 낱말에만 국한 되는 것은 아니다. 긍정과 부정의 맞섬관계도 적격한 월이 된다. 꼭 같은 월 짜임새에서 앞마디가 긍정이고 뒷마디가 부정이거나 앞마디가 부정이고 뒷마디가 긍정인 경우에도 적격한 월이 된다.

> (59)[29] ㄱ. 철수가 학교에 **옵니까**, 철수가 학교에 **안 옵니까**?
> ㄴ. 내일 학교에 **안 갑니까**, 내일 학교에 **갑니까**?

---

29) 실제 쓰임에서는 꼭 같은 월조각 줄이기 규칙이 적용되어 ㄱ은 '철수가 학교 옵니까, 안 옵니까?'로 쓰이고 ㄴ은 '내일은 학교에 갑니까, 안 갑니까?'로 쓰이게 된다.

부정인 경우에는 안-부정만이 아니라 못-부정도 가능하며, 짧은 부정만이
아니라 긴 부정인 경우에도 긍정과 맞섬관계를 이루어 적격한 월이 된다.
물음법 마침씨끝 가운데 '-을까'는 경우에 따라 안-부정이나 못-부정만
이 아니라 말-부정으로 쓰이기도 한다.

> (60) ㄱ. 철수가 학교에 올까, 안(못) 올까 / 오지 않을까(못할까)?
> ㄴ. 내가 학교에 **갈까**, **가지 말까**?
> ㄷ. 우리가 학교에 **갈까**, **가지 말까**?

(60)의 ㄱ에서는 안-부정과 못-부정이 쓰이는 데 비해 ㄴ과 ㄷ에서는 꾀
임월이나 시킴월의 부정에 쓰이는 말-부정이 쓰이게 된다.[30] (60)의 ㄴ과
ㄷ의 대답으로 가능한 월도 (61)과 같이 ㄴ에서는 시킴월로, ㄷ에서는 꾀임
월로 쓰이는 것으로 보아 '-을까'는 여느 물음법 마침씨끝과는 다르게 쓰임
을 알 수 있다.

> (61)[31] ㄱ. 내일 학교에 가십시오. / 내일 학교에 가지 마십시오.
> ㄴ. 학교에 갑시다. / 학교에 가지 맙시다.

물음법 마침씨끝이 '-을까'일 때, '말-부정이 쓰이는 경우에는 임자말이
첫째가리킴으로 홀셈(나, 저)이나 겹셈(우리, 저희)이면서 풀이말이 행동성 움
직씨이고, 때매김법이 이적인 경우에 한하여 실현된다. 다시 말해서 꾀임법
과 시킴법이 쓰일 수 있는 환경과 꼭 같은 조건에서만 말-부정이 쓰이게
된다.
이와 같이 말-부정으로 실현되는 물음법 마침씨끝으로는 '-어'를 더 들

---

30) 남기심·고영근(1985 : 367~368)에서 "바람이나 희망을 나타내는 동사가 서술어이면 명
 령이나 청유가 아닌 경우에도 '말다'가 쓰일 수 있다."고 하였다. 여기서도 말할이의 물
 음 속에는 바람이나 희망의 태도가 포함되어 있기 때문에 '말-부정'이 쓰인 것이 아닌가
 생각된다.
31) (15)의 ㄴ의 대답으로는 ㄱ이 가능하고, (15)의 ㄷ의 대답으로는 ㄴ이 가능하다.

수 있다. 말-부정으로 실현되는 '-을까'와 꼭 같은 조건에서 '-어'도 (62)와 같이 말-부정으로 실현된다.

> (62) ㄱ. 내가 철수를 <u>도와줘</u>, <u>도와주지 마</u>?
>   ㄴ. 나와 같이 집에 <u>가</u>, <u>가지 마</u>?

(62)에 대한 대답에서도 서술법으로 실현되지 않고 (63)과 같이 시킴법과 꾀임법으로 실현되는 특성을 보여, 여느 물음월의 대답에서와 차이를 보인다.

> (63) ㄱ. 철수를 도와주십시오. / 철수를 도와주지 마십시오.
>   ㄴ. 같이 집에 갑시다. / 같이 집에 가지 맙시다.

이처럼 (59)의 ㄴ과 ㄷ, (62)의 ㄱ과 ㄴ은 선택 물음월에 해당하지만, '말-' 부정이 쓰이는 점과 대답으로 시킴이나 꾀임월을 요구하는 점에서 여느 선택 물음월과 다른 특이성을 보인다.

선택 물음월에서 앞마디와 뒷마디는 긍정-부정의 맞섬관계만이 아니라, 앞뒤 마디가 '안-부정'과 '못-부정'의 맞섬관계도 가능하다. 앞마디가 '안-부정'이고 뒷마디가 '못-부정'이거나, 반대로 앞마디가 '못-부정'이고 뒷마디가 '안-부정'인 경우에도 적격한 선택 물음월이 된다.[32]

> (64) ㄱ. 철수는 수영을 <u>안</u> 합니까, <u>못</u> 합니까?
>   ㄴ. 철수는 김치를 <u>못</u> 먹습니까, <u>안</u> 먹습니까?

선택 물음월에서는 앞마디와 뒷마디의 때매김이 꼭 같아야 하는 제약이 있다. 앞마디와 뒷마디가 맞섬관계를 이루는 제약이 따르지만, 때매김에서의 맞섬관계는 허용되지 않는 특성을 보인다.

---

32) 앞마디가 '짧은 부정(안/못-풀이씨)'이면 뒷마디도 '짧은 부정', 앞마디가 '긴 부정(-지 아니하다 / 못하다)'이면 뒷마디도 '긴 부정'이어야 자연스럽다.

> (65) ㄱ. *철수가 학교에 갑니까, 철수가 학교에 갔습니까?
>   ㄴ. *철수가 학교에 갑니까, 철수가 학교에 가겠습니까?
>   ㄷ. *철수가 학교에 갔습니까, 철수가 학교에 가겠습니까?
>   ㄹ. *철수가 학교에 가던가, 철수가 학교에 가는가?
>   ㅁ. *철수가 학교에 가던가, 철수가 학교에 가겠는가?

앞마디와 뒷마디의 때매김이 같아야 하는 제약이 따르지만, 같다고 하여 앞마디나 뒷마디의 때매김씨끝이 줄어들 수는 없게 된다.[33] 한편 물음법의 두 홑월이 이어진 경우에는 앞 월과 뒤 월 사이에 때매김이 일치되어야 하는 제약이 없는 점에서 선택 물음월과는 차이를 보인다.

선택 물음월은 보통 두 가지 대립되는 질문항으로 이루어지지만 경우에 따라서는 세 가지 이상의 대립되는 질문항으로 이루어지기도 한다. 질문항이 세 가지 이상인 경우에도 응답에서는 하나의 질문항만을 선택하여 대답하기를 기대하는 특성을 보인다.[34]

> (66) ㄱ. 학교에는 철수가 가니, 영수가 가니, 영철이가 가니?
>   응답 : 철수가 갑니다.
>   ㄴ. 철수가 성적이 좋니, 나쁘니, 그저 그렇니?
>   응답 : 그저 그렇습니다.

선택 물음월에 대한 대답으로는, 서정수(1994 : 310)에서 "선택 질문에서는

---

33) 예컨대, 이은월 중에 이음법 씨끝 '-고'인 경우에는 다음과 같이 앞마디의 때매김씨끝이 생략될 수 있지만, 선택 물음월에서는 생략될 수 없다.
    ㄱ. 철수는 밥을 먹었고, 순이는 빵을 먹었다. → 철수는 밥을 먹고, 순이는 빵을 먹었다.
    ㄴ. 철수는 학교에 가겠고, 순이는 도서관에 가겠다. → 철수는 학교에 가고, 순이는 도서관에 가겠다.
34) (66)의 ㄱ에서 말할이는 세 질문항 중 하나에 대하여 대답을 기대하지만, 들을이의 실제 대답에서는 한 가지 질문항만 선택하지 않고 두 가지 또는 세 가지 질문항을 선택하여 다음과 같이 대답할 수도 있다.
    ㄱ. 철수와 영수가 갑니다.
    ㄴ. 철수, 영수, 영철이 모두 갑니다.

제기된 사항 중에서 어느 한 가지를 골라야 하므로 찬동하거나 불찬동하는 표시는 할 수 없다. 어느 한 가지를 선택하는 것 자체가 응답이 된다."고 한 바와 같이, 가부-물음월이나 설명-물음월과는 차이를 보인다.

물음법 마침씨끝의 되풀이로 선택 물음월을 짜 이루는 데는 모든 물음법 마침씨끝이 다 쓰일 수 있는 것은 아니다. 한길(2004 : 482~3)에서 밝힌 물음법 마침씨끝 중에 일부만이 가능하다. 현대 우리말의 들을이높임법 등분 중에 가장 널리 쓰이는 반말의 물음법 마침씨끝35) 가운데, 되풀이되어 선택 물음월을 짜 이룰 수 있는 것으로는 '-어, -게, -는가, -나, -데, -느냐고, -라고, -을까, -을래' 따위가 있다.

선택 물음월의 '-어'는 일반 물음월에서 마침씨끝으로 쓰이는 '-어'와 형태·통사적 특성에서 별다른 차이가 나지 않는다. 다만 선택 물음월의 일반적 특성에서는 차이를 보여, 물음말이 있는 경우에는 쓰이지 않는다. 앞에서 살핀 바와 같이, 앞마디와 뒷마디의 맞섬관계가 긍정-부정인 경우에 임자말이 첫째가리킴이면서 풀이말이 행동성 움직씨이며, 이적의 때매김인 경우에 말-부정으로 실현되는 특성을 보이기도 한다.

선택 물음월의 '-게'도 일반 물음월에서 마침씨끝으로 쓰이는 '-게'와 형태·통사적 특성에서 별다른 차이가 나지 않는다. 다만 선택 물음월의 일반적 특성에서는 차이를 보여 물음말이 있는 경우에는 쓰이지 않는다. 선택 물음월의 '-게'는 말할이가 예기적 상황을 통해 추정한 것 중 어느 것이 맞는지 들을이에게 확인하는 물음(한길, 2004 : 159), 곧 확인 질문으로 쓰인다.36)

---

35) 물음법 반말의 마침씨끝으로는, 단순형으로 '-어', '-지', '-게', '-네', '-는가', '-나', '-데', '-고'가 있고, 복합형으로 '-다니', '-냐니', '-자니', '-으라니', '-는다고', '-느냐고', '-자고', '-으라고', '-는다면서', '-자면서', '-으라면서', '-는대', '-는다지', '-을까', '-을래', '-는지'가 있다(한길, 2004 : 482).

36) '-게'는 되풀이되지 않고 단독으로 쓰이더라도 확인 질문을 나타내기도 한다. 이를테면, 집에 가려고 하는 상황을 목격하고 이를 확인하기 위한 질문으로 사용하는 '집에 가게?'의 '-게'가 이에 해당한다. 이 쓰임에서는 물음말은 쓰일 수 없는 제약이 있다.

(67) ㄱ. 전제 상황 : 들을이가 극장이나 다방에 갈 것으로 예기 됨.
　　　ㄴ. 극장에 가게, 다방에 가게?

(67)의 ㄴ은 확인 질문이지만 선택 물음월에 해당하기 때문에 응답으로는 두 질문항 중 하나를 선택하여 대답하게 된다.

이 밖에도 선택 물음월의 '-게'는 말할이가 그 내용을 알고 있으면서 들을이가 그 내용을 알고 있는가를 확인하기 위하여 질문(한길, 2004 : 159)을 할 때, 곧 시험 질문으로도 쓰인다.[37)]

(68) ㄱ. 전제 상황 : 말할이가 내용을 알고 있음
　　　ㄴ. 이것이 책이게, 공책이게?

(68)의 ㄴ은 시험 질문이지만 선택 물음월에 해당하기 때문에 두 질문항 가운데 하나를 선택하여 대답하게 된다.

그 밖의 반말의 선택 물음월의 마침씨끝 '-는가, -나, -데, -느냐고, -라고, -을까, -을래'의 보기를 들면 다음과 같다.

(69) ㄱ. 저분이 영어 선생님**인가**, 수학 선생님**인가**?
　　　ㄴ. 내일 소풍을 **가나**, 안 **가나**?
　　　ㄷ. 철수가 학교에 **가데**, 순이가 학교에 **가데**?
　　　ㄹ. 점심에 자장면 먹**느냐고**, 냉면을 먹**느냐고**?
　　　ㅁ. 나한테 서울에 **가라고**, 부산에 **가라고**?
　　　ㅂ. 내일 서울에 **갈까**, 부산에 **갈까**?
　　　ㅅ. 내일 서울 **갈래**, 부산 **갈래**?

---

37) '-게'는 되풀이되지 않고 단독으로 쓰이더라도 확인 질문을 나타내기도 한다. 이를테면, 질문에 대해 답을 알고 있는 말할이가 들을이가 이를 알고 있는가 시험하기 위한 질문으로 사용하는 '이것이 뭐게?'의 '-게'가 이에 해당한다. 이 쓰임에서는 물음말이 쓰여야 하는 제약이 따른다.

(69)의 선택 물음월 가운데 앞마디와 뒷마디의 맞섬관계가 긍정-부정인 경우에 '말다-부정'이 쓰일 수 있는 것은 ㅁ과 ㅂ이다. ㅁ의 '-라고'에서 '-라'는 시킴법 마침씨끝의 중화형태이기 때문에 부정으로 실현될 때는 '말다-부정'이 쓰이는 것은 당연하다. '-을까'는 앞에서 살핀 바와 같이, 첫째 가리킴의 임자말이고 풀이말이 이적의 행동성 움직씨인 경우에 '말다-부정'으로 쓰인다.

물음법의 반말 마침씨끝 가운데 선택 물음월의 마침씨끝으로 쓰일 수 없는 것들은 의미적 특성에서 선택 물음을 나타낼 수 없기 때문이다. 이를테면, '-지'는 가부 물음월에서38) "말할이가 추정한 것을 들을이에 확인하는 물음"(한길, 2004 : 134)으로, 들을이에게 그것을 확인하는 물음월로 쓰이기 때문에 두 가지 질문항 중에 하나를 선택하게 하는 선택 물음월로 쓰이지 않는다.

확인 물음월의 마침씨끝 '-지' 다음에도 '그렇지'가 덧붙어 마치 선택 물음월과 같은 꼴처럼 보이는 일이 있다.

    (70) ㄱ. 철수가 학교에 가<u>지</u>, 그렇<u>지</u>?
         ㄴ. 철수가 학교에 갔<u>지</u>, 그렇<u>지</u>?
         ㄷ. 철수가 학교에 가겠<u>지</u>. 그렇<u>지</u>?

(70)에서는 '그렇지?' 부분이 뒷마디에 해당하는 것이 아니라 단지 앞부분의 덧붙임말로 질문하는 내용을 확인하려는 마음뿐 아니라 들을이에게 그것을 시인하여 주기를 바라는 뜻을 강하게 드러내는(서정수, 1994 : 332) 역할을 담당할 뿐이다. 다시 말해서 '그렇지?'와 그 앞부분 가운데 어느 하나를 들을이에게 선택하도록 묻는 질문 형식이 아니기 때문에 (70)의 '-지'는 선택 물음월의 마침씨끝에 해당하지 않는다. (70)을 되풀이꼴로 바꾸면 (71)

---

38) '-지'가 물음말이 포함되어 있는 설명 물음월에 마침씨끝으로 쓰이는 경우에는 '-어'에 비해 '친근하거나 부드러운 물음'을 나타낸다. 이에 관하여는 한길(2004 : 134~5)을 참조할 것.

과 같이 뒷부분의 '그렇지?'는 나타나지 않는 것으로 보아 '그렇지?'는 앞부분의 덧붙임말에 불과함을 알 수 있다.

> (71) ㄱ. 갑 : 철수가 학교에 가지, <u>그렇지</u>?
>   을 : 뭐라고?
>   갑 : 철수가 학교에 가냐고?
>   ㄴ. 갑 : 철수가 학교에 갔지, <u>그렇지</u>?
>   을 : 뭐라고?
>   갑 : 철수가 학교에 갔냐고.
>   ㄷ. 갑 : 철수가 학교에 가겠지, <u>그렇지</u>?
>   을 : 뭐라고?
>   갑 : 철수가 학교에 가겠냐고?

'그렇지?'가 선택 물음월의 뒷마디라면, (71)의 되풀이 월에서 '그렇지?'가 반드시 실현되어야 마땅하지만, '그렇지?'가 되풀이되면 부적격한 월이 됨을 통해서 (70)은 선택 물음월이 아님이 확연히 드러난다.

'-네'도 '-지'와 마찬가지로 선택 물음월의 마침씨끝으로 쓰일 수 없는데, 그 까닭은 바로 '-네'의 의미적 특성 때문이다. '-네'는 "명제 내용에 대한 말할이 자신의 생각에 대하여 들을이에게 동의를 구하는 물음"(한길, 2004 : 156)이기 때문에 질문항 가운데 하나를 선택하여 묻는 용법으로 쓰일 수 없다. 선택 물음월의 마침씨끝으로 쓰일 수 없는 그 밖의 반말의 마침씨끝들도 모두 마침씨끝의 의미 특성에서 선택 물음의 용법으로 쓰일 수 없는 것들이다.

아주낮춤의 마침씨끝[39] 가운데 '-느냐'와 '-니'도 선택 물음월의 마침씨끝으로 쓰일 수 있으며, 일반 물음월의 마침씨끝과 동일한 형태·통사적 특성을 가진다. 일반 물음월에서 '-느냐'와 '-니'는 때매김씨끝과의 결합관계

---

39) 물음법의 아주낮춤의 마침씨끝으로는 단순형으로 '-느냐'와 '-니'가 있으며, 복합형으로 '-으렷다', '-을소냐', '-는다니'가 있다.

에서 차이를 보여 '-느냐'는 '-더-'와 결합이 가능하지만 '-니'는 불가능한
데, 이런 차이가 선택 물음월에서도 그대로 적용된다.

(72) ㄱ. 철수가 학교에 가더냐, 순이가 학교에 가더냐?
ㄴ. *철수가 학교에 가더니, 순이가 학교에 가더니?

이 밖에도 물음법 아주높임의 마침씨끝 가운데 '-습니까'는 되풀이되어
선택 물음월의 마침씨끝으로 쓰이지만, '-는답니까'는 되풀이되더라도 선택
물음월로 이해되지 않고, 반어법 물음월로만 해석되기 때문에 선택 물음월
의 마침씨끝으로는 쓰이지 않는다.

(73) ㄱ. 철수가 도서관에 갑니까, 체육관에 갑니까?
ㄴ. 철수가 도서관에 간답니까, 체육관에 간답니까?

곧, (73) ㄱ은 선택 물음월이기 때문에 두 질문항에 대하여 하나를 선택
하여 응답하게 된다. ㄴ은 선택 물음월로 해석되는 경우는 '-는다고 합니
까'가 줄어든 꼴일 때에만 해당하며,40) 물음법의 복합형 마침씨끝인 '-는답
니까'41)인 경우에는 선택 물음월로는 해석되지 않고 반어법 물음월로만 해
석되기 때문에 마침씨끝 '-는답니까'는 되풀이되어 쓰이더라도 선택 물음월
에 해당하지는 않음을 알 수 있다.

물음법 예사높임의 마침씨끝 가운데에는 '-오', '-읍디까', '-으리까'와
물음법 예사낮춤 마침씨끝 가운데 '-는가', '-나'도 되풀이되어 선택 물음
월의 마침씨끝으로 쓰이기도 한다. 물음법 높낮이없음의 마침씨끝 가운데
'-는담'도 되풀이되어 선택 물음월을 짜 이루기도 한다.

---

40) '-는다고 합니까'의 축약형인 '-는답니까'는 그 자체가 마침씨끝이 아니며, '-습니까'만
이 마침씨끝에 해당된다.
41) 복합형 마침씨끝 '-는답니까'는 '-는다고 합니까'의 축약형과는 달리 "말할이가 들을이
에게 명제 내용에 대하여 놀라움이나 못마땅함의 태도를 가지고 아주높임으로 물음"(한
길, 2004 : 457)이란 의미적 특성을 가진다.

2.4. 반어법 물음월의 형태·통사적 특성

이른바 수사적 질문인 반어법은 반드시 물음법 되풀이 마침씨끝에 의해 실현되는 것은 아니다. 또한 물음법 되풀이 마침씨끝이 항상 반어법을 실현하는 것도 아니다. 물음법의 되풀이 마침씨끝에 의해 짜 이루어진 월 가운데 일부가 반어법을 실현하는데, 월 끝자리에 놓이는 말가락의 차이를 제외하면 선택 물음월과 꼭 같은 꼴을 이루게 되어 잘 구별되지 않는다. 곧 선택 물음월의 끝에는 내림(＼)의 말가락이 놓이지만 반어법 물음월의 끝에는 올림(／)의 말가락이 놓이게 되어 식별된다.

(74) ㄱ. 철수가 학교에 가니, 순이가 학교에 가니?(＼)
     ㄴ. 철수가 학교에 가니, 순이가 학교에 가니?(／)

(74)에서 월 끝에 내림의 말가락이 놓인 ㄱ은 두 질문항 중 하나를 선택하여 응답하게 하는 선택 물음월에 해당하고, 올림의 말가락이 놓인 ㄴ은 내재적 의미로 <철수가 학교에 가지 않고, 순이도 학교에 가지 않는다.>라는 서술법으로 해석되는 반어법 월에 해당한다.

일반적으로 반어법 물음월은 축어적 의미(literal meaning)와 내재적 의미(inward meaning) 사이에 반의관계나 모순관계를 나타내며, 꼴로는 물음법에 해당하지만 내용상으로는 주로 서술법으로 해석되는데, 특별한 경우에 한하여 꾀임법이나 시킴법으로 해석되는 특성을 보인다.[42] 다음 보기의 반어법 월은 축어적 의미와 내재적 의미가 모순관계에 놓이면서 ㄱ은 서술법으로, ㄴ은 시킴법으로, ㄷ은 꾀임법으로 해석된다.

(75)[43] ㄱ. 반어법 월 : 내가 왜 서울에 가니?
      내재적 의미 : [나는 서울에 안 간다.]강조

---

42) ‘반어법 정의’에 관한 자세한 논의는 한길(2005 : 30~33)을 참조할 것.
43) 이 보기들이 반어법 월에 해당함은 한길(2005 : 63)을 참조할 것.

ㄴ. 반어법 월 : 네가 왜 서울에 가니?
　　내재적 의미 : [너는 서울에 가지 마라.]강조
ㄷ. 반어법 월 : 우리가 왜 서울에 가니?
　　내재적 의미 : [우리는 서울에 가지 말자.]강조

　물음법 되풀이 마침씨끝에 의해 실현되는 반어법 물음월은 말할이가 들을이에게 두 질문항에 대하여 모두 대답하거나, 어느 하나를 선택하여 응답하기를 기대하는 것이 아니고, 표면상의 두 질문항에 대하여 내재적으로 서술법의 모순관계나 반의관계를 나타내는 특성을 보인다. 물음법 되풀이 마침씨끝에 의해 실현되는 반어법 월은 내재적 의미에서 꾀임법과 시킴법으로 해석되는 일은 없다.

(76) ㄱ. 순이가 얼굴이 예쁘니, 마음씨가 좋니?44)
　　내재적 의미 ① : [순이는 얼굴이 예쁘지 않고, 마음씨도 안 좋
　　　　　　　　　　다.]강조
　　내재적 의미 ② : [순이는 얼굴이 밉고, 마음씨도 나쁘다.]강조
ㄴ. 네가 공부를 하니, 운동을 하니?
　　내재적 의미 : [너는 공부도 안 하고, 운동도 안 한다.]강조

　물음법 되풀이 마침씨끝에 의해 실현되는 반어법 물음월은, 선택 물음월에서와 마찬가지로, 의향법에서 물음월에 해당히지만, 일빈적인 물음월과 달리 앞마디와 뒷마디 모두 가부 물음월이어야 하는 제약이 따른다. 곧 앞마디와 뒷마디, 또는 앞마디나 뒷마디에 물음말이 포함되면 부적격한 월이 된다.

　또한 이 반어법 물음월은 월 짜임에서 앞마디와 뒷마디가 맞섬관계를 이루어야 함도 선택 물음월에서와 같다. 그러나 맞섬관계에서는 선택 물음월

---

44) 이 반어법 월은 내재적 의미로 모순관계에 있는 내재적 의미①과 반의관계에 있는 내재적 의미②로 해석된다.

과 차이를 보이기도 한다. 선택 물음월에서는 앞마디와 뒷마디가 긍정과 부정의 맞섬관계를 이룰 수 있지만, 이 반어법 물음월에서는 긍정과 부정의 맞섬관계는 이룰 수 없다. 반어법 물음월에서는 앞마디가 긍정이고 뒷마디가 부정이거나, 앞마디가 부정이고 뒷마디가 긍정의 맞섬관계는 불가능하다. 왜냐하면, 선택 물음월인 경우에는 두 질문항 중에서 하나를 선택하기 때문에 긍정−부정의 맞섬이 자연스러우나, 이 반어법 물음월에서는 두 질문항의 내용이 모순관계를 이루어 두 질문항의 내재적 의미가 양립할 수 없기 때문이다.

앞마디와 뒷마디의 긍정−부정의 관계에서 보면, 앞마디와 뒷마디가 긍정인 경우나 부정인 경우에는 적격한 월이 된다.

(77) ㄱ. 철수가 학교를 **가니**, 학원을 **가니**?
　　　 [철수가 학교도 안 가고, 학원도 안 간다.]_{강조}
　　 ㄴ. 철수가 학교를 **안 가니**, 학원을 **안 가니**?
　　　 [철수가 학교도 가고, 학원도 간다.]_{강조}

앞뒤 마디가 모두 부정인 경우에는, 앞뒤 마디가 모두 '안−부정'이거나 '못−부정'이어야 적격하며, '안−부정'과 '못−부정'의 맞섬관계는 허용되지 않는다. 또한 앞뒤 마디 모두 '짧은 부정'이거나 '긴 부정'이어야 하며, '짧은 부정'과 '긴 부정'의 맞섬관계는 허용되지 않는 제약이 따른다.

반어법 물음월에서도 선택 물음월에서와 마찬가지로 앞마디와 뒷마디의 때매김이 꼭 같아야 하는 제약이 있다. 앞마디와 뒷마디가 맞섬관계를 이루는 제약이 따르지만, 때매김에서의 맞섬관계는 허용되지 않는 특성을 보인다.

선택 물음월이 경우에 따라서는 세 가지 이상의 대립되는 질문항으로 이루어지기도 하는 것처럼, 반어법 물음월에서도 셋 이상의 마디로 월이 짜이루어지는 일이 있다. 이때 내재적 의미로는 (78)과 같이 각 마디마다 모순관계나 반의관계의 서술법으로 해석되는 특성을 보인다.

(78) ㄱ. 철수가 돈이 있**니**. 친구가 있**니**, 애인이 있**니**?
　　　[철수는 돈도 없고, 친구도 없고, 애인도 없다.]_{강조}
　　ㄴ. 철수가 아**니**, 순이가 아**니**, 영철이가 아**니**, 영자가 아**니**?
　　　[철수도 모르고, 순이도 모르고, 영철이도 모르고, 영자도 모른
　　　다.]_{강조}

물음법 마침씨끝 되풀이법으로 반어법 물음월을 짜 이루는 데는 모든 물
음법 마침씨끝이 다 쓰일 수 있는 것은 아니다.

선택 물음월의 '-어'는 앞마디와 뒷마디 가운데 하나를 선택하는 단순
선택 물음을 나타내는 데 주로 쓰이고, 경우에 따라서는 반어법을 나타내는
데 쓰이기도 한다.45)

(79) ㄱ. 철수가 밥을 먹**어**, 순이가 밥을 먹**어**?(↘)
　　ㄴ. 내가 돈이 있**어**, 애인이 있**어**?(↗)

위에서 ㄱ은 단순 선택 물음을 나타내어, 들을이로 하여금 대답으로 앞마
디나 뒷마디를 선택하게 하는 물음월에 해당한다. ㄴ은 선택 물음월보다는
축어적 의미(literal meaning)와 내재적 의미(inward meaning)가 모순관계를 이루
는 반어법의 물음월로 풀이된다. 곧 ㄴ은 축어적 의미에서는 긍정의 단순
선택 물음월이지만 내재적 의미에서는 부정의 서술월인 <나는 돈도 없고,
애인도 없음을 강조>하는 반어법 물음월에 해당한다.

선택 물음월의 '-어'가 단순 선택 물음월인가 반어법 물음월인가를 판별
하기는 쉽지 않다. 왜냐하면 이 둘은 쓰임에서 형태·통사적으로 차이가 나
지 않기 때문이다. 차이점은 음운적 층위에서 말가락에서 차이를 보이는 점
이다. 반어법의 뜻을 나타낼 때에는 앞마디 끝과 뒷마디 끝에 올림의 말가
락이 놓이게 된다. 일반적으로 단순 선택 물음월에서는 앞마디 끝에 올림의

---

45) 앞마디와 뒷마디가 긍정-부정의 맞섬관계에 놓이는 선택 물음월은 반어법으로 쓰이지 않
　　는다.

말가락이, 뒷마디 끝에 내림의 말가락이 놓이는 점에서 차이를 보이지만, 개인차도 있을 수 있기 때문에 말가락의 종류에 따라 이 둘을 구분하는 객관적인 잣대로 삼기는 어렵다.

선택 물음월의 '-게'도 월의 끝에 올림의 말가락이 놓이게 되면, 반어법을 나타내게 된다.

(80) ㄱ. 전제 : 왜 여행을 안 가니?
　　　반어법 : 내가 돈이 있**게**, 시간이 있**게**?(↗)
　　　내재적 의미 : [나는 돈도 없고 시간도 없어.]강조
　　ㄴ. 전제 : 빨리 가자.
　　　반어법 : 빨리 간다고 상을 주**게**, 돈을 주**게**?(↗)
　　　내재적 의미 : [빨리 가더라도 상도 주지 않고 돈도 주지 않아.]강조

반어법 물음월의 마침씨끝들도 대체로 일반 물음월의 마침씨끝들과 형태·통사적 특성에서 별다른 차이가 없다. 물음법 마침씨끝 가운데 반어법으로 쓰일 수 있는 것은 '-는가, -나, -데, -느냐고'이다,

(81) ㄱ. 반어법 : 내가 돈이 있**는가**, 시간이 있**는가**?
　　　내재적 의미 : [나는 돈도 없고, 시간도 없어.]강조
　　ㄴ. 반어법 : 그런다고 철수가 오**나**, 순이가 오**나**?
　　　내재적 의미 : [그런다고 철수도 오지 않고, 순이도 오지 않아.]강조
　　ㄷ. 반어법 : 철수가 가**데**, 순이가 가**데**?
　　　내재적 의미 : [철수도 안 가고, 순이도 안 가더라.]강조
　　ㄹ. 반어법 : 내가 담배를 피우**냐고**, 술을 마시**냐고**?
　　　내재적 의미 : [나는 담배도 피우지 않고 술도 마시지 않아.]강조

반말의 물음법 마침씨끝 가운데, '-라고, -을까, -을래'는 반어법으로 쓰이지 않는다. '-을래'인 경우에는 이와 같은 꼴의 '-을래'가 반어법으로 쓰이기도 하여 혼동을 주기도 한다. 곧 '철수가 돈을 달래, 술을 달래?'는 [철수가 돈을 달라지 않고 술을 달라지 않는다.]강조란 내재적 의미를 나타내게

되어 마치 '-을래'가 반어법으로 쓰이는 것처럼 보인다. 그러나 이 월은 '철수가 돈을 달라고 해, 술을 달라고 해?'에서 통사적 짜임새인 '-라고 해'가 '-ㄹ래'로 줄어들었기 때문에 마침씨끝으로는 '-어'에 해당할 뿐 물음법 마침씨끝인 '-을래'와는 상관이 없다.

2.5. 마무리

같은 꼴의 되풀이 물음법 마침씨끝은 한 몸처럼 작용하여 선택 물음월과 반어법 물음월을 짜 이루는 역할을 한다.

두 가지 물음법 마침씨끝이 쓰여서 겉짜임에서 보면 두 월의 형식을 이루고 있지만, 속짜임에서 보면, 앞의 마침씨끝 부분까지가 앞마디를 이루며 뒷부분은 뒷마디를 이루는 이은겹월로, 앞뒤 마디가 맞섬관계를 이루기 때문에 맞섬 이은겹월에 해당한다. 이은겹월은 앞마디와 뒷마디가 이음씨끝에 의해 이어지는 것이 일반적이지만, 이 맞섬 이은겹월은 이음 장치(이음씨끝이나 이음토씨 등)에 의하지 않은 특수한 경우에 해당한다.

선택 물음월은 앞마디와 뒷마디 사이에 쉼이 놓이지 않고 올림(↗)의 말가락이 놓이면서 뒷마디에 바로 이어지며, 뒷마디 끝에는 내림(↘)의 말가락이 놓인다. 앞마디와 뒷마디는 모두 가부-물음월 형식이어야 하며, 물음말이 포함되면 부적격한 월이 된다. 또한 앞마디와 뒷마디는 맞섬관계를 이루어야 한다. 앞마디와 뒷마디가 동일한 짜임새를 이루되, 주로 한 월조각의 낱말에서 맞섬관계를 이루는 특성을 보인다. 앞마디와 뒷마디의 맞섬관계는 긍정 대 부정의 관계도 가능하지만, 때매김의 맞섬관계는 허용되지 않으며, 앞마디와 뒷마디의 때매김은 일치해야 하는 제약이 따른다.

선택 물음월은 주로 두 가지 질문항으로 이루어지고, 하나의 질문항을 응답으로 선택하지만, 세 가지 이상의 질문항으로 이루어지기도 한다. 질문항이 여럿이더라도 응답으로는 하나의 질문항만을 선택하게 된다.

모든 물음법 마침씨끝이 선택 물음월을 짜 이룰 수 있는 것은 아니다. 일부 물음법 마침씨끝만이 가능한데, 불가능한 마침씨끝들은 그 자체의 의미적 특성에서 선택 물음월을 나타낼 수 없기 때문이다.

반어법 물음월은 선택 물음월과 동일한 짜임새를 이루되, 월 끝에 올림(↗)의 말가락이 놓이는 점에서 차이를 보인다. 반어법 물음월은 겉짜임에서 두 가지 질문항으로 이루어지지만, 내재적으로는 서술법으로 모순관계나 반의관계의 의미를 나타낸다.

반어법 물음월도 앞마디와 뒷마디가 모두 가부 물음월 형식이어야 하며, 맞섬관계를 이루어야 한다. 반어법 물음월에서는 앞마디와 뒷마디의 긍정－부정의 맞섬관계는 허용되지 않으며, 앞뒤 마디가 모두 긍정이든가, 부정인 경우에는 적격한 월이 된다. 때매김의 맞섬관계도 허용되지 않으며, 앞뒤 마디의 때매김이 일치해야 하는 제약이 따른다.

반어법 물음월에서도 세 가지 이상의 질문항으로 이루어지는 경우도 가능하다. 이 월의 내재적 의미로는 각 마디마다 모순관계나 반의관계의 서술법으로 해석된다.

반어법 물음월을 짜 이루는 데에는 물음법 마침씨끝이 모두 가능한 것은 아니다. 물음법 마침씨끝의 의미적 특성에 따라 일부만이 되풀이되어 반어법 물음월을 실현한다.

제 4 장

이음씨끝과 안김씨끝의 되풀이법

1. 들머리

풀이씨의 뿌리에 결합되는 굴곡씨끝은 뒤에 다른 굴곡씨끝이 결합될 수 있느냐 없느냐에 따라 맺음씨끝과 안맺음씨끝으로 나누며, 맺음씨끝은 월을 끝맺느냐, 끝맺지 않느냐에 따라 마침씨끝과 안마침씨끝으로 나눈다. 안마침씨끝은 앞마디와 뒷마디를 이어 주는 이음씨끝과 안은월의 안김마디를 만들어 주는 안김씨끝으로 나눈다.

이음씨끝과 안김씨끝도 동일한 것이 되풀이되어 통사적 짜임새를 이루어, 최소한의 말본적 단위로 쓰이는 것들이 있다. 이음씨끝이 되풀이되면서 통합과정을 거쳐 통사적 짜임새를 이룬 것이 되풀이 이음씨끝이며, 본디 안김씨끝이었던 것이 되풀이되어 통합과정을 거쳐 안은월의 안김마디를 이루게 하는 통사적 짜임새가 되풀이 안김씨끝이다. 이를테면, (1)에서 ㄱ의 '-거나'는 이음씨끝으로 쓰이는데, ㄴ에서와 같이 되풀이되어 통사적 짜임새를 이루어 앞마디와 뒷마디를 이어주기도 하고, ㄷ에서와 같이 안은월의 안김마디를 이루게 하기도 한다.

   (1) ㄱ. 비가 **오거나** 눈이 온다.
      ㄴ. 비가 **오거나** 눈이 **오거나**, 공사는 계속되었다.
      ㄷ. 내일 날씨는 비가 **오거나** 눈이 **오거나** 하겠다.

  (1)에서 ㄴ은 되풀이 이음씨끝 '-거나…-거나'에 의해 짜 이루어진 이은월에 해당하며, ㄷ은 되풀이 안김씨끝 '-거나…-거나'에 의해 짜 이루어진 안은월에 해당함을 알 수 있다.

  되풀이 이음씨끝으로는 선택(선접)법에 해당하는 것으로, '-으나…-으나', '-거나…-거나', '-든지…-든지' 따위가 있으며, 강조법에 해당하는 것으로, '-고…-고', '-으면서…-으면서', '-다가…-다가', '-느니…-느니', '-으며…-으며' 따위가 있다. 이 글에서는 이들 되풀이 이음씨끝의 형태·통사적 특성을 밝히기로 한다.

  되풀이 안김씨끝으로는 '-으락…-으락', '-느니…-느니', '-거니…-거니', '-고…-고', '-다가…-다가', '-든지…-든지', '-든가…-든가', '-거나…-거나' 따위가 있다. 이 글에서는 이들 되풀이 안김씨끝의 형태·통사적 특성을 밝히고자 한다.

2. 이음씨끝의 되풀이법

  이음씨끝이 되풀이되어 통합과정을 거쳐 짜 이루어진 통사적 짜임새가 이음씨끝으로 기능을 하는 것들이 되풀이 이음씨끝이다. 되풀이 이음씨끝은 앞마디와 뒷마디의 이어줌과 의미 특성을 덧보태는데, 덧보태는 의미 특성에 따라 <선택>의 의미를 나타내는 선택(선접)법과 <강조>의 의미를 더하는 강조법 되풀이 이음씨끝으로 나눈다.

2.1. 선택(선접)법 이음씨끝

선택법은 하나의 이음씨끝으로 실현되지 않고 동일한 이음씨끝이 되풀이되어 짜 이루어진 통사적 짜임새로 실현된다. 이에 해당하는 이음씨끝으로는 '-으나…-으나', '-거나…-거나', '-든지…-든지' 따위가 있다. 이 장에서는 되풀이 이음씨끝마다의 형태·통사적 특성과 의미 기능을 살피기로 한다.

2.1.1. '-으나…-으나'[46)]

'-으나'는 앞마디와 뒷마디를 대립적으로 이어주는 이음씨끝으로, 되풀이되어 통합과정을 거치게 되면, '-으나…-으나'라는 통사적 구성을 짜 이루게 되며, 주로 여러 가지 중에서 어느 것을 선택하여도 상관없음을 나타내게 되어 <언제든지, 항상, 모두> 따위의 의미적 특성을 덧보탠다. 그러므로 '-으나…-으나'는 '-으나'와 기능과 뜻이 달라진 별개의 최소 말본형에 해당된다.[47)]

> (2) ㄱ. 눈이 오<u>나</u> 비가 오<u>나</u> 하루도 산책을 거르지 않았다.
>   ㄴ. 자식들이 미우<u>나</u> 고우<u>나</u> 부모님은 늘 한결같이 대한다.
>   ㄷ. 사람들은 부자<u>나</u> 부자가 아니<u>나</u> 모두가 돈에 욕심이 많다.

'-으나'와 결합관계에 놓이는 선행 요소를 보면, '-으나'는 움직씨(2ㄱ), 그림씨(2ㄴ), 잡음씨(2ㄷ) 뿌리에 직결될 수 있으며, '-으시-'와 결합될 수 있지만, 때매김씨끝 '-었-', '-겠-', '-더-'와는 결합될 수 없는 제약이 따른다. 앞마디의 임자말이 높임의 대상이면 '-으시-'가 놓이게 된다. '-으나'

---

46) 앞 음절의 음운적 조건에 따라 변이형태 /-으나…-으나/와 /-나…-나/, /-으나…-나/, /-나…-으나/로 실현된다.

47) '-으나1' 마디나 '-으나2' 마디는 서로 불러일으키는 관계로, 어느 하나가 없으면 부적격한 월이 되며, 적격한 월이 되더라도 /-으나…-으나/에서의 의미와는 차이를 보이게 된다.

뒤에는 도움토씨를 포함해서 어떤 토씨도 결합될 수 없어, ‘-으나’ 뒤에서 결합관계를 이룰 수 있는 요소는 없다.

‘-으나1’과 ‘-으나2’ 앞자리에는 서로 맞섬관계에 놓이는 말이 놓이게 된다. 같은 짜임새이면서 하나나 두 항목에서 맞서는 맞섬관계이거나, 반의관계, 모순관계(긍정-부정)에 있는 말이 놓여야 자연스럽다. (1)에서 ㄱ(눈↔비)은 맞섬관계이며, ㄴ(밉다↔곱다)은 반의관계이고 ㄷ(이다↔아니다)은 긍정-부정의 관계에 있기 때문에 적격한 월이 되었다.

(2)에서 ‘-으나…-으나’가 쓰인 월의 짜임새를 보면, (3)에서와 같이 ‘-으나…-으나’ 부분이 앞마디를 이루고 뒤에 놓이는 부분이 뒷마디를 이루는 짜임새에 해당한다.

> (3) ㄱ. [[눈이 **오나** 비가 **오나**]앞마디 [하루도 산책을 거르지 않았다.]뒷마디]이은월
>
> ㄴ. [[자식들이 미우**나** 고우**나**]앞마디 [부모님은 늘 한결같이 대한다.]뒷마디]이은월
>
> ㄷ. [[사람들은 부자**나** 부자가 아니**나**]앞마디 [모두가 돈에 욕심이 많다.]뒷마디]이은월

(3)에서의 앞마디는 ‘-으나1’에 의해 앞말과 뒷말이 이어진 다음 ‘-으나2’가 결합된 짜임새가 아니라 ‘-으나1’과 ‘-으나2’가 동시적 짜임새를 이루고 있다. 이를테면, (3ㄱ)에서 ‘눈이 오다’와 ‘비가 오다’가 ‘-으나1’에 의해 ‘눈이 오나 비기 오다’로 이어진 다음 ‘-으나2’가 결합되어 ‘눈이 오나 비가 오나’로 짜여진 것이 아니라, ‘-으나…-으나’란 통사적 짜임새에 동시적으로 ‘눈이 오다’와 ‘비가 오다’가 통합된 짜임새를 이루었다.

‘-으나1’과 ‘-으나2’ 앞자리에 놓이는 요소는 서로 대칭적인 대립관계를 이루기 때문에 ‘-으나1’ 마디와 ‘-으나2’ 마디가 자리를 바꾸더라도 의미상 차이가 없는 적격한 월이 된다.48)

(4) ㄱ. 눈이 오나 비가 오나 하루도 산책을 거르지 않았다.
      =비가 오나 눈이 오나 하루도 산책을 거르지 않았다.
   ㄴ. 자식들이 미우나 고우나 부모님은 늘 한결같이 대한다.
      =자식들이 고우나 미우나 부모님은 늘 한결같이 대한다.
   ㄷ. 사람들은 부자나 부자가 아니나 모두가 돈에 욕심이 많다.
      =사람들은 부자가 아니나 부자나 모두가 돈에 욕심이 많다.

이와 같이 '-으나1' 마디와 '-으나2' 마디가 필수적으로 서로 대칭적 맞섬관계를 이루기 때문에 맞섬관계를 이루는 '-으나3' 마디나 '-으나4' 마디가 거듭될 수 있는 특성을 보인다.

(5) ㄱ. 눈이 오나 비가 오나 바람이 부나 하루도 산책을 거르지 않았다.
   ㄴ. 눈이 오나 비가 오나 바람이 부나 꽃이 피나 하루도 산책을 거르지 않았다.
   ㄷ. 눈이 오나 비가 오나 바람이 부나 꽃이 피나 …하루도 산책을 거르지 않았다.

'-으나1' 마디와 '-으나2' 마디의 임자말은 같을 수도 있고 다를 수도 있어 제약이 없으며, 같은 경우에는 '-으나2' 마디의 임자말이 생략되어야 적격한 월이 된다. 뒷마디의 임자말은 앞마디의 임자말에 비관여적이다. 뒷마디의 임자말은 앞마디의 임자말이 같거나 다르거나에 관계없이 쓰일 수 있으며, 앞마디의 어떤 임자말에 영향을 미치지도 않는다. 그러므로 '-으나1' 마디, '-으나2' 마디, 뒷마디의 임자말이 모두 같을 수도 있고 일부가 같을

---

48) 서정수(1994 : 1056~8)에서 지적한 바와 같이, '-으나1' 마디와 '-으나2' 마디가 자리를 바꾸면 부적격해지는 월이 있다. 이를테면, '그 사람은 보나 마나 외국인이다.'가 '그 사람은 마나 보나 외국인이다.'로 바뀌면 부적격해지는데, 그 까닭은 "앞 용언의 어휘적 의미나 긍정과 부정 관계에 따르는 관용적 순서 때문이다."라 하였다. '-나 마나'인 경우는 익은말이 결합과정을 거쳐 이음씨끝으로 바뀌는 과정에 있기 때문에 자리바꿈이 허용되지 않는 것으로 볼 수도 있다. 그 밖에 자리바꿈이 불가능한 경우는 이미 익은말이 된 것들이거나 한 낱말로 굳어진 것들이다.

수도 있으며, 모두가 다를 수도 있다.

'-으나1'과 '-으나2'에 결합될 수 있는 풀이씨 종류에는 제약이 따르지 않지만, '-으나1'과 '-으나2'에는 반드시 같은 품사의 낱말이 결합되어야 한다. '-으나⋯-으나'로 이루어진 앞마디의 풀이말에 대한 제약과 관계없이 뒷마디에는 어떤 종류의 풀이씨로 된 풀이말이 놓이더라도 적격한 월이 되기 때문에 앞마디와 뒷마디 사이의 풀이말의 풀이씨 종류에는 제약이 따르지 않는다.

'-으나'에는 때매김씨끝이 결합되지 않지만, 뒷마디에는 (6)과 같이 모든 종류의 때매김씨끝이 놓일 수 있어 제약이 따르지 않는다.

> (6) 눈이 오<u>나</u> 비가 오<u>나</u> 하루도 산책을 거르지 않는다. / 않았다. / 않겠다. / 않더라.

뒷마디에는 의향법 제약이 따르지 않아 서술, 물음, 시킴, 꾀임법이 놓일 수 있어, '-으나⋯-으나' 때문에 일어나는 의향법 제약은 없다.

> (7) 눈이 오<u>나</u> 비가 오<u>나</u> 하루도 산책을 거르지 않는다. / 않니? / 마라. / 말자.

'-으나1' 마디와 '-으나2' 마디 사이의 관계가 긍정-부정의 관계인 경우에 일반적으로 '-으나1' 마디가 긍정이고 '-으나2' 마디가 부정이지만, 반드시 그런 것은 아니다. '-으나1' 마디가 부정이고 '-으나2' 마디가 긍정이더라도 적격한 월이 된다.

> (8) ㄱ. 눈이 오나 안 오나 하루도 산책을 거르지 않았다.
> ㄴ. 눈이 안 오나 오나 하루도 산책을 거르지 않았다.

부정인 경우에는 '안' 부정은 '으나1' 마디나 '-으나2' 마디에도 쓰일 수

있지만, '말–' 부정은 쓰임에 제약이 따른다. '말–' 부정은 '–으나1' 마디에
는 쓰일 수 없으며, '–으나2' 앞에만 놓일 수 있는데, (9)와 같이 풀이씨의
종류나 의향법에 관계없이 '말–'이 놓일 수 있다.

> (9) ㄱ. 눈이 오나 마나, 산책을 계속한다. / 계속하니? / 계속해라. / 하자.
>   ㄴ. 날씨가 나쁘나 마나, 소풍을 간다. / 가니? / 가거라. / 가자.
>   ㄷ. 저분이 부자나 마나, 성금을 안 낼 거야.

(9)와 같이 '–으나2' 앞에 '말–'이 놓이게 되면, '마나' 앞에 놓일 수 있
는 월조각은 없게 된다. (9)에서 '마나' 앞에 추정 가능한 월조각을 회복시
키면 (10)과 같이 부적격한 월이 된다.

> (10) ㄱ. *눈이 오나 **오지** 마나, 산책을 계속한다.
>   ㄴ. *날씨가 나쁘나 **나쁘지** 마나, 소풍을 간다.
>   ㄷ. *저분이 부자나 **부자이지** 마나, 성금을 안 낼 거야.

위에서 드러난 바와 같이, '–으나2' 앞에 '말–'이 놓이게 되어 통사적 짜
임새 '–으나 마나'로 쓰이게 되던 것이 형태적 짜임새로 결합되어 '–으나마
나'란 이음씨끝으로 생성되는 과정에 있는 것으로 볼 수 있다. 곧 (9)에서의
통사적 짜임새 '–으나 마나'가 결합과정을 거쳐 형태적 짜임새인 이음씨끝
'–으나마나'로 바뀌게 되면, (11)이 된다.

> (11) ㄱ. 눈이 **오나마나**, 산책을 계속한다. / 계속하니? / 계속해라. / 하자.
>   ㄴ. 날씨가 나쁘**나마나**, 소풍을 간다. / 가니? / 가거라. / 가자.
>   ㄷ. 저분이 부자**나마나**, 성금을 안 낼 거야.

사전의 처리에서 보면 『표준국어대사전』에는 '–으나마나'가 언급되어 있
지 않아 씨끝으로 본 것 같지 않으며, 『우리말큰사전』에서는 '–나'와 '–마
나' 사이를 떼어 '–나 마나'로 싣고 있는 것으로 보아 통사적 짜임새로 보

되 익은말로 보아, 아직은 씨끝으로 바뀌지 않은 최소 말본형으로 보고 있는 셈이다. 『연세한국어사전』에서는 이음씨끝(연결어미)이란 올림말로 실려 있는 것으로 보아, '-으나 마나'는 통사적 짜임새에서 익은말의 통사적 짜임새나 이음씨끝으로 바뀌는 과정에 있는 것으로 보인다. 그러나 이음씨끝으로 자리 잡은 것으로 볼 수 있는 까닭은 '-으나…-으나'는 안김씨끝으로 쓰이지 않지만 '-으나마나'는 (12ㄴ)과 같이 안김씨끝으로도 쓰인다는 점 때문이다.

(12) ㄱ. *밥이 조금이어서 철수가 밥을 먹으나 안 먹으나 한다.
ㄴ. 밥이 조금이어서 철수가 밥을 먹<u>으나마나</u> 하다.

본디 통사적 짜임새이었던 것이 결합과정을 거쳐 합성낱말이 되기도 한다. '자나 깨나'가 합성낱말 '자나깨나'로 바뀌어 <언제나 늘>이란 뜻의 어찌씨가 되었으며, '오나 가나'도 합성낱말 '오나가나'로 바뀌어 <어디를 가나 늘 다름없이>란 뜻의 어찌씨가 되었다.49)

2.1.2. '-거나…-거나'50)

'-거나'도 '-으나'와 마찬가지로 앞마디와 뒷마디를 대립적으로 이어주는 이음씨끝으로, 되풀이되어 통합과정을 거치게 되면, '-거나…-거나'라는 통사적 구성을 짜 이루게 되며, '-거나…-거나'는 주로 나열된 동작이나 상태, 대상들 중에서 어느 것이든 선택될 수 있음을 나타낸다. 곧 '-거나1' 마디나 '-거나2' 마디 중 어느 것이라도 <상관없음>이나 <차별하지 아니함> 따위의 의미적 특성을 덧보탠다.

---

49) '오나가나'는 『표준국어대사전』과 『연세한국어사전』에 어찌씨로 실려 있지만, '자나깨나'는 『연세한국어사전』에는 어찌씨로 실려 있고 『표준국어대사전』에는 올림말로 실려 있지 않다.

50) 수의적으로 줄어든 형태 /-건…-건/으로 실현되기도 한다.

(13) ㄱ. 철수가 **오거나** 가**거나** 내가 알 바가 아니다.
　　 ㄴ. 얼굴이 예쁘**거나** 밉**거나** 외모는 상관하지 않는다.
　　 ㄷ. 저분이 부자이**거나** 가난뱅이이**거나** 나한테는 아무런 문제가 안
　　　　 된다.

　'-거나'와 결합관계에 놓일 수 있는 선행 요소를 보면, 움직씨, 그림씨, 잡음씨 뿌리가 있으며, '-으시-'와 때매김씨끝 '-었-'과는 직결될 수 있지만, '-겠-'과 '-더-'와는 결합될 수 없는 제약이 있다. 후행 요소와의 결합관계를 보면, 도움토씨를 포함해서 모든 토씨와 결합관계를 이룰 수 없다. '-거나1'과 '-거나2' 앞자리에는 서로 맞섬관계에 놓이는 말이 놓이게 된다. 같은 짜임새이면서 하나나 두 항목에서 맞서는 맞섬관계이거나, 반의관계, 긍정-부정의 관계에 있는 말이 놓여야 자연스럽다. 이와 같은 특성은 '-으나…-으나'에서와 마찬가지이다.

　(13)에서 '-거나…-거나'가 쓰인 월의 짜임새를 보면, (14)에서와 같이 '-거나…-거나' 부분이 앞마디를 이루고 뒷부분이 뒷마디를 이루어 이은겹월에 해당하여, '-으나…-으나' 월의 짜임새와 같다.

(14) ㄱ. [[철수가 **오거나** 가**거나**]_{앞마디} [내가 알 바가 아니다.]_{뒷마디}]_{이은월}
　　 ㄴ. [[얼굴이 예쁘**거나** 밉**거나**]_{앞마디} [외모는 상관하지 않는다.]_{뒷마디}]_{이은월}
　　 ㄷ. [[저분이 부자이**거나** 가난뱅이이**거나**]_{앞마디} [나한테는 아무런 문제가 안 된다.]_{뒷마디}]_{이은월}

　'-거나…-거나'가 쓰인 월에서는 '-으나…-으나' 월에서와 달리, 앞마디와 뒷마디 사이에 '간에'나 '상관없이' 따위를 넣더라도 적격한 월이 되는 경우가 있으며, 그렇게 되면 '-거나…-거나'의 뜻이 훨씬 더 분명해진다.

(15) ㄱ. 그분이 너를 비난하거나 칭찬하거나 **간에** 너는 신경 쓰지 마라.
　　 ㄴ. 남이야 하거나 말거나 **상관없이** 내버려 두어라.

앞의 월에서 '간에'와 '상관없이'가 없더라도 적격한 월이 되지만 이것들이 첨가됨으로써 의미가 분명해지고 월 짜임새도 달라졌다. 곧 (15)에서의 '-거나…-거나' 부분은 '간에'와 '상관없이'에 안기는 안김씨끝 역할을 하였다. 이처럼 '-거나…-거나'는 이음씨끝만이 아니라 안김씨끝으로도 쓰이게 된다.51) '-으나…-으나'가 안김씨끝으로 쓰이지 않는 점에서 안김씨끝으로도 쓰일 수 있는 '-거나…-거나'와 차이를 보인다.

'-거나1' 마디와 '-거나2' 마디도 서로 대칭적 맞섬관계를 이루기 때문에 서로 자리를 바꾸더라도 적격하며, 바꾸기 전과 별다른 의미 차이가 없게 된다. 자리바꿈에는 제약이 따르는데, '긍정-부정'의 맞섬관계인 경우에 '말-' 부정은 '-거나2' 마디에만 놓일 수 있을 뿐 '-거나1' 마디로 자리를 옮길 수는 없다.

(16) ㄱ. 가거나 오거나 마음대로 하여라.
　　　→오거나 가거나 마음대로 하여라.
　　ㄴ. 가거나 말거나 마음대로 하여라.
　　　→*말거나 가거나 마음대로 하여라.

또한 대칭적 맞섬관계를 이루기 때문에 대칭적 맞섬관계에 놓일 수 있는 '-거나3' 마디나 '-거나4' 마디 따위가 거듭될 수 있는 특성을 보인다. 이와 같은 특성도 '-으나…-으나'에서와 꼭 같다.

(17) ㄱ. 눈이 <u>오**거나**</u> 비가 <u>오**거나**</u> 바람이 불<u>**거나**</u> 하루도 산책을 거르지
　　　않았다.
　　ㄴ. 눈이 <u>오**거나**</u> 비가 <u>오**거나**</u> 바람이 불<u>**거나**</u> 꽃이 피<u>**거나**</u> 하루도 산
　　　책을 거르지 않았다.
　　ㄷ. 눈이 <u>오**거나**</u> 비가 <u>오**거나**</u> 바람이 불<u>**거나**</u> 꽃이 피<u>**거나**</u> …하루도
　　　산책을 거르지 않았다.

---

51) 이에 관하여는 3.6. 안김씨끝 '-거나…-거나'에서 논의하기로 한다.

앞마디를 이루는 '-거나1' 마디와 '-거나2' 마디의 임자말 제약과, 뒷마디의 임자말 제약 따위는 '-으나…-으나' 월에서와 꼭 같다. 곧 '-거나1' 마디와 '-거나2' 마디, 뒷마디의 임자말이 모두 같거나, 일부가 같거나 모두가 다르더라도 적격한 월이 된다. '-거나1' 마디와 '-거나2' 마디의 임자말이 같은 경우에는 '-거나2' 마디의 임자말은 생략되어야 한다.

'-거나1'과 '-거나2'에 결합 가능한 풀이씨 종류에도 제약이 따르지는 않지만, '-거나1'과 '-거나2' 앞에는 꼭 같은 품사의 풀이씨가 결합되어야 한다. 뒷마디 풀이말의 풀이씨 종류에는 제약이 따르지 않는다. '-거나…-거나'로 이루어진 앞마디의 풀이말과 뒷마디의 풀이말 사이에는 특별한 제약관계가 따르지 않는다.

'-거나'에는 때매김씨끝 가운데 '-었-'은 결합될 수 있지만, '-겠-'과 '-더-'는 결합될 수 없는 제약이 따른다. '-었-'이 결합되는 경우에는 '-거나1'과 아울러 '-거나2'에도 결합되어야 하는 제약이 따른다. '-거나1' 마디와 '-거나2' 마디 사이에 때매김의 맞섬관계는 이루어질 수 없다. '-거나…-거나'로 이루어진 앞마디의 때매김과 관계없이 뒷마디에는 모든 종류의 때매김씨끝이 놓일 수 있다.

> (18) ㄱ. 철수가 오거나 안 오거나, 그들은 등산을 간다. / 갔다. / 가겠다. / 가더라.
> ㄴ. 철수가 왔거나 안 왔거나, 그들은 등산을 간다. / 갔다. / 가겠다. / 가더라.

뒷마디에는 의향법 제약이 따르지 않는다. 이를테면, 앞마디인 '철수가 오거나 안 오거나' 다음에 뒷마디로 '등산을 간다. / 등산을 가니? / 등산을 가거라. / 등산을 가자.' 등 서술, 물음, 시킴, 꾀임법의 월이 통합될 수 있어, '-거나…-거나' 때문에 일어나는 뒷마디의 의향법 제약은 없다.

'-거나1' 마디와 '-거나2' 마디가 긍정-부정의 관계인 경우에 일반적으로 '-거나1' 마디가 긍정이고 '-거나2' 마디가 부정인 경우가 자연스럽지만, '-거나1' 마디가 부정이고 '-거나2' 마디가 긍정이더라도 부적격한 월이 되는 것은 아니다.

> (19) ㄱ. 철수가 오거나 안 오거나, 그들은 등산을 간다.
>   ㄴ. 철수가 안 오거나 오거나, 그들은 등산을 간다.

부정인 경우에는 '안' 부정은 '-거나1' 마디나 '-거나2' 마디에도 쓰일 수 있지만, '말-' 부정은 쓰임에 제약이 따른다. '말-' 부정은 '-거나1' 마디에는 쓰일 수 없으며, '-거나2' 앞에만 놓일 수 있는데, (20)과 같이 풀이씨의 종류나 뒷마디의 의향법에 관계없이 '말-'이 쓰일 수 있다.

> (20) ㄱ. 눈이 오거나 말거나, 산책을 계속한다. / 계속하니? / 계속해라. / 하자.
>   ㄴ. 날씨가 나쁘거나 말거나, 소풍을 간다. / 가니? / 가거라. / 가자.
>   ㄷ. 저분이 부자이거나 말거나, 나와는 상관이 없다.

'-거나2' 앞에 '말-'이 놓이게 되면, '말거나' 앞에 놓일 수 있는 월조각은 없게 된다. 이 점도 '-으나…-으나'에서와 마찬가지이다. 그러나 '마나'는 '-으나1'과 결합과정을 거쳐 이음씨끝 '-으나마나'로 형성되지만, '말거나'는 '-거나1'과 결합과정을 이루지 않는다. 곧 형태적 짜임새인 '-거나말거나'가 형성되지 않고 통사적 짜임새인 '-거나 말거나'로 쓰인다.

2.1.3. '-든지…-든지'[52)]

'-든지'는 앞마디와 뒷마디를 대립적으로 이어주는 이음씨끝으로, 되풀이되어 통합과정을 거쳐 '-든지…-든지'라는 통사적 구성을 짜 이루게 되며,

---

52) 수의적으로 줄어든 형태 /-든…-든/으로 실현되기도 한다. '-든지…-든지'와 같은 뜻과, 같은 쓰임을 보이는 '-든가…-든가'가 있다. 이 둘을 『표준국어대사전』에서는 동일한 것으로 처리하였고, 『연세한국어사전』에서는 '-든가…-든가'를 '-든지…-든지'의 비표준어로 처리하였다.

주로 나열된 동작이나 상태, 대상들 중에서 가리지 않고 선택될 수 있음을 나타내어, '-거나…-거나'와 의미에서 별다른 차이는 없고, 단지 '-거나… -거나'보다 뜻이 좀 더 강한 특성을 보인다.

    (21) ㄱ. 공부하<u>든지</u> 놀<u>든지</u> 네가 알아서 결정해라.
         ㄴ. 약이 쓰<u>든지</u> 달<u>든지</u> 꼭 먹어야 한다.
         ㄷ. 먹을 것이 죽이<u>든지</u> 밥이<u>든지</u> 많이만 주세요.

또한 '-든지…-든지'는 형태결합에서도 '-거나…-거나'와 별다른 차이가 없다. '-든지'와 결합관계에 놓이는 선행 요소를 보면, 움직씨, 그림씨, 잡음씨 뿌리가 있으며, '-으시-'와 때매김씨끝 '-었-'에는 결합될 수 있지만, '-겠-'과 '-더-'에는 결합될 수 없는 제약이 따른다. 후행 요소와의 결합관계를 보면, 도움토씨를 포함해서 어떤 토씨와도 결합관계를 이룰 수 없다.

'-든지1'과 '-든지2' 앞자리에는 서로 맞섬관계에 놓이는 말이 놓이게 된다. 같은 짜임새이면서 하나나 두 항목에서 맞서는 맞섬관계이거나, 반의관계, 긍정-부정의 관계에 있는 말이 놓여야 자연스럽다. 이와 같은 특성은 '-으나…-으나'와 '-거나…-거나'에서와 마찬가지이다.

(21)에서 '-든지…-든지'가 쓰인 월의 짜임새를 보면, (22)에서와 같이 '-든지…-든지' 부분이 앞마디를 이루고 뒷부분이 뒷마디를 이루어 이은겹월에 해당하여, '-으나…-으나'와 '-거나…-거나' 월의 짜임새와 같다.

    (22) ㄱ. [[공부하<u>든지</u> 놀<u>든지</u>]_{앞마디} [네가 알아서 결정해라.]_{뒷마디}]_{이은월}
         ㄴ. [[약이 쓰<u>든지</u> 달<u>든지</u>]_{앞마디} [꼭 먹어야 한다.]_{뒷마디}]_{이은월}
         ㄷ. [[먹을 것이 죽이<u>든지</u> 밥이<u>든지</u>]_{앞마디} [많이만 주세요.]_{뒷마디}]_{이은월}

'-든지…-든지'가 쓰인 월에서는 '-거나…-거나' 월에서와 마찬가지로, 앞마디와 뒷마디 사이에 '간에'나 '상관없이' 따위를 넣더라도 적격한 월이 되는 경우가 있으며, 그렇게 되면 '-든지…-든지'의 뜻이 훨씬 더 분명해진다.

(23) ㄱ. 그분이 춤을 추든지 노래를 부르든지 <u>**간에**</u> 너는 신경 쓰지 마라.
 ㄴ. 비가 오든지 눈이 오든지 <u>**상관없이**</u> 우리는 소풍을 간다.

위 월에서 '간에'와 '상관없이'가 없더라도 적격한 월이 되지만 이것들이 첨가됨으로써 의미가 분명해지고 월 짜임새도 달라졌다. 곧 (23)에서의 '-든지…-든지' 부분은 '간에'와 '상관없이'에 안기는 안김씨끝 역할을 하였다. 이처럼 '-든지…-든지'는 '-거나…-거나'와 마찬가지로 이음씨끝만이 아니라 안김씨끝으로도 쓰이게 된다.

'-든지1' 마디와 '-든지2' 마디도 서로 대칭적 맞섬관계를 이루기 때문에 서로 자리를 바꾸더라도 적격하며, 바꾸기 전과 별다른 의미 차이가 없게 된다. 자리바꿈에는 제약이 따르는데, '긍정-부정'의 맞섬관계인 경우에 '말-' 부정은 '-든지2' 마디에만 놓일 수 있을 뿐 '-든지1' 마디로 자리를 옮길 수 없는 제약이 따른다.

(24) ㄱ. 밥을 먹<u>든지</u> 죽을 먹<u>든지</u> 마음대로 하십시오.
 →죽을 먹<u>든지</u> 밥을 먹<u>든지</u> 마음대로 하십시오.
 ㄴ. 밥을 먹<u>든지</u> 말<u>든지</u> 마음대로 하십시오.
 →*말<u>든지</u> 밥을 먹<u>든지</u> 마음대로 하십시오.

또한 대칭적 맞섬관계를 이루기 때문에 대칭적 맞섬관계에 놓일 수 있는 '-든지3' 마디나 '-든지4' 마디 따위가 거듭 되풀이될 수 있는 특성을 보인다. 이와 같은 특성도 '-으나…-으나'와 '-거나…-거나'에서와 꼭 같다.

(25) ㄱ. 눈이 오<u>든지</u> 비가 오<u>든지</u> 바람이 불<u>든지</u> 하루도 산책을 거르지 않았다.
 ㄴ. 눈이 오<u>든지</u> 비가 오<u>든지</u> 바람이 불<u>든지</u> 꽃이 피<u>든지</u> 하루도 산책을 거르지 않았다.
 ㄷ. 눈이 오<u>든지</u> 비가 오<u>든지</u> 바람이 불<u>든지</u> 꽃이 피<u>든지</u> …하루도 산책을 거르지 않았다.

앞마디를 이루는 '-든지1' 마디와 '-든지2' 마디의 임자말 제약과, 뒷마디의 임자말 제약 따위는 '-으나…-으나'와 '-거나…-거나' 월에서와 꼭 같다. 곧 '-든지1' 마디와 '-든지2' 마디, 뒷마디의 임자말이 모두 같거나, 일부가 같거나 모두가 다르더라도 적격한 월이 된다. '-든지1' 마디와 '-든지2' 마디의 임자말이 같은 경우에는 '-든지2' 마디의 임자말은 생략되어야 한다.

'-든지1'과 '-든지2'에 결합 가능한 풀이씨 종류에는 제약이 따르지는 않지만, '-든지1'과 '-든지2' 앞에는 꼭 같은 품사인 풀이씨가 결합되어야 한다. 뒷마디 풀이말의 풀이씨 종류에는 제약이 따르지 않는다. '-든지…-든지'로 이루어진 앞마디의 풀이말과 뒷마디의 풀이말 사이에는 특별한 제약관계가 따르지 않는다.

'-든지'에는 때매김씨끝 가운데 '-었-'은 결합될 수 있으나, '-겠-'과 '-더-'는 결합될 수 없는 제약이 따른다. '-었-'이 결합되는 경우에는 '-든지1'과 아울러 '-든지2'에도 결합되어야 하는 제약이 따른다. '-든지1' 마디와 '-든지2' 마디 사이에 때매김의 맞섬관계는 이루어 질 수 없다. '-든지…-든지'로 이루어진 앞마디의 때매김과 관계없이 뒷마디에는 모든 종류의 때매김씨끝이 놓일 수 있어 제약이 따르지 않는다.

(26) ㄱ. 철수가 <u>오든지</u> 안 <u>오든지</u>, 그들은 등산을 간다. / 갔다. / 가겠다. / 가더라.

ㄴ. 철수가 <u>왔든지</u> 안 <u>왔든지</u>, 그들은 등산을 간다. / 갔다. / 가겠다. / 가더라.

뒷마디에는 의향법 제약이 따르지 않는다. 서술, 물음, 시킴, 꾀임법이 쓰일 수 있어, '-든지…-든지' 때문에 일어나는 뒷마디의 의향법 제약은 없다.

(27) 철수가 <u>오든지</u> 안 <u>오든지</u>, 등산을 간다. / 가니? / 가거라. / 가자.

‘–든지1’ 마디와 ‘–든지2’ 마디가 긍정–부정의 관계인 경우에 일반적으로 ‘–든지1’ 마디가 긍정이고 ‘–든지2’ 마디가 부정인 경우가 자연스럽지만, ‘–든지1’ 마디가 부정이고 ‘–든지2’ 마디가 긍정이더라도 부적격한 월이 되는 것은 아니다.

> (28) ㄱ. 철수가 <u>오든지</u> 안 <u>오든지</u>, 그들은 등산을 간다.
> ㄴ. 철수가 안 <u>오든지</u> <u>오든지</u>, 그들은 등산을 간다.

부정인 경우에는 ‘안’ 부정은 ‘–든지1’ 마디나 ‘–든지2’ 마디에도 쓰일 수 있지만, ‘말–’ 부정은 쓰임에 제약이 따른다. ‘말–’ 부정은 ‘–든지1’ 마디에는 쓰일 수 없으며, ‘–든지2’ 앞에만 놓일 수 있는데, (29)와 같이 풀이씨의 종류나 뒷마디의 의향법에 관계없이 ‘말–’이 쓰일 수 있다.

> (29) ㄱ. 눈이 <u>오든지</u> <u>말든지</u>, 산책을 계속한다. / 계속하니? / 계속해라. /
> 하자.
> ㄴ. 날씨가 나쁘<u>든지</u> <u>말든지</u>, 소풍을 간다. / 가니? / 가거라. / 가자.
> ㄷ. 저분이 부자이<u>든지</u> <u>말든지</u>, 나와는 상관이 없다.

‘–든지2’ 앞에 ‘말–’이 놓이게 되면, ‘말든지’ 앞에 놓일 수 있는 월조각은 없게 된다. 이 점도 ‘–으나…–으나’와 ‘–거나…–거나’에서와 마찬가지이다. 그러나 ‘마나’는 ‘–으나1’과 결합과정을 거쳐 이음씨끝 ‘–으나마나’로 형성되지만, ‘말든지’는 ‘–든지1’과 결합과정을 이루지 않는다. 곧 형태적 구성인 ‘–든지말든지’가 형성되지 않고 통사적 구성인 ‘–든지 말든지’로 쓰인다.

2.2. 강조법 이음씨끝

2.2.1. '-고⋯-고'

이음법 씨끝 '-고'가 되풀이되어 '-고⋯-고'로 쓰이는 것 중에 뒤나 앞의 '-고' 부분이 생략되면 부적격한 월이 되는 경우도 있고, 생략되더라도 적격한 월이 되는 경우가 있다.

> (30) ㄱ. 손님이 오고 안 오고, 주인은 상관하지 않는다.
>   →*손님이 오고, 주인은 상관하지 않는다.
>   →*손님이 안 오고, 주인은 상관하지 않는다.
>   ㄴ. 철수는 눈을 감고 머리를 숙이고 묵묵히 앉아 있다.
>   → 철수는 눈을 감고 묵묵히 앉아 있다.
>   → 철수는 머리를 숙이고 묵묵히 앉아 있다.

(30)에서 ㄱ의 '-고' 되풀이는 필수적인 되풀이로, 앞의 '-고' 마디나 뒤의 '-고' 마디 중 어느 하나라도 생략되면 부적격해지기 때문에 여기서의 '-고⋯-고'는 최소 말본형으로 기능을 한다. 그러나 ㄴ의 '-고' 되풀이는 수의적인 되풀이로, 앞의 '-고' 마디나 뒤의 '-고' 마디 중 어느 하나가 생략되더라도 적격한 월이 되며 '-고'의 의미도 달라지지 않기 때문에 ㄴ의 '-고⋯-고'는 최소 말본형에 해당되지 않는다. 그러므로 ㄱ과 ㄴ은 서로 다른 짜임새에 해당한다. ㄴ의 짜임새에는 (31)과 같이 '-고'가 두 번 이상도 되풀이될 수 있는 특성을 보인다.

> (31) ㄱ. 철수는 눈을 감고, 머리를 숙이고, 다리를 꼬고, 묵묵히 앉아 있다.
>   ㄴ. 철수는 눈을 감고, 머리를 숙이고, 다리를 꼬고, ⋯ 묵묵히 앉아
>   있다.

최소 말본형인 '-고⋯-고'는 주로 뜻이 대립되는 말을 나열하여 강조의 효과를 나타내는 되풀이 이음씨끝이다. 허웅(1995 : 952)에서 '-고⋯-고'에

대하여 "앞마디에서 여러 일이 차례 없이 맞서면서 되풀이되고, 그 상황에서 뒷마디로 이어지는데, 그 앞-뒷마디의 이음새는 풀이법의 앞-뒷마디의 이음새와 비슷하다."한 바와 같이 '-고1' 마디와 '-고2' 마디는 정해진 순서가 있지 않으며 자리를 바꾸더라도 의미상 차이 없이 적격한 월이 된다. 또한 '-고1' 마디와 '-고2' 마디는 맞섬관계를 이루면서 강조의 의미 특성을 덧보태면서 뒷마디에 이어진다.

(32) ㄱ. 어머니가 부엌을 쓸고 닦고 열심히 청소를 하셨다.
ㄴ. 키가 크고 작고 아무 문제가 안 된다.
ㄷ. 참석한 사람은 학생이고 선생이고 모두가 한 마음이 되었다.

'-고'와 결합관계에 놓이는 선행 요소를 보면, 움직씨, 그림씨, 잡음씨 뿌리에 직결될 수 있지만 '-고1'과 '-고2'에는 같은 품사의 풀이씨가 놓여야 한다. 왜냐하면, -고1'과 '-고2'는 맞섬관계를 이루어야 하기 때문이다. '-으시-'와 때매김씨끝 '-었-', '-겠-'과도 직결될 수 있지만, '-더-'에는 결합될 수 없는 제약이 있다. 후행 요소와의 결합관계를 보면, '가', '에', '는', '의' 따위의 토씨와 결합관계를 이룬다. 이들 토씨가 결합되면 '-고⋯-고'는 안김마디를 이루게 된다.

(33) ㄱ. **가깝고 멀고**가 문제가 아니다.
ㄴ. **공부를 잘 하고 못 하고**는 학생 하기에 달렸다.
ㄷ. 성공 여부는 **이 상품이 잘 팔리고 안 팔리고**에 영향을 받는다.
ㄹ. **일이 성공하고 못 하고**의 문제는 별개다.

'-고⋯-고' 마디와 뒷마디 사이에는 '간에'53)가 놓여 앞뒤를 이어 주는

---

53) '간에'의 '간'은 매인이름씨로, '-고⋯-고' 이외에 '-거나⋯-거나', '-든지⋯-든지' 뒤에 놓여 앞에 나열된 말 가운데 어느 쪽인지를 가리지 않음을 나타낸다(『표준국어대사전, 연세한국어사전』).

일도 있다(허웅, 1995 : 952).

(34) ㄱ. 사람이 크고 작고 **간에**, 이상이 있음으로써 용감하고 굳세게 살
　　　　 수 있는 것이다.
　　ㄴ. 주인아주머니는 손님이 들고 안 들고 **간에**, 통 간섭하지 않았다.
　　ㄷ. 그는 거절하고 안 하고 **간에** 졸지에 어떻게 대처할 경황부터 없
　　　　 었다.

'간에'가 놓인 월에서 '-고⋯-고' 마디는 매인이름씨 '간'을 꾸며 주는 매김마디 역할을 하게 된다.

2.2.2. '-으며⋯-으며'

'-으며⋯으며'는 주로 뜻이 대립되는 말을 나열하여 되풀이됨을 나타내는 이음씨끝이다.

(35) ㄱ. 이웃들이 서로 살**며** 싸우**며** 정이 들었다.
　　ㄴ. 철수가 읽으**며** 쓰**며** 열심히 공부했다.

'-으며1'과 '-으며2'는 뒤바뀌더라도 뜻에서 차이를 보이지 않을 뿐 아니라 적격한 월이 되기 때문에 정해진 차례가 없으며, 서로 맞서면서 되풀이되어 앞마디를 이루고, 그런 상황에서 뒷마디로 이어지는 특성을 보인다.54)

(36) ㄱ. 이웃들이 서로 살**며** 싸우**며** 정이 들었다.
　　　→ 이웃들이 서로 싸우**며** 살**며** 정이 들었다.
　　ㄴ. 철수가 읽으**며** 쓰**며** 열심히 공부했다.

------

54) '-으며⋯으며'가 그 앞에 놓이는 풀이씨와 결합과정을 거쳐 어찌씨로 생성되는 경우에는
　　 자리바꿈이 일어날 수 없다. 이 짜임새에 해당하는 어찌씨 '울며불며'는 '불며울며'로 쓰
　　 일 수 없다.

→ 철수가 쓰**며** 읽으**며** 열심히 공부했다.

또한 '-으며1'과 '-으며2' 중 어느 하나가 생략되더라도 적격한 월이 되기 때문에 '-으며'의 되풀이는 필수적이라기보다는 수의적이다.

(37) ㄱ. 이웃들이 서로 살**며** 싸우**며** 정이 들었다.
　　　→ 이웃들이 서로 살**며** 정이 들었다.
　　　→ 이웃들이 서로 싸우**며** 정이 들었다.
　　ㄴ. 철수가 읽으**며** 쓰**며** 열심히 공부했다.
　　　→ 철수가 읽으**며** 열심히 공부했다.
　　　→ 철수가 쓰**며** 열심히 공부했다.

'-으며'도 둘 이상 되풀이될 수 있다.

(38) ㄱ. 이웃들이 서로 살**며** 싸우**며** 도우**며**, … 정이 들었다.
　　ㄴ. 철수가 읽으**며** 쓰**며** 외우**며**, … 열심히 공부했다.

'-으며'와 결합관계에 놓이는 앞선 요소로, 주로 움직씨 뿌리에 직결될 수 있지만, '-으며1'과 '-으며2'에는 같은 품사가 놓여야 한다. '-으시-'와도 직결될 수 있지만 때매김씨끝에는 직결되지 않는다. 후행 요소와의 결합관계를 보면, 대부분의 도움토씨와 결합관계를 이룰 수 없는 제약이 있다.

2.2.3. '-다가…-다가'[55)]

'-다가…-다가'는 주로 두 가지 이상의 내용이 중단되기도 하고 끝나기도 하면서 되풀이됨을 나타내는 이음씨끝이다.

(39) ㄱ. 비가 오**다가** 눈이 오**다가** 하루 종일 심술을 부린다.

---

55) '-다가'에서 '가'가 줄어든 '-다…-다'의 꼴로 쓰이기도 한다.

ㄴ. 날씨가 춥**다가** 덥**다가** 여간 변덕스럽지 않다.

ㄷ. 철수가 낮에는 직공이었**다가** 밤에는 학생이었**다가** 여간 바쁘지
않다.

'−다가1'과 '−다가2'는 뒤바뀌더라도 뜻에서 차이를 보이지 않을 뿐 아니라 적격한 월이 되기 때문에 정해진 차례가 없으며, 서로 맞서면서 되풀이되어 앞마디를 이루고, 뒷마디와 이어진다.

(40) ㄱ. 비가 오**다가** 눈이 오**다가** 하루 종일 심술을 부린다.

→ 눈이 오**다가** 비가 오**다가** 하루 종일 심술을 부린다.

ㄴ. 날씨가 춥**다가** 덥**다가** 여간 변덕스럽지 않다.

→ 날씨가 덥**다가** 춥**다가** 여간 변덕스럽지 않다.

ㄷ. 철수가 낮에는 직공이었**다가** 밤에는 학생이었**다가** 여간 바쁘지
않다.

→ 철수가 밤에는 학생이었**다가** 낮에는 직공이었**다가** 여간 바쁘
지 않다.

'−다가1'과 '−다가2' 중에 어느 하나가 생략되면 부적격한 월이 되기 때문에 '−다가'의 되풀이는 필수적이다.

(41) ㄱ. 비가 오**다가** 눈이 오**다가** 하루 종일 심술을 부린다.

→*비가 오**다가** 하루 종일 심술을 부린다.

→*눈이 오**다가** 하루 종일 심술을 부린다.

ㄴ. 날씨가 춥**다가** 덥**다가** 여간 변덕스럽지 않다.

→*날씨가 춥**다가** 여간 변덕스럽지 않다.

→*날씨가 덥**다가** 여간 변덕스럽지 않다.

ㄷ. 철수가 낮에는 직공이었**다가** 밤에는 학생이었**다가** 여간 바쁘지
않다.

→*철수가 낮에는 직공이었**다가** 여간 바쁘지 않다.

→*철수가 밤에는 학생이었**다가** 여간 바쁘지 않다.

‘-다가1’과 ‘-다가2’에 같은 풀이씨 뿌리가 결합되어 같은 꼴로 되풀이 된 것은 ‘-다가’의 되풀이로 보는 것보다는 월조각의 되풀이로 보는 것이 합리적이다. 곧 ‘풀이씨 뿌리-다가’로 이루어진 월조각을 강조하기 위한 월조각 되풀이법에 해당한다.

> (42) ㄱ. 범인이 형사한테 **쫓기다가** 힘이 다 떨어졌다.
>   → 범인이 형사한테 **쫓기다가 쫓기다가** 힘이 다 떨어졌다.
> ㄴ. 철수가 밥을 **먹다가** 다 못 먹었어.
>   → 철수가 밥을 **먹다가 먹다가** 다 못 먹었어.

‘-다가’와 결합관계를 이룰 수 있는 앞선 요소를 보면, 움직씨, 그림씨, 잡음씨 뿌리에 직결될 수 있지만 ‘-다가1’과 ‘-다가2’에는 같은 품사의 풀이씨 뿌리가 놓여야 한다. ‘-으시-’와 때매김씨끝 ‘-었-’, ‘-겠-’과도 직결될 수 있지만, ‘-더-’에는 결합될 수 없는 제약이 있다. 후행 요소와의 결합관계를 보면, ‘를’ 따위의 토씨와 결합관계를 이룰 수 있다. 토씨 ‘를’이 결합되면 안김마디로 안기게 된다.[56]

> (43) ㄱ. **비가 왔다가 그쳤다가**를 계속하였다.
> ㄴ. 아이가 하루 종일 **울다가 자다가**를 되풀이하였다.

2.2.4. ‘-느니…-느니’[57]

‘-느니…-느니’는 주로 대립되는 내용을 나열하여, 이렇기도 하고 저렇기도 하는 뜻을 나타내는 이음씨끝이다.

> (44) ㄱ. 저 부부는 같이 사**느니** 헤어지**느니** 소문이 무성했다.

---

56) 안김씨끝으로 쓰이는 ‘-다가…다가’에 관하여는 뒤에서 논의하기로 한다.
57) ‘-느니’는 움직씨 뿌리나, ‘있-’, ‘없-’이나 ‘-았-’, ‘-겠-’ 뒤에서는 /-느니/로 실현되고, 받침 없는 그림씨 뿌리 뒤에서는 /-니/로, 받침 있는 그림씨 뒤(ㄹ받침 제외)에서는 /-으니/로 실현된다.

ㄴ. 신부가 얼굴이 예쁘**니** 미우**니** 말이 많았다.

ㄷ. 저 사람이 이 학교 선생이**니** 아니**니** 많은 사람이 수군대었다.

'-느니1'과 '-느니2'는 뒤바뀌더라도 뜻에서 차이를 보이지 않을 뿐 아니라 적격한 월이 되기 때문에 정해진 차례가 없으며, 서로 맞서면서 되풀이되어 앞마디를 이루고, 뒷마디에 이어진다.

(45) ㄱ. 저 부부는 헤어지**느니** 같이 사**느니** 소문이 무성했다.

ㄴ. 신부가 얼굴이 미우**니** 예쁘**니** 말이 많았다.

ㄷ. 저 사람이 이 학교 선생이 아니**니** 선생이**니** 많은 사람이 수군대었다.

'-느니1'과 '-느니2' 중에 어느 하나가 생략되면 부적격한 월이 되기 때문에 '-느니'의 되풀이는 필수적이다.

(46) ㄱ. 저 부부는 같이 사**느니** 헤어지**느니** 소문이 무성했다.

→*저 부부는 같이 사**느니** 소문이 무성했다.

→*저 부부는 헤어지**느니** 소문이 무성했다.

ㄴ. 신부가 얼굴이 예쁘**니** 미우**니** 말이 많았다.

→*신부가 얼굴이 예쁘**니** 말이 많았다.

→*신부가 얼굴이 미우**니** 말이 많았다.

ㄷ. 저 사람이 이 학교 선생이**니** 아니**니** 많은 사람이 수군대었다.

→*저 사람이 이 학교 선생이**니** 많은 사람이 수군대었다.

→*저 사람이 이 학교 선생이 아니**니** 많은 사람이 수군대었다.

'-느니2' 자리에는 '어쩌느니 / 어쩌니'가 놓이는 경우가 있다. 그렇게 되면 '-느니1' 다음으로 나열될 수 있는 내용에 부정적인 태도를 나타내게 된다.

(47) ㄱ. 저 부부는 헤어지**느니** 어쩌**느니** 소문이 무성했다.

ㄴ. 신부가 얼굴이 미우**니** 어쩌**니** 말이 많았다.

ㄷ. 저 사람이 이 학교 선생이<u>니</u> 어쩌<u>니</u> 많은 사람이 수군대었다.

'-느니'와 결합관계에 놓이는 앞선 요소를 보면, 움직씨, 그림씨, 잡음씨 뿌리에 직결될 수 있으며, 주체높임의 '-으시-'와 때매김씨끝 '-었-', '-겠-'과도 직결될 수 있지만, '-더-'에는 결합될 수 없는 제약이 있다. 후행 요소와의 결합관계를 보면, '-로'를 제외한 대부분의 도움토씨와 결합관계를 이룰 수 없다.58)

(48) ㄱ. 두 사람은 서로 잘못이 <u>있느니 없느니로</u> 다투고 있었다.
　　 ㄴ. 이번 시험이 쉬웠느니 어려웠느니로 시비가 붙었다.

'-느니…-느니'는 마침씨끝의 중화형인 '-는다', '-느냐', '-자', '-으라'와 결합하여 '-는다느니', '-느냐느니', '-자느니', '-으라느니'로 쓰인다. 이들은 '-는다고 하느니', '-느냐고 하느니', '-자고 하느니', '-으라고 하느니'로 회복될 수 없기 때문에 이 자체가 최소의 말본적 기능을 하는 단위가 된다.

(49) ㄱ. 소풍을 간<u>다느니</u> 안 간<u>다느니</u>, 의견이 분분하였다.
　　 ㄴ. 시험이 쉬웠<u>느냐니</u>, 시험은 잘 보았<u>냐느니</u>, 질문이 계속되었다.
　　 ㄷ. 소풍을 가<u>자느니</u> 말<u>자느니</u>, 말이 많았다.
　　 ㄹ. 그만 가<u>라느니</u> 더 기다리<u>라느니</u>, 의견이 엇갈렸다.

2.2.5. '-거니…-거니'

'-거니…-거니'도 서로 맞서는 두 동작이나 상태가 되풀이됨을 나타내는 되풀이 이음씨끝이다.59)

---

58) '-느니…-느니'는 안김씨끝으로 쓰이기도 한다. 이에 관하여는 뒤에서 논의하기로 한다.
59) '-거니…-거니'는 안김씨끝으로 쓰이기도 한다. 이에 관하여는 뒤에서 논의하기로 한다.

(50) ㄱ. 두 사람은 앞서**거니** 뒤서**거니**, 정답게 걸어갔다.

ㄴ. 일당이 많**거니** 적**거니**, 시비가 붙었다.

ㄷ. 저분이 훌륭한 사람이**거니** 아니**거니**, 의견이 분분하였다.

'-거니'와 결합관계에 놓이는 앞선 요소를 보면, 움직씨, 그림씨, 잡음씨 뿌리에 직결될 수 있지만, 주체높임의 '-으시-', 때매김씨끝에는 결합될 수 없다. 뒤에 놓이는 요소와의 결합관계를 보면, 대부분의 도움토씨와 결합관계를 이룰 수 없다.

'-거니1'과 '-거니2'는 뒤바뀌더라도 뜻에서 차이를 보이지 않을 뿐 아니라 적격한 월이 되기 때문에 정해진 차례가 없으며, 서로 맞서면서 되풀이되어 앞마디를 이루고, 뒷마디에 이어진다. (50)에서 '-거니1' 마디와 '-거니2' 마디가 자리를 바꾼 (51)은 적격한 월이 되며, 의미상으로도 (50)과 (51)은 차이를 보이지 않는다.

(51) ㄱ. 두 사람은 뒤서**거니** 앞서**거니**, 정답게 걸어갔다.

ㄴ. 일당이 적**거니** 많**거니**, 시비가 붙었다.

ㄷ. 저분이 훌륭한 사람이 아니**거니** 훌륭한 사람이**거니**, 의견이 분분하였다.

'-거니1'과 '-거니2' 중에 어느 하나가 생략되면 부적격한 월이 되기 때문에 '-느니'의 되풀이는 필수적이다.

(52) ㄱ. 두 사람은 앞서**거니** 뒤서**거니**, 정답게 걸어갔다.

→*두 사람은 앞서**거니**, 정답게 걸어갔다.

→*두 사람은 뒤서**거니**, 정답게 걸어갔다.

ㄴ. 일당이 많**거니** 적**거니**, 시비가 붙었다.

→*일당이 많**거니**, 시비가 붙었다.

→ 일당이 적**거니**, 시비가 붙었다.

ㄷ. 저분이 훌륭한 사람이**거니** 아니**거니**, 의견이 분분하였다.

→*저분이 훌륭한 사람이**거니**, 의견이 분분하였다.
→*저분이 훌륭한 사람이 아니**거니**, 의견이 분분하였다.

'-거니…-거니'는 마침씨끝의 중화형인 '-는다', '-자', '-으라'와 결합하여 '-는다거니', '-자거니', '-으라거니'로 쓰인다. 이들은 '-는고 하거니', '-자고 하거니', '-으라고 하거니'로 회복될 수 없기 때문에 이 자체가 최소의 말본적 기능을 하는 단위가 된다. 물음법 마침씨끝의 중화형인 '-느냐'에는 결합되어 쓰이지 않는 점에서 '-느니…-느니'에서와 차이를 보인다. 곧 '-느냐느니…-느냐느니'는 쓰이지만 '-느냐거니…-느냐거니'는 쓰이지 않는다.

(53) ㄱ. 약을 먹는**다거니** 안 먹는**다거니**, 변죽이 들끓었다.
　　 ㄴ. 소풍을 가**자거니** 말**자거니**, 말도 많았다.
　　 ㄷ. 이걸 보**라거니** 저걸 보**라거니**, 정신이 하나도 없다.

2.2.6 '-으랴…-으랴'[60)

'-으랴…-으랴'는 '-으랴1' 마디의 행위도 하고 '-으랴2' 마디의 행위도 하는 뜻을 나타내는 이음씨끝에 해당한다.

(54) ㄱ. 낮에는 일하랴 밤에는 공부하랴, 눈코 뜰 새 없이 바쁘다.
　　 ㄴ. 손님 맞으랴 음식 준비하랴, 몸이 두 개라도 모자란다.

'-으랴'와 결합관계에 놓이는 앞선 요소를 보면, 움직씨 뿌리에 직결될 수 있으며, 그림씨와 잡음씨 뿌리에는 결합되지 않는다. 주체높임의 '-으시-'

---

60) '-으랴…-으랴'는 입말이나 글말에서 '-을라 -을라'의 꼴로 잘못 쓰이기도 한다. 이를테면, "일할라 공부할라 매우 바쁘다."는 "일하랴 공부하랴, 매우 바쁘다."의 잘못 쓰인 표현이다.
　　 '-으랴…-으랴'는 '르'을 제외한 받침 있는 움직씨 뿌리 뒤에서 /-으랴…-으랴/로, 받침 없는 움직씨 뿌리나 '르' 받침인 움직씨 뿌리, '-으시-' 뒤에서 /-랴…-랴/로 실현된다.

에는 결합될 수 있지만, 때매김씨끝에는 결합될 수 없다. 뒤에 놓이는 요소와의 결합관계를 보면, 대부분의 도움토씨와 결합관계를 이룰 수 없다.

'-으랴1' 마디와 '-으랴2' 마디는 뒤바뀌더라도 뜻에서 차이를 보이지 않을 뿐 아니라 적격한 월이 되기 때문에 정해진 차례가 없으며, 서로 맞서면서 되풀이되어 앞마디를 이루고, 뒷마디에 이어진다. (54)에서 '-으랴1' 마디와 '-으랴2' 마디가 자리를 바꾼 (55)는 적격한 월이 되며, 의미상으로도 (54)와 (55)는 차이를 보이지 않는다.

> (55) ㄱ. 밤에는 공부하랴 낮에는 일하랴, 눈코 뜰 새 없이 바쁘다.
> ㄴ. 음식 준비하랴 손님 맞으랴, 몸이 두 개라도 모자라다.

'-으랴'만이 단독으로 쓰여 이음겹월을 짜 이루는 일은 없다. 반드시 되풀이되어 '-으랴…-으랴'로 쓰이게 되기 때문에 '-으랴'의 되풀이는 필수적이다. 그러므로 '-으랴'가 한번만 나타난 월인 경우에는 그 자체가 온전한 월 짜임이 아니라, 되풀이된 '-으랴2' 마디가 생략되었음을 전제로 한다.

> (56) ㄱ. 학생들은 예습하랴, 너무 바쁘다.
> → 학생들은 예습하랴 (복습하랴), 너무 바쁘다.
> ㄴ. 불고기를 먹으랴, 배가 터질 것 같다.
> → 불고기를 먹으랴 (떡을 먹으랴), 배가 터질 것 같다.

'-으랴'는 한번만 되풀이될 수 있는 것은 아니고, 두 번 이상 되풀이되더라도 적격한 월이 된다. 한번 되풀이되는 것은 필수적이지만 두 번 이상 되풀이는 수의적이다.

> (57) ㄱ. 학생들은 예습하랴 복습하랴 운동하랴, 너무 바쁘다.
> ㄴ. 학생들은 예습하랴 복습하랴 운동하랴 청소하랴, 너무 바쁘다.
> ㄷ. 학생들은 예습하랴 복습하랴 운동하랴 청소하랴, … 너무 바쁘다.

2.2.7. '–자마자(–자⋯–자)'

본디 '–자⋯–자'는 '–자1'에 결합되는 움직씨의 <그 행동을 하자 잇달아 곧>이란 뜻을 나타내는 되풀이 이음씨끝이었다. '–자2' 앞에 놓이는 풀이씨에는 '말–'만으로 한정됨에 따라 통사적 짜임새였던 '–자 마자'가 결합과정을 거쳐 형태적 짜임새인 '–자마자'로 생성되어 그 자체가 이음씨끝으로 바뀌게 되었다.

    (58) ㄱ. 까마귀가 날**자** 마**자**, 배가 떨어졌다. → 까마귀가 날**자마자** 배가 떨어졌다.
           ㄴ. 비가 오**자** 마**자** 농부들은 밭으로 나갔다. → 비가 오**자마자** 농부들은 밭으로 나갔다.

'–자마자'는 움직씨 뿌리에 결합되어 앞마디의 행위가 이루어지는 순간과 뒷마디의 행위가 일어나는 순간이 거의 동시적인 상태임을 나타내는 이음씨끝이다. 앞마디와 뒷마디의 행위의 순서는 언제든지 앞마디의 행위가 먼저이다.

'–자마자'와 마찬가지로, 되풀이된 이음씨끝 앞에 '말–'이 놓이는 것으로는 '–으나 마나'와 '–거나 마나'가 있다. '–으나 마나'와 '–거나 마나'는 형태적 짜임새의 이음씨끝 '–으나마나'와 '–거나마나'로 보지 않는다. 그 까닭은 '–자마자'에서와 달리 '–으나 마나'와 '–거나 마나'에서는 되풀이된 이음씨끝 앞에 '말–'만 놓일 수 있는 것이 아니기 때문이다.[61] 이 밖에도 이 짜임새에 해당하는 것으로 '–든지 말든지', '–다가 말다가', '–느니 마느니' 따위를 더 들 수 있다.

---

61) 『연세한국어사전』에서는 '–으나 마나'를 형태적 짜임새인 이음씨끝 '–으나마나'로 처리하였다. 그러나 '–거나 말거나'는 이음씨끝으로 올라 있지 않아 통사적 짜임새로 처리한 것 같다. 『표준국어대사전』에서는 '–으나마나'와 '–거나말거나'가 이음씨끝으로 올라 있지 않아 통사적 짜임새로 본 것 같으며, 『우리말큰사전』에서는 통사적 짜임새로 '–으나 마나'가 올라 있다.

2.2.8. '-는지…-는지'[62)]

'-는지' 자체를 이음씨끝으로 보기도 하며, 허웅(1995 : 257)에서와 같이 매김씨끝 '-는'과 <회의>를 나타내는 매인이름씨 '지'로 보기도 한다.[63)] 앞에 방식으로 보는 경우에는 붙여 쓰며 형태적 짜임새에 해당하지만, 뒤에 방식으로 보면 띄어 써서 통사적 짜임새에 해당한다.

이 글에서는 '-는지'를 이음씨끝으로 처리하기로 한다. 왜냐하면, '-는' 이 매김씨끝이라면 때매김에 따라 지난적인 경우 받침 있는 움직씨 뿌리 다음에서 '-은 지'로 실현되어야 하지만, '-었는지'로 실현되며, 올적인 경우 '-을 지'로 실현되어야 하지만, '-을지'만이 아니라 '-겠는지'로도 실현되기 때문이다.

    (59) ㄱ. *철수가 밥을 먹<u>은지</u> 나는 모른다.

          철수가 밥을 먹<u>었는지</u> 나는 모른다.

       ㄴ. 철수가 밥을 먹<u>을지</u> 나는 모른다.

          철수가 밥을 먹<u>겠는지</u> 나는 모른다.

'-는지…-는지'는 '-는지1' 마디 내용과 '-는지2' 마디 내용 중 어느 것

---

62) '-는지…-는지'는 움직씨 뿌리나 '-으시-', '-었-', '-겠-' 뒤에서는 /-는지…-는지/로, '-ㄹ' 제외한 받침 있는 그림씨 뒤에서는 /-은지…-은지/로, 잡음씨의 뿌리나 받침 없는 그림씨 뿌리 또는 '-ㄹ' 받침인 그림씨 뿌리, 또는 그림씨 뿌리+'-으시-' 뒤에서는 /-ㄴ 지…-ㄴ지/로 실현된다.

63) 허웅(1995 : 259)에서는 '-는지'를 한 씨끝으로 볼 수 없는 까닭으로 세 가지를 들었다. 첫째, 이음법의 끝바꿈 체계 안의 어느 한 유형(끝바꿈꼴)에 들기 어렵다는 점, 둘째, '지' 는 그 앞에 오는 풀이씨의 매김꼴을 받치는 받침말이 되면서, 뒤에 오는 풀이말에 대해 서는 임자씨가 가질 수 있는 몇 가지 월성분의 구실을 가진다는 점, 셋째, '지'에는 많은 토씨가 이어난다는 점을 들고 있다. 한편 허웅(1995 : 259~260)에서도 아래 보기의 '-는 지'는 녹아 붙은 씨끝으로 볼 수 있는 것들도 있다고 하고 이음법 안의 제약법(구속법)의 한 씨끝으로 보아진다고 하였다.

그 광경이 어떻게나 좋<u>은지</u>, 나는 그 자리에 서서 해 저무는 줄도 몰랐다.
그는 촌수가 가까운 까닭<u>인지</u>, 자주 우리를 방문한다.
숙면한 탓<u>인지</u>, 기분이 가든하다.

인지 의문을 가짐을 나타내는 되풀이 이음씨끝이다.

    (60) ㄱ. 철수가 청소를 하<u>는지</u> 노<u>는지</u>, 아무도 모른다.
        ㄴ. 이것이 저것과 같<u>은지</u> 다른<u>지</u>, 알아보기가 어렵다.
        ㄷ. 이것이 광어<u>인지</u> 도다리<u>인지</u>, 너는 어떻게 아니?

‘-는지’와 결합관계에 놓이는 앞선 요소를 보면, 움직씨, 그림씨, 잡음씨 뿌리에 직결될 수 있으며, 주체높임의 ‘-으시-’와 때매김씨끝 ‘-었-’, ‘-겠-’과도 직결될 수 있지만, ‘-더-’에는 결합될 수 없는 제약이 있다. 후행 요소와의 결합관계를 보면, 일부 자리토씨나 도움토씨와 결합관계를 이룰 수 있다. 일부 자리토씨와 도움토씨가 결합되면, 안김마디로 쓰이게 된다.

    (61) ㄱ. [이것과 저것이 같<u>은지</u> 다른<u>지</u>]가 아직 밝혀지지 않았다.
        ㄴ. 나는 [이것이 저것과 같<u>은지</u> 다른<u>지</u>]를 알아보고 있다.
        ㄷ. 나는 [이것이 저것과 같<u>은지</u> 다른<u>지</u>]<u>는/도/만/까지조차</u>… 모른다.

‘-는지1’과 ‘-는지2’는 뒤바뀌더라도 뜻에서 차이를 보이지 않을 뿐 아니라 적격한 월이 되기 때문에 정해진 차례가 없으며, 서로 맞서면서 되풀이되어 앞마디를 이루고, 뒷마디에 이어진다. (60)에서 ‘-는지1’ 마디와 ‘-는지2’ 마디가 자리를 바꾼 (62)는 적격한 월이 되며, 의미상으로도 (60)과 (62)는 차이를 보이지 않는다.

    (62) ㄱ. 철수가 노<u>는지</u> 청소를 하<u>는지</u>, 아무도 모른다.
        ㄴ. 이것이 저것과 다른<u>지</u> 같<u>은지</u>, 알아보기가 어렵다.
        ㄷ. 이것이 도다리<u>인지</u> 광어<u>인지</u>, 너는 어떻게 아니?

‘-는지’만이 단독으로 쓰여 이음겹월을 짜 이룰 수 있다. 반드시 되풀이되어 ‘-는지…-는지’로 쓰여야 하는 것이 아니기 때문에 ‘-는지’의 되풀이는 수의적이다. 그러므로 ‘-는지1’이나 ‘-는지2’가 한번만 나타난 월인 경우에도 그 자체가 온전한 월 짜임새가 된다.

> (63) ㄱ. 철수가 청소를 하<u>는지</u> 노<u>는지</u>, 아무도 모른다.
> → 철수가 청소를 하<u>는지</u>, 아무도 모른다.
> → 철수가 노<u>는지</u>, 아무도 모른다.
> ㄴ. 이것이 저것과 같<u>은지</u> 다른<u>지</u>, 알아보기가 어렵다.
> → 이것이 저것과 같<u>은지</u>, 알아보기가 어렵다.
> → 이것이 저것과 다른<u>지</u>, 알아보기가 어렵다.
> ㄷ. 이것이 광어<u>인지</u> 도다리<u>인지</u>, 너는 어떻게 아니?
> → 이것이 광어<u>인지</u>, 너는 어떻게 아니?
> → 이것이 도다리<u>인지</u>, 너는 어떻게 아니?

‘-는지’는 한 번만 되풀이될 수 있는 것은 아니고 두 번 이상 되풀이되더라도 적격한 월이 된다. 한 번 되풀이되는 것도 수의적이며, 두 번 이상 되풀이는 것도 수의적이다.

> (64) ㄱ. 이것이 광어<u>인지</u> 도다리<u>인지</u> 가자미<u>인지</u>, 너는 어떻게 아니?
> ㄴ. 이것이 광어<u>인지</u> 도다리<u>인지</u> 가자미<u>인지</u> 우럭<u>인지</u>, 너는 어떻게 아니?
> ㄷ. 이것이 광어<u>인지</u> 도다리<u>인지</u> 가자미<u>인지</u> 우럭인지, … 너는 어떻게 아니?

2.2.9. ‘-을는지……-을는지’[64]

‘-을는지’는 추정을 나타내는 ‘-을’과 ‘-는지’의 결합으로 보이지만, ‘-을’이 마침씨끝과 결합에 제약이 극심하며, ‘-는지’에는 추정의 ‘-겠-’이 결합되어 ‘-겠는지’로 쓰일 뿐 아니라 ‘-을’과 ‘-는지’ 사이에 다른 씨끝이 놓이지 않는 점에서 ‘-을는지’ 자체를 최소 말본형으로 처리하기로 한다.

---

64) ‘-을는지……-을는지’는 ‘ㄹ’을 제외한 받침 있는 풀이씨 뿌리나 ‘-었-’ 뒤에서 /-을는지……-을는지/로, 잡음씨 뿌리나 받침 없는 풀이씨 뿌리, ‘-으시-’ 뒤에서는 /-ㄹ는지……-ㄹ는지/로 실현된다.

‘–을는지…–을는지’는 ‘–을는지1’ 마디 내용과 ‘–을는지2’ 마디 내용 중 어느 것으로 추정되는지 의문을 가짐을 나타내는 되풀이 이음씨끝이다.

> (65) ㄱ. 내일 비가 <u>올는지</u> 안 <u>올는지</u>, 기상대에 물어봐.
> ㄴ. 이 사과가 맛이 <u>좋을는지</u> <u>나쁠는지</u>, 먹어 보아야 알겠다.
> ㄷ. 철수가 우등생<u>일는지</u> <u>아닐는지</u>, 아직은 아무도 모른다.

‘–을는지’와 결합관계에 놓이는 앞선 요소를 보면, 움직씨, 그림씨, 잡음씨 뿌리에 직결될 수 있으며, 주체높임의 ‘–으시–’와 때매김씨끝 ‘–었–’과는 직결될 수 있지만, ‘–겠–’, ‘–더–’에는 결합될 수 없는 제약이 있다. 후행 요소와의 결합관계를 보면, 일부 자리토씨나 도움토씨와 결합관계를 이룰 수 있다. 일부 자리토씨와 도움토씨가 결합되면, 안김마디로 쓰이게 된다.

> (66) ㄱ. [내일 비가 <u>올는지</u> 바람이 <u>불는지</u>]가 아직 밝혀지지 않았다.
> ㄴ. 나는 [철수가 학교에 <u>갈는지</u> 도서관에 <u>갈는지</u>]를 모르겠다.
> ㄷ. [내일 비가 <u>올지는</u> 안 <u>올는지</u>]도/조차/마저… 모른다.

‘–을는지1’과 ‘–을는지2’는 뒤바뀌더라도 뜻에서 차이를 보이지 않을 뿐 아니라 적격한 월이 되기 때문에 정해진 차례가 없으며, 서로 맞서면서 되풀이되어 앞마디를 이루고, 뒷마디에 이어진다. (65)에서 ‘–을는지1’ 마디와 ‘–을는지2’ 마디가 자리를 바꾼 (67)은 적격한 월이 되며, 의미상으로도 (65)와 (67)은 차이를 보이지 않는다.

> (67) ㄱ. 내일 비가 안 <u>올는지</u> <u>올는지</u>, 기상대에 물어봐.
> ㄴ. 이 사과가 맛이 <u>나쁠는지</u> <u>좋을는지</u>, 먹어 보아야 알겠다.
> ㄷ. 철수가 우등생이 <u>아닐는지</u> 우등생<u>일는지</u>, 아직은 아무도 모른다.

‘–을는지’만이 단독으로 쓰어 이음겹월을 짜 이룰 수 있다. 반드시 되풀이되어 ‘–을는지…–을는지’로 쓰어야 하는 것이 아니기 때문에 ‘–을는지’

의 되풀이는 수의적이다. 그러므로 '-을는지1'이나 '-을는지2'가 한번만 나타난 월인 경우에도 그 자체가 온전한 월 짜임새가 된다.

(68) ㄱ. 내일 비가 <u>올는지</u> 안 <u>올는지</u>, 기상대에 물어봐.
　　　→ 내일 비가 <u>올는지</u>, 기상대에 물어봐.
　　　→ 내일 비가 안 <u>올는지</u>, 기상대에 물어봐.
　　ㄴ. 이 사과가 맛이 좋<u>을는지</u> 나쁘<u>을는지</u>, 먹어 보아야 알겠다.
　　　→ 이 사과가 맛이 좋<u>을는지</u>, 먹어 보아야 알겠다.
　　　→ 이 사과가 맛이 나쁘<u>을는지</u>, 먹어 보아야 알겠다.
　　ㄷ. 철수가 우등생<u>일는지</u> <u>아닐는지</u>, 아직은 아무도 모른다.
　　　→ 철수가 우등생<u>일는지</u>, 아직은 아무도 모른다.
　　　→ 철수가 우등생이 <u>아닐는지</u>, 아직은 아무도 모른다.

'-을는지'도 한 번만 되풀이될 수 있는 것은 아니고 두 번 이상 되풀이되더라도 적격한 월이 된다. 한 번 되풀이되는 것도 수의적이며, 두 번 이상 되풀이는 것도 수의적이다.

(69) ㄱ. 비가 <u>올는지</u> 바람이 <u>불는지</u> 눈이 <u>올는지</u>, 아무도 모른다.
　　ㄴ. 비가 <u>올는지</u> 바람이 <u>불는지</u> 눈이 <u>올는지</u> 서리가 <u>내릴는지</u>, 아무도 모른다.
　　ㄷ. 비가 <u>올는지</u> 바람이 <u>불는지</u> 눈이 <u>올는지</u> 서리가 <u>내릴는지</u>, … 아무도 모른다.

2.2.10. '-을지⋯-을지'[65)]

'-을지⋯-을지'는 '-을지1' 마디 내용과 '-을지2' 마디 내용 중 어느 것으로 추정되는지 의문을 가짐을 나타내는 되풀이 이음씨끝이다. '-을는지⋯-을는지'와 쓰임이나 뜻에서 별다른 차이를 보이지 않는다.

---

65) '-을는지⋯-을는지'는 'ㄹ'을 제외한 받침 있는 풀이씨 뿌리나 '-었-' 뒤에서 /-을는지⋯-을는지/로, 잡음씨 뿌리나 받침 없는 풀이씨 뿌리, '-으시-' 뒤에서는 /-ㄹ는지⋯-ㄹ는지/로 실현된다.

(70) ㄱ. 음식이 남을지 모자랄지 먹어 봐야 안다.
　　 ㄴ. 내일 날씨가 맑을지 흐릴지 모르겠다.
　　 ㄷ. 철수가 1등일지 영수가 1등일지 시험이 끝나야 알 수 있다.

‘-을지’와 결합관계에 놓이는 앞선 요소를 보면, 움직씨, 그림씨, 잡음씨 뿌리에 직결될 수 있으며, 주체높임의 ‘-으시-’와 때매김씨끝 ‘-었-’과는 직결될 수 있지만, ‘-겠-’, ‘-더-’에는 결합될 수 없는 제약이 있다. 후행 요소와의 결합관계를 보면, 일부 자리토씨나 도움토씨와 결합관계를 이룰 수 있다. 일부 자리토씨와 도움토씨가 결합되면, 안김마디로 쓰이게 된다.

(71) ㄱ. [오늘 서울에 갈지 내일 서울에 갈지]가 아직 결정되지 않았다.
　　 ㄴ. 나는 [철수가 학교에 갈지 도서관에 갈지]를 모르겠다.
　　 ㄷ. 나는 [내일 비가 올지 눈이 올지]는/도/만/까지조차… 모른다.

‘-을지1’과 ‘-을지2’는 뒤바뀌더라도 뜻에서 차이를 보이지 않을 뿐 아니라 적격한 월이 되기 때문에 정해진 차례가 없으며, 서로 맞서면서 되풀이되어 앞마디를 이루고, 뒷마디에 이어진다. (70)에서 ‘-을지1’ 마디와 ‘-을지2’ 마디가 자리를 바꾼 (72)는 적격한 월이 되며, 의미상으로도 (70)과 (72)는 차이를 보이지 않는다.

(72) ㄱ. 음식이 모자랄지 남을지 먹어 봐야 안다.
　　 ㄴ. 내일 날씨가 흐릴지 맑을지 모르겠다.
　　 ㄷ. 영수가 1등일지 철수가 1등일지 시험이 끝나야 알 수 있다.

‘-을지’만이 단독으로 쓰어 이음겹월을 짜 이룰 수 있다. 반드시 되풀이되어 ‘-을지…-을지’로 쓰여야 하는 것이 아니기 때문에 ‘-을지’의 되풀이는 수의적이다. 그러므로 ‘-을지1’이나 ‘-을지2’가 한번만 나타난 월인 경우에도 그 자체가 온전한 월 짜임새가 된다.

(73) ㄱ. 음식이 남<u>을지</u> 먹어 봐야 안다.
　　 ㄴ. 내일 날씨가 맑<u>을지</u> 모르겠다.
　　 ㄷ. 철수가 1등<u>일지</u> 시험이 끝나야 알 수 있다.

3. 안김씨끝의 되풀이법

3.1. '-으락…-으락'66)

'-으락' 하나만으로는 이음씨끝이나 안김씨끝으로 쓰이지 못하고 되풀이 되어 통합과정을 거친 '-으락…-으락'만이 단독으로 말본적 기능을 수행하기 때문에 '-으락…-으락'이 최소 말본형에 해당한다.

'-으락…-으락'은 앞마디와 뒷마디를 이어 주는 이음씨끝 노릇을 하는 경우는 없으며, 안은월의 안김마디로 안기게 하는 노릇만을 하기 때문에 안김씨끝에 해당한다. 이를테면 '얼굴빛이 붉으락 푸르락 한다'는 '얼굴빛이 … 한다'란 안은월에 '얼굴빛이 붉으락 푸르락'이란 안김마디가 포함되어짜 이루어졌기 때문에 '-으락…-으락'은 되풀이 안김씨끝에 해당한다.

'-으락…-으락'의 안음월 풀이말로는 움직씨 '하다'로 고정되어 있으며, '-으락1' 앞과 '-으락2' 앞에 놓이는 풀이씨도 대체로 고정되어 있는 특성을 보인다. 곧 '-으락1'과 '-으락2'의 순서를 바꾸면 (74)와 같이 부적격해 지는 것들이 있다.

(74) ㄱ. 오락 가락 하다 → *가락 오락 하다
　　 ㄴ. 들락 날락 하다 → *날락 들락 하다.
　　 ㄷ. 엎치락 뒤치락 하다 → *뒤치락 엎치락 하다.

---

66) '-으락…-으락'은 앞뒤 풀이씨가 맞섬관계에 놓이는 경우, 풀이씨 뿌리 끝이 닿소리이면 /-으락…-으락/으로, 홀소리이면 /-락…-락/으로 실현된다.

또한 '-으락…-으락' 앞에 놓일 수 있는 움직씨에도 제약이 따르며, 그림씨 중에는 일부 특정한 것만 놓일 수 있는 점 등에서, 『표준국어대사전』의 처리 방식에 따라 '-으락…-으락하다'를 형태적 구조로 처리하는 방법도 있다.67) 이 방식에서는 이 짜임새에 해당하는 구조를 낱말로 보아 '오락가락하다, 오르락내리락하다, 엎치락뒤치락하다, 쥐락펴락하다, 푸르락누르락하다, 들락날락하다'가 한 낱말에 해당하는 것을 볼 수도 있다.

'-으락…-으락 하다'를 형태적 구조로 볼 수 없는 까닭은 '-으락1'과 '-으락2'가 자리를 바꾸더라도 의미상 차이 없이 적격해지는 경우가 있기 때문이다.

> (75) ㄱ. 얼굴빛이 붉으락 푸르락 한다.
> 　　　→얼굴빛이 푸르락 붉으락 한다.
> 　　ㄴ. 서로 손을 잡으락 놓으락 한다.
> 　　　→서로 손을 놓으락 잡으락 한다.

'-으락…-으락 하다'와 같은 짜임새를 이루고 있는 '-거니…-거니 하다', '-든지…-든지 하다', '-다가…-다가 하다' 따위가 형태적 구조가 아니라 통사적 구조란 점도 '-으락…-으락 하다'를 통사적 구조로 보는 것이 합리적임을 뒷받침해 준다.

'-으락…-으락'은 맞섬관계에 있는 두 동직이나 상태가 되풀이되면서 안음월의 풀이말에 안김마디로 안기게 하는 안김씨끝에 해당한다. 이에 해당하는 월의 짜임새는 아래와 같다.

> (76) ㄱ. [얼굴빛이 [(얼굴빛이) 붉으락 푸르락]_{안김마디} 한다.]
> 　　ㄴ. [철수가 [(철수가) 계단을 오르락 내리락]_{안김마디} 한다.]

---

67) 『연세한국어사전』에서는 통사적 구조로 처리하고, '-으락'을 단어 연결 어미라 하였다. 『우리말큰사전』에서도 통사적 구조로 처리하고, '-으락'을 이음끝이라 하였다.

되풀이 안김씨끝 '-으락…-으락'과 결합관계에 놓이는 앞선 요소를 보면, 움직씨, 그림씨 뿌리에 직결될 수 있지만, 잡음씨 뿌리에는 결합되지 않는다. 또한 주체높임의 '-으시-'와 때매김씨끝에는 결합될 수 없다. 뒤에 놓이는 요소와의 결합관계를 보면, 대부분의 도움토씨와 결합관계를 이룰 수 없다. '-으락…-으락' 뒤에 통합관계를 이루어 서술 기능을 보완 받을 수 있는 안음월 풀이말로는 (77)의 밑줄 친 '하다'가 있다.

> (77) ㄱ. 운동 삼아 계단을 오르락 내리락 <u>한다</u>.
>   ㄴ. 교장의 얼굴색이 붉으락 푸르락 <u>한다</u>.

'-으락1'과 '-으락2' 중에 어느 하나가 생략되면 부적격한 월이 되기 때문에 '-으락'의 되풀이는 필수적이다.

> (78) ㄱ. 운동 삼아 계단을 오르락 내리락 <u>한다</u>.
>   →*운동 삼아 계단을 오르락 <u>한다</u>.
>   →*운동 삼아 계단을 내리락 <u>한다</u>.
>   ㄴ. 교장의 얼굴색이 붉으락 푸르락 <u>한다</u>.
>   →*교장의 얼굴색이 붉으락 <u>한다</u>.
>   →*교장의 얼굴색이 푸르락 <u>한다</u>.

3.2. '-느니…-느니'

앞에서 살핀 바와 같이, '-느니…-느니'가 앞마디를 이루고 뒷마디에 이어 주는 경우에는 이음씨끝에 해당되었다. 그러나 '-느니…-느니'가 앞마디를 이루는 것이 아니고 안음월의 풀이말에 안기는 안김마디로 쓰이는 경우에는 안김씨끝에 해당한다.

> (79) ㄱ. [학생들은 [시험을 보느니 안 보느니]_{안김마디} 하면서]…
>   ㄴ. [사람들은 [방이 좁으니 넓으니]_{안김마디} 하면서]…

　　ㄷ. [사람들은 [이것이 진짜니 가짜니]_{안김마디} 하면서]…

　안음월의 풀이말 '하다'로 월을 끝맺는 경우보다는 '하-'에 이음씨끝이나 안김씨끝이 결합되어 더 큰 월 짜임에 포함되는 것이 보통이다.

　안음월의 풀이말 '하다'에 관하여 허웅(1995 : 966)은 "되풀이되는 이음씨끝은 그 사이에 다른 말—때로는 꽤 긴 말—이 들어가기 때문에 거기에 형식적인 '하다'가 이어난 짜임을 전체로 하여 이은말로 보려면 어색한 일이 생겨날 수 있다. 그러므로 이 경우에는 '하다'를 따로 한 마디처럼 처리하는 수밖에 없다."라 하여, '-느니…-느니'를 되풀이 이음씨끝으로 뒷마디 '하다'에 이어지는 것으로 본 셈이다. 그러나 '하다'는 풀이말 자격이 모자라 '-느니…-느니'의 안김마디의 도움을 받아야 하기 때문에 '하다'는 뒷마디에 해당하는 것이 아니라 안김마디를 안은 안음월의 풀이말에 해당한다.

　'-느니…-느니'는 맞섬관계에 놓이는 내용을 나열하면서 안음월에 안김마디로 안기게 하는 안김씨끝으로, '-느니1'의 풀이말이기도 하고 '-느니2'의 풀이말이기도 하다는 뜻을 나타낸다.

　안김씨끝 '-느니…-느니'의 형태 결합 특성은 이음씨끝에서와 같다. 곧 '-느니'와 결합관계에 놓이는 앞선 요소를 보면, 움직씨, 그림씨, 잡음씨 뿌리에 직결될 수 있으며, 주체높임의 '-으시-'와 때매김씨끝 '-었-', '-겠-'과도 직결될 수 있지만, '-더-'에는 결합될 수 없는 제약이 있다. 후행 요소와의 결합관계를 보면, '-로'를 제외한 대부분의 보조사와 결합관계를 이룰 수 없다.

　안김씨끝 '-느니1'과 '-느니2' 중에 어느 하나가 생략되면 부적격한 월이 되기 때문에 '-느니'의 되풀이는 필수적이다.

　(80) ㄱ. 학생들이 시험을 보느니 안 보느니 하면서 …
　　　　→*학생들이 시험을 보느니 하면서 …
　　　　→*학생들이 시험을 안 보느니 하면서 …

　　ㄴ. 사람들은 방이 넓으니 좁으니 하면서 …
　　　→*사람들은 방이 넓으니 하면서 …
　　　→*사람들은 방이 좁으니 하면서 …

안김씨끝 '-느니…-느니'도 이음씨끝 '-느니…-느니'와 마찬가지로 마침씨끝의 중화형인 '-는다', '-자', '-으라'와 결합하여 '-는다느니', '-자느니', '-으라느니'로 쓰인다. 이들은 '-는다고 하느니', '-자고 하느니', '-으라고 하느니'로 회복될 수 없기 때문에 이 자체가 최소의 말본적 기능을 하는 단위가 된다.

　　(81) ㄱ. 서울로 **간다느니** 부산으로 **간다느니** 하다가 …
　　　　ㄴ. 서울로 **가자느니** 부산으로 **가자느니** 하다가 …
　　　　ㄷ. 저리 **가라느니** 이리 **오라느니** 하다가 …

'-는다느니…-는다느니'는 서술적인 내용을 나열함을 나타내고, '-으라느니…-으라느니'는 명령적인 내용을 나열함을 나타내며, '-자느니…-자느니'는 제안적인 내용을 나열함을 나타내면서 안음월에 안기게 하는, 되풀이 안김씨끝에 해당한다.

3.3. '-거니…-거니'

'-거니…-거니'가 앞마디를 이루고 뒷마디에 이어 주는 경우에는 이음씨끝에 해당되지만 '-거니…-거니'가 앞마디를 이루는 것이 아니고 안음월의 풀이말에 안기는 안김마디로 쓰이는 경우에는 안김씨끝에 해당한다.

　　(82) ㄱ. [사람들이 [앞서**거니** 뒤서**거니**]_{안김마디} 하면서] …
　　　　ㄴ. [사람들은 [그 말이 옳**거니** 그르**거니**]_{안김마디} 하면서] …

‘-거니…-거니’는 맞섬관계에 놓이는 내용을 나열하면서 안음월에 안김마디로 안기게 하는 안김씨끝으로, ‘-느니1’의 풀이말과 ‘-느니2’의 풀이말 내용이 되풀이됨을 나타낸다.

‘-거니…-거니’는 결합관계에 놓이는 앞선 요소로, 움직씨, 그림씨, 잡음씨 뿌리에 직결될 수 있으며, 주체높임의 ‘-으시-’, 때매김씨끝에는 결합될 수 없다. 뒤에 놓이는 요소와의 결합관계를 보면, 대부분의 도움토씨와 결합관계를 이룰 수 있다. ‘-거니…-거니’ 뒤에 통합관계를 이루어 서술 기능을 보완 받을 수 있는 안은월 풀이말로는 (83)의 밑줄 친 ‘하다’가 있다.

(83) ㄱ. 선생님들이 술잔을 주거니 받거니 <u>하셨다</u>.
　　　ㄴ. 그 주장에 대해 옳거니 그르거니 <u>한다</u>.
　　　ㄷ. 그분에 대해 선생이거니 아니거니 <u>한다</u>.

안김씨끝 ‘-거니1’과 ‘-거니2’ 중에 어느 하나가 생략되면 부적격한 월이 되기 때문에 ‘-느니’의 되풀이는 필수적이다.

(84) ㄱ. 선생님들이 술잔을 주거니 받거니 <u>하셨다</u>.
　　　　→*선생님들이 술잔을 주거니 <u>하셨다</u>.
　　　　→*선생님들이 술잔을 받거니 <u>하셨다</u>.
　　　ㄴ. 그 주장에 대해 옳거니 그르거니 <u>한다</u>.
　　　　→*그 주장에 대해 옳거니 <u>한다</u>.
　　　　→*그 주장에 대해 그르거니 <u>한다</u>.
　　　ㄷ. 그분에 대해 선생이거니 아니거니 <u>한다</u>.
　　　　→*그분에 대해 선생이거니 <u>한다</u>.
　　　　→*그분에 대해 선생이 아니거니 <u>한다</u>.

안김씨끝 ‘-거니…-거니’도 이음씨끝 ‘-거니…-거니’와 마찬가지로 마침씨끝의 중화형인 ‘-는다’, ‘-자’, ‘-으라’와 결합하여 ‘-는다거니’, ‘-자거니’, ‘-으라거니’로 쓰인다. 이들은 ‘-는다고 하거니’, ‘-자고 하거니’, ‘-으

라고 하거니'로 회복될 수 없기 때문에 이 자체가 최소의 말본적 기능을 하
는 단위가 된다.

   (85) ㄱ. 일꾼들은 임금이 많**다거니** 적**다거니** 하고 있었다.
        ㄴ. 그들은 극장에 가**자거니** 말**자거니** 하면서 싸웠다.
        ㄷ. 교관은 이리 오**라거니** 저리 가**라거니** 하면서 괴롭혔다.

   '-는다거니⋯-는다거니'는 서술적인 내용을 나열함을 나타내고, '-으라
거니⋯-으라거니'는 명령적인 내용을 나열함을 나타내며, '-자거니⋯-자거
니'는 제안적인 내용을 나열함을 나타내면서 안음월에 안기게 하는, 되풀이
안김씨끝에 해당한다.

3.4. '-고⋯-고'

   앞에서 살핀 바와 같이, '-고⋯-고'가 앞마디를 이루고 뒷마디에 이어 주
는 경우에는 이음씨끝에 해당되지만, (86)과 같이 '-고⋯-고'가 앞마디를
이루는 것이 아니고 안음월의 풀이말에 안기는 안김마디로 쓰이는 경우에
는 안김씨끝에 해당한다.

   (86) ㄱ. [초목이 [물이 오르고 싹이 트고]_{안김마디} 한다.]
        ㄴ. [철수가 [마루를 쓸고 닦고]_{안김마디} 하였다.]

   '-고⋯-고'는 맞섬관계에 놓이는 내용을 나열하면서 안음월에 안김마디
로 안기게 하는 안김씨끝으로, '-고1'의 풀이말과 '-고2'의 풀이말 내용이
<되풀이됨>을 나타내거나 <힘줌>을 나타낸다.
   '-고⋯-고'와 결합관계에 놓이는 앞선 요소를 보면, 움직씨 뿌리에 직결
될 수 있지만 그림씨와 잡음씨 뿌리에는 결합되지 않는다. 주체높임의 '-으
시-'와 때매김씨끝에는 결합될 수 없다. '-으시-'와 결합될 수 없는 까닭은

이 짜임새 월이 안음월과 안김마디의 임자말이 동일하기 때문에 임자말로 등장하는 사람을 높이는 경우 안음월의 풀이말에 '-으시-'가 결합되기 때문이다. 또한 때매김의 씨끝들도 안음월의 풀이말에만 실현되고 '-고⋯-고'에는 실현되지 않는데, 그 까닭은 안김마디의 때매김은 안음월의 때매김에 따라 결정되기 때문이다.

> (87) ㄱ. 어머니께서 [(어머니께서) 마루를 쓸고 닦고] 하<u>시</u>었다.
>   ㄴ. 사람들이 거리에서 오고 가고 한다. / 하였다. / 하겠다. / 하더라.

뒤에 놓이는 요소와의 결합관계를 보면, 대부분의 도움토씨와 결합관계를 이룰 수 있다. '-고⋯-고' 뒤에 통합관계를 이루어 서술 기능을 보완 받을 수 있는 안음월 풀이말로는 (88)의 밑줄 친 '하다'가 있다.

> (88) ㄱ. 사람들이 시장에서 물건을 팔고 사고 <u>한다</u>.
>   ㄴ. 거리에는 사람들이 오고 가고 <u>한다</u>.

안김씨끝 '-고1'과 '-고2' 중에 어느 하나가 생략되면 부적격한 월이 되기 때문에 '-고'의 되풀이는 필수적이다.

> (89) ㄱ. 사람들이 시장에서 물건을 팔고 사고 <u>한다</u>.
>   →*사람들이 시장에서 물건을 팔고 <u>한다</u>.
>   →*사람들이 시장에서 물건을 사고 <u>한다</u>.
>   ㄴ. 거리에는 사람들이 오고 가고 <u>한다</u>.
>   →*거리에는 사람들이 오고 <u>한다</u>.
>   →*거리에는 사람들이 가고 <u>한다</u>.

'-고⋯-고' 마디가 위와 같이 안음월 풀이씨에 안기는 용법으로 쓰이지 않고, 자리토씨가 결합되어 안김마디를 짜 이루는 데 쓰이기도 한다.

(90) ㄱ. [네가 서울에 가고 안 가고]가 문제가 아니다.
     ㄴ. [얼굴이 예쁘고 안 예쁘고]를 떠나서 인간성이 문제다.
     ㄷ. 문제는 [네가 이 일을 믿고 안 믿고]에 달려 있는 것이 아니다.

(90)에서 ㄱ은 '-고 -고' 마디가 임자자리토씨 '가'와 결합하여 임자말로 쓰이며, ㄴ은 부림자리토씨 '를'과 결합하여 부림말로 쓰였고, ㄷ은 어찌자리토씨 '에'와 결합하여 어찌말로 쓰였다.

'-고……-고'가 이와 같은 용법으로 쓰이는 경우에는 '-고' 앞에 놓이는 풀이말의 종류에 제약이 따르지 않는다. 곧 움직씨, 그림씨, 잡음씨가 다 놓일 수 있다.[68] 그렇지만 '-고1'과 '-고2' 자리에는 맞섬관계에 있는 같은 종류의 풀이씨가 놓여야 한다.

이 용법으로 쓰이는 '-고 -고'에서는 '-으시-'의 결합이 가능하며, 때매김씨끝 중에 '-었-, -겠-'은 결합 가능하지만 '-더-'는 결합이 불가능하다.

(91) ㄱ. 선생님께서 가시고 안 가시고는 아무 문제가 되지 않는다.
     ㄴ. 철수가 밥을 먹었고, 안 먹었고를 따지는 것이 아닙니다.
     ㄷ. 철수가 밥을 먹겠고, 안 먹겠고가 중요한 게 아닙니다.

'-고1'과 '-고2' 앞에 놓이는 풀이씨는 맞섬관계를 이루는 것들로, 동일한 풀이씨의 긍정-부정 관계에 놓이는 것이 일반적이며, '-고1' 앞에 긍정이 놓이고 '-고2' 앞에는 부정이 놓이는 것이 자연스럽다. 그러나 앞부분에 부정이 놓이고 뒷부분에 긍정이 놓이더라도 부적격하지는 않다. 부정형으로는 짧은 부정이 놓이는 것이 긴 부정이 놓이는 것보다 자연스럽다. 긍정-부정 관계만이 아니라 반의관계에 놓이는 풀이씨가 놓이더라도 적격하다.

---

68) 잡음씨가 결합된 보기는 다음과 같다.
　　학생이고 아니고가 뭐 그리 중요합니까?
　　아들이고 딸이고를 가리는 것이 아닙니다.

3.5. '–다가···–다가'

앞에서 살핀 바와 같이, '–다가···–다가'가 앞마디를 이루고 뒷마디에 이어 주는 경우에는 이음씨끝에 해당되지만, (92)와 같이 '–다가···–다가'가 앞마디를 이루는 것이 아니고 안음월의 풀이말에 안기는 안김마디로 쓰이는 경우에는 안김씨끝에 해당한다.

(92) ㄱ. 아이가 [(아이가) 눈을 떴**다가** 감았**다가**]_{안김마디} 한다.
　　 ㄴ. 비는 아직도 [(비가) 오**다가** 말**다가**]_{안김마디} 한다.

'–다가···–다가'는 맞섬관계에 놓이는 내용을 나열하면서 안음월에 안김마디로 안기게 하는 안김씨끝으로, '–다가1'의 풀이말과 '–다가2'의 풀이말 내용이 중단되면서 번갈아 되풀이되어 일어남을 나타낸다.

'–다가···–다가'와 결합관계에 놓이는 앞선 요소를 보면, 움직씨, 그림씨 뿌리에 직결될 수 있으며, 잡음씨 뿌리에 결합되기도 한다.

(93) ㄱ. 아이가 자**다가** 깨**다가** 한다.
　　 ㄴ. 날씨가 춥**다가** 덥**다가** 한다.
　　 ㄷ. 저 선수는 공격수이었**다가** 수비수이었**다가** 한다.

'–다가···–다가'는 때매김씨끝 '　었　'에 결합될 수 있지만, 주제높임의 '–으시–'와 때매김씨끝 '–겠–', '–더–'에는 결합될 수 없다. 뒤에 놓이는 요소와의 결합관계를 보면, 대부분의 도움토씨와 결합관계를 이룰 수 있다. '–다가···–다가' 뒤에 통합관계를 이루어 서술 기능을 보완 받을 수 있는 안김월 풀이말로는 (94)의 밑줄 친 '하다'가 있다.

(94) ㄱ. 할아버지께서 집 앞을 왔다가 갔다가 <u>하신다</u>.
　　 ㄴ. 날씨가 춥다가 덥다가 <u>한다</u>.

‘-다가1’과 ‘-다가 2’ 앞에 놓이는 풀이씨는 맞섬관계를 이루는 것들로, 같은 종류의 풀이씨가 쓰여야 한다. 긍정-부정 관계의 움직씨가 놓이는 경우에는 ‘-다가2’ 자리에 ‘안’ 부정과 ‘말-’ 부정이 다 가능하다.

(95) ㄱ. 비가 **오다가** 안 **오다가** 한다.
　　 ㄴ. 비가 **오다가** 말**다가** 한다.

안김씨끝 ‘-다가1’과 ‘-다가2’ 중에 어느 하나가 생략되면 부적격한 월이 되기 때문에 ‘-다가’의 되풀이는 필수적이다.

(96) ㄱ. 아이가 자**다가** 깨**다가** 한다.
　　　→*아이가 자**다가** 한다.
　　　→*아이가 깨**다가** 한다.
　　 ㄴ. 날씨가 춥**다가** 덥**다가** 한다.
　　　→*날씨가 춥**다가** 한다.
　　　→*날씨가 덥**다가** 한다.
　　 ㄷ. 저 선수는 공격수이**다가** 수비수이**다가** 한다.
　　　→*저 선수는 공격수이**다가** 한다.
　　　→*저 선수는 수비수이**다가** 한다.

3.6. ‘-든지…-든지’[69)]

앞에서 살핀 바와 같이, ‘-든지…-든지’가 앞마디를 이루고 뒷마디에 이어 주는 경우에는 이음씨끝에 해당되지만, (97)과 같이 ‘-든지…-든지’가 앞마디를 이루는 것이 아니고 안음월의 풀이말에 안기는 안김마디로 쓰이

---

69) 줄임꼴 ‘-든…-든’으로 실현되기도 한다. ‘-든지…-든지’와 쓰임과 뜻이 같은 ‘-든가…-든가’가 있다. ‘-든가…-든가’에 대하여 『표준국어대사전』에서는 ‘-든지…-든지’와 같은 것으로 다루었고, 『연세한국어사전』에서는 ‘-든지…-든지’의 “비표준어”로 다루었다. 이 글에서는 ‘-든가…-든가’를 ‘-든지…-든지’와 같은 것으로 간주하고 별도로 다루지 않기로 한다.

는 경우에는 안김씨끝에 해당한다.

> (97) ㄱ. 철수는 일요일에 [(철수는) 등산을 하<u>든지</u> 낚시를 하<u>든지</u>]_{안김마디} 한다.
>   ㄴ. 저분은 [(저분은) 점잖<u>든지</u> 친절하<u>든지</u>]_{안김마디} 하겠다.
>   ㄷ. 저분은 [(저분은) 판사이<u>든지</u> 변호사이<u>든지</u>]_{안김마디} 할 것이다.

‘–든지…–든지’는 맞섬관계에 놓이는 내용을 나열하면서 안음월에 안김마디로 안기게 하는 안김씨끝으로, ‘–든지1’의 풀이말과 ‘–든지2’의 풀이말 내용 중 어느 것이 선택되더라도 상관이 없음을 나타낸다.

‘–든지…–든지’와 결합관계에 놓이는 앞선 요소를 보면, 주로 움직씨 뿌리에 직결될 수 있으며, 그림씨와 잡음씨 뿌리에 결합되기도 한다. ‘–으시–’와도 결합될 수 있지만, 때매김씨끝에는 결합될 수 없다. 뒤에 놓이는 요소와의 결합관계를 보면, 대부분의 도움토씨와 결합관계를 이룰 수 없다. ‘–든지…–든지’ 뒤에 통합관계를 이루어 서술 기능을 보완 받을 수 있는 안김월의 풀이말로는 (98)의 밑줄 친 ‘하다’가 있다.[70]

> (98) ㄱ. 빨리 들어오시든지 나가시든지 <u>하세요</u>
>   ㄴ. 저분은 다리가 아프든지 배가 아프든지 <u>할 것이다</u>.

‘–든지1’과 ‘–든지2’ 앞에 놓이는 풀이씨는 맞섬관계를 이루는 것들로, 같은 종류의 풀이씨가 쓰여야 한다. 긍정–부정 관계의 움직씨가 놓이는 경우에는 ‘–다가2’ 자리에 ‘안’ 부정은 쓰이지 않고 ‘말–’ 부정이 쓰인다.[71]

---

70) 안음월의 풀이말 ‘하다’는 ‘–든지’ 앞에 움직씨가 놓이면 움직씨 ‘하다’이고, 그림씨나 잡음씨가 놓이면 그림씨 ‘하다’이다.

71) ‘–든지…–든지’가 이음씨끝인 경우에는 ‘–든지2’ 자리에 ‘안’ 부정과 ‘말–’ 부정이 다 가능하다.
  네가 학교에 가든지 안 가든지, 내가 알 바 아니다.
  네가 학교에 가든지 말든지, 내가 알 바 아니다.

(99) ㄱ. *네가 먹든지 안 먹든지 해라.

  ㄴ. 네가 먹든지 말든지 해라.

안김씨끝 '-든지1'과 '-든지2' 중에 어느 하나가 생략되면 부적격한 월이 되기 때문에 '-든지'의 되풀이는 필수적이다.

(100) ㄱ. 철수는 일요일에 등산을 하**든지** 낚시를 하**든지** 한다.

  →*철수는 일요일에 등산을 하**든지** 한다.

  →*철수는 일요일에 낚시를 하**든지** 한다.

  ㄴ. 저분은 점잖**든지** 친절하**든지** 하겠다.

  →*저분은 점잖**든지** 하겠다.

  →*저분은 친절하**든지** 하겠다.

  ㄷ. 저분은 판사이**든지** 변호사이**든지** 할 것이다.

  →*저분은 판사이**든지** 할 것이다.

  →*저분은 변호사이**든지** 할 것이다.

안김씨끝 '-든지…-든지'는 마침씨끝의 중화형인 '-는다', '-으라', '-자'와 결합하여 '-는다든지', '-으라든지', '-자든지'로 쓰이는데, 이들은 '-는다고 하든지', '-으라고 하든지', '-자고 하든지'로 회복될 수 없기 때문에 이 자체가 최소의 말본적 기능을 하는 단위가 된다.

(101) ㄱ. 철수는 학교에 **간다든지** 도서관에 **간다든지** 하면서 나갔다.

  ㄴ. 학교에 **가라든지** 도서관에 **가라든지** 하지 마라.

  ㄷ. 학교에 **가자든지** 도서관에 **가자든지** 하지 마라.

'-는다든지…-는다든지'는 서술적인 내용을 나열함을 나타내고, '-으라든지…-으라든지'는 명령적인 내용을 나열함을 나타내며, '-자든지…-자든지'는 제안적인 내용을 나열함을 나타내면서 안음월에 안기게 하는 되풀이 안김씨끝에 해당한다.

'-는다든지…-는다든지', '-으라든지…-으라든지', '-자든지…-자든지'
가 이음월을 짜 이루어 이음씨끝처럼 쓰이는 경우가 있다. 이 쓰임에서는
'-는다고 하든지', '-으라고 하든지', '-자고 하든지'로 회복될 수 있기 때
문에 이들 자체가 이음씨끝에 해당하는 것이 아니라 '-든지…-든지'만이
이음씨끝에 해당한다.

> (102) ㄱ. **간다든지** 안 **간다든지**, 빨리 말 좀 해 다오.
> → 간다고 하**든지** 안 간다고 하**든지**, 빨리 말 좀 해 다오.
> ㄴ. 이리 **가라든지** 저리 **가라든지**, 빨리 결정해 주세요.
> → 이리 가라고 하**든지** 저리 가라고 하**든지**, 빨리 결정해 주세요
> ㄷ. 이리 **가자든지** 저리 **가자든지**, 말 좀 해 주십시오.
> → 이리 가자고 하**든지** 저리 가자고 하**든지**, 말 좀 해 주십시오.

3.7. '-거나…-거나'

앞에서 살핀 바와 같이, '-거나…-거나'가 앞마디를 이루고 뒷마디에 이
어 주는 경우에는 이음씨끝에 해당되지만, (103)과 같이 '-거나…-거나'가
앞마디를 이루는 것이 아니고 안음월의 풀이말에 안기는 안김마디로 쓰이
는 경우에는 안김씨끝에 해당한다.

> (103) ㄱ. 선생님은 일요일에 [(선생님은) 나무를 가꾸**거나** 꽃을 심**거나**]안
> 김마디 하신다.
> ㄴ. 국산은 [값이 싸**거나** 질이 좋**거나**]안김마디 하다.

'-거나…-거나'는 맞섬관계에 놓이는 내용을 나열하면서 안음월에 안김
마디로 안기게 하는 안김씨끝으로, '-거나1'의 풀이말과 '-거나2'의 풀이말
내용 중 어느 하나를 선택할 수 있음을 나타낸다.
'-거나…-거나'와 결합관계에 놓이는 앞선 요소를 보면, 움직씨, 그림씨,
잡음씨 뿌리에 직결될 수 있지만, '-거나1'과 '-거나2'에는 같은 종류의 풀

이씨가 결합되어야 한다. 주체높임의 '-으시-'와 때매김씨끝 '-었-'은 결합될 수 있지만, '-겠-'과 '-더-'에는 결합될 수 없다. 뒤에 놓이는 요소와의 결합관계를 보면, 대부분의 도움토씨와 결합관계를 이룰 수 있다. '-거나…-거나' 뒤에 통합관계를 이루어 서술 기능을 보완 받을 수 있는 안김월의 풀이말로는 (104)의 밑줄 친 '하다'와 '싶다'가 있다.

> (104) ㄱ. 비가 왔거나 눈이 왔거나 **했다**.
> 　　　ㄴ. 철수를 만나거나 순이를 만나거나 **싶다**.

안김씨끝 '-거나1'과 '-거나2' 중에 어느 하나가 생략되면 부적격한 월이 되기 때문에 '-거나'의 되풀이는 필수적이다.

> (105) ㄱ. 선생님은 일요일에 나무를 가꾸**거나** 꽃을 심거**거나** 하신다.
> 　　　→*선생님은 일요일에 나무를 가꾸**거나** 하신다.
> 　　　→*선생님은 일요일에 꽃을 심거**거나** 하신다.
> 　　　ㄴ. 국산은 값이 싸**거나** 질이 좋**거나** 하다.
> 　　　→*국산은 값이 싸**거나** 하다.
> 　　　→*국산은 질이 좋**거나** 하다.

안김씨끝 '-거나…-거나'는 마침씨끝의 중화형인 '-는다', '-으라', '-자'와 결합하여 '-는다거나',72) '-으라거나', '-자거나'로 쓰이는데, 이들은 '-는다고 하거나', '-으라고 하거나', '-자고 하거나'로 회복될 수 없기 때문에 이 자체가 최소의 말본적 기능을 하는 단위가 된다.

> (106) ㄱ. 나는 그 책이 쉽**다거나** 어렵**다거나** 하지 않았다.
> 　　　ㄴ. 나는 철수에게 숙제를 하**라거나** 책을 읽**으라거나** 하지 않았다.

---

72) '-는다거나'는 그림씨의 뿌리이나 '-았-, -겠-' 뒤에서 /-다거나/로, 받침 없는 움직씨의 뿌리 뒤에서는 /-ㄴ다거나/로, 받침 있는 움직씨 뿌리 뒤에서는 /-는다거나/로, '이다'의 뿌리 뒤에서는 /-라거나/로 실현된다.

    ㄷ. 나는 철수에게 등산을 <u>**가자거나**</u> 낚시를 <u>**가자거나**</u> 하지 않았다.

'-는다거나…-는다거나'는 서술적인 내용을 나열함을 나타내고, '-으라거나…-으라거나'는 명령적인 내용을 나열함을 나타내며, '-자거나…-자거나'는 제안적인 내용을 나열함을 나타내면서 안음월에 안기게 하는 되풀이 안김씨끝에 해당한다.

3.8. '-을락…-을락'

'-을락' 하나만으로는 이음씨끝이나 안김씨끝으로 쓰이지 못하고 되풀이되어 통합과정을 거친 '-을락…-을락'만이 단독으로 말본적 기능을 수행하기 때문에 '-을락…-을락'이 최소 말본형에 해당한다.

'-을락…-을락'은 앞마디와 뒷마디를 이어 주는 이음씨끝 노릇을 하는 경우는 없으며, 안은월의 안김마디로 안기게 하는 노릇만을 하기 때문에 안김씨끝에 해당한다.

    (107) ㄱ. 이 방은 [세 평이 **될락 말락**]_{안김마디} **한다**.
          ㄴ. 숨소리가 [(숨소리가) **들릴락 말락**]_{안김마디} **한자**.

'-을락…-을락'은 긍정과 부정관계에 놓이는 내용을 나열하면서 안음월에 안김마디로 안기게 하는 안김씨끝으로, '-을락1'의 풀이말의 행위가 거의 그렇게 되려다 말고 되려다 말고 함을 나타낸다.

'-을락…-을락'과 결합관계에 놓이는 앞선 요소를 보면, '-을락1' 앞에는 움직씨 뿌리가 직결될 수 있으며, 그림씨와 잡음씨 뿌리는 결합되지 않는다. '-을락2' 앞에는 '말-'만이 결합될 수 있다. '-으시-'와도 결합될 수 있지만, 때매김씨끝에는 결합될 수 없다. 뒤에 놓이는 요소와의 결합관계를 보면, 대부분의 도움토씨와 결합관계를 이룰 수 없다. '-을락…-을락' 뒤에 통합관계를 이루어 서술 기능을 보완 받을 수 있는 안김월의 풀이말로는

(107)의 밑줄 친 '하다'가 있다.

'–을락…–을락'이 (108)에서와 같이 마치 이음씨끝처럼 쓰이는 경우도 있다.

> (108) ㄱ. 고드름이 떨어질락 말락, (고드름이) 추녀에 달려 있다.
> ㄴ. 두 사람이 들릴락 말락, 속삭이는 소리가 들렸다.

(108)은 겉으로 보기에 이은겹월에 해당하는 것 같지만, 실제적으로는 '–을락…–을락' 뒤에 안음월의 풀이말 '하다'가 생략된 것으로 보인다. 곧 (109)에서 '하다'가 생략되어 (108)로 실현된 것으로 보이기 때문에 (108)의 '–을락…–을락'도 안김씨끝에 해당한다.

> (109) ㄱ. 고드름이 떨어질락 말락 **하게**, (고드름이) 추녀에 달려 있다.
> ㄴ. 두 사람이 들릴락 말락 **하게**, 속삭이는 소리가 들렸다.

'–을락2'에는 '말–'만이 결합될 수 있어, 익은말 '–을락 말락'이 되었지만, '–을락 말락'은 통사적 구성으로 쓰이며, 결합과정을 통한 형태적 구성 '–을락말락'으로 굳어지지는 않았다.[73]

4. 마무리

앞마디의 끝에 결합되어 뒷마디를 연결시켜 월을 짜 이루는 이음씨끝 가운데 필수적으로 되풀이되거나 수의적으로 되풀이되는 되풀이 이음씨끝과, 안김마디의 끝에 결합되어 안음월에 안기게 해 주는 안김씨끝 가운데, 필수

---

73) 사전류에서도 '–을락 말락'을 통사적 구성으로 다루었으며, 이음씨끝 '–을락말락'으로는 처리하지 않았다.

적으로 되풀이되거나 수의적으로 되풀이되는 되풀이 안김씨끝에 관하여, 그 종류와 형태·통사적 특성과 의미 기능에 관하여 논의하였다.

이 장에서 논의한 되풀이 이음씨끝으로는 '-으나…-으나', '-거나…-거나', '-든지…-든지', '-고…-고', '-으며…-으며', '-다가…-다가', '-느니…-느니', '-거니 -거니', '-으랴…-으랴', '-자마자(-자…-자)', '-는지…-는지', '-을는지…-을는지', '-을지…-을지'가 있다. 되풀이 안김씨끝으로는 '-으락…-으락', '-느니…-느니', '-거니…-거니', '-고…-고', '-다가…-다가', '-든지…-든지', '-거나…-거나', '-을락…-을락'이 있다.

되풀이 이음씨끝과 안김씨끝 가운데 같은 꼴로 이루어진 것으로는, '-거나…-거나', '-든지…-든지', '-고…-고', '-다가…-다가', '-느니…-느니', '-거니 -거니'가 있다.

되풀이 이음씨끝과 안김씨끝은 그 자체가 최소의 말본적 단위로서 각각 독특한 형태·통사적 특성과 의미적 기능을 나타낸다. 되풀이 이음씨끝과 안김씨끝의 의미 특성을 간단히 정리하면 다음과 같다.

(1) **되풀이 이음씨끝**

'-으나…-으나' : <어느 것이 선택되어도 상관없음>

'-거나…-거나' : <어느 것이라도 상관없음, 차별하지 아니함>

'-든지…-든지' : <'-거나…-거나'보다 강한 느낌>

'-고…-고' : <강조>

'-으며…-으며' : <되풀이됨>

'-다가…-다가' : <중단되기도 하고 끝나기도 하면서 되풀이됨>

'-느니…-느니' : <이렇기도 하고 저렇기도 함>

'-거니…-거니' : <동작이나 상태가 되풀이됨>

'-으랴…-으랴' : <앞마디의 행동도 하고 뒷마디의 행동도 함>

'-자마자(-자…-자)' : <그 행동을 하자 잇달아 곧>

'-는지…-는지' : <앞뒤 마디 내용 중 어느 것인지 의문을 가짐>

'-을는지…-을는지' : <앞뒤 마디 중 어느 것으로 추정되는지 의문을 가짐>

‘-을지…-을지’ : <‘-을는지…-을는지’와 유의 관계>

(2) 되풀이 안김씨끝

되풀이 안김씨끝 ‘-느니…-느니’, ‘-거니…-거니’, ‘-고…-고’, ‘-다가…-다가’, ‘-든지…-든지’, ‘-거나…-거나’는 되풀이 이음씨끝의 그것과 뜻에서 다르지 않다.

‘-으락…-으락’ : <반의 관계에 놓이는 내용을 나열함>

‘-을락…-을락’ : <긍정과 부정 관계에 놓이는 내용을 나열함>

토씨의 되풀이법

1. 들머리

월을 포함해서 월을 이루고 있는 요소들 가운데 되풀이되어 쓰이는 것들이 있음은 앞에서 지적하였다. 토씨도 되풀이되어 쓰이기도 하는데, 토씨 중에서도 주로 이음토씨가 되풀이되는 경우가 많다. 되풀이 토씨들은 반드시 되풀이되어야 적격한 월을 짜 이루는 필수적 되풀이 토씨가 있고, 반드시 되풀이되어야 적격한 월을 짜 이루는 것은 아니지만 되풀이되어 쓰일 수도 있는 수의적 되풀이 토씨가 있다. 이음토씨 가운데 필수적 되풀이 이음토씨는 최소 말본형을 짜 이루지만, 수의적 되풀이 이음토씨는 그러하지 않다. 이음토씨 밖에 도움토씨 중 '도'도 수의적으로 되풀이되어 '도…도'를 짜 이룬다.

필수적 되풀이 이음토씨와 수의적 되풀이 이음토씨의 판별 기준은 되풀이 부분이 반드시 실현되어야 하느냐 않느냐이다. 곧 되풀이 부분이 반드시 실현되면 필수적 되풀이 이음토씨에 해당하고, 실현될 수도 있고 안 될 수도 있으면 수의적 되풀이 이음토씨에 해당한다.

이 기준의 적용에 따르면, 필수적 되풀이 이음토씨로는 '에…에', '하며…

하며’, ‘이고…이고’, ‘이든지…이든지’, ‘이거나…이거나’, ‘인가…인가’, ‘인지…인지’, ‘이든가…이든가’, ‘이야…이야’, ‘이다…이다’, ‘이랴…이랴’, ‘이니…이니’ 등이 있으며, 수의적 되풀이 토씨로는 ‘이나…(이나)’, ‘하고…(하고)’, ‘이랑…(이랑)’, ‘이며…(이며)’, ‘이라든지…(이라든지)’, ‘이라든가…(이라든가)’, ‘과…(과)’ 따위가 있다.

이 글의 연구 대상은 필수적 되풀이 이음토씨와 수의적 되풀이 이음토씨, 되풀이 도움토씨이다. 되풀이 이음토씨들은 공통적으로 앞말과 뒷말을 앞세워 결합하여 이어 주는 기능을 담당하지만, 단지 이음의 기능만이 아니라 이음토씨마다 고유의 의미적 특성을 가지고 있으며, 각각의 의미 사이에 유의성을 보이는 것들도 있다. 또한 이들 이음토씨마다 앞이나 뒤에 결합관계를 이루는 요소들이 차이를 보이기도 하며, 통사적 특성에서도 차이를 보인다. 되풀이 도움토씨 ‘도…도’도 고유의 의미적 특성과 통사적 특성을 가지고 있다.

위에서 설정한 되풀이 이음토씨와 도움토씨는 각각 독자적인 형태·통사적 특성과 아울러 의미 기능을 나타내는 바, 이 글에서는 이에 관하여 논의하기로 한다.

2. 되풀이 이음토씨의 말본적 특성과 의미 기능

2.1. 필수적 되풀이 이음토씨

필수적 되풀이 이음토씨로는 ‘에…에’, ‘하며…하며’, ‘이고…이고’, ‘이든지…이든지’, ‘이거나…이거나’, ‘인가…인가’, ‘인지…인지’, ‘이든가…이든가’, ‘이야…이야’, ‘이다…이다’, ‘이랴…이랴’, ‘이니…이니’ 따위가 있다. 각각의 필수적 되풀이 이음토씨가 가지는 형태·통사적 특성과 의미 기능에 관하여 살피기로 한다.

2.1.1. '에…에'

여러 가지 용법으로 쓰이는 토씨 '에'는 임자씨를 이어 주는 이음토씨의 구실을 하기도 한다. 다음 보기의 '에'가 이에 해당한다.[1]

> (1) ㄱ. 저 배우는 갸름한 얼굴에 오뚝한 코를 가졌다.
> ㄴ. 파마머리에 노랑머리의 아가씨들이 마구 떠들어댔다.

'에'는 임자씨와 임자씨를 이어서 이은말을 짜 이루며, 이 이은말에 토씨가 결합되어, 월에서 부림말과 매김말 따위로 쓰인다. (1)에서 '에'에 의한 이은말 짜임새를 간략히 나타내면 (2)와 같다.

> (2) ㄱ. 저 배우는 [[갸름한 얼굴에 오뚝한 코]를]부림말 가졌다.
> ㄴ. [[파마머리에 노랑머리]의]매김말 아가씨들이 마구 떠들어댔다.

'에'는 되풀이되어, 통사적 짜임새 '에…에'를 짜 이루며, '에1…에2'는 둘 이상의 임자씨를 열거하여 여러 자격으로 이어 주는 되풀이 이음토씨이다. '에2' 자체의 되풀이는 수의적이지만, 일단 되풀이된 '에2'는 생략될 수 없는 필수적 요소에 해당한다. '에1'과 '에2' 앞에 결합되는 임자씨 사이에는 맞섬관계에 놓인다.

'에' 앞에 결합관계를 이룰 수 있는 요소로는 임자씨가 있으며, 토씨는 결합될 수 없는 제약이 따른다. '에' 뒤에 결합될 수 있는 요소로는 도움토씨 '다가'가 있다.[2] '다가'는 '에1'과 '에2'에 모두 결합되어야 적격하며, 앞이나 뒤에만 결합되면 부적격해진다. '다가'는 '에…에'에 <첨가>의 뜻을 더하면서 강조하는 역할을 한다.

---

1) (1)의 '에'를 허웅(1995 : 1372)에서는 이음토씨로 보았으며, 『표준국어대사전』에서는 "둘 이상의 사물을 같은 자격으로 이어 주는 접속조사"로 보았다.
2) '에다가'를 토씨 '에'와 '다가'의 두 토씨로 보지 않고, 하나의 토씨로 보기도 하지만, 여기서는 두 토씨로 본다. (2ㄱ)에서 '다가'를 없애더라도 적격한 월이 되는 점에서, 이음토씨 '에'에 도움토씨 '다가'가 붙은 것이다.

   (3) ㄱ. 과자에**다가** 빵에**다가** 많이 샀다.
       ㄴ. *과자에**다가** 빵에 많이 샀다.
       ㄷ. *과자에 빵에**다가** 많이 샀다.

  ‘에…에’ 뒤에는 임자자리나 부림자리 등 어떤 자리토씨도 결합되지 않는다. ‘다가’를 제외한 도움토씨도 결합되지 않는다.[3] ‘다가’의 결합도 위에서 살핀 바와 같이 ‘에1’과 ‘에2’에 모두 결합되어 ‘에다가…에다가’를 이루기 때문에 ‘에…에’에 결합되어 ‘[에…에]다가’를 이루는 것은 아니다.

  ‘에…에’ 다음에 통합될 수 있는 요소로는 풀이씨로 이루어진 월조각이 있다. 그러나 풀이씨로 이루어진 월조각 앞에는 그 풀이씨를 꾸미는 월조각이 놓이는 경우에 적격한 월이 된다. 만일 꾸미는 월조각이 없이 풀이씨로 이루어진 월조각만 통합되면 부적격한 월이 된다.

   (4) ㄱ. *과자<u>에</u> 음료수<u>에</u> 먹었다.
         과자<u>에</u> 음료수<u>에</u> 많이 먹었다.
       ㄴ. *바나나에 파인애플<u>에</u> 샀다.
         바나나에 파인애플<u>에</u> 잔뜩 샀다.

  ‘에…에’ 다음에 통합될 수 있는 요소로는 풀이씨로 이루어진 월조각 이외에 임자씨가 있다. ‘에…에’ 부분에서부터 임자씨에 이르기까지가 이은말의 짜임새를 짜 이루며, 여기에 토씨가 결합되어 월조각으로 쓰인다.

   (5) ㄱ. [[과자<u>에</u> 음료수<u>에</u> 빵]이]_{임자말} 있다.
       ㄴ. [[바나나<u>에</u> 파인애플<u>에</u> 망고]를]_{부림말} 샀다.

  ‘에’는 둘 이상 계속 임자씨에 되풀이되어 결합할 수 있으나, (6)과 같이

---

3) 어찌자리토씨 ‘에’ 뒤에는 도움토씨들이 결합될 수 있는 점에서 이음토씨 ‘에’와 차이를 보인다.

마지막 임자씨에는 '에'가 결합되지 않는 것이 자연스럽다. 마지막 임자씨에도 '에'가 결합되면 (6)의 ㄴ과 같이 부적격한 월이 된다. 그러나 풀이말 앞에 꾸밈말이 놓이게 되면 (6)의 ㄷ과 같이 자연스러워진다. 이 점은 한번만 쓰인 '에'에서와 꼭 같다.

> (6) ㄱ. 과자에 음료수에 빵에 … 떡을 먹었다.
> ㄴ. *과자에 음료수에 빵에 … 떡에 먹었다.
> ㄷ. 과자에 음료수에 빵에 … 떡에 배불리 먹었다.

'에…에' 다음에 통합될 수 있는 그 밖의 요소로는 (7)과 같이 월의 짜임새를 가진 마디가 있다.

> (7) ㄱ. 마실 것에 입을 것에, **조금도 걱정이 없다.**
> ㄴ. 고급 아파트에 비싼 자동차에, **무엇 하나 부족한 것이 없다.**

(7)에서의 '에…에' 부분은 홀로말 가운데 보임말에 해당하게 된다. (7)에서 '에…에' 부분의 이은말 짜임새를 간략히 나타내면 (8)과 같다.

> (8) ㄱ. [마실 것에 입을 것에]홀로말, **조금도 걱정이 없다.**
> ㄴ. [고급 아파트에 비싼 자동차에]홀로말, **무엇 하나 부족한 것이 없다.**

2.1.2. '하며…하며'

이음토씨 '하며'에 관한 사전 처리를 보면, 『표준국어대사전』과 『우리말큰사전』에는 올림말로 실려 있지만, 이음토씨 '하고'와 꼭 같은 것으로 보았으며, 『연세한국어사전』과 『국어대사전』에는 올림말로 실려 있지 않다. 실제로 '하며'가 우리말에서 이음토씨 쓰이고 있기 때문에 '하며'를 이음토씨 가운데 하나로 선정되어야 함은 당연하다.

그러나 '하며'와 '하고'가 뜻과 쓰임에서 완전히 같다면, '하고'='하며'라

할 수 있겠지만 쓰임에서 차이를 보인다면 동일한 것으로 보기 어렵다. '하고'는 반드시 되풀이되어야 하는 것은 아니지만, '하며'는 반드시 되풀이되어야 하는 점에서 차이를 보이기 때문에 '하고'와 '하며'를 동일한 토씨로 간주할 수는 없다.4)

'하며1…하며2'는 '에…에'와 마찬가지로 둘 이상의 임자씨를 열거하는 되풀이 이음토씨로 의미상 유의적 관계에 놓인다. 되풀이되는 '하며'는 생략될 수 없는 필수적 요소에 해당되어, '하며' 하나만 쓰이게 되면 부적격한 월이 된다.

    (9) ㄱ. 과자**하며** 음료수**하며**가 있다.
         →*과자**하며** 음료수가 있다.
      ㄴ. 바나나**하며** 파인애플**하며**가 있다.
         →*바나나**하며** 파인애플이 있다.

앞뒤 두 '하며' 앞에 결합되는 임자씨 사이에는 직접적으로 유기적 관계를 맺지 않지만 맞섬관계를 이룬다. '하며' 앞에 결합관계를 이룰 수 있는 요소로는 임자씨가 있으며, 토씨는 결합될 수 없는 제약이 따른다. '하며' 뒤에 결합될 수 있는 요소를 보면, '하며1' 뒤에는 토씨가 결합될 수 없으나, '하며2' 뒤에는 토씨가 결합될 수 있다. 그렇지만 실제로는 [하며…하며]에 결합된 것이다.

    (10) ㄱ. [과자**하며** 음료수**하며**]**가** 있다.
       ㄴ. [바나나**하며** 파인애플**하며**]를 먹었다.
       ㄷ. 철수는 [먹**하며**, 붓**하며**]로 그림을 그렸다.

(10)에서와 같이 '하며…하며'는 임자씨를 이어주되, 그 자체만으로는 월

---

4) '하고'를 수의적 되풀이 이음토씨로 보고, '하며'를 필수적 되풀이 이음토씨로 본 논저로는 허웅(1995 : 1365~6)을 들 수 있다.

조각으로 쓰이지 않고, 여기에 자리토씨가 결합되어 월에서 임자말, 부림말, 어찌말로 쓰이게 된다.

    (11) ㄱ. [[과자**하며** 음료수**하며**]가]_임자말_ 있다.
          ㄴ. [[바나나**하며** 파인애플**하며**]를]_부림말_ 먹었다.
          ㄷ. 철수는 [[먹**하며** 붓**하며**]로]_어찌말_ 그림을 그렸다.

'하며'는 둘 이상 계속 임자씨에 되풀이되어 결합할 수 있으며, 세 번째 되풀이부터는 마지막 임자씨에 '하며'가 결합될 수도 있고, 결합되지 않더라도 자연스럽기 때문에 세 번째 이상의 마지막 임자씨 뒤의 '하며' 실현은 (12)와 같이 수의적이다.

    (12) ㄱ. 과자**하며** 음료수**하며** 빵**하며** … 떡을 먹었다.
          ㄴ. 과자**하며** 음료수**하며** 빵**하며** … 떡**하며**를 먹었다.

2.1.3. '이고…이고'[5)]

토씨 '이고'는 뜻과 쓰임에 따라 도움토씨와 이음토씨로 나뉜다. 도움토씨 '이고'는 임자씨에 결합되어 <불확실함, 망설임>의 뜻을 나타낸다.[6)] 이음토씨 '이고'는 한번만 쓰이는 경우는 부적격하거나 부자연스럽게 되며,[7)] 두 번 이상 되풀이되어 쓰여야 적격하고 자연스러워지기 때문에 '이고'는 필수적 되풀이에 해당하여, 통사적 짜임새인 '이고…이고'를 짜 이룬다.

'이고1…이고2'는 둘 이상의 임자씨를 열거하는 되풀이 이음토씨로, <'이

---

5) '이고…이고'는 앞 음절의 음운적 조건에 따라 곧, 닿소리로 끝나느냐 홀소리로 끝나느냐에 따라 변이형태 /이고…이고/, /고…고/, /이고…고/, /고…이고/로 실현된다. /이고/가 입말로는 /이구/로 쓰이기도 한다(허웅, 1995 : 1366).

6) 도움토씨 '이고'의 뜻과 쓰임에 관하여는 허웅(1995 : 1483~4)을 참고할 것.

7) 허웅(1995 : 1366~7)에서는 '이고'의 되풀이를 수의적으로 보았으며, '이고'가 한번만 쓰인 보기로, '사실로 이루어질 수 없는 것일지라도 공상을 함으로써 누구나 {제왕**이고** 거부}가 될 수 있다.'를 들고 있으나 자연스러운 월로 받아들이기는 어렵다.

고1' 앞에 놓인 임자씨이거나 '-이고2' 앞에 놓이는 임자씨이거나를 가리지 않음>의 뜻을 나타내며, 열거되는 임자씨 사이에는 맞섬관계를 이룬다. 되풀이되는 '이고'는 생략될 수 없는 필수적 요소에 해당하므로 '이고' 하나만 쓰이게 되면 부적격한 월이 된다.

> (13) ㄱ. 저분은 체면이고 염치고를 모른다.
>   →*저분은 체면이고 염치를 모른다.
>   ㄴ. 체면에는 어른이고 어린이고가 없다.
>   →*체면에는 어른이고 어린이가 없다.

'이고' 앞에 결합관계를 이룰 수 있는 요소로는 임자씨가 있으며, 일부 자리토씨(에서, 서, 에, 에게, 께, 께서)도 결합될 수 있어 다른 되풀이 이음토씨와 차이를 보인다. '이고1' 앞에 자리토씨가 결합하는 경우에 '이고2' 앞에도 동일한 토씨가 결합되어야 한다.

> (14) ㄱ. 학교에서고 집에서고 공부만 한다.
>   ㄴ. 대구에고 부산에고 가 보지 못했어.
>   ㄷ. 부모님께고 선생님께고 모두 말씀드려라.

'이고' 뒤에 결합될 수 있는 요소를 보면, '이고1' 뒤에는 결합될 수 있는 요소가 없지만 '이고2' 뒤에는 일부 자리토씨가 결합될 수 있다. 그러나 실제로는 '이고2'에만 결합되는 것은 아니고, '이고…이고'에 결합된 것이다.

> (15) ㄱ. [체면이고 염치고]가 다 무엇이니?
>   ㄴ. [내 편이고 네 편이고]를 가릴 필요가 없다.

(15)에서 ㄱ은 임자자리토씨 '가'가 결합되어 임자말로 쓰였고, ㄴ은 부림자리토씨 '를'이 결합되어 부림말로 쓰였다. 이 밖에도 자리토씨가 결합되지 않은 채로 위치어찌말로 쓰이기도 한다. 위치어찌말을 나타내는 토씨가

쓰이는 경우에는 '이고1'과 '이고2' 앞에 놓이게 된다.

> (16) ㄱ. 시간이 되면 [내일이고 모레고]_{위치어찌말} 들르마.
> ㄴ. 철수는 [학교**에서**고 집**에서**고]_{위치어찌말} 열심히 공부한다.
> ㄷ. [밖**에**고 안**에**고]_{위치어찌말} 샅샅이 찾아보았다.

'이고'는 (17)에서와 같이 둘 이상 계속 임자씨에 되풀이되어 결합할 수 있다. 이론적으로는 셋 이상의 임자씨에 '이고'가 결합되어 되풀이될 수 있다. 마지막 임자씨에도 '이고'가 결합되어야 적격한 월이 된다.

> (17) ㄱ. 돈**이고** 사랑**이고** 명예**고**가 다 무슨 소용이 있니?
> ㄴ. 돈**이고** 사랑**이고** 명예고 자식**이고** 다 필요 없다.

'이고…이고' 바로 뒤에는 '간에'가 통합되기도 한다. 통합된 '간에'는 삭제되더라도 월의 적격성에는 영향을 미치지 않는다.

> (18) ㄱ. 돈이고 명예고 **간에** 다 사라져 버렸다.
> ㄴ. 철수는 집에서고 학교에서고 **간에** 놀기만 한다.

'이고…이고'가 <강조>의 뜻을 나타내기도 한다. 특히 '이고2' 앞에 '뭐', '누구', '어디' 따위가 고정적으로 쓰여, 익은말인 '이고 뭐고', '이고 누구고', '이고 어디고' 따위를 이루어 <강조>의 용법을 나타낸다.

> (19) ㄱ. 돈**이고 뭐고** 다 필요 없다.
> ㄴ. 철수고 **누구고** 아무도 못 들어간다.
> ㄷ. 서울**이고 어디고** 아무데도 안 간다.

특히 '이고2' 앞에 '나발'이 놓이게 되면 익은말 '-고 나발이고'가 되어 '이고1' 앞에 놓이는 내용을 무시하거나 저속하게 이르는 뜻을 나타내게 된다.

(20) ㄱ. 사랑**이고 나발이고** 난 관심이 없다.

ㄴ. 친**구고 나발이고** 아무도 안 만나겠다.

ㄷ. 서울**이고 나발이고** 아무데도 안 간다.

2.1.4. '이든지…이든지'8)

'이든지'는 한번만 쓰이는 경우에는 도움토씨로, '누구, 무엇, 아무, 어디, 어떻게' 따위에 결합되어 <무엇이든지 가리지 않음>의 의미적 특성을 나타낸다. 두 번 이상 되풀이되어 쓰이는 '이든지'는 앞에 놓이는 것과 뒤에 놓이는 것을 이어 주는 기능을 하는 이음토씨에 해당한다.9)

'이든지1…이든지2'는 둘 이상의 임자씨나 어찌말을 열거하는 되풀이 이음토씨로, <'이든지1' 앞에 놓인 내용이거나 '이든지2' 앞에 놓이는 내용이거나 어느 것이 선택되어도 가리지 않음>의 뜻을 나타낸다.10) '이든지1' 마디와 '이든지2' 마디는 자리를 바꾸더라도 의미상 차이가 없기 때문에 맞섬 이음 관계를 보인다. 그러므로 풀이씨 뿌리에 결합되는 되풀이 이음씨끝 '-든지…-든지'와 같은 기능을 하는 것으로 볼 수 있다.

'이든지2'는 생략될 수 없는 필수적 요소에 해당되어, '이든지' 하나만 쓰이게 되면 부적격한 월이 된다.

(21) ㄱ. 오늘**이든지** 내일**이든지** 꼭 좀 만나자.

→*오늘**이든지** 내일 꼭 좀 만나자.

---

8) '이든지…이든지'는 앞 음절의 음운적 조건에 따라 곧, 닿소리로 끝나느냐 홀소리로 끝나느냐에 따라 변이형태 /이든지…이든지/, /든지…든지/, /이든지…든지/, /든지…이든지/로 실현된다. '이든지'는 '이든'으로 줄어들기도 한다.

9) '이든지'를 도움토씨로, '이든지…이든지'를 이음토씨로 본 논저로는 허웅(1995 : 1373)이 있다.

10) '이든지'와 '이나'는 비슷한 뜻과 쓰임을 보인다. '이든지'와 '이나'의 차이점에 대하여 서정수(1994 : 1051)는 "'(이)든지'는 '(이)나'와 교체되어 쓰이는 일이 많으며 의미도 별 차이가 없다. 다만 '(이)든지'는 일반으로 각 선택 항목마다 나타나는 것이 자연스럽다. 이 형태는 '(이)나'의 경우와는 달리 마지막 항에도 생략되는 일이 거의 없다. 또 이 '(이)든지'는 한 가지 성분만 있을 때에는 쓰이지 못한다. 이것도 '(이)나'와 다른 점이다."라 하였다.

ㄴ. 사과**든지** 배**든지** 몸에는 다 좋다.
  →*사과**든지** 배 몸에는 다 좋다.

 ‘이든지’ 앞에 결합관계를 이룰 수 있는 요소로는 임자씨가 있고, 일부 어찌씨와 풀이씨의 꼴바꿈도 결합될 수 있어 다른 되풀이 이음토씨와 차이를 보인다.

(22) ㄱ. **불고기**든지 **갈비**든지 마음대로 잡수세요.
    ㄴ. 철수와 **함께**든지 너 **혼자**든지 꼭 다녀와야 한다.
    ㄷ. **사서**든지 **빌려서**든지 꼭 읽어 보이라.

 ‘이든지’ 앞에는 일부 자리토씨(에서, 서, 에, 에게, 께, 께서, 으로, 부터 따위) 도 결합될 수 있으며, ‘이든지1’ 앞에 자리토씨가 결합되는 경우에 ‘이든지 2’ 앞에도 동일한 자리토씨가 결합되어야 한다. 왜냐하면 ‘이든지1’과 ‘이든 지2’는 맞섬관계에 놓여야 하기 때문이다.

(23) ㄱ. 학교**에서**든지 집**에서**든지 놀기만 한다.
    ㄴ. 모르는 것은 선생님**에게**든지 선배**에게**든지 물어 보아라.
    ㄷ. 아버지**께서**든지 어머니**께서**든지 저 좀 도와주세요.

 ‘이든지’ 뒤에 결합될 수 있는 요소를 보면, ‘이든지1’에 결합될 수 있는 요소는 없으며, ‘이든지2’ 뒤에도 결합 가능한 요소는 없다. ‘이든지2’ 뒤에 는 자리토씨나 도움토씨 따위가 결합되지 않는다.
 ‘이든지’는 둘 이상 계속 되풀이될 수 있다. 이론적으로는 셋 이상의 임 자씨, 어찌씨, 움직씨의 꼴바꿈에 ‘이든지’가 결합되어 되풀이될 수 있다. 마지막 임자씨, 어찌씨, 움직씨의 꼴바꿈에도 ‘이든지’가 결합되어야 적격한 월이 된다.

(24) ㄱ. 나는 사과**든지** 배**든지** 감**이든지** 다 잘 먹는다.

ㄴ. 나는 사과<u>든지</u> 배<u>든지</u> 감<u>이든지</u> 귤<u>이든지</u> 다 잘 먹는다.

‘이든지…이든지’ 바로 뒤에는 ‘간에’가 통합되기도 한다. 통합된 ‘간에’는 삭제되더라도 월의 적격성에는 영향을 미치지 않는다.

(25) ㄱ. 사과든지 배든지 **간에** 마음대로 먹어라.
     ㄴ. 오늘이든지 내일이든지 **간에** 꼭 연락해라.

‘이든지…이든지’에는 자리토씨가 결합되지 않은 채로 임자말, 부림말, 위치어찌말, 방편어찌말, 어찌말로 쓰인다.[11]

(26) ㄱ. [벼든지 콩이든지]_{임자말} 잘 되기만 하면 좋겠다.
     ㄴ. [엿이든지 떡이든지]_{부림말} 마음대로 먹어라.
     ㄷ. [오늘이든지 내일이든지]_{위치어찌말} 다녀오너라.
     ㄹ. 나는 [말솜씨로든지 그 위품으로든지]_{방편어찌말} 그분한테 달렸다.
     ㅁ. [함께든지 혼자든지]_{어찌말} 꼭 가 보아야 한다.

2.1.5. ‘이거나…이거나’[12]

토씨 ‘이거나’는 쓰임과 뜻에 따라 도움토씨와 이음토씨로 나뉜다. 도움토씨 ‘이거나’는 ‘누구, 무엇, 어디, 어떤+이름씨’ 따위에 결합되어 특정한 뜻을 더하며,[13] 이음토씨 ‘이거나’는 되풀이되어 통사적 짜임새 ‘이거나…

---

11) 허웅(1995 : 1373)에서 각 월조각의 보기로 든 것 중 일부를 인용하였다.
12) ‘이거나…이거나’는 앞 음절의 음운적 조건에 따라 곧, 닿소리로 끝나느냐 홀소리로 끝나느냐에 따라 변이형태 /이거나…이거나/, /거나…거나/, /이거나…거나/, /거나…이거나/로 실현된다. /거나/는 /건/으로 줄어드는데, 앞자리가 /건/으로 줄어들면 뒷자리도 /건/으로 줄어들어야 한다. 앞만 준꼴이거나 뒤만 준꼴인 경우는 쓰이지 않는다.
13) 도움토씨 ‘이거나’가 쓰인 보기는 다음과 같다.
    죽는 데는 누구**이거나** 예외가 없다.
    한식은 무엇**이거나** 다 잘 먹는다.
    찾는 손님이 있으면 어디**이거나** 찾아간다.
    부정행위는 어떤 경우**이거나** 용서 받을 수 없다.

이거나’를 짜 이루어 앞 낱말과 뒤 낱말을 이어 주는 역할을 한다.

‘이거나1…이거나2’는 둘 이상의 임자씨나 어찌씨를 맞섬관계로 열거하는 되풀이 이음토씨로, <‘이거나1’ 앞에 놓인 내용이거나 ‘이거나2’ 앞에 놓이는 내용이거나 어느 것이 선택되어도 차이가 없음>의 뜻을 나타내어, ‘이든지…이든지’, ‘이나…이나’와 뜻에서 그리 큰 차이가 없다.

‘이거나1’ 마디와 ‘이거나2’ 마디는 자리를 바꾸더라도 의미상 차이가 없기 때문에 맞섬 이음 관계를 보인다. 이로 보아 풀이씨 뿌리에 결합되는 이음씨끝 ‘-거나…-거나’와 같은 기능을 하는 것으로 볼 수 있다.

‘이거나2’는 생략될 수 없는 필수적 요소에 해당되어, ‘이거나1’ 하나만 쓰이게 되면 부적격한 월이 된다.

(27) ㄱ. 사자거나 호랑이거나 무섭지 않다.
　　　　→*사자**거나** 호랑이가 무섭지 않다.
　　ㄴ. 빵이거나 과자이거나 다 먹어라.
　　　　→*빵**이거나** 과자를 다 먹어라.

‘이거나’ 앞에 결합관계를 이룰 수 있는 요소로는 임자씨가 있고, 일부 어찌씨와 풀이씨의 꼴바꿈도 결합될 수 있다.

(28) ㄱ. **어른**이거나 **어린이**거나 마찬가지다.
　　ㄴ. **천천히**거나 **빨리**거나 다녀오기만 해라.
　　ㄷ. 철수는 학교에 **가서**거나 집에 **와서**거나 놀기만 한다.

‘이거나’ 앞에는 일부 자리토씨(에서, 서, 에, 에게, 께, 께서, 으로, 부터 따위)도 결합될 수 있으며, ‘이거나1’ 앞에 자리토씨가 결합되는 경우에 ‘이거나2’ 앞에도 동일한 토씨가 결합되어야 한다.

(29) ㄱ. 학교**에서**거나 집**에서**거나 놀기만 한다.
　　ㄴ. 선생님**께**거나 부모님**께**거나 말씀을 잘 드려야 한다.

　　　ㄷ. 산<u>으로</u>거나 바다<u>로</u>거나 상관이 없다.

'이거나' 뒤에 결합될 수 있는 요소를 보면, '이거나1' 뒤에 결합될 수 있는 요소는 없으며, '이거나2' 뒤에도 결합 가능한 요소는 거의 없다. '이거나2' 뒤에는 자리토씨나 도움토씨 따위가 결합되지 않는 것이 일반적이다. 그러나 부림자리토씨가 결합되기도 하지만 자연스럽지는 않다. 이 경우 실제로는 부림자리토씨가 '이거나2' 뒤에만 붙는 것이 아니라 '이거나…이거나'에 결합되는 것이다.

　　(30)　ㄱ. 철수는 [채소거나 육류거나]<u>를</u> 가리지 않고 잘 먹는다.
　　　　　ㄴ. 철수는 [시거나 수필이거나]를 막론하고 잘 쓴다.

'이거나'도 둘 이상 계속 되풀이될 수 있다. 이론적으로는 셋 이상의 임자씨, 어찌씨, 움직씨의 꼴바꿈에 '이거나'가 결합되어 되풀이될 수 있다. 마지막 임자씨, 어찌씨, 움직씨의 꼴바꿈에는 '이거나'가 결합되어야 적격한 월이 된다.

　　(31)　ㄱ. 오늘<u>이거나</u> 내일<u>이거나</u> 모레<u>거나</u> 다녀오너라.
　　　　　ㄴ. 오늘<u>이거나</u> 내일<u>이거나</u> 모레<u>거나</u> 글피<u>거나</u> 다녀오너라.

'이거나…이거나'에는 자리토씨가 결합되지 않은 채로 임자말, 부림말, 위치어찌말로 쓰인다.[14)

　　(32)　ㄱ. [젊은이거나 늙은이거나]_{임자말} 무슨 상관이냐?
　　　　　ㄴ. [사과거나 배거나]_{부림말} 사 오너라.
　　　　　ㄷ. [오늘이거나 내일이거나]_{위치어찌말} 다녀만 오게.

---

14) 허웅(1995 : 1374)에서 각 월조각의 보기로 든 것 중 일부를 인용하였다. 허웅(1995)에서는 '의'가 결합되어 매김말로 쓰인 보기로 "법률가는 아들에게 [의사거나 자연과학 계통]의 공부를 시키는 수가 많다."를 들었다.

2.1.6. '인가…인가'[15)]

토씨 '인가'는 쓰임과 뜻에 따라 도움토씨와 이음토씨로 나뉜다.[16)] 도움토씨 '인가'는 임자씨 따위에 결합되어 <의심스러움, 또는 어림잡음>의 뜻을 더하며,[17)] 이음토씨 '인가'는 되풀이되어 통사적 짜임새 '인가…인가'를 짜 이루어 앞 낱말과 뒤 낱말을 이어 주는 역할을 한다.

'인가1…인가2'는 둘 이상의 임자씨를 맞섬관계로 열거하는 되풀이 이음토씨로, <'인가1' 앞에 놓인 내용과 '인가2' 앞에 놓이는 내용에 대하여 의문을 품고 망설임>의 뜻을 나타낸다.

'인가1' 마디와 '인가2' 마디는 자리를 바꾸더라도 의미상 차이가 없기 때문에 맞섬 이음 관계를 보인다. 이로 보아 풀이씨 뿌리에 결합되는 이음씨끝 '-는가…-는가'와 같은 기능을 하는 것으로 볼 수 있다.

'인가2'는 생략될 수 없는 필수적 요소에 해당되어, '인가1' 하나만 쓰이게 되면 부적격한 월이 된다.

    (33) ㄱ. 철수**인가** 영철**인가**가 1등을 했어.
          →*철수**인가** 영철이가 1등을 했어.
       ㄴ. 철수가 만년필**인가** 볼펜**인가**로 글씨를 썼다.
          →*철수가 만년필**인가** 볼펜으로 글씨를 썼다.

'인가' 앞에 결합관계를 이룰 수 있는 요소로는 임자씨가 있고, 일부 어찌씨와 풀이씨의 꼴바꿈도 결합될 수 있다.

---

15) '인가…인가'는 앞 음절의 음운적 조건에 따라 곧, 닿소리로 끝나느냐 홀소리로 끝나느냐에 따라 변이형태 /인가…인가/, /ㄴ가…ㄴ가/, /인가…ㄴ가/, /ㄴ가…인가/로 실현된다. 그러나 홀소리 뒤에서 반드시 /ㄴ가/로 실현되어야 하는 것은 아니고 /인가/로도 실현될 수 있다.

16) 『표준국어대사전』, 『우리말큰사전』, 『연세한국어사전』, 『국어대사전』 따위에서는 '인가'가 토씨의 올림말로 실려 있지 않다. '이다'의 뿌리에 씨끝 '-ㄴ가'의 결합형으로 간주한 것으로 보인다. 실제로 토씨 '인지'와 '이다'의 꼴바꿈과 구별이 잘 안 되는 경우도 있다.

17) 도움토씨 '인가'의 뜻과 쓰임에 관하여는 허웅(1995 : 1478~1481)을 참조할 것.

(34) ㄱ. 철수는 <u>교과서</u>인가 <u>참고서</u>인가를 잃어버렸대.
　　　ㄴ. 철수가 <u>내일</u>인가 <u>모레</u>인가 서울에 간다고 했다.
　　　ㄷ. 철수가 식당에 <u>가서</u>인가 다방에 <u>가서</u>인가 친구를 만났대.

'인가' 앞에는 일부 자리토씨(에서, 서, 에, 에게, 께, 께서, 으로, 부터 따위)도 결합될 수 있으며, '인가1' 앞에 자리토씨가 결합되는 경우에 '인가2' 앞에도 동일한 토씨가 결합되어야 한다.

(35) ㄱ. 철수가 도서관<u>에서</u>인가 식당<u>에서</u>인가 기다리고 있어.
　　　ㄴ. 철수가 어젯밤 10시<u>엔</u>가 11시<u>엔</u>가 전화를 했어.
　　　ㄷ. 선생님이 학생을 자<u>론</u>가 회초리<u>론</u>가 때렸다.
　　　ㄹ. 교장 선생님<u>께서</u>인가 교감 선생님<u>께서</u>인가 그런 말씀하셨어.
　　　ㅁ. 회의는 1시<u>부터</u>인가 2시<u>부터</u>인가 시작했어.

'인가' 뒤에 결합될 수 있는 요소를 보면, '인가1' 뒤에 결합될 수 있는 요소는 없으며, '인가2' 뒤에는 자리토씨나 도움토씨 따위가 결합될 수 있다. 그러나 자리토씨나 도움토씨는 '인가2' 뒤에만 붙는 것이 아니라 '인가…인가'에 결합되는 것이다. 자리토씨가 '인가2'에 결합되는 경우에는 '인가' 앞에는 자리토씨가 놓일 수 없게 된다. (35)에 '인가2' 다음에 자리토씨가 결합되면 (36)과 같이 '인가' 앞에는 자리토씨가 결합되지 못한다.

(36) ㄱ. 철수가 [도서관인가 식당인가]<u>에서</u> 기다리고 있어.
　　　ㄴ. 철수가 어젯밤 [10시인가 11시인가]<u>에</u> 전화를 했어.
　　　ㄷ. 선생님이 학생을 [자인가 회초리인가]<u>로</u> 때렸다.
　　　ㄹ. [교장 선생님인가 교감 선생님인가]<u>께서</u> 그런 말씀하셨어.
　　　ㅁ. 회의는 [1시인가 2시인가]<u>부터</u> 시작했어.

'인가1' 자리에 결합되는 이름씨의 종류에 따라 '인가2' 자리에 물음말 '무엇, 어디, 누구, 언제' 따위가 결합되기도 한다. 사물을 나타내는 이름씨이면 '무엇'이, 장소를 나타내는 이름씨이면 '어디'가, 사람을 나타내는 이름씨이면 '누구'가, 때를 나타내는 이름씨이면 '언제'가 쓰이게 된다.

(37) ㄱ. 철수가 영수를 **연필**인가 **뭔**가로 찔렀대.
　　 ㄴ. 철수가 지금 **서울**인가 **어딘**가에서 잘 살고 있어.
　　 ㄷ. **철수**인가 **누구**인가가 전교 수석을 했대.
　　 ㄹ. 철수가 영수를 작년 **10월**인가 **언젠**가 한번 만났대.

'인가'도 둘 이상 계속 되풀이될 수 있다. 이론적으로는 셋 이상의 임자씨, 어찌씨, 움직씨의 꼴바꿈에 '인가'가 결합되어 되풀이될 수 있다. 마지막 임자씨, 어찌씨, 움직씨의 꼴바꿈에는 '인가'가 결합되어야 적격한 월이 된다.

(38) ㄱ. 철수가 **오늘**인가 **내일**인가 **모레**인가 서울에 간다고 했다.
　　 ㄴ. 철수가 **오늘**인가 **내일**인가 **모레**인가 **글피**인가 서울에 간다고 했다.

'인가…인가'에는 자리토씨가 결합되거나 결합되지 않은 채로 월에서 임자말, 부림말, 위치어찌말, 방편어찌말말, 견줌어찌말로 쓰인다.[18]

(39) ㄱ. [수리시설인가 무엇인가]가_{임자말} 계획이 십년이 넘었는데도 아직 감감무소식이다.
　　 ㄴ. [연필인가 볼펜인가]를_{부림말} 가지고 글을 써 놓았으나 알아보지 못했다.
　　 ㄷ. 그는 [서울인가 부산인가]에_{위치어찌말} 가고 없고 아이들만 남아 있다.
　　 ㄹ. [돌인가 망치인가]로_{방편어찌말} 사람을 때려 죽였다.
　　 ㅁ. 아무리 못나도 [돌인가 쇠인가]보다는_{견줌어찌말} 낫다.

---

18) 허웅(1995 : 1375)에서 각 월조각의 보기로 든 것 중 일부를 인용하였다.

2.1.7. '인지…인지'[19]

'인가'와 마찬가지로 토씨 '인지'도 쓰임과 뜻에 따라 도움토씨와 이음토씨로 나뉜다.[20] 도움토씨 '인지'는 임자씨 따위에 결합되어 <회의, 불확실, 망설임>의 뜻을 더하며,[21] 이음토씨 '인지'는 되풀이되어 통사적 짜임새 '인지…인지'를 짜 이루어 앞 낱말과 뒤 낱말을 이어 주는 역할을 한다.

'인지1…인지2'는 둘 이상의 임자씨를 맞섬관계로 열거하는 되풀이 이음토씨로, <'인지1' 앞에 놓인 내용과 '인지2' 앞에 놓이는 내용에 대하여 어느 것인지 확실하지 않음>의 뜻을 나타낸다. '인지…인지'는 뜻과 쓰임에서 '인가…인가'와 별다른 차이를 보이지 않는다.

'인지1' 마디와 '인지2' 마디는 자리를 바꾸더라도 의미상 차이가 없기 때문에 맞섬 이음 관계를 보인다. 이로 보아 풀이씨 뿌리에 결합되는 이음씨끝 '-는지…-는지'와 같은 기능을 하는 것으로 볼 수 있다.

'인지2'는 생략될 수 없는 필수적 요소에 해당되어, '인지1' 하나만 쓰이게 되면 부적격한 월이 된다.

> (40) ㄱ. 철<u>순지</u> 영<u>순지</u>가 찾아왔다.
>   →*철<u>순지</u> 영수가 찾아왔다.
> ㄴ. 철수가 아버지한테서<u>인지</u> 형한테서<u>인지</u> 꾸중을 들었대.
>   →*철수가 아버지한테서<u>인지</u> 형한테서 꾸중을 들었대.

'인지' 앞에 결합관계를 이룰 수 있는 요소로는 임자씨가 있고, 일부 어

---

19) '인지…인지'는 앞 음절의 음운적 조건에 따라 곧, 닿소리로 끝나느냐 홀소리로 끝나느냐에 따라 변이형태 /인지…인지/, /ㄴ지…ㄴ지/, /인지…ㄴ지/, /ㄴ지…인지/로 실현된다. 그러나 홀소리 뒤에서 반드시 /ㄴ지/로 실현되어야 하는 것은 아니고 /인지/로도 실현될 수 있다.

20) '인가'와 마찬가지로 『표준국어대사전』, 『우리말큰사전』, 『연세한국어사전』, 『국어대사전』 따위에서는 '인지'가 토씨의 올림말로 실려 있지 않다. '이다'의 뿌리에 씨끝 '-ㄴ지'의 결합형으로 간주한 것으로 보인다.

21) 도움토씨 '인가'의 뜻과 쓰임에 관하여는 허웅(1995 : 1482~3)을 참조할 것.

찌씨와 풀이씨의 꼴바꿈도 결합될 수 있다. '인지1' 앞에 결합되는 요소와 '인지2' 앞에 결합되는 요소는 맞섬관계에 놓여야 한다.

(41) ㄱ. 철수가 **연필**인지 **볼펜**인지로 편지를 쓰고 있다.
　　　ㄴ. 철수는 **어제**인지 **그저께**인지 순이를 만났대.
　　　ㄷ. 철수는 물건이 **비싸서**인지 질이 **나빠서**인지 사지 않았다.

'인지' 앞에는 일부 자리토씨(에서, 서, 에, 에게, 께, 께서, 으로, 부터 따위)도 결합될 수 있으며, '인지1' 앞에 자리토씨가 결합하는 경우에 '인가2' 앞에도 동일한 토씨가 결합되어야 한다.

(42) ㄱ. 철수가 학교**에서**인지 독서실**에서**인지 공부하고 있어.
　　　ㄴ. 교장선생님**께서**인지 교감선생님**께서**인지 병이 나셨대.
　　　ㄷ. 철수가 1시**부터**인지 2시**부터**인지 공부하기 시작했어.
　　　ㄹ. 철수가 부산**으로**인지 대구**로**인지 돈벌러 갔어.
　　　ㅁ. 철수가 순이**에게**인지 영희**에게**인지 편지를 보냈대.

'인지' 뒤에 결합될 수 있는 요소를 보면, '인지1' 뒤에 결합될 수 있는 요소는 없으며, '인지2' 뒤에는 자리토씨나 도움토씨 따위가 결합될 수 있다. 그러나 자리토씨나 도움토씨는 '인지2' 뒤에만 붙는 것이 아니라 '인지…인지'에 결합되는 것이다. 자리토씨가 '인지2'에 결합되는 경우에는 '인지' 앞에는 자리토씨가 놓일 수 없게 된다. (42)에 '인지2' 다음에 자리토씨가 결합되면 (43)과 같이 '인지' 앞에는 자리토씨가 결합되지 못한다.

(43) ㄱ. 철수가 [학교인지 독서실인지]**에서** 공부하고 있어.
　　　ㄴ. [교장선생님인지 교감선생님인지]**께서** 병이 나셨대.
　　　ㄷ. 철수가 [1시인지 2시인지]**부터** 공부하기 시작했어.
　　　ㄹ. 철수가 [부산인지 대구인지]**로** 돈벌러 갔어.
　　　ㅁ. 철수가 [순이인지 영희인지]**에게** 편지를 보냈대.

‘인지1’ 자리에 결합되는 이름씨의 종류에 따라 ‘인지2’ 자리에 물음말 ‘무엇, 어디, 누구, 언제’ 따위가 결합되기도 한다. 사물을 나타내는 이름씨이면 ‘무엇’이, 장소를 나타내는 이름씨이면 ‘어디’가, 사람을 나타내는 이름씨이면 ‘누구’가, 때를 나타내는 이름씨이면 ‘언제’가 쓰이게 된다.

> (44) ㄱ. 철수가 영수를 **연필**인지 **뭔지**로 찔렀대.
> ㄴ. 철수가 지금 **서울**인지 **어딘**지에서 잘 살고 있어.
> ㄷ. **철수**인지 **누구**인지가 전교 수석을 했대.
> ㄹ. 철수가 영수를 작년 **10월**인지 **언젠**지 한번 만났대.

‘인지’도 둘 이상 계속 되풀이될 수 있다. 이론적으로는 셋 이상의 임자씨, 어찌씨, 움직씨의 꼴바꿈에 ‘인지’가 결합되어 되풀이될 수 있다. 마지막 임자씨, 어찌씨, 움직씨의 꼴바꿈에는 ‘인지’가 결합되어야 적격한 월이 된다.

> (45) ㄱ. 철수가 **오늘**인지 **내일**인지 **모레**인지 서울에 간다고 했다.
> ㄴ. 철수가 **오늘**인지 **내일**인지 **모레**인지 **글피**인지 서울에 간다고 했다.

‘인지…인지’에도 자리토씨가 결합되거나 결합되지 않은 채로 임자말, 부림말, 위치어찌말말, 방편어찌말, 견줌어찌말로 쓰인다.

> (46) ㄱ. [철수인지 영수인지]가_{임자말} 찾아 왔다.
> ㄴ. 철수가 [사과인 배인지]를_{부림말} 먹고 있다.
> ㄷ. 철수가 [식당인지 다방인지]에서_{위치어찌말} 친구를 만나고 있다.
> ㄹ. 선생님이 학생들을 [자인지 회초리인지]로_{방편어찌말} 때렸다.
> ㅁ. 가자미가 [광어인지 도다리인지]보다_{견줌어찌말} 더 맛있다.

2.1.8. '이든가…이든가'22)

토씨 '이든가'는 쓰임과 뜻에 따라 도움토씨와 이음토씨로 나뉜다.23) 도움토씨 '이든가'는 임자씨 따위에 결합되어 '이든지'와 같은 뜻을 더하며, 이음토씨 '이든가'는 되풀이되어 통사적 짜임새 '이든가…이든가'를 짜 이루어 앞 낱말과 뒤 낱말을 이어 주는 역할을 한다.

'이든가1…이든가2'는 둘 이상의 임자씨를 맞섬관계로 열거하는 되풀이 이음토씨로, 앞에서 살핀 '이든지…이든지'와 뜻과 쓰임에서 별다른 차이를 보이지 않기 때문에 쓰임의 특성은 생략하기로 한다.

2.1.9. '이야…이야'24)

토씨 '이야'도 쓰임과 뜻에 따라 도움토씨와 이음토씨로 나뉜다. 도움토씨 '이야'는 임자씨 따위에 결합되어 <힘줌>의 뜻을 더하며,25) 이음토씨 '이야'는 되풀이되어 통사적 짜임새 '이야…이야'를 짜 이루어, 앞 낱말과 뒤 낱말을 이어 주는 역할을 한다.

'이야1…이야2'는 둘 이상의 이름씨를 맞섬관계로 열거하는 되풀이 이음토씨로, <'이야1' 앞에 놓인 내용과 '이야2' 앞에 놓이는 내용을 같은 자격으로 나열하면서 강조함>의 뜻을 나타낸다.

'이야1' 마디와 '이야2' 마디는 자리를 바꾸더라도 의미상 차이가 없기 때문에 맞섬 이음 관계를 보인다. '이야2'는 생략될 수 없는 필수적 요소에

------

22) '이든가…이든가'는 앞 음절의 음운적 조건에 따라 곧, 닿소리로 끝나느냐 홀소리로 끝나느냐에 따라 변이형태 /이든가…이든가/, /든가…든가/, /이든가…든가/, /든가…이든가/로 실현된다. 그러나 홀소리 뒤에서 반드시 /든가/로 실현되어야 하는 것은 아니고 /이든가/로도 실현될 수 있다.

23) '이든가'를 도움토씨와 이음토씨로 가른 논의로는 허웅(1995)을 참조할 것. 사전에서는 『연세한국어사전』만이 '이든가'를 토씨로 설정하여 올림말로 실려 있으며, 『표준국어대사전』, 『우리말큰사전』, 『국어대사전』 등에는 올림말로 실려 있지 않다.

24) '이야…이야'는 앞 음절의 음운적 조건에 따라 곧, 닿소리로 끝나느냐 홀소리로 끝나느냐에 따라 변이형태 /이야…이야/, /야…야/, /이야…야/, /야…이야/로 실현된다.

25) 도움토씨 '이야'의 쓰임에 관하여는 허웅(1995 : 1464~8)을 참조할 것.

해당되어, '이야1' 하나만 쓰이게 되면 부적격한 월이 된다.

> (47) ㄱ. 요즘 아이들은 **피아노야** **컴퓨터야** 배우는 것이 많다.
> → 요즘 아이들은 **컴퓨터야** **피아노야** 배우는 것이 많다.
> ㄴ. 부모들은 자식들을 금**이야** 옥**이야**로 키우고 있다.
> → *부모들은 자식들을 금**이야** 옥으로 키우고 있다.

'이야' 앞에 결합관계를 이룰 수 있는 요소로는 이름씨가 있으며, 자리토씨나 도움토씨 따위는 결합되지 않는다. '이야' 뒤에 결합될 수 있는 요소를 보면, '이야1' 뒤에 결합될 수 있는 요소는 없으며, '이야2' 뒤에도 결합 가능한 토씨가 거의 없지만, '로', '에' 정도가 결합 가능하다. 이때 토씨는 '이야2' 뒤에만 붙는 것이 아니라 '이야…이야'에 결합되는 것이다.

> (48) ㄱ. 자식을 [금이야 옥이야**로** 키워 봐도 별수 없다.
> ㄴ. 아이들은 [장난감이야 먹을거리야**에** 정신을 빼앗겼다.

'이야'는 둘 이상 계속 되풀이될 수 있다. 이론적으로는 셋 이상의 이름씨에 '이야'가 결합되어 되풀이될 수 있다. 셋 이상 되풀이되는 경우에도 마지막 이름씨에는 '이야'가 결합되는 것이 자연스럽다.

> (49) ㄱ. 요즘 아이들은 피아노**야** 컴퓨터**야** 그림**이야** 이것저것 배우는 것
> 도 많다.
> ㄴ. 요즘 아이들은 피아노**야** 컴퓨터**야** 그림**이야** 운동**이야** 이것저것
> 배우는 것도 많다.

'이야…이야'에는 토씨가 결합되거나 결합되지 않은 채로 부림말, 어찌말로 쓰인다.

> (50) ㄱ. 요즘 사람들은 제사상에 [오렌지**야** 바나나**야** 키위**야**]_{부림말} 많이

올리더라.

ㄴ. 그 집 잔치에 가 보니, [술이**야** 고기**야**]어�찌말 흥청망청이었다.

2.1.10. '**이다**…**이다**'26)

토씨 '이다'27)는 이음토씨로만 쓰이되, 되풀이되어 통사적 짜임새 '이다…이다'를 짜 이루어 앞 낱말과 뒤 낱말을 이어 주는 역할을 한다.28)

'이다1…이다2'는 둘 이상의 이름씨를 맞섬관계로 열거하는 되풀이 이음토씨로, <'이다1' 앞에 놓인 내용과 '이다2' 앞에 놓이는 내용을 같은 자격으로 나열하면서 모두를 통틀어 강조함>의 뜻을 나타낸다.

'이다1' 마디와 '이다2' 마디는 자리를 바꾸더라도 의미상 차이가 없기 때문에 맞섬 이음 관계를 보인다. '이다2'는 생략될 수 없는 필수적 요소에 해당되어, '이다1' 하나만 쓰이게 되면 부적격한 월이 된다.

    (51) ㄱ. 철수는 **탁구다** **테니스다** 못 하는 운동이 없다.

        → 철수는 **테니스다** **탁구다** 못 하는 운동이 없다.

        ㄴ. 우리는 산**이다** 들**이다** 온통 쏘다녔다.

        →*우리는 산**이다** 들로 온통 쏘다녔다.

'이다' 앞에 결합관계를 이룰 수 있는 요소로는 이름씨가 있으며, 자리토씨나 도움토씨 따위는 결합되지 않는다. '이다' 뒤에 결합될 수 있는 요소를 보면, '이다1' 뒤에 결합될 수 있는 요소는 없으며, '이다2' 뒤에도 결합 가능한 토씨는 없지만, '로', '에' 정도를 의도적으로 결합시킬 수 있다. 이때 토씨는 '이다2' 뒤에만 붙는 것이 아니라 '이다…이다'에 결합되는 것이다.

---

26) '이다…이다'는 앞 음절의 음운적 조건에 따라 곧, 닿소리로 끝나느냐 홀소리로 끝나느냐에 따라, 변이형태 /이다…이다/, /다…다/, /이다…다/, /다…이다/로 실현된다.

27) 여기서의 '이다'는 이른바 '서술격 조사'의 기본형 '이다'와는 관련이 없다.

28) '이다'가 『표준국어대사전』, 『연세한국어사전』, 『국어대사전』에는 이음토씨로 올라 있지만, 『우리말큰사전』과 허웅(1995)에는 이음토씨로 올라 있지 않다.

(52) ㄱ. 철수는 [피아노 연습<u>이다</u> 레슨<u>이다</u>]<u>로</u> 시간이 하나도 없다.
　　 ㄴ. 이곳은 [책<u>이다</u> 연필<u>이다</u>]<u>엔</u> 없는 게 없구나.

‘이다’는 둘 이상 계속 되풀이될 수 있다. 이론적으로는 셋 이상의 이름씨에 ‘이다’가 결합되어 되풀이될 수 있다. 셋 이상 되풀이되는 경우에도 마지막 이름씨에 ‘이다’가 결합되어야 적격한 월이 된다.

(53) ㄱ. 이곳은 책<u>이다</u> 연필<u>이다</u> 공책<u>이다</u> 없는 게 없구나.
　　 ㄴ. 이곳은 책<u>이다</u> 연필<u>이다</u> 공책<u>이다</u> 장난감<u>이다</u> 없는 게 없구나.

‘이다…이다’에는 토씨가 결합되지 않은 채로 주로 어찌말로 쓰이며, 부림말로 쓰이는 경우도 간혹 있다.

(54) ㄱ. 철수는 [산<u>이다</u> 들<u>이다</u>]_{어찌말} 온통 쏘다녔다.
　　 ㄴ. 할머니는 손자들에게 [갈비<u>다</u> 불고기<u>다</u>][29]_{부림말} 맛있는 음식을 만들어 주셨다.

2.1.11. ‘이랴…이랴’[30)]

토씨 ‘이랴’는 이음토씨로만 쓰이되, 되풀이되어 통사적 짜임새 ‘이랴…이랴’를 짜 이루어 앞 낱말과 뒤 낱말을 이어 주는 역할을 한다.[31)]

‘이랴1…이랴2’는 둘 이상의 이름씨를 맞섬관계로 열거하는 되풀이 이음토씨로, <‘이랴1’ 앞에 놓인 내용과 ‘이랴2’ 앞에 놓이는 내용을 같은 자격으로 나열하면서 모두를 통틀어 강조함>의 뜻을 나타낸다. 뜻과 쓰임에서 ‘이다…이다’, ‘이야…이야’와 그리 큰 차이가 없다.

---

29) [갈비다 불고기다]는 ‘음식을’과 같은 자리 부림말에 해당한다.
30) ‘이랴…이랴’는 앞 음절의 음운적 조건에 따라 곧, 닿소리로 끝나느냐 홀소리로 끝나느냐에 따라 변이형태 /이랴…이랴/, /랴…랴/, /이랴…랴/, /랴…이랴/로 실현된다.
31) ‘이랴’가 『연세한국어사전』, 허웅(1995 : 1371)에는 이음토씨로 올라 있지만, 『표준국어대사전』, 『우리말큰사전』, 『국어대사전』에는 이음토씨로 올라 있지 않다.

‘이랴1’ 마디와 ‘이랴2’ 마디는 자리를 바꾸더라도 의미상 차이가 없기 때문에 맞섬 이음 관계를 보인다. 되풀이되는 ‘이랴2’는 생략될 수 없는 필수적 요소에 해당되어, ‘이랴1’ 하나만 쓰이게 되면 부적격한 월이 된다.

(55) ㄱ. 철수는 **극장이랴 다방이랴** 뻔질나게 드나든다.
　　　→ 철수는 **다방이랴 극장이랴** 뻔질나게 드나든다.
　　ㄴ. 사과**랴** 배**랴** 과일을 많이 샀다.
　　　→*사과**랴** 배 과일을 많이 샀다.

‘이랴’ 앞에 결합관계를 이룰 수 있는 요소로는 이름씨가 있으며, 자리토씨나 도움토씨 따위는 결합되지 않는다. ‘이랴’ 뒤에 결합될 수 있는 요소를 보면, ‘이랴1’ 뒤에 결합될 수 있는 요소는 없으며, ‘이랴2’ 뒤에도 결합 가능한 토씨는 없다.

‘이랴’는 둘 이상 계속 되풀이될 수 있다. 이론적으로는 셋 이상의 이름씨에 ‘이랴’가 결합되어 되풀이될 수 있다. 셋 이상 되풀이되는 경우에도 마지막 이름씨에 ‘이랴’가 결합되어야 적격한 월이 된다.

(56) ㄱ. 밥**이랴** 떡**이랴** 고기**랴** 음식을 많이 장만하였다.
　　ㄴ. 밥**이랴** 떡**이랴** 고기**랴** 생선**이랴** 음식을 많이 장만하였다.

‘이랴…이랴’에는 토씨가 결합되지 않은 채로 부림말이나 위치어찌말 따위로 쓰인다.[32]

(57) ㄱ. [서울이랴 부산이랴]_{부림말} 오르내리며 바쁘다.(‘오르내리며’의 부림말.)
　　ㄴ. [밥이랴 떡이랴]_{부림말} 음식을 많이 장만하였다.(‘음식’과 같은 자리인 부림말.)
　　ㄷ. 철수는 [다방이랴 극장이랴]_{위치어찌말} 자주 가 보았다.

---

32) (57)의 ㄱ과 ㄴ은 허웅(1995 : 1370)에서 든 보기를 인용하였다.

2.1.12. '이니…이니'33)

토씨 '이니'는 이음토씨로만 쓰이되, 되풀이되어 통사적 짜임새 '이니…이니'를 짜 이루어 앞 낱말과 뒤 낱말을 이어 주는 역할을 한다.34)

'이니1…이니2'는 둘 이상의 임자씨를 맞섬관계로 열거하는 되풀이 이음토씨로, <'이니1' 앞에 놓인 내용과 '이니2' 앞에 놓이는 내용을 같은 자격으로 나열하면서 강조함>의 뜻을 나타낸다.

'이니1' 마디와 '이니2' 마디는 자리를 바꾸더라도 의미상 차이가 없기 때문에 맞섬 이음 관계를 보인다. 되풀이되는 '이니2'는 생략될 수 없는 필수적 요소에 해당되어, '이니1' 하나만 쓰이게 되면 부적격한 월이 된다.

(58) ㄱ. **떡이니 과일이니** 잔뜩 먹었다.
　　　→**과일이니 떡이니** 잔뜩 먹었다.
　　ㄴ. 철수는 전문서적**이니** 교양서적**이니**(를) 많이 읽었다.
　　　→*철수는 전문서적**이니** 교양서적을 많이 읽었다.

'이니' 앞에 결합관계를 이룰 수 있는 요소로는 임자씨가 있으며, 자리토씨나 도움토씨 따위는 결합되지 않는다. '이니' 뒤에 결합될 수 있는 요소를 보면, '이니1' 뒤에 결합될 수 있는 요소는 없으며, '이니2' 뒤에는 자리토씨나 도움토씨 따위가 결합될 수 있다. 그러나 자리토씨나 도움토씨는 '이니2' 뒤에만 붙는 것이 아니라 '이니…이니'에 결합되는 것이다.

(59) ㄱ. '경양사'라는 술어만이 필요하지, [객체니 상대니]는 필요하지
　　　않다.
　　ㄴ. 이 여인은 애를 못 낳아 [염소 고음이니 무슨 환이니]를 장복하고
　　ㄷ. [목화니 콩이니]의 손질도 해야 한다.

---

33) '이니…이니'는 앞 음절의 음운적 조건에 따라 곧, 닿소리로 끝나느냐 홀소리로 끝나느냐에 따라 변이형태 /이니…이니/, /니…니/, /이니…니/, /니…이니/로 실현된다.
34) '이니'는 각 사전류에서도 이음토씨로 올라 있다.

'이니'는 둘 이상 계속 되풀이될 수 있다. 이론적으로는 셋 이상의 임자씨에 '이니'가 결합되어 되풀이될 수 있다. 셋 이상 되풀이되는 경우에도 마지막 임자씨에 '이니'가 결합되어야 적격한 월이 된다.

> (60) ㄱ. 곳간에는 옥수수**니** 조**니** 팥**이니** 온갖 곡식들이 가득하였다.
>   ㄴ. 곳간에는 옥수수**니** 조**니** 팥**이니** 콩**이니** 온갖 곡식들이 가득하였다.

'이니…이니'에는 토씨가 결합되거나 결합되지 않은 채로 임자말, 부림말, 매김말 따위로 쓰인다.[35)]

> (61) ㄱ. '경양사'라는 술어만이 필요하지, [객체니 상대니]는_{임자말} 필요하지 않다.
>   ㄴ. 그는 [책이니 신문이니]_{부림말} 마구 찢었다.
>   ㄷ. [목화니 콩이니]의_{매김말} 손질도 해야 한다.

위에서 살핀 바와 같이 필수적 되풀이 이음토씨 '에…에', '하며…하며', '이고…이고', '이든지…이든지', '이거나…이거나', '인가…인가', '인지…인지', '이든가…이든가', '이야…이야', '이다…이다', '이랴…이랴', '이니…이니'는 뜻에서 각각 고유의 의미적 기능을 가지지만 유의 관계에 놓이는 것들도 있으며, 개별적인 형태·통사적 특성을 보이지만 공통적인 것들도 있다.

2.2. 수의적 되풀이 이음토씨

수의적 되풀이 이음토씨로는 '이나…(이나)', '하고…(하고)', '이랑…(이랑)', '이며…(이며)', '이라든지…(이라든지)', '이라든가…(이라든가)', '과…(과)' 따위가 있다. 각각의 수의적 되풀이 이음토씨가 가지는 형태·통사적

---

35) 허웅(1995 : 1368)에서 각 월조각의 보기로 든 것 중 일부를 인용하였다. 허웅(1995 : 1368)에서 든 따옴말과 풀이말로 쓰인 것으로 본 '이니…이니'는 되풀이 토씨로 보기보다는 잡음씨 뿌리 '이-'에 이음씨끝 '-니'의 결합으로 보는 것이 더 타당하다.

특성과 의미 기능에 관하여 살피기로 한다.

2.2.1. '이나…(이나)'[36)]

토씨 '이나'는 쓰임과 뜻에 따라 견줌토씨, 도움토씨, 이음토씨로 나뉜다.[37)] 아래 보기에서 ㄱ의 '이나'는 '견줌'을 나타내는 견줌토씨이고, ㄴ의 '이나'는 특정한 뜻을 더하는 도움토씨이다. ㄷ의 '이나'는 앞 낱말과 뒤 낱말을 이어 주는 이음토씨이다.

>   (62) ㄱ. 저분은 남이지만 가족**이나** 마찬가지이다.
>   ㄴ. 저 씨름 선수는 한 자리에서 고기를 10인분**이나** 먹었다.
>   ㄷ. 당신**이나** 내가 정신을 차리지 않으면 안 된다.

이음토씨 '이나'는 되풀이되어 통사적 짜임새 '이나…이나'를 짜 이룬다. '이나1…이나2'는 둘 이상의 임자씨나 어찌말을 맞섬관계로 열거하는 되풀이 이음토씨로,[38)] <'이나1' 앞에 놓인 내용이거나 '이나2' 앞에 놓이는 내용이거나 어느 것이 선택되어도 상관없음>의 뜻을 나타내어 '이든지…이든지'와 뜻에서 그리 큰 차이가 없다.

'이나1' 마디와 '이나2' 마디는 자리를 바꾸더라도 의미상 차이가 없기 때문에 맞섬 이음 관계를 보인다. 이로 보아 풀이씨 뿌리에 결합되는 이음씨끝 '-으나…-으나'와 같은 기능을 하는 것으로 볼 수 있다.

'이나2'는 생략될 수 있는 수의적 요소에 해당되어 '이나1' 하나만 쓰이

---

36) '이나…이나'는 앞 음절의 음운적 조건에 따라 곧, 닿소리로 끝나느냐 홀소리로 끝나느냐에 따라 변이형태 /이나…이나/, /나…나/, /이나…나/, /나…이나/로 실현된다.

37) '이나'를 견줌토씨, 도움토씨, 이음토씨로 가른 논저로는 허웅(1995)이 있다.

38) 되풀이되지 않는 단일항의 '이나'는 맞섬관계의 이음토씨에 해당하지 않는다. 서정수(1994 : 1051)에서는 "(이)나'가 단일한 선택항에 쓰여서 특수한 의미 기능을 보이는 경우에는 대등 접속 기능을 드러내지 못한다."라고 하고 이에 해당하는 보기로 다음을 들었다.
   나는 책이나 읽겠다. / 잠이나 자라. / 굿이나 보고 떡이나 먹자. / 학생이 두 사람이나 왔다. / 이 책은 값이 만원이나 할 것이다. / 그 모임은 다음 달에나 시작될 것입니다. / 그 사람은 무엇이나 잘 한다.

게 되더라도 적격한 월이 된다. '이든지1…이든지2'에서는 '이든지2'가 생략될 수 없는 점에서 차이를 보인다.

> (63) ㄱ. 어린이**나** 어른**이나**(가) 다 관람할 수 있다.
>   → 어린이**나** 어른이 다 관람할 수 있다.
>   ㄴ. 과자**나** 과일**이나**(를) 사야 한다.
>   → 과자**나** 과일을 사야 한다.

'이나' 앞에 결합관계를 이룰 수 있는 요소로는 임자씨가 있고, 일부 어찌씨와 풀이씨의 꼴바꿈도 결합될 수 있다.

> (64) ㄱ. **너**나 **나**나 제 정신이 아니다.
>   ㄴ. **빨리**나 **천천히**나 가기만 하면 된다.
>   ㄷ. 학교에 **가서**나 집에 **와서**나 놀기만 한다.

'이나' 앞에는 일부 자리토씨(에서, 서, 에, 에게, 께, 께서, 으로, 부터 따위)도 결합될 수 있으며, 맞섬관계에 따라 '이나1' 앞에 자리토씨가 결합되는 경우에 '이나2' 앞에도 동일한 토씨가 결합되어야 한다.

> (65) ㄱ. 작장**에서**나 집**에서**나 늘 바쁘게 지낸다.
>   ㄴ. 이론적**으로**나 실제적**으로**나 매우 합당한 주장임에 틀림없다.
>   ㄷ. 부모님**께**나 선생님**께**나 늘 공손해야 한다.

'이나' 뒤에 결합될 수 있는 요소를 보면, '이나1' 뒤에 결합될 수 있는 요소는 없으며, '이나2' 뒤에도 결합 가능한 요소는 거의 없다. '이나2' 뒤에는 자리토씨나 도움토씨 따위가 결합되지 않는 것이 일반적이다. 그러나 임자자리토씨나 부림자리토씨가 결합되기도 하지만 자연스럽지는 않다. 이 경우 실제로는 임자자리토씨나 부림자리토씨가 '이나2' 뒤에만 붙는 것이 아니라 '이나…이나'에 결합되는 것이다.

(66)[39] ㄱ. [비나 눈이나](가) 오면 일은 다 틀리는 거야.

ㄴ. [돈이나 물건이나]를 갖다 줘야 취직이 되지.

'이나'도 둘 이상 계속 되풀이될 수 있다. 이론적으로는 셋 이상의 임자씨, 어찌씨, 움직씨의 꼴바꿈에 '이나'가 결합되어 되풀이될 수 있다. 마지막 임자씨, 어찌씨, 움직씨의 꼴바꿈에는 '이나'가 결합되거나 결합되지 않더라도 적격한 월이 된다.

(67) ㄱ. 사과나 배나 감이나 사 오너라.

→사과나 배나 감을 사 오너라.

ㄴ. 사과나 배나 감이나 귤이나 사 오너라.

→사과나 배나 감이나 귤을 사 오너라.

'이나…이나'에는 자리토씨가 결합되지 않은 채로 임자말, 부림말, 위치어찌말, 방편어찌말말, 견줌어찌말, 어찌말, 매김말로 쓰인다.[40]

(68) ㄱ. [너나 나나]임자말 여기서는 살 수 없다.

ㄴ. 아마 은비녀 한 개에 [십전이나 이십 전이나]부림말 하는 줄 알았던 게야.

ㄷ. [언제나 어디서나]위치어찌말 이 원리는 통한다.

ㄹ. 그것은 [이론적으로나 실제적으로나]방편어찌말 공허한 논리가 아니다.

ㅁ. 그의 마음은 [쇠나 돌이나 막대기보다도]견줌어찌말 더 굳었다.

ㅂ. 그는 [회색이나 밤색이나 검정]매김말 옷이 아니면 거북해서 입질 못했다.

ㅅ. [여름이나 가으내나]어찌말 그을은 얼굴이 좀처럼 수월하게 벗어지지 않았다.

---

39) (66)의 ㄱ은 허웅(1995 : 1376)에서 든 보기이고, ㄴ은 『표준국어대사전』에서 든 보기이다.

40) 허웅(1995 : 1376~8)에서 각 월조각의 보기로 든 것 중 일부를 인용하였다. ㅂ의 보기는 본디 "그의 마음은 {쇠나 돌}보다도 더 굳었다."이었으나 약간 변형시켰다.

2.2.2. ‘하고…(하고)’[41)]

‘하고…(하고)’는 둘 이상의 임자씨를 열거하는 되풀이 이음토씨이다.[42)] 이음토씨 ‘하고’는 뜻과 쓰임에서 ‘과’와 거의 같으나, ‘과’는 입말과 글말에서 두루 쓰이는 데 비해 ‘하고’는 입말에서 주로 쓰이는 특성을 보인다.

‘하고’는 앞에 놓이는 요소에 대립되는, 뒤에 통합된 요소에 반복되어 실현되더라도 자연스럽다. 그러나 (69)와 같이 ‘과’인 경우에는 부적격한 경우가 많다.

    (69) ㄱ. 책상<u>하고</u> 의자<u>하고</u>를 가져오너라.
        →*책상<u>과</u> 의자<u>와</u>를 가져오너라.
      ㄴ. 너<u>하고</u> 나<u>하고</u>가 청소를 해야 한다.
        →*너<u>와</u> 나<u>와</u>가 청소를 해야 한다.
      ㄷ. 밭<u>하고</u> 논<u>하고</u>까지 팔았다.
        →*밭<u>과</u> 논<u>과</u>까지 팔았다.

되풀이된 ‘하고2’는 반드시 실현되어야 적격한 것은 아니기 때문에 수의적 되풀이에 해당된다. 곧 (69)에서 ‘하고2’는 삭제되더라도 (70)과 같이 적격한 월이 되기 때문에 수의적 되풀이에 해당한다.

    (70) ㄱ. 책상<u>하고</u> 의자를 가져오너라.
      ㄴ. 너<u>하고</u> 내가 청소를 해야 한다.
      ㄷ. 밭<u>하고</u> 논까지 팔았다.

‘하고2’ 뒤에는 자리토씨와 도움토씨가 결합될 수 있다. 그러나 자리토씨나 도움토씨는 ‘하고2’ 뒤에만 붙는 것이 아니라 ‘하고…하고’에 결합되는 것이다.

---

41) ‘하고…(하고)’와 뜻과 쓰임에서 별다른 차이가 없는 것으로 ‘하며…(하며)’가 있다.
42) ‘하고’는 이음토씨만이 아니라 어찌자리토씨에 해당하는 것이 있다. ‘나는 철수하고 함께 점심을 먹었어.’, ‘내 생각은 네 생각하고 다르다.’에서의 ‘하고’가 어찌자리토씨에 해당한다.

(71) ㄱ. [너하고 나하고]<u>가</u> 이 일을 해내야 한다.
　　 ㄴ. [너하고 나하고]<u>는/만/도</u>/… 이 일을 해야 한다.

　'하고'는 둘 이상 계속 되풀이될 수 있다. 셋 이상 되풀이되는 경우에도 마지막 임자씨에 '하고'가 결합되거나 결합되지 않아도 적격한 월이 된다. '하고'가 생략되는 경우에는 '하고…(하고)' 마디의 월조각 자격에 따라 적절한 자리토씨가 결합된다.

(72) ㄱ. 붓<u>하고</u> 먹<u>하고</u> 종이<u>하고</u> 가져오너라.
　　　 → 붓<u>하고</u> 먹<u>하고</u> 종이<u>를</u> 가져오너라.
　　 ㄴ. 붓<u>하고</u> 먹<u>하고</u> 종이<u>하고</u> 벼루<u>하고</u> 가져오너라.
　　　 → 붓<u>하고</u> 먹<u>하고</u> 종이<u>하고</u> 벼루<u>를</u> 가져오너라.

　'하고…(하고)'에는 토씨가 결합되거나 결합되지 않은 채로 임자말, 부림말, 방편어찌말, 풀이말, 매김말 따위로 쓰인다.[43]

(73) ㄱ. [[너하고 나하고]가]_{임자말} 이 일을 해내어야 한다.
　　 ㄴ. [[너하고 나하고]를]_{부림말} 빼면 일할 사람이 없어.
　　 ㄷ. [[붓하고 먹하고]만으로써는]_{방편어찌말} 글은 써지지 않는다.
　　 ㄹ. 가야 할 사람은 [[너하고 나하고]이다]_{풀이말}.(잡음씨 '이다'와 결
　　　　 합 풀이말이 됨.)[44]
　　 ㅁ. [[그분하고 너하고]의]_{매김말} 관계는 무엇인가?

　수의적 되풀이 이음토씨 '하고…(하고)'는 둘 이상의 임자씨를 맞섬관계로 이어 주며, <그리고, 및> 따위의 의미 기능을 나타내어 '과…과'와는 유의적 관계에 놓인다. '과…(과)'와는 거의 같은 뜻을 나타내지만, '하고…(하고)'는 입말에서 주로 쓰이고, '과…(과)'는 입말 글말을 가리지 않고 쓰인다.

---

43) 허웅(1995 : 1365~6)에서 각 월조각의 보기로 든 것 중 일부를 인용하였다.
44) 최현배(1971)에서와 같이 '이다'를 풀이말로 보면, [너하고 나하고]는 기움말에 해당된다.

2.2.3. '과…(과)'[45]

'과…(과)'는 둘 이상의 임자씨를 열거하는 되풀이 이음토씨로,[46] 이음토씨 '하고…(하고)'와 뜻과 쓰임에서 거의 같으나, '과'는 입말과 글말에서 두루 쓰인다.

'과'는 앞에 놓이는 요소에 대립되는, 뒤에 통합된 요소에 반복되어 실현되면 대체로 부적격하지만 반드시 그런 것은 아님이 (74)를 통해 확인된다.

(74) ㄱ. 그분과 나<u>와</u>는 남다른 사연이 있다.
　　 ㄴ. 그분과 나<u>와</u>의 관계는 아무 것도 아니다.

최현배(1971 : 649)에서 "끝의 임자씨 뒤에까지 또박또박 쓰임이 으뜸본이었음을 옛 글월에서 알 수 있나니"라고 한 바와 같이, 옛말에서는 '과2'의 되풀이가 필수적이었지만 현재는 '과2'가 쓰이지 않는 것이 원칙이다. 그러나 최현배(1971 : 649)에서 "오늘날에 와서는 … 그 맨 끝의 것을 덜어 버림이 예사이다. 그러나 오늘날에도 그 오해를 일으키기 쉬운 말에서는, 그 맨 끝의 '와/과'도 덜어 버리지 말고 일일이 써야 하나니"라고 한 바와 같이 '과2'가 경우에 따라 쓰이기도 한다.

'과2'는 안 쓰이는 것이 원칙이지만, 쓰이는 경우에는 '과2' 뒤에 자리토씨와 도움토씨가 결합될 수 있다. 그러나 자리토씨나 도움토씨는 '과2' 뒤에만 붙는 것이 아니라 '과…과'에 결합되는 것이다.

(75) ㄱ. 뒤에선 더욱 괴이한 표정을 한 사람들이 [돈과 나가는 그의 뒷
　　　　 모습과]를 겨끔내기로 쳐다보고 있었다.
　　 ㄴ. [그분과 나와]는 아무 관계도 아니다.

---

45) '과…과'는 앞 음절의 음운적 조건에 따라 곧, 닿소리로 끝나느냐 홀소리로 끝나느냐에
　　 따라 변이형태 /과…과/, /와…와/, /과…와/, /와…과/로 실현된다.
46) '과'는 이음토씨만이 아니라 어찌자리토씨에 해당하는 것이 있다. '철수는 친구들과 다투
　　 는 일이 잦다.', '사람은 동물과 다를 바가 없다.'에서의 '과'가 어찌자리토씨에 해당한다.

　　ㄷ. [그분과 나와]의 관계는 아무도 모른다.

‘과’는 두 번 정도 되풀이되는 것이 일반적이다. 특수한 경우에 한정되어 셋 이상 되풀이되는 일도 있다. 셋 이상 되풀이되더라도 자연스러운 ‘하고’와는 차이를 보인다. 마지막 임자씨에는 ‘과’가 결합되지 않는 것이 일반적이다.[47]

　　(76) ㄱ. 남자**와** 여자**와** 노인이 다 모였다.
　　　　 ㄴ. 남자**와** 여자**와** 노인**과** 어린이가 다 모였다.

‘과…(과)’에는 토씨가 결합되거나 결합되지 않은 채로 임자말, 부림말, 위치어찌말, 방편어찌말, 견줌어찌말, 풀이말, 매김말 따위로 쓰인다.[48]

　　(77) ㄱ. [[밥과 떡과 술]이]임자말 다 있다.
　　　　 ㄴ. 어머니는 [[밥과 떡과 술]을]부림말 장만하였다.
　　　　 ㄷ. 여름이 들자 [[산과 들과 나무]엔]위치어찌말 온통 푸른색이 넘쳤다.
　　　　 ㄹ. [[돌과 나무와 흙]으로]방편어찌말 집을 지었다.
　　　　 ㅁ. 들에 핀 꽃은 [[뜰에 핀 국화와 장미]와는]견줌어찌말 다르다.
　　　　 ㅂ. 늙은 어머니가 겪게 되는 것은 [[죽음과 공포와 허망감]이다]풀이말.
　　　　 ㅅ. [[그분과 나와]의]매김말 남다른 마찰은 없었다.

수의적 되풀이 이음토씨 ‘과…(과)’도 둘 이상의 임자씨를 맞섬관계로 이어 주며, <그리고, 및> 따위의 의미 기능을 나타내어 ‘하고…(하고)’와는 유의적 관계에 놓인다. ‘과…(과)’는 입말 글말에서 두루 쓰인다.

───────────

47) 서정수(1994 : 1029~30)에서도 ‘과’와 ‘하고’의 차이를 다음과 같이 설명하였다.
　　‘와’와 ‘하고’는 첨가 방식과 열거 기능에서 차이를 보인다. ‘와’는 두 성분 중의 앞 성분에만 첨가되는 것이 예사인 반면에 ‘하고’는 앞뒤 성분에 반복해서 첨가되기가 예사이다. 또 ‘와’는 세 개가 넘는 성분을 연결하는 일은 특수한 경우에 한정되어 있는 반면에 ‘하고’는 얼마든지 많은 성분을 나열할 수가 있다.
48) 허웅(1995 : 1363~5)에서 각 월조각의 보기로 든 것 중 일부를 약간 손질하여 인용하였다.

2.2.4. '이랑…(이랑)'[49)]

'이랑…(이랑)'은 둘 이상의 임자씨를 맞섬관계로 열거하는 되풀이 이음 토씨로,[50)] '과…(과)'나 '하고…(하고)' 따위와 뜻과 쓰임에서 거의 차이가 없이 유의적 관계에 놓인다. '이랑…(이랑)'은 '하고…(하고)'와 마찬가지로 입말에서 주로 쓰이는 특성을 보인다.

또한 '이랑'은 '하고'와 마찬가지로 앞에 놓이는 요소에 대립되는, 뒤에 통합된 요소에 되풀이되어 실현되더라도 (78)과 같이 자연스럽다.

> (78) ㄱ. 책**이랑** 공책**이랑** 준비해라.
> ㄴ. 너**랑** 나**랑** 이 일을 해야 한다.
> ㄷ. 서울**이랑** 부산**이랑** 다녀왔다.

위에서 되풀이된 '이랑' 다음에 자리토씨가 결합되면 부자연스러워진다. ㄱ에서 '책이랑 공책이랑'은 부림말에, ㄴ에서 '너랑 나랑'은 임자말에, ㄷ에서 '서울이랑 부산이랑'은 어찌말에 해당하는데, 여기에 각각의 자리토씨를 결합하면 부자연스러운 월이 된다.

> (79) ㄱ. *책**이랑** 공책**이랑**을 준비해라.
> ㄴ. *너**랑** 나**랑**이 이 일을 해야 한다.
> ㄷ. *서울**이랑** 부산**이랑**에 다녀왔다.

곧 '이랑'이 되풀이되어 쓰이려면 (78)과 같이 자리토씨가 결합되지 않아야 하든가, 자리토씨가 쓰이려면 (80)과 같이 '이랑'이 쓰이지 않아야 하는 제약이 따른다.

---

49) '이랑…이랑'은 앞 음절의 음운적 조건에 따라 곧, 닿소리로 끝나느냐 홀소리로 끝나느냐에 따라 변이형태 /이랑…이랑/, /랑…랑/, /이랑…랑/, /랑…이랑/으로 실현된다.
50) '이랑'은 이음토씨만이 아니라 어찌자리토씨에 해당하는 것이 있다. '철수는 친구들이랑 이야기하고 있다.', '이 시계는 내 거랑 똑같네.'에서의 '이랑'이 어찌자리토씨에 해당한다.

 (80) ㄱ. 책**이랑** 공책<u>을</u> 준비해라.
   ㄴ. 너**랑** 내**가** 이 일을 해야 한다.
   ㄷ. 서울**이랑** 부산<u>에</u> 다녀왔다.

이와 같이 되풀이된 '이랑2'는 반드시 실현되어야 적격한 것은 아니기 때문에 수의적 되풀이에 해당된다.

'이랑' 앞에 결합관계를 이룰 수 있는 요소로는 임자씨가 있으며, '에서', '에', '에게' 따위의 일부 자리토씨가 결합될 수 있다. '이랑' 뒤에 결합될 수 있는 요소를 보면, '이랑1' 뒤에 결합될 수 있는 요소는 없으며, '이랑2' 뒤에는 자리토씨는 결합될 수 없고, '는' 따위의 도움토씨가 결합될 수 있다. 그러나 '는'은 '이랑2' 뒤에만 붙는 것이 아니라 '이랑…이랑'에 결합되는 것이다.

 (81) ㄱ. 책과 공책은 서점<u>에서</u>랑 문방구<u>에서</u>랑 샀어.
   ㄴ. 돈을 금고<u>에</u>랑 지갑<u>에</u>랑 넣어 두었다.
   ㄷ. 철수는 아버지<u>에게</u>랑 어머니<u>에게</u>랑 꽃을 달아 드렸다.
   ㄹ. 그 그늘에 [엄마랑 형수랑]<u>은</u> 다 얼굴을 펴고 살 수가 있을 게
     아니냐?[51)]

'이랑'은 둘 이상 계속 되풀이될 수 있다. 이론적으로는 셋 이상의 임자씨에 '이랑'이 결합되어 되풀이될 수 있다. 셋 이상 되풀이되는 경우에는 마지막 임자씨에 '이랑'이 결합되거나 결합되지 않거나 적격한 월이 된다. '이랑'이 결합되지 않는 경우에는 '이랑…(이랑)' 마디의 월조각 자격에 따라 적절한 자리토씨가 결합되어야 한다.

 (82) ㄱ. 책**이랑** 연필**이랑** 공책**이랑** 사 주셨다.
    → 책**이랑** 연필**이랑** 공책<u>을</u> 사 주셨다.

---

51) 허웅(1995 : 1371)에서 든 보기를 그대로 옮겼음.

ㄴ. 책**이랑** 연필**이랑** 공책**이랑** 지우개**랑** 필요합니다.
　→ 책**이랑** 연필**이랑** 공책**이랑** 지우개**가** 필요합니다.

‘이랑…(이랑)’에도 자리토씨가 결합되거나[52] 결합되지 않은 채로 임자말, 부림말, 위치어찌말, 방편어찌말, 견줌어찌말, 매김말 따위로 쓰인다. 여기서는 ‘이랑2’가 쓰여 이루어지는 월조각의 종류에 대하여 보기를 들기로 한다.

(83) ㄱ. 그 그늘에 [[엄마랑 형수랑]은]임자말 다 얼굴을 펴고 살 수가 있
　　　을 게 아니냐?
　ㄴ. 그는 도배를 하기 위하여 [[신문지랑 문종이랑]]부림말 사 왔다.
　ㄷ. [[학교랑 도서관이랑]]위치어찌말 다녀오겠습니다.
　ㄹ. [[나무랑 새랑 꽃이랑]]견줌어찌말 더불어 산다.
　ㅁ. [[철수랑 순이랑]]매김말 사이에 영희가 앉아 있다.

‘이랑…(이랑)’은 <‘이랑1’ 앞에 놓인 내용과 ‘이랑2’ 앞에 놓이는 내용을 같은 자격으로 나열하여 연결함>의 뜻을 나타내며, 주로 입말에서 쓰인다.

2.2.5. ‘이며…(이며)’[53]

‘이며…(이며)’는 둘 이상의 임자씨를 맞섬관계로 열거하는 되풀이 이음토씨로,[54] ‘이랑…(이랑)’, ‘과…(과)’, ‘하고…(하고)’ 따위와 뜻과 쓰임에서 거의 차이가 없이 유의적 관계에 놓인다.

또한 ‘이며…(이며)’는 ‘이랑…(이랑)’과 마찬가지로 앞에 놓이는 요소에 대립되는, 뒤에 통합된 요소에 되풀이되어 실현되더라도 (84)와 같이 자연스럽다.

---

52) ‘이랑2’가 쓰이지 않는 경우에는 자리토씨가 결합되어 임자말, 부림말, 어찌말, 위치어찌말, 방편어찌말, 견줌어찌말, 매김말 따위의 월조각으로 쓰이게 된다.
53) ‘이며…이며’는 앞 음절의 음운적 조건에 따라 곧, 닿소리로 끝나느냐 홀소리로 끝나느냐에 따라 변이형태 /이며…이며/, /며…며/, /이며…며/, /며…이며/로 실현된다.
54) ‘이며’는 다른 이음토씨에서와 달리 어찌자리토씨로 쓰이지 않는다.

> (84) ㄱ. 혈압**이며** 맥박**이며** 모두 정상이다.
> ㄴ. 어머니는 갈비**며** 불고기**며** 준비하느라 바쁘시다.

위에서 되풀이된 '이며' 다음에 자리토씨가 결합되더라도 적격해진다. ㄱ에서 '혈압이며 맥박이며'는 임자말에, ㄴ에서 '갈비며 불고기며'는 부림말에 해당하는데, 여기에 각각의 자리토씨를 결합하면 (85)와 같이 자연스러운 월이 된다.

> (85) ㄱ. [혈압이며 맥박이며]**가** 모두 정상이다.
> ㄴ. 어머니는 [갈비며 불고기며]**를** 준비하느라 바쁘시다.

되풀이된 '이며2'는 (86)에서와 같이 생략되더라도 적격한 월이 되기 때문에 '이며'의 되풀이는 수의적이다.

> (86) ㄱ. [혈압이며 맥박]**이** 모두 정상이다.
> ㄴ. 어머니는 [갈비며 불고기]**를** 준비하느라 바쁘시다.

'이며' 앞에서 결합관계를 이룰 수 있는 요소로는 임자씨가 있으며, '에서', '에', '에게' 따위의 일부 자리토씨가 결합될 수 있다. '이며1' 앞에 자리토씨가 결합되면 '이며2' 앞에도 꼭 같은 자리토씨가 결합되어야 한다. '이며' 뒤에 결합될 수 있는 요소를 보면, '이며1' 뒤에 결합될 수 있는 요소는 없으며, '이며2' 뒤에는 일부 자리토씨와 도움토씨 '는' 따위가 결합될 수 있다. 토씨는 '이며2' 뒤에만 붙는 것이 아니라 '이며…이며'에 결합되는 것이다.

> (87) ㄱ. 철수는 학교**에서**며 집**에서**며 열심히 공부한다.
> ㄴ. 휴가 때 산**에**며 바다**에**며 여행을 갈 예정이다.
> ㄷ. 철수는 선생님**에게**며 친구**에게**며 전화를 했다.
> ㄹ. [혈압이며 맥박이며]**를** 검사했다.

ㅁ. [혈압이며 맥박이며]**는** 정상이었다.

‘이며’는 둘 이상 계속 되풀이될 수 있다. 이론적으로는 셋 이상의 임자씨에 ‘이며’가 결합되어 되풀이될 수 있다. 셋 이상 되풀이되는 경우에는 마지막 임자씨에 ‘이며’가 결합되거나 결합되지 않거나 적격한 월이 된다. ‘이며’가 결합되지 않는 경우에는 ‘이며…(이며)’ 마디의 월조각 자격에 따라 적절한 자리토씨가 결합되어야 한다.

> (88) ㄱ. 이번 폭우로 논**이며** 밭**이며** 길**이며** 모두 물에 잠겼다.
> → 이번 폭우로 논**이며** 밭**이며** 길**이** 모두 물에 잠겼다.
> ㄴ. 이번 폭우로 논**이며** 밭**이며** 길**이며** 집**이며** 모두 물에 잠겼다.
> → 이번 폭우로 논**이며** 밭**이며** 길**이며** 집**이** 모두 물에 잠겼다.

‘이며…(이며)’에도 자리토씨가 결합되거나 결합되지 않은 채로 임자말, 부림말, 위치어찌말, 방편어찌말, 견줌어찌말, 매김말 따위로 쓰인다. 여기서는 임자씨에 ‘이며2’가 결합되어 이루어지는 월조각의 종류에 대하여 보기를 들기로 한다.

> (89) ㄱ. [옷이며 신이며]_{임자말} 죄다 흩어져 있다.
> ㄴ. [배며 대추며]_{부림말} 여러 가지를 벌려 놓았다.
> ㄷ. [목소리며 태도며]_{위치어찌말} 그는 오직 감동할 따름이었다.

‘이며…(이며)’는 <‘이며1’ 앞에 놓인 내용과 ‘이며2’ 앞에 놓이는 내용을 같은 자격으로 나열하여 연결함>의 뜻을 나타낸다.

2.2.6. ‘이라든지…(이라든지)’[55]

‘이라든지…(이라든지)’는 둘 이상의 임자씨를 맞섬관계로 열거하는 되풀

---

55) ‘이라든지…이라든지’는 앞 음절의 음운적 조건에 따라 곧, 닿소리로 끝나느냐 홀소리로 끝나느냐에 따라 변이형태 /이라든지…이라든지/, /라든지…라든지/, /이라든지…라든지/, /라든지…이라든지/로 실현된다.

이 이음토씨로,56) '하고…(하고)', '이랑…(이랑)', '이며…(이며)'와 마찬가지로 앞에 놓이는 요소에 대립되는, 뒤에 통합된 요소에 되풀이되어 실현되더라도 (90)과 같이 자연스럽다.

> (90) ㄱ. 담배**라든지** 술이**라든지** 모두 몸에 해롭다.
>   ㄴ. 나는 일요일이면 잡지**라든지** 만화**라든지** 읽는다.

되풀이된 '이라든지2'는 (91)에서와 같이 생략되더라도 적격한 월이 되기 때문에 '이라든지'의 되풀이는 수의적이다.

> (91) ㄱ. [담배라든지 술]**이** 모두 몸에 해롭다.
>   ㄴ. 나는 일요일이면 [잡지라든지 만화]**를** 읽는다.

'이라든지' 앞에 결합관계를 이룰 수 있는 요소로는 임자씨가 있으며, '에서', '에', '에게' 따위의 일부 자리토씨가 결합될 수 있다. '이라든지1' 앞에 자리토씨가 결합되면 '이라든지2' 앞에도 꼭 같은 자리토씨가 결합되어야 한다. '이라든지' 뒤에 결합될 수 있는 요소를 보면, '이라든지1' 뒤에 결합될 수 있는 요소는 없으며, '이라든지2' 뒤에는 일부 자리토씨와 도움토씨 '는' 따위가 결합될 수 있다. 토씨는 '이라든지2' 뒤에만 붙는 것이 아니라 '이라든지…이라든지'에 결합되는 것이다.

> (92) ㄱ. 학교**에서**라든지 집**에서**라든지 항상 열심히 공부해야 한다.
>   ㄴ. 다방**에**라든지 술집**에**라든지 가서 이야기합시다.
>   ㄷ. 이 일은 부모님**께**라든지 선생님**께**라든지 알려 드려야 한다.
>   ㄹ. 철수는 [시라든지 소설이라든지]**를** 쓰고 싶어 한다.
>   ㅁ. [낭만이라든지 사랑이라든지]**는** 나와 아무 관계가 없다.

'이라든지'는 둘 이상 계속 되풀이될 수 있다. 이론적으로는 셋 이상의

---

56) '이며'와 마찬가지로 '이든지'도 다른 이음토씨에서와 달리 어찌자리토씨로 쓰이지 않는다.

임자씨에 '이라든지'가 결합되어 되풀이될 수 있다. 셋 이상 되풀이되는 경우에는 마지막 임자씨에 '이라든지'가 결합되거나 결합되지 않거나 적격한 월이 된다. '이라든지'가 결합되지 않는 경우에는 '이라든지…(이라든지)' 마디의 월조각 자격에 따라 적절한 자리토씨가 결합되어야 한다.

(93) ㄱ. 국화라든지 장미라든지 백합이라든지 모두 꽃이다.
　　　→ 국화라든지 장미라든지 백합이 모두 꽃이다.
　　ㄴ. 국화라든지 장미라든지 백합이라든지 모란이라든지 모두 꽃이다.
　　　→ 국화라든지 장미라든지 백합이라든지 모란이 모두 꽃이다.

'이라든지…(이라든지)'에도 자리토씨가 결합되거나 결합되지 않은 채로 임자말, 부림말, 위치어찌말, 방편어찌말, 견줌어찌말, 매김말 따위로 쓰인다. 여기서는 임자씨에 '이라든지2'가 결합되어 이루어지는 월조각의 종류에 대하여 보기를 들기로 한다.

(94) ㄱ. [소라든지 돼지라든지]임자말 모두 집짐승이다.
　　ㄴ. [커피라든지 주스라든지]부림말 마시고 싶은 사람은 이리 오세요.
　　ㄷ. 일요일에는 [강가라든지 바닷가라든지]위치어찌말 한번 가 보자.

'이라든지…(이라든지)'는 <'이라든지1' 앞에 놓인 내용과 '이라든지2' 앞에 놓이는 내용을 같은 자격으로 나열하여 연결하며, 어느 것이 선택되어도 상관이 없음>의 뜻을 나타낸다.

2.2.7. '이라든가…(이라든가)'[57)

'이라든가…(이라든가)'는 둘 이상의 임자씨를 맞섬관계로 열거하는 되풀

---

57) '이라든가…이라든가'는 앞 음절의 음운적 조건에 따라 곧, 닿소리로 끝나느냐 홀소리로 끝나느냐에 따라 변이형태 /이라든가…이라든가/, /라든가…라든가/, /이라든가…라든가/, /라든가…이라든가/로 실현된다.

이 이음토씨로, 앞에서 살핀 '이라든지⋯(이라든지)'와 뜻과 쓰임에서 별다른 차이를 보이지 않기 때문에 이에 대한 논의는 줄이기로 한다.

3. 되풀이 도움토씨의 말본적 특성과 의미 기능

도움토씨 가운데 되풀이되어 통사적 짜임새를 이루는 경우는 찾아보기가 쉽지 않다. 도움토씨 '도'는 되풀이되어 '도⋯도'를 짜 이루어 쓰이는 일이 있다.

3.1. '도⋯도'

도움토씨 가운데 '도'가 되풀이되어 '도⋯도'의 짜임새를 이룬다. 되풀이 도움토씨 '도⋯도'는 주로 임자씨, 토씨에 결합된다.

'도⋯도'의 앞에는 임자씨인 이름씨, 대이름씨, 셈씨에 결합될 수 있으며, '도1'과 '도2' 앞에는 반드시 꼭 같은 품사가 놓여야 하는 제약은 따르지 않는다.58) 임자씨에 결합된 되풀이 '도'의 보기는 다음과 같다.

    (95) ㄱ. 돈도 명예도 다 싫다.
         ㄴ. 너도 나도 나서서는 안 된다.
         ㄷ. 백도 천도 더 되는 사람들이 몰려왔다.

'도⋯도'의 앞에는 임자씨와 아울러 일부 자리토씨가 결합될 수 있다. 자리토씨에 결합되는 경우에 '도1'과 '도2' 앞에는 반드시 꼭 같은 자리토씨

---

58) 다음 보기에서와 같이 '도1' 앞에 이름씨가, '도2' 앞에 대이름씨가 결합되었지만 적격한
    월이 되었음을 통해 이를 확인할 수 있다.
    철수도 너도 다 보기 싫다.

가 결합되어야 하는 제약이 따른다. 자리토씨 다음에 결합된 되풀이 '도'의
보기는 다음과 같다.

> (96) ㄱ. 이 일은 선생님께서도 부모님께서도 아시지 못한다.
>   ㄴ. 서울에서도 부산에서도 유행이다.
>   ㄷ. 낮에도 밤에도 공부만 한다.
>   ㄹ. 선생님께도 부모님께도 말씀드리지 못했다.

자리토씨 중에 임자자리토씨 '가'와 부림자리토씨 '를' 뒤에는 '도'가 결
합되지 않는다. '께서'도 임자자리토씨이지만 (96ㄱ)에서와 같이 '도'가 결
합될 수 있어, '가'와 차이를 보인다. 이는 다른 도움토씨와의 결합에서도
일관되게 나타나는 차이점이다. '도…도'의 앞에는 일부 도움토씨도 결합될
수 있으며, (97)과 같이 일부 어찌씨가 결합되기도 한다.

> (97) ㄱ. 거기엔 티끌만치나 **더도 덜도** 에누리가 있을 수 없다.
>   ㄴ. 철수는 공부를 **잘도 못도** 하지 않는다.

그 밖에도 '도…도' 앞에는 풀이씨의 꼴바꿈이 결합되기도 한다.

> (98) ㄱ. 가지도 오지도 못하고 서 있다.
>   ㄴ. 춥지도 덥지도 않다.

(98)에서처럼 '도…도'는 풀이씨 뿌리-지' 다음에 결합되고 그 뒤에는
'아니하다 / 못하다'가 통합된다. '-지도…-지도 못하다'인 경우에 일부 움
직씨 뿌리 다음에 '-지'가 생략되어 마치 풀이씨 뿌리에 '도'가 결합된 것
처럼 보이기도 한다. 그렇다고 해서 '도'가 씨끝에 해당하는 것은 아니고,
생략된 '지'도 언제든지 회복 가능해 진다. '-지'가 생략되어 익은말처럼 굳
어진 보기는 (99)와 같다.

(99) ㄱ. <u>오도</u> 가<u>도</u> 못하고 서 있다.
　　　ㄴ. <u>보도</u> 듣<u>도</u> 못하던 사람이 찾아왔다.
　　　ㄷ. <u>빼도</u> 박<u>도</u> 못하게 생겼다.

　‘도…도’는 마디의 영역을 넘어서 다른 마디에 되풀이되어 쓰이는 일이 있다. 앞마디의 임자말과 뒷마디의 임자말에 되풀이되기도 한다. 그 밖에 부림말, 위치어찌말, 방편어찌말, 견줌어찌말, 어찌말 따위에도 되풀이되어 결합될 수 있다. 곧 앞마디의 월조각에 ‘도’가 결합되면 뒷마디의 같은 월조각에도 ‘도’가 결합되어 되풀이된다.

　(100) ㄱ. 철수<u>도</u> 학교에 가고, 순이<u>도</u> 학교에 간다.
　　　ㄴ. 철수는 술<u>도</u> 마시고, 담배<u>도</u> 피운다.
　　　ㄷ. 철수도 학교에<u>도</u> 가고, 극장에<u>도</u> 간다.
　　　ㄹ. 철수는 밥을 숟가락<u>으로도</u> 먹고, 포크로<u>도</u> 먹는다.
　　　ㅁ. 철수는 순이와<u>도</u> 이야기하고, 영희와<u>도</u> 이야기한다.
　　　ㅂ. 철수는 밥을 빨리<u>도</u> 먹고, 천천히<u>도</u> 먹는다.

　‘도…도’가 마디의 영역을 넘어서 다른 마디에 되풀이되어 쓰이는 것으로 풀이씨의 끝바꿈꼴을 더 들 수 있다.

　(101) ㄱ. 철수는 학교에 가서<u>도</u> 집에 와서<u>도</u> 말썽만 피운다.
　　　ㄴ. 시원하<u>기</u>도 하고 섭섭하기<u>도</u> 하다.
　　　ㄷ. 밥을 먹다가<u>도</u> 울고 술을 마시다가<u>도</u> 운다.
　　　ㄹ. 고구마는 구워<u>도</u> 먹고 삶아<u>도</u> 먹는다.

　‘도1…도2’에서 ‘도1’ 뒤에는 결합 가능한 토씨가 없으며, ‘도2’ 뒤에도 결합 가능한 토씨가 없다. ‘도’는 두 번 이상 되풀이되어 쓰이기도 한다. 마지막 되풀이항에도 ‘도’가 결합되어야 적격한 월이 된다.

(102) ㄱ. 돈도 명예도 사랑도 다 싫다.
ㄴ. 돈도 명예도 사랑도 사람도 다 싫다.

‘도1…도2’는 임자씨나 토씨 다음에 결합되어, <‘도1’ 앞에 놓인 내용과 ‘도2’ 앞에 놓인 내용을 똑같이 아우름>을 나타낸다.

4. 마무리

필수적 되풀이 이음토씨와 수의적 되풀이 이음토씨의 판별 기준에 따라, 필수적 되풀이 이음토씨로 ‘에…에’, ‘하며…하며’, ‘이고…이고’, ‘이든지…이든지’, ‘이거나…이거나’, ‘인가…인가’, ‘인지…인지’, ‘이든가…이든가’, ‘이야…이야’, ‘이다…이다’, ‘이랴…이랴’, ‘이니…이니’를 설정하였고, 수의적 되풀이 이음씨끝으로는 ‘이나…(이나)’, ‘하고…(하고)’, ‘이랑…(이랑)’, ‘이며…(이며)’, ‘이라든지…(이라든지)’, ‘이라든가…(이라든가)’, ‘과…(과)’를 설정하였다. 이 글에서는 이들 이음토씨에 관한 형태·통사적 특성을 밝히고 의미 기능도 기술하였다.

먼저 각각의 필수적 되풀이 이음토씨의 특성을 간단히 정리하면 다음과 같다.

‘에…에’는 둘 이상의 임자씨를 열거하는 맞섬관계의 되풀이 이음토씨로, <‘에1’ 앞에 놓인 임자씨와 ‘−에2’ 앞에 놓이는 임자씨를 같은 자격으로 이어 줌>의 뜻을 나타낸다.

‘하며…하며’도 둘 이상의 임자씨를 열거하는 맞섬관계의 되풀이 이음토씨로, ‘에…에’와 의미상 유의적 관계에 놓인다.

‘이고…이고’는 둘 이상의 임자씨를 열거하는 되풀이 이음토씨로, <‘이고1’ 앞에 놓인 임자씨이거나 ‘−이고2’ 앞에 놓이는 임자씨이거나를 가리지

않음>의 뜻을 나타내며, 열거되는 임자씨 사이에는 맞섬관계를 이룬다.

‘이든지…이든지’는 둘 이상의 임자씨나 어찌말을 열거하는 되풀이 이음토씨로, <‘이든지1’ 앞에 놓인 내용이거나 ‘이든지2’ 앞에 놓이는 내용이거나 어느 것이 선택되어도 가리지 않음>의 뜻을 나타낸다.

‘이거나…이거나’는 둘 이상의 임자씨나 어찌씨를 맞섬관계로 열거하는 되풀이 이음토씨로, <‘이거나1’ 앞에 놓인 내용이거나 ‘이거나2’ 앞에 놓이는 내용이거나 어느 것이 선택되어도 차이가 없음>의 뜻을 나타낸다.

‘인가…인가’는 둘 이상의 임자씨를 맞섬관계로 열거하는 되풀이 이음토씨로, <‘인가1’ 앞에 놓인 내용과 ‘인가2’ 앞에 놓이는 내용에 대하여 의문을 품고 망설임>의 뜻을 나타낸다.

‘인지…인지’는 둘 이상의 임자씨를 맞섬관계로 열거하는 되풀이 이음토씨로, <‘인지1’ 앞에 놓인 내용과 ‘인지2’ 앞에 놓이는 내용에 대하여 어느 것인지 확실하지 않음>의 뜻을 나타낸다.

‘이든가…이든가’는 둘 이상의 임자씨를 맞섬관계로 열거하는 되풀이 이음토씨로, 앞에서 살핀 ‘이든지…이든지’와 뜻과 쓰임에서 별다른 차이를 보이지 않는다.

‘이야…이야’는 둘 이상의 이름씨를 맞섬관계로 열거하는 되풀이 이음토씨로, <‘이야1’ 앞에 놓인 내용과 ‘이야2’ 앞에 놓이는 내용을 같은 자격으로 나열하면서 강조함>의 뜻을 나타낸다.

‘이다…이다’는 둘 이상의 이름씨를 맞섬관계로 열거하는 되풀이 이음토씨로, <‘이다1’ 앞에 놓인 내용과 ‘이다2’ 앞에 놓이는 내용을 같은 자격으로 나열하면서 모두를 통틀어 강조함>의 뜻을 나타낸다.

‘이랴…이랴’는 둘 이상의 이름씨를 맞섬관계로 열거하는 되풀이 이음토씨로, 뜻과 쓰임에서 ‘이다…이다’, ‘이야…이야’와 그리 큰 차이가 없다.

‘이니…이니’는 둘 이상의 임자씨를 맞섬관계로 열거하는 되풀이 이음토씨로, <‘이니1’ 앞에 놓인 내용과 ‘이니2’ 앞에 놓이는 내용을 같은 자격으로 나열하면서 강조함>의 뜻을 나타낸다.

다음은 각각의 수의적 되풀이 이음토씨의 특성을 간단히 정리하기로 한다.

'이나…(이나)'는 둘 이상의 임자씨나 어찌말을 맞섬 관계로 열거하는 되풀이 이음토씨로, <'이나1' 앞에 놓인 내용이거나 '이나2' 앞에 놓이는 내용이거나 어느 것이 선택되어도 상관없음>의 뜻을 나타낸다.

'하고…(하고)'는 주로 입말에 쓰여 둘 이상의 임자씨를 맞섬관계로 이어 주며, <그리고, 및> 따위의 의미 기능을 나타낸다.

'과…(과)'는 입말 글말에서 두루 쓰여 둘 이상의 임자씨를 맞섬관계로 이어 주며, <그리고, 및> 따위의 의미 기능을 나타내어 '하고…(하고)'와는 유의적 관계에 놓인다.

'이랑…(이랑)'은 <'이랑1' 앞에 놓인 내용과 '이랑2' 앞에 놓이는 내용을 같은 자격으로 나열하여 연결함>의 뜻을 나타내며 주로 입말에서 쓰인다.

'이며…(이며)'는 <'이며1' 앞에 놓인 내용과 '이며2' 앞에 놓이는 내용을 같은 자격으로 나열하여 연결함>의 뜻을 나타낸다.

'이라든지…(이라든지)'는 <'이라든지1' 앞에 놓인 내용과 '이라든지2' 앞에 놓이는 내용을 같은 자격으로 나열하여 연결하며, 어느 것이 선택되어도 상관이 없음>의 뜻을 나타낸다.

'이라든가…(이라든가)'는 둘 이상의 임자씨를 맞섬관계로 열거하는 되풀이 이음토씨로, '이라든지…(이라든지)'와 뜻과 쓰임에서 별다른 차이를 보이지 않는다.

되풀이 도움토씨 '도…도'는 임자씨나 토씨 다음에 결합되어, <'도1' 앞에 놓인 내용과 '도2' 앞에 놓인 내용을 똑같이 아우름>을 나타낸다.

제 6 장

매인이름씨의 되풀이법[1]

1. 들머리

이름씨 가운데 자립성이 없고 항상 앞자리에 매김말을 필수적으로 요구하는 것들이 매인이름씨에 해당한다.[2] 매인이름씨는 대체로 실질적 의미인 어휘적 뜻을 가지지 않고, 형식적 의미인 말본적 뜻을 나타낸다.

매인이름씨 가운데 일부인 '둥, 체, 듯, 데, 겸'은 월 안에서 되풀이되어 최소 말본형인 되풀이 매인이름씨 '둥…둥', '체…체', '듯…듯', '데…데', '겸…겸'을 짜 이룬다.[3]

(1) ㄱ. 철수가 밥을 먹는 **둥** 마는 **둥** 하고 학교에 갔다.

---

[1] 매인이름씨의 되풀이법에 관하여는 한길(2009ㄴ)을 바탕으로 하여, 모자라거나 빠진 부분을 깁고 보태는 등 손질을 한 것이다.

[2] 최현배(1971 : 219)는 매김말로는 매김씨나, 풀이씨의 매김꼴이나 매김씨 노릇을 하는 이름씨가 쓰인다고 하였다. 서정수(1994 : 403)는 이 밖의 매김말로, '체언의 관형사형(체언＋의)'과 '용언의 명사형(용언＋명사화소 -기)'을 더 들었다.

[3] 우리말에서 되풀이 현상은 월의 이루고 있는 각 요소들에서 체계적으로 일어나기 때문에 되풀이법으로 정립된다. 지금까지 이루어진 월을 이루는 요소들의 되풀이법에 관한 논의로는 한길(1993, 2006, 2007, 2008, 2009ㄱ) 등이 있다.

ㄴ. 철수는 순이를 본 **체** 만 **체** 하였다.
ㄷ. 철수는 들릴 **듯** 말 **듯** 한 소리로 이야기를 하고 있다.
ㄹ. 카메라가 온 **데** 간 **데** 없이 사라졌다.
ㅁ. 철수는 친구도 만날 **겸** 학용품도 살 **겸** 시내에 나갔다.

이들 되풀이 매인이름씨는 반드시 되풀이되어야 하는 것과 되풀이되지 않을 수도 있는 것이 있다. 이를테면, '-는 둥'은 반드시 되풀이되어 '-는 둥…-는 둥'으로 쓰여야 적격해 지며, '-는 둥'만은 쓰일 수 없다.4) 그러나 '-을 겸'은 되풀이되어 '-을 겸…-을 겸'으로 쓰일 수도 있고, '-을 겸'만 으로도 쓰일 수 있다.

(2) ㄱ. 철수가 밥을 먹는 **둥** 마는 **둥** 하고 학교에 갔다.
 *철수가 밥을 먹는 **둥** 하고 학교에 갔다.
ㄴ. 철수는 친구도 만날 **겸** 학용품도 살 **겸** 시내에 나갔다.
 철수는 친구도 만날 **겸** 시내에 나갔다.

이들 되풀이 매인이름씨 앞에 놓이는 매김말에는 제약이 따른다. '둥' 앞 에는 매김꼴 '-는'과 '-을', '-은'이 놓일 수 있어 제약이 없지만, '체' 앞에 는 '-은'만 놓일 수 있으며, '듯' 앞에는 '-을'만 놓일 수 있다. '겸' 앞에는 '-을'만 놓일 수 있으며, 다른 되풀이 매인이름씨와는 달리 이름씨로 이루 어진 매김말도 놓일 수 있다.

되풀이 매인이름씨 앞에 풀이씨의 매김꼴이 놓이는 경우, 매인이름씨에 따라 풀이씨의 종류에 제약이 따르기도 한다. 또한 앞자리 매인이름씨와 뒷 자리 매인이름씨 앞에 놓이는 요소들에도 제약이 따른다. 예컨대, 앞자리 '-은 체' 앞에는 움직씨 뿌리만 결합될 수 있으며, 뒷자리 '-은 체' 앞에는

---

4) '-는 둥'이 아니고 '-는다/-느냐/-자/-으라는 둥'인 경우에는 되풀이가 수의적이다.
 철수는 공부를 잘 못**한다는 둥** 말이 많았다.
 곧 '둥' 앞에 놓이는 매김꼴의 유형이 되풀이가 필수적이냐 수의적이냐에 영향을 미친다.

'말-'만 놓일 수 있는 제약이 따른다. 앞자리에 놓이는 매김씨끝의 종류나 풀이씨의 종류에서 '둥…둥'은 분포에 제약이 적지만, 그 밖의 것들은 극심한 제약을 보여 익은말화 하거나 결합과정을 거쳐 한 낱말로 생성되는 경우도 있다.

이와 같이 되풀이 매인이름씨들은 각각 말본적 특성에서 차이를 보이기 때문에, 이 글에서는 되풀이 매인이름씨를 선정하여 각각의 형태, 통사적 특성을 규명하고, 의미적 기능을 밝히기로 한다.

2. 되풀이 매인이름씨의 말본적 특성과 의미 기능

매인이름씨 가운데 극히 일부인 '둥, 체, 듯, 데, 겸'이 필수적으로, 혹은 수의적으로 되풀이되어 최소 말본형 '둥…둥', '체…체', '듯…듯', '데…데', '겸…겸'을 짜 이룬다. 여기서는 각각의 되풀이 매인이름씨의 특성을 살피기로 한다.

2.1. '둥…둥'

매인이름씨 '둥'은 월에서 되풀이되어 '둥…둥'의 꼴로 쓰이어 최소 말본형을 짜 이룬다. '둥' 앞에는 매김꼴인 '움직씨 뿌리+-는/은/을'이 통합될 수도 있고, 건너따옴꼴 '-는다는 / 느냐는 / 자는 / 으라는'이 통합될 수 있는데,5) 매김꼴의 유형이 무엇이냐에 따라 쓰임과 뜻에서 차이를 보이기 때문에 각각 나누어 그 쓰임과 뜻을 살펴야 한다.

먼저 '움직씨 뿌리+-는/은/을' 매김꼴이 통합되는 '둥'의 쓰임을 보면,

---

5) '둥' 앞에는 매김씨와 이름씨로 이루어진 매김말은 통합될 수 없다.

‘-은/는/을 둥’은 반드시 되풀이되어 ‘-은/는/을 둥…-은/는/을 둥’, ‘둥’이란 통사적 짜임새를 짜 이루며, 되풀이되지 않은 ‘-은/는/을 둥’만은 쓰일 수 없다. ‘둥1’[6] 앞에는 움직씨의 매김꼴이 놓이며, 때매김에 따라 ‘-는, -은, -을’이 통합 가능하지만, ‘-던’은 통합될 수 없는 제약이 따른다. ‘둥1’과 ‘둥2’에는 동일한 때매김의 매김꼴이 통합되어야 하며, 때매김이 달라지면 부적격해진다. 따라서 앞자리에 놓이는 매김씨끝에 따라 최소 말본형으로 ‘-는 둥…-는 둥’, ‘-은 둥…-은 둥’, ‘-을 둥…-을 둥’으로 고정된다.

> (3) ㄱ. 비가 오<u>는</u> 둥 마<u>는</u> / *만 / *말 둥 했다.
> ㄴ. 비가 <u>**온**</u> 둥 *마는 / **만** / *말 둥 했다.
> ㄷ. 비가 <u>**올**</u> 둥 *마는 / *만 / **말** 둥 했다.

앞자리의 ‘-는/은/을 둥’ 앞에는 움직씨 뿌리만이 결합될 수 있다. 움직씨 뿌리 다음에는 때매김씨끝은 결합될 수 없으며, 월의 주체가 높임의 대상인 경우에 ‘-으시-’의 결합은 가능하다. 그림씨나 잡음씨 뿌리는 결합될 수 없는 제약이 따른다.

> (4) ㄱ. 할아버지께서 식사를 하<u>시</u>는 둥 마<u>시</u>는 둥 하셨다.
> ㄴ. *날씨가 <u>**추울**</u> 둥 말 둥 하다.
> ㄷ. *철수가 우등생<u>일</u> 둥 말 둥 했다.

‘둥1’ 앞의 매김꼴과 ‘둥2’ 앞의 매김꼴을 살펴보면, ‘둥1’ 앞의 매김꼴에 대하여 둥2’ 앞의 매김꼴로는 주로 ‘말다’ 부정의 매김꼴이 놓인다. 일반적으로 ‘말다’ 부정의 매김꼴은 도움움직씨로서 월에서 홀로 설 수 없고 앞에 으뜸움직씨에 의지하여야 하지만, 여기서는 ‘말다’ 부정의 매김꼴만이 쓰이

---

6) 되풀이 매인이름씨 뒤에 1과 2를 붙인 까닭은 편의상으로, 앞의 것을 가리킬 때 1을 붙이고 뒤의 것을 가리킬 때 2를 붙였다. 앞과 뒤를 가를 필요가 없는 경우에는 숫자를 붙이지 않았다.

고 으뜸풀이씨가 놓이게 되면 오히려 부적격해져 특이한 경우에 해당한다.

> (5) ㄱ. 철수는 밥을 먹는 둥 **마는** 둥 하고 집을 나섰다.
>　　ㄴ. *철수는 밥을 먹는 둥 **먹지 마는** 둥 하고 집을 나섰다.

이와 같이 으뜸움직씨를 앞세우지 않고 '말다'가 쓰였다는 것은, '말다'가 그 앞에 놓인 '-는/은/을 둥'에 의지해 긴밀한 관계를 맺고 있음을 나타낸다. 따라서 '-는/은/을 둥'은 '마는/만/말 둥'과 결합하여 익은말로 굳어진 것으로 보아야 한다.

이 짜임새에서 '-둥2' 앞에는 '말다' 부정은 쓰일 수 있지만 '아니하다' 부정은 쓰일 수 없다. '아니하다' 부정이 결합되면 (6)과 같이 부적격해지는 점이 이를 뒷받침해 준다.

> (6) ㄱ. *철수는 밥을 먹는 둥 **않는** 둥 하고 집을 나섰다.
>　　ㄴ. *철수는 밥을 먹는 둥 **먹지 않는** 둥 하고 집을 나섰다.

이와 같은 특성도 '-는/은/을 둥 마는/만/말 둥'이 익은말로 굳어졌음을 뒷받침해 주는 근거가 된다. 곧 '말다'는 시킴월이나 꾀임월의 부정인 경우에 사용되는 것이 일반적이지만, '-둥2' 앞에는 '말다'가 쓰여야 하는 환경과 관련이 없는데도 '아니하다'가 쓰이지 않고 '말다'가 쓰였다는 점이다. '말다' 부정은 '둥1' 앞에는 놓일 수 없으며, 반드시 '둥2' 앞에 놓여야 하되, 으뜸움직씨는 놓일 수 없는 제약이 따른다.

'-둥2' 앞의 매김꼴로는 '말다' 부정 밖에도 (7)과 같이 '-둥1' 앞의 움직씨 매김꼴과 반의관계나 모순관계에 놓이는 움직씨 매김꼴도 놓이는 일이 있다.[7] 그러나 그리 생산성이 크지 않아 그 용례가 많은 편은 아니며, 대립적 움직씨의 놓이는 자리도 대체로 고정적이어서 자리를 바꾸게 되면 부적격해지기도 한다.

---

7) '죽다'와 '살다'의 관계가 반의관계에, '있다'와 '없다'의 관계가 모순관계에 해당한다.

(7) ㄱ. 부모 세대는 **죽을** 둥 **살** 둥 안간힘을 쓰며 살았다.
　　　→*부모 세대는 **살** 둥 **죽을** 둥 안간힘을 쓰며 살았다.
　　ㄴ. 철수는 집에 **있는** 둥 **없는** 둥 지내고 있다.
　　　→*철수는 집에 **없는** 둥 **있는** 둥 지내고 있다.

앞자리나 뒷자리 '-은/는/을 둥' 뒤에는 어떤 토씨도 결합될 수 없다. 매인이름씨 다음에는 토씨의 결합이 자유로운 것부터 제약이 따르는 것, 제약이 극히 심한 것들이 있지만, 매인이름씨인 '둥' 뒤에는 어떠한 토씨도 결합될 수 없는 제약이 따른다.[8]

'-은/는/을 둥⋯-은/는/을 둥' 뒤에 통합되는 요소로는 마디나 이은말, '하다' 따위의 풀이말이 있다.

(8) ㄱ. 철수가 얼굴을 본 둥 만 둥 **그냥 지나간다**.
　　ㄴ. 철수가 이야기를 할 둥 말 둥 **망설인다**.
　　ㄷ. 어제는 비가 오는 둥 마는 둥 **했다**.

'-은/는/을 둥⋯-은/는/을 둥' 뒤에 마디나 이은말이 통합되면, 전체 월은 이은월의 짜임새에 해당된다. '-은/는/을 둥⋯-은/는/을 둥'까지가 앞마디를 이루고 뒷부분이 뒷마디를 이루며, 앞마디와 뒷마디는 임자말이 같아야 한다. (8)의 ㄱ과 ㄴ의 월 짜임새를 간단히 나타내면 (9)와 같다.

(9) ㄱ. [[철수가 얼굴을 본 둥 만 둥]앞마디 [(철수가) **그냥 지나간다**.]뒷마디]
　　　　　　　이은월
　　ㄴ. [[철수가 이야기를 할 둥 말 둥]앞마디 [(철수가) **망설인다**.]뒷마디]이은월

'-은/는/을 둥⋯-은/는/을 둥' 뒤에 '하다'가 통합되면, 전체 월은 안은월의 짜임새에 해당되며, '-은/는/을 둥⋯-은/는/을 둥' 부분은 안김마디를 이

---

8) 학교 문법에서처럼 '이다'를 토씨로 보면, 예외적으로 '이다'만이 결합 가능하게 된다.
　철수는 요즘 공부를 하는 둥 마는 둥**이다**.

루고, '하다'는 안은월의 풀이말을 이루게 된다. 이 월에서 안은월의 임자말과 안김마디의 임자말은 같아야 한다.

> (10) ㄱ. [(철수는) [철수는 숙제를 하는 둥 마는 둥]안김마디 **했다**.]안은월
>
> ㄴ. [(비가) [어제는 비가 오는 둥 마는 둥]안김마디 **했다**.]안은월

'–은/는/을 둥…–은/는/을 둥' 뒤에는 잡음씨 '–이다'가 결합될 수 있다. 이 짜임새에서 '–은/는/을 둥…–은/는/을 둥' 부분은 '이다'와 결합되어 풀이말을 이루게 된다.

> (11) ㄱ. 이번에 못 먹으면 앞으로는 [먹을 둥 말 둥]**이다**.
>
> ㄴ. 조느라고 공부는 [하는 둥 마는 둥]**이다**.

'–은/는/을 둥…–은/는/을 둥'은 <'둥1' 앞에 놓인 내용과 '둥2' 앞에 놓인 내용을 하는 듯하기도 하고 하지 않는 듯하기도 함>의 뜻을 나타내는 특성을 보인다.9)

다음은 건너따옴꼴 '–는다는 / 느냐는 / 자는 / 으라는' 매김꼴이 놓이는 '둥'의 쓰임을 살피기로 한다. 이 짜임새는 단순히 '–은/는/을 둥…–은/는/을 둥' 앞에 각 의향법의 중화형이 결합되어 있는 것으로 보기가 어렵다. 그 까닭은 두 짜임새의 말본적 특성과 뜻에서 차이를 보이기 때문이다.

'–는다는 / 느냐는 / 자는 / 으라는 둥'은 반드시 되풀이되어야 하는 것은 아니기 때문에 수의적 되풀이에 해당한다. 따라서 되풀이되지 않고 한번만 쓰인 (12)도 적격한 월이 된다.

> (12) ㄱ. 사람들은 철수가 너무 어리**다는 둥** 말이 많았다.
>
> ㄴ. 철수는 왜 오래 기다려야 하**느냐는 둥** 불평을 하였다.
>
> ㄷ. 철수는 이번에는 양식을 먹**자는 둥** 수선을 피웠다.

---

9) 허웅(1995 : 290)에서는 <이랬다 저랬다 갈피를 못 잡는 모양>의 뜻을 나타낸다고 하였다.

　　　ㄹ. 철수는 이번만은 기대하**라는 둥** 허풍을 떨었다.

　이 짜임새는 본디 '둥' 앞에 각 의향법 마침씨끝의 중화형이 '-는다', '-느냐', '-자', '-으라'에 '-고 하는'의 결합형 '-는다고 하는', '-느냐고 하는', '-자고 하는', '-으라고 하는'이었던 것이 '-고 하'가 줄어들어 '-는다는', '-느냐는', '-자는', '-으라는'으로 된 것이다.10) 이 가운데 어느 것이 '둥' 앞에 통합되느냐에 따라 쓰임에서 차이를 보인다.

　'-는다는 둥'11)은 수의적으로 되풀이되어 통사적 짜임새 '-는다는 둥… -는다는 둥'을 짜 이룬다. '-는다는 둥'은 한 번만 되풀이될 수 있는 것은 아니고 이론적으로는 그 이상의 되풀이도 가능하다.12) 앞자리와 뒷자리의 '-는다는 둥'인 경우에는 결합 가능한 풀이씨로 움직씨만이 아니라 그림씨 잡음씨도 가능하여, 앞에서 살핀 '-는/은/을 둥'에서와 차이를 보인다.

　　(13)　ㄱ. 철수는 밥을 **먹**는다는 둥 죽을 **먹**는다는 둥 횡설수설하였다.
　　　　　ㄴ. 철수는 방이 **좁**다는 둥 방값이 **비싸**다는 둥 불만이 많았다.
　　　　　ㄷ. 철수가 학생**이**라는 둥 **아니**라는 둥 의견이 분분하다.

　(13)에서와 같이 '-는다는 둥' 앞에 놓이는 풀이씨 종류에는 제약이 없을 뿐더러 '-는다는 둥1'과 '-는다는 둥2' 앞의 풀이씨 종류도 같아야 하는 제약은 없다. 일반적으로 같은 경우가 대부분이지만, (14)와 같이 다르더라도 적격한 월이 된다. 곧 (14ㄱ)과 같이 앞에 움직씨가 놓이고 뒤에 그림씨가 놓이더라도 적격한 월이 되며, (14ㄴ)과 같이 앞에 그림씨가 놓이고 뒤에 잡음씨가 놓이더라도 적격한 월이 된다. 또한 (14ㄷ)과 같이 앞에 잡음씨가 놓

---

10) 이 짜임새에서는 줄어든 꼴이 본디 꼴로 환원되더라도 쓰임과 뜻에서 별다른 차이가 없다.
11) '-는다는 둥'은 그 앞에 놓이는 환경에 따라 변이형태 /-는다는 둥/, /-ㄴ다는 둥/, /-다는 둥/, /-라는 둥/으로 실현된다.
12) 한번 이상 되풀이되는 보기를 들면 다음과 같다.
　　철수는 방이 좁**다는 둥** 방값이 비싸**다는 둥** 방이 어둡**다는 둥** … 불만이 많았다.

이고 뒤에 그림씨가 놓이더라도 적격한 월이 되었다.

(14) ㄱ. 철수는 공부를 열심히 **한**다는 둥 키가 **크**다는 둥 소문이 무성하다.
ㄴ. 철수는 키가 **크**다는 둥 우등생**이**라는 둥 소문이 무성하다.
ㄷ. 철수는 우등생**이**라는 둥 그림을 잘 **그린**다는 둥 소문이 무성하다.

이와 같이 '-는다는 둥1'과 '-는다는 둥2' 앞에 놓이는 풀이씨 간에는 제약을 주거나 받는 관계가 아니다. '-는다는 둥1'과 '-는다는 둥2' 앞 풀이씨가 부정의 관계에 놓이는 경우에는 '아니하다'와 '못하다' 부정은 가능하지만 '말다' 부정은 불가능한데, 그 까닭은 자명하다. 곧 '-는다는'에서의 '-는다'가 서술법 마침씨끝의 중화형으로 서술법 월에서 '말다' 부정이 쓰이지 못하는 일반적 제약 때문이다. 한편 '-는다는 둥1' 앞이 부정이건, '-는다는 둥2' 앞이 부정이건, 월의 적격성에는 영향을 미치지 않는다.

(15) ㄱ. 철수는 옷을 산다는 둥 사지 **않는다는**/**못한다는** 둥 하다가 결
국 못 샀다.
ㄴ. 철수는 옷을 사지 **않는다는**/**못한다는** 둥 산다는 둥 하다가 결
국 못 샀다.

'-는다는 둥' 앞에 놓이는 풀이씨 뿌리는 때매김씨끝과의 결합에서 제약이 따르지 않는다. 또한 '-는다는 둥1' 앞의 때매김과 '-는다는 둥2' 앞의 때매김이 같아야 하는 제약이 없기 때문에 같을 수도 있고 다를 수도 있다.

(16) ㄱ. 철수는 어제 학교에 **갔**다는 둥 내일은 학교에 안 **가겠**다는 둥
말이 많다.
ㄴ. 내년엔 일등을 **하겠**다는 둥 이번엔 시험이 어려**웠**다는 둥 말이
많다.
ㄷ. 이번엔 시험이 어렵**더**라는 둥 다음엔 시험을 잘 **보겠**다는 둥 말
이 많다.

주체가 높임의 대상인 경우에 '-으시-'가 결합될 수 있으며, '-는다는 둥1'과 '-는다는 둥2'의 임자말은 같을 수도 있고 다를 수도 있어, 임자말 제약은 따르지 않는다. '-는다는 둥1'과 '-는다는 둥2' 뒤에는 토씨가 결합될 수 없고, 마디나 이은말, 풀이말이 통합되어 이은월을 짜 이루며, '-는다는 둥…-는다는 둥' 부분이 앞마디에 해당한다. '하다'가 통합되는 경우에는 안은월을 짜 이루며, '-는다는 둥…-는다는 둥' 부분은 안김마디를 이루게 된다.

(17) ㄱ. [[저분은 한국 사람이라는 둥 일본 사랑이라는 둥]앞마디 [의견이 분분하다.]뒷마디]이은월

　　ㄴ. [(철수는) [철수는 아침에 밥을 먹는다는 둥 안 먹는다는 둥]안김마디 하였다.]안은월

'-느냐는 둥'13)도 수의적으로 되풀이되어 통사적 짜임새 '-느냐는 둥…-느냐는 둥'을 짜 이룬다. '-느냐는 둥'은 한번만 되풀이 될 수 있는 것은 아니고 그 이상의 되풀이도 가능하다.

(18) ㄱ. 잠자리는 편했느냐는 둥 아침을 잘 먹었느냐는 둥 질문이 끊이지 않았다.

　　ㄴ. 누가 오느냐는 둥 왜 오느냐는 둥 어디에서 오느냐는 둥 … 말들이 많았다.

'-느냐는 둥'의 쓰임은 '-는다는 둥'에서와 일치한다. 곧 결합 가능한 풀이씨 종류에 제약이 없으며, 앞이나 뒤의 풀이씨 종류가 같거나 다르거나 상관이 없다. 또한 때매김의 제약도 따르지 않으며, 앞이나 뒤의 때매김에도 제약이 없다. 앞과 뒤가 부정의 관계에 놓이는 경우 '아니하다'와 '못하

---

13) '-느냐는 둥'은 그 앞에 놓이는 환경에 따라 변이형태 /-느냐는 둥/, /-으냐는 둥/, /-냐는 둥/으로 실현된다.

다’ 부정이 가능하지만 ‘말다’ 부정은 불가능하며, 앞에 부정이 놓이거나 뒤에 부정이 놓이거나 월의 적격성에는 영향을 미치지 않는다.

‘-느냐는 둥1’과 ‘-느냐는 둥2’의 임자말은 같을 수도 있고 다를 수도 있다. ‘-느냐는 둥1’과 ‘-느냐는 둥2’ 뒤에는 토씨가 결합될 수 없고, ‘-느냐는 둥2’ 뒤에는 마디나 이은말, 풀이말이 통합되어 이은월을 짜 이루며, ‘하다’가 통합되는 경우에는 안은월을 짜 이루게 된다.

‘-자는 둥’도 수의적으로 되풀이되어 통사적 짜임새 -자는 둥…-자는 둥’을 짜 이룬다. ‘-자는 둥’은 한 번만 되풀이 될 수 있는 것은 아니고 그 이상의 되풀이도 가능하다.

    (19) ㄱ. 돈을 벌**자는 둥** 여행을 다니**자는 둥** 끊이지 않고 제안하였다.

           ㄴ. 돈을 벌**자는 둥** 여행을 다니**자는 둥** 친하게 지내**자는 둥** … 끊임없이 제안하였다.

‘-자는 둥’에서 ‘-자’는 꾀임법 마침씨끝 중화형이기 때문에 ‘-자는 둥’의 쓰임은 꾀임법 월의 쓰임에서와 일치한다. 곧 앞과 뒤의 ‘-자는 둥’에 결합 가능한 풀이씨로는 움직씨에 국한되며, 어떤 때매김씨끝도 결합될 수 없다. 앞과 뒤가 부정의 관계에 놓이는 경우 ‘말다’ 부정만 가능하며, 앞에 부정이 놓이거나 뒤에 부정이 놓이거나 상관은 없다.

‘-자는 둥’ 뒤에 결합되거나 통합되는 요소는 ‘-는다는 둥’이나 ‘-느냐는 둥’과 일치한다. 곧 ‘-자는 둥1’과 ‘-자는 둥2’ 뒤에는 토씨가 결합될 수 없으며, ‘-자는 둥2’ 뒤에는 마디나 이은말, 풀이말이 통합되어 이은월을 짜 이루며, ‘하다’가 통합되는 경우에는 안은월을 짜 이루게 된다.

‘-으라는 둥’14)도 수의적으로 되풀이되어 통사적 짜임새 -으라는 둥…-으라는 둥’을 짜 이룬다. ‘-으라는 둥’은 한 번만 되풀이 될 수 있는 것은

---

14) ‘-으라는 둥’은 그 앞에 놓이는 환경에 따라 변이형태 /-으라는 둥/, /-라는 둥/으로 실현된다.

아니고 그 이상의 되풀이도 가능하다.

> (20) ㄱ. 일찍 일어나<u>라는 둥</u> 세수하<u>라는 둥</u> 잔소리가 심하다.
> ㄴ. 일찍 일어나<u>라는 둥</u> 세수하<u>라는 둥</u> 청소하<u>라는 둥</u> … 잔소리가
> 심하다.

'-으라는 둥'에서 '-으라'는 시킴법 마침씨끝의 중화형이기 때문에 '-으라는 둥'의 쓰임은 시킴월의 쓰임에서와 일치한다. 곧 앞과 뒤의 '-으라는 둥'에 결합 가능한 풀이씨로는 움직씨에 국한되며, 어떤 때매김씨끝도 결합될 수 없다. 앞과 뒤가 부정의 관계에 놓이는 경우 '말다' 부정만 가능하며, 앞에 부정이 놓이거나 뒤에 부정이 놓이거나 상관은 없다.

'-으라는 둥' 뒤에 결합되거나 통합되는 요소는 '-는다는 둥'이나 '-느냐는 둥', '-자는 둥'과 일치한다. 곧 '-으라는 둥1'과 '-으라는 둥2' 뒤에는 토씨가 결합될 수 없으며, '-으라는 둥2' 뒤에는 마디나 이은말, 풀이말이 통합되어 이은월을 짜 이루며, '하다'가 통합되는 경우에는 안은월을 짜 이루게 된다.

'-는다는 / 느냐는 / 자는 / 으라는 둥····는다는 / 느냐는 / 자는 / 으라는 둥'은 <'둥1' 앞의 내용이랬다 '둥2' 앞의 내용이랬다 하며 갈피를 못 잡고 말이 많은 모양으로>의 뜻을 나타낸다.

'-는다는 / 느냐는 / 자는 / 으라는 둥'의 되풀이에서 반드시 동일한 꼴이 되풀이되어야 하는 제약은 없다. 이를테면, 위에서 살핀 '-는다는 둥····는다는 둥', '-느냐는 둥····느냐는 둥', '-자는 둥····자는 둥', '-으라는 둥····-으라는 둥'은 같은 꼴 되풀이법에 해당하지만, 이 밖에도 '-는다는 둥····-느냐는 둥', '-는다는 둥····자는 둥', '-는다는 둥····으라는 둥', '-느냐는 둥····는다는 둥', '-느냐는 둥····자는 둥', '-느냐는 둥····으라는 둥', '-자는 둥····는다는 둥', '-자는 둥····느냐는 둥', '-자는 둥····으라는 둥', '-으라는 둥····-는다는 둥', '-으라는 둥····느냐는 둥', '-으라는 둥····자는 둥'의 비슷한 꼴 되풀이법도 가능하다.[15)

2.2. '체…체'16)

매인이름씨 '체'는 월에서 수의적으로 되풀이되어 최소 말본형인 통사적 짜임새 '체…체'를 짜 이룬다. '체'는 반드시 되풀이되어야 하는 것은 아니기 때문에 수의적 되풀이에 해당한다. 따라서 되풀이되지 않고 '체'가 한번만 쓰인 (21)도 적격한 월이 된다.

(21) ㄱ. 철수는 나를 모르는 **체** 딴전을 피운다.
　　　ㄴ. 너는 나에게 아는 **체**를 하지 마라.
　　　ㄷ. 철수는 자기만 똑똑한 **체** 한다.17)

(21)에서의 '체'는 움직씨, 그림씨, 잡음씨 뿌리를 가리지 않고 매김씨끝 '-은', '-는'과의 결합형에 매이게 되며, <그럴 듯하게 꾸밈>의 뜻을 나타낸다.

'체'가 되풀이되어 '체…체'를 짜 이루게 되면, '체'와는 말본적 특성과 뜻에서 차이를 보이게 되기 때문에 최소 말본형으로 설정된다. 이를테면, 되풀이되지 않은 '체' 앞에는 매김꼴인 '풀이씨(움직씨, 그림씨, 잡음씨) 뿌리 +-는/은'이 통합될 수도 있지만, '체…체'에서는 '체1' 앞에 '움직씨 뿌리 +-은'만이 통합될 수 있다. 움직씨 중에 극히 일부만 '체1' 앞에 놓일 수 있으며, '체2' 앞에는 '말다'의 매김꼴 '만'으로 고정된다.

(22) ㄱ. 철수가 나를 **본** 체 **만** 체 떠나갔다.
　　　* 철수가 나를 **보는** 체 **마는** 체 떠나갔다.

---

15) 비슷한 꼴로 세 번 이상 되풀이될 수도 있다. 이론적으로는 한 월 안에서 '-는다는 등…-느냐는 등…-자는 등…-으라는 등'의, 모든 의향법에 해당하는 것들이 되풀이될 수도 있다.

16) '체…체'와 뜻과 쓰임에서 별다른 차이가 없는 것으로 '척…척'이 있다.

17) 학교문법이나 많은 논저에서 '체' 뒤에 놓이는 '하다'를 결합시켜 매인풀이씨 '체하다'로 보기도 하지만, 이 글에서는 '체'를 매인이름씨, '하다'를 안은월의 풀이말 역할을 하는 풀이씨로 보아 통사적 짜임새로 본다.

    ㄴ. 소리를 질러도 <u>들은</u> 체 **만** 체 한다.
    ＊소리를 질러도 <u>듣는</u> 체 **마는** 체 한다.

(22)에서와 같이 ‘본 체 만 체’, ‘들은 체 만 체’로 이은말을 짜 이루어 익은말화 하였다. ‘체…체’ 뒤에는 ‘도’, ‘를’ 등 극히 일부의 토씨만이 결합될 수 있다.[18] ‘체1’ 뒤에는 어떤 토씨도 결합될 수 없다.

    (23) ㄱ. 철수는 나를 본체 만 체<u>도</u> 안 한다.
       ＊철수는 나를 본체<u>도</u> 만 체<u>도</u> 안 한다.
      ㄴ. 들은 체 만 체<u>를</u> 안 한다.
      ＊들은 체를 만 체<u>를</u> 안 한다.

‘체…체’ 뒤에는 마디나 이은말이 통합되어 전체 월은 이은월을 짜 이루며, ‘체…체’ 부분이 앞마디를 이루고 뒷부분은 뒷마디를 이룬다. ‘체…체’ 뒤에는 ‘하다’가 통합되어 전체 월은 안은월을 짜 이루게 된다. 그렇게 되면 ‘하다’는 안은월의 풀이말을 이루게 되고, ‘체…체’ 부분은 안김마디를 이루게 된다.

    (24) ㄱ. [[그는 본 체 만 체]_{앞마디} [(그는) 누워만 있었다.]_{뒷마디}]_{이은월}
      ㄴ. [철수는 [(철수는) 내 말을 들은 체 만 체]_{안김마디} 하였다.]_{안은월}

‘체…체’는 <‘체1’ 앞에 놓인 내용인 것처럼 하기도 하고, ‘체2’ 앞에 놓인 내용인 것처럼 하기도 함>의 뜻을 나타내는 특성을 보인다.

2.3. ‘듯…듯’

매인이름씨 ‘듯’[19]도 월에서 수의적으로 되풀이되어 통사적 짜임새 ‘듯…

---

18) ‘체…체’ 뒤에 ‘도’가 결합되는 경우, 그 다음에는 부정의 요소가 통합된다.

듯'을 짜 이룬다. '듯'은 반드시 되풀이되어야 하는 것은 아니기 때문에 수의적 되풀이에 해당하며, 되풀이되지 않고 '듯'이 한번만 쓰인 (25)도 적격한 월이 된다.

(25) ㄱ. 소나기가 오는 <u>듯</u>, 지붕에서 요란한 소리가 들렸다.
ㄴ. 귀가 떨어져나갈 <u>듯</u>, 겨울바람이 몹시 불었다.
ㄷ. 철수는 자기가 똑똑한 <u>듯</u> 우쭐대었다.

매인이름씨 '듯'은 움직씨, 그림씨, 잡음씨 뿌리를 가리지 않고 매김씨끝 '-은', '-는', '-을'과의 결합형에 매이게 되며, <앞에 놓인 내용과 비슷하게>의 뜻을 나타낸다.

'듯'이 수의적으로 되풀이되어 '듯…듯'을 짜 이루게 되면, 한번만 쓰이는 '듯'과는 말본적 특성과 뜻에서 차이를 보이게 되기 때문에 최소의 말본형으로 설정된다. 한번만 쓰이는 '듯' 앞에는 움직씨 / 그림씨 / 잡음씨+-는/은/을'의 매김말이 놓일 수 있어, 풀이씨의 종류나 매김씨끝 종류에 제약이 따르지 않지만, '듯…듯'에서 '듯1' 앞에는 매김꼴인 '움직씨 뿌리+-는/은/을'은 통합될 수 있지만 그림씨와 잡음씨의 매김꼴은 통합될 수 없다. '듯2' 앞에는 '말다'의 매김꼴인 '마는/만/말'이 통합되는 것이 일반적이다.20) '듯1' 앞의 매김씨끝과 '듯2' 앞의 매김씨끝은 때매김이 같아야 하는 제약이 따른다. 곧 '-는 듯 마는 듯, -은 듯 만 듯, -을 듯 말 듯'의 꼴로 이은말을 짜 이루어, 익은말화 하였다. '듯1' 앞에 통합되는 움직씨 뿌리는 광범위하고, 이에 결합될 수 있는 매김씨끝에서도 제약이 없는 점에서 '체…체'와 차이를 보인다.

---

19) 『표준국어대사전』에서는 '듯'을 '듯이'의 준말로 처리하였으나, 허웅(1995 : 286)에서는 '듯'을 "'듯이'의 줄임인 듯. 그러나 '듯이'와 다른 점은 '듯'에는 '하다'가 붙는 일이 많다는 것이다"라 하였다.
20) '말다' 이외에 앞 매김말이 '있는'인 경우에 다음 보기와 같이 뒷자리에 '없는'이 놓일 수 있다.
철수는 요즘 <u>있는</u> 듯 <u>없는</u> 듯 지내고 있다.

(26) ㄱ. 그는 신문을 보<u>는</u> 듯 마<u>는</u> 듯 뒤적거리고 있다.
    ㄴ. 철수는 잠을 **잔** 듯 **만** 듯 정신이 하나도 없다.
    ㄷ. 선생님의 목소리가 들<u>릴</u> 듯 **말** 듯 하였다.

'듯…듯'에서 '듯'이 비록 매인이름씨로, 이름씨에 해당하지만 '듯1' 뒤에는 어떤 토씨도 결합될 수 없으며, '듯2'에도 결합 가능한 토씨가 좀처럼 발견되지 않는다.21)

'듯…듯' 뒤에는 마디나 이은말이 통합되어 전체 월은 이은월을 짜 이루며, '듯…듯' 부분이 앞마디를 이루고 뒷부분은 뒷마디를 이룬다. '듯…듯' 뒤에는 '하다'가 통합되어 전체 월은 안은월을 짜 이루게 된다.22) 그렇게 되면 '하다'는 안은월의 풀이말을 이루게 되고, '듯…듯' 부분은 안김마디를 이루게 된다. (26)의 월 짜임새를 간단히 나타내면 (27)과 같다.

(27) ㄱ. [[그는 신문을 보<u>는</u> 듯 마<u>는</u> 듯]_{앞마디} [(그는) 뒤적거리고 있다.]_{뒷마디}]_{이은월}
    ㄴ. [[철수는 잠을 **잔** 듯 **만** 듯]_{앞마디} [정신이 하나도 없다.]_{뒷마디}]_{이은월}
    ㄷ. [선생님의 목소리가 [(선생님의 목소리가) 들<u>릴</u> 듯 **말** 듯]_{안김마디} 하였다.]_{안은월}

'듯…듯'은 <'듯1' 앞에 놓인 내용일 것 같기도 하고, '듯2' 앞에 놓인 내용일 것 같기도 함>의 뜻을 나타내는 특성을 보인다.

'움직씨 뿌리-을 듯'이 되풀이되되, 모두가 그대로 되풀이되는 일이 있다. 이 경우에는 '듯…듯'의 되풀이에 해당하지 않고, '움직씨 뿌리-을 듯'의 되

---

21) 한번만 쓰인 '듯' 뒤에는 아래 보기(허웅, 1995 : 287)와 같이 '도', '만' 등 일부 도움토씨가 결합되기도 한다.
   이 일에는 큰 흑막이 감추어져 있는 듯<u>도</u> 합니다.
   그의 가슴은 미어질 듯<u>만</u> 하였다.
22) 학교문법이나 많은 논저에서 '듯' 뒤에 놓이는 '하다'를 결합시켜 매인풀이씨 '듯하다'로 보기도 하지만, 이 글에서는 '듯'을 매인이름씨, '하다'를 안은월의 풀이말 역할을 하는 풀이씨로 보아 통사적 짜임새로 본다.

풀이로, 월조각 되풀이에 해당한다.[23] 뒤에는 일반적으로 '하다'가 통합된다.

(28) ㄱ. 비가 <u>올 듯 올 듯</u> 하면서 오지 않았다.
ㄴ. 비가 <u>올 듯</u> 하면서 오지 않았다.
ㄷ. 철수가 말을 <u>할 듯 할 듯</u> 하다가 그만 두었다.
ㄹ. 철수가 말을 <u>할 듯</u> 하다가 그만 두었다.

곧 (28)에서 ㄱ은 ㄴ의 '올 듯'이 되풀이된 월이고, ㄷ은 ㄹ의 '할 듯'이
되풀이되어 이루어진 월로, 단순히 '듯'만 되풀이된 것이 아니라 월조각이
되풀이된 월조각 되풀이법에 해당한다.

2.4. '데⋯데'

<'곳'이나 '장소'>의 뜻을 나타내는 매인이름씨 '데'는 움직씨, 그림씨,
잡음씨 뿌리를 가리지 않고 매김씨끝 '-은', '-는', '-을'과의 결합형에 매
이게 되며, 뒤에 결합되는 토씨에도 제약이 크지 않기 때문에 보편성 매인
이름씨에 해당한다. '데'가 수의적으로 되풀이되어 최소 말본형인 통사적
짜임새 '데⋯데'를 짜 이루기도 한다.

(29) ㄱ. 갈 <u>데</u> 안 / 못 갈 <u>데</u>를 잘 가려라.
ㄴ. 끼일 <u>데</u> 안 / 못 끼일 <u>데</u>를 구분도 못 한다.
ㄷ. 내가 갈 <u>데</u> 못 갈 <u>데</u>가 어디 있어?

통사적 짜임새인 '데⋯데'에서 '데1'과 '데2' 앞에는 매김꼴인 '움직씨 뿌
리+-을'이 결합될 수 있지만, '그림씨나 잡음씨 뿌리+-을'은 결합될 수
없다. 또한 매김씨끝으로 '-을'만 가능할 뿐이고 '-는'과 '-은'은 불가능하
다. 주로 '데2' 앞에는 '데1' 앞에 놓인 움직씨의 부정이 오는데, '안'과 '못'

―――――――――

23) 월조각의 되풀이에 관한 자세한 논의는 한길(1993 : 158~185)을 참조할 것.

부정은 가능하지만 '말다' 부정은 불가능하다. '데2' 뒤에는 자리토씨와 일부 도움토씨가 결합될 수 있지만, '데1' 뒤에는 어떤 토씨도 결합될 수 없다.

통사적 짜임새였던 '데…데'가 형태적 짜임새의 일부로 바뀌는 경우가 있다. 형태적 짜임새로 바뀐 '데…데'는 쓰임에서 심한 제약을 보인다. 곧 '데' 앞에 놓일 수 있는 움직씨가 극히 한정되어 있어 익은말화 하였다가 형태적 짜임새로 결합되어 한 낱말로 생성된 것으로 보인다. 앞 움직씨 뿌리에는 주로 '오-(다)'로 고정되고 뒤 움직씨 뿌리에는 주로 '가-(다)'로 고정되어 익은말이 되었다. '오다'와 '가다'는 매김꼴로 '온/올', '간/갈'만이 결합될 수 있다. '데1' 앞에는 '온/올'이 주로 놓이고, '데2' 앞에는 '간/갈'이 주로 놓일 수 있으며, 앞이 '온'이면 뒤가 '간'이어야 하고, 앞이 '올'이면 뒤가 '간'이어야 한다. 아울러 '데…데' 뒤에 결합되는 요소는 '없다'로 고정되는 제약을 보인다.

(30) ㄱ. 그 많던 재산이 **온** 데 **간** 데 없다.
　　　→그 많던 재산이 **온데간데없다**.
　　ㄴ. 저분은 **올** 데 **갈** 데 없는 사람이다.
　　　→저분은 **올데갈데없는** 사람이다.

형태적 짜임새 '데…데'에서 '오(다)'와 '가(다)'의 순서가 바뀔 수 있는 경우도 있지만, '데1' 앞에 놓이는 매김말이 '간'일 때에 한정되며, '가는'과 '갈'일 때는 바뀌어 쓰일 수 없음을 (31)을 통해 확인할 수 있다.

(31) ㄱ. 그 많던 재산이 **간** 데 **온** 데 없다.
　　　→그 많던 재산이 **간데온데없다**.
　　ㄴ. *저분은 **갈** 데 **올** 데 없는 사람이다.
　　　→*저분은 **갈데올데없는** 사람이다.
　　ㄷ. *저분은 **오는** 데 **가는** 데 없는 사람이다.
　　　→*저분은 **오는**데**가는**데없는 사람이다.

통사적 짜임새인 '오는 데 가는 데 없다'와 형태적 짜임새인 '오는데가는
데없다'가 쓰일 수 없음은 (31)ㄷ을 통해 확인할 수 있다.

형태적 짜임새 '데…데'에 의해 생성된 낱말은 그림씨로, '온데간데없다',
'올데갈데없다', '간데온데없다'이며, 이와 이론적으로는 같은 짜임새에 해
당하는 '갈데올데없다'는 낱말로 생성되어 있지 않은 상태다. 이들 세 낱말
에 대한 사전적 처리를 보면,『표준국어대사전』과『우리말큰사전』은 셋 모
두를 올림말로 싣고 있으며,『연세한국어사전』은 '온데간데없다', '올데갈데
없다' 둘을 올림말로 싣고 있어 차이를 보인다.

형태적 짜임새 '데…데'에서의 '데'는 그림씨인 '온데간데없다', '올데갈
데없다', '간데온데없다'의 낱말 구성 요소 중 하나일 뿐 낱말로서의 자격을
가지지 못한다.

2.5. '겸…겸'

매인이름씨 '겸'은 이름씨 사이에 쓰이거나, 움직씨 사이에 쓰이되, 앞자
리 움직씨는 매김씨끝 '-을'로 꼴바꿈한 모습으로 쓰이며, <앞자리에 놓이
는 것과 동시에 아울러>의 의미적 특성을 나타낸다.

> (32) ㄱ. 오늘은 늦게 일어나 아침 **겸** 점심을 먹었다.
>   ㄴ. 백화점도 들를 **겸** 시내에 나갔다.

이름씨 사이에 쓰이는 '겸'은 앞 이름씨와 뒤 이름씨를 이어주는 구실을
한다. '겸' 뒤에는 어떤 토씨도 결합될 수 없고 이름씨가 통합되는 특성을
나타낸다. 이 '겸'은 수의적으로 되풀이되어 쓰일 수 있으며, 두 번 이상의
되풀이도 가능하다. 되풀이된다고 해서 한번만 쓰인 '겸'과 쓰임, 뜻에서 달
라지는 것은 아니다. 두 번 이상 되풀이되더라도 마지막 '겸' 뒤에는 이름씨
가 놓여야 한다. '겸'은 되풀이되는 '겸'과 긴밀한 짜임새를 이루는 것은 아

니기 때문에 최소 말본형에 해당하는 것은 아니다.

  (33) ㄱ. 아버지는 사장 **겸** 부장 **겸** <u>**사환**</u>으로 일하신다.
       ㄴ. 아버지는 사장 **겸** 부장 **겸** 사원 **겸** <u>**사환**</u>으로 일하신다.
       ㄷ. 아버지는 사장 **겸** 부장 **겸** 사원 **겸** … <u>**사환**</u>으로 일하신다.

  이와 같이 이름씨에 매여 있는 '겸'은 이름씨와 이름씨를 이어주기 때문에 기능에서만 보면, 이음토씨와 같은 역할을 하는 것으로 볼 수 있다. 따라서 이름씨 사이의 '겸'은 매인이름씨에 해당하지만, 월조각으로서의 구실을 하지 못하고, 이름씨와 이름씨를 연결하는 역할을 하며, 이들 짜임새에 토씨나 잡음씨가 결합되어 비로소 월조각으로 쓰이게 된다. '겸'이 두 번 이상 되풀이되더라도 마찬가지이다.

  (34) ㄱ [[사장 **겸** 부장]이]_{임자말} 저분이시다.
       ㄴ. 아버지는 [[사장 **겸** 부장 **겸** 사환]으로]_{어찌말} 일하신다.
       ㄷ. 저분은 [[사장 **겸** 부장 **겸** 사환]이시다]_{풀이말}.

  매김말에 매여 있는 '겸'은 앞에 놓이는 매김말에 제약이 따른다. 매김말 중 움직씨의 매김꼴만이 통합될 수 있으며, 움직씨의 매김꼴 중에도 매김씨 끝이 '-을'인 경우에 한하여 통합될 수 있다. 이 '겸'도 수의적으로 되풀이되어 쓰일 수 있으며, 두 번 이상의 되풀이도 가능하다. 되풀이된다고 해서 한번만 쓰인 '겸'과 쓰임, 뜻에서 달라지는 것은 아니다. 매김말에 매여 있는 '겸'도 되풀이되는 '겸'과 긴밀한 짜임새를 이루는 것은 아니기 때문에 최소 말본형에 해당하는 것은 아니다.

  (35) ㄱ. 뽕도 **딸 겸**, 임도 볼 **겸**, 뽕밭으로 향했다.
       ㄴ. 뽕도 **딸 겸**, 임도 볼 **겸**, 바람도 쏘일 **겸**, 뽕밭으로 향했다.
       ㄷ. 뽕도 **딸 겸**, 임도 볼 **겸**, 바람도 쏘일 **겸**, … 뽕밭으로 향했다.

매김말에 매여 있는 ‘-을 겸’에도 토씨가 결합될 수 없으며, 뒤에는 마디, 이은말 따위가 통합된다. ‘-을 겸’은 앞부분에 놓이는 것과 뒷부분에 놓이는 것을 이어주는 이음씨끝과 같은 구실을 한다.24) 곧 ‘-을 겸’ 앞에 놓이는 부분이 앞마디가 되고 뒤에 놓이는 부분이 뒷마디를 이루게 하여 이은월을 짜 이루게 하는 역할을 ‘-을 겸’이 담당하게 된다. 따라서 ‘겸’이 이름씨의 한 종류이지만 월조각으로 쓰이지 못하고 이음씨끝과 같은 구실을 한다.

(36) ㄱ. [[철수는 친구를 **만날 겸**]앞마디 [(철수는) 시내에 나갔다.]뒷마디]이은월

ㄴ. [[철수는 친구를 **만날 겸**]앞마디 [(철수는) 서점에 **들를 겸**]가운뎃마디 [(철수는) 시내에 나갔다.]뒷마디]이은월

‘-을 겸’이 짜 이루는 이은월은 앞마디와 가운뎃마디, 뒷마디의 임자말이 같아야 하며, 앞마디에만 임자말이 쓰이고 나머지 마디에는 임자말이 삭제되어야 한다. ‘-을 겸1’과 ‘-을 겸2’ 앞에 놓이는 마디는 임자말이 같고 풀이말의 풀이씨가 움직씨이어야 하는 제약이 따르지만, 짜임에서 맞섬관계를 이루어야 하는 제약은 없다. 곧 맞섬관계이거나 아니거나, 월 적격성에는 상관이 없다. (35ㄱ)에서는 ‘-을 겸1’과 ‘-을 겸2’ 앞이 ‘누가 무엇을 어찌한다.’로 대등관계에 해당하고, (36ㄴ)에서는 ‘-을 겸1’ 앞은 ‘누가 무엇을 어찌한다.’이고 ‘-을 겸2’ 앞은 ‘누가 어디에 어찌한다.’로, 대등관계가 아니지만 적격한 월이 되었다.

---

24) 허웅(1995 : 270)에서는 ‘겸’을 사전에서 매인이름씨로 처리하고 있기에, 매인이름씨의 특별한 것으로 붙여둔다고 한 바와 같이, 매인이름씨로 확정짓기에는 다음과 같이 석연치 않은 점이 있는 것으로 보았다.

“‘겸’이란 말은, 위로는 매김말을 받을 수 있는 점은 이름씨와 같아 보이나, 그 뒤의 풀이말에 이끌리는 어떤 월성분으로서의 자격을 가지지 못하고, 말을 이어 주는 데 쓰이어서, 말본의 풀이를 어렵게 한다.”

3. 마무리

이 장에서는 매인이름씨 가운데 되풀이되어, 되풀이 매인이름씨를 짜 이루는 것들에 관하여 논의하였다. 되풀이 매인이름씨는 월 안에서 반드시 되풀이되어야 하느냐, 되풀이될 수도 있고 되풀이되지 않을 수도 있느냐에 따라 필수적 되풀이 매인이름씨와 수의적 되풀이 매인이름씨로 가르고, 이들 매인이름씨에 관하여 형태·통사적 특성과 의미 기능도 기술하였다. 각각의 되풀이 매인이름씨는 뜻과 쓰임에서 공통된 점을 보이기도 하지만, 고유의 특성을 가지고 있음이 확인되었다.

되풀이 매인이름씨로는 '둥…둥', '듯…듯', '체…체', '데…데', '겸…겸'이 설정된다. 이 가운데 '둥…둥'만이 분포상 제약이 심하지 않으며, 그 밖에 것은 극심한 제약이 따라, 일부는 결합과정을 거쳐 낱말로 생성된 것들도 있다. 설정된 되풀이 매인이름씨마다 형태·통사적 특성과 의미 기능을 간단히 정리하면 다음과 같다.

'둥'은 되풀이되어 '둥…둥'의 꼴로 쓰이어 최소 말본형을 짜 이루었다. '둥' 앞에는 매김꼴인 '움직씨 뿌리+-는/은/을'이 통합될 수도 있고, 건너 따옴꼴 '-는다는 / 느냐는 / 자는 / 으라는'이 통합될 수 있는데, 매김꼴의 유형이 무엇이냐에 따라 쓰임과 뜻에서 차이를 보이기 때문에 각각 나누어 그 쓰임과 뜻을 살폈다. '-은/는/을 둥…-은/는/을 둥'은 <'둥1' 앞에 놓인 내용과 '둥2' 앞에 놓인 내용을 하는 듯하기도 하고 하지 않는 듯하기도 함>의 뜻을 나타내고, '-는다는 / 느냐는 / 자는 / 으라는 둥…-는다는 / 느냐는 / 자는 / 으라는 둥'은 <'둥1' 앞의 내용이랬다 '둥2' 앞의 내용이랬다 하며 갈피를 못 잡고 말이 많은 모양으로>의 뜻을 나타낸다.

'체'는 월에서 수의적으로 되풀이되어 최소 말본형인 통사적 짜임새, '체…체'를 짜 이루었다. '체…체'에서는 '체1' 앞에 '움직씨 뿌리+-은'만이 통합될 수 있고, 움직씨 중에 극히 일부만 '체1' 앞에 놓일 수 있으며, '체2'

앞에는 ‘말다’의 매김꼴 ‘만’으로 고정된다. ‘체…체’ 뒤에는 마디나 이은말이 통합되어 전체 월은 이은월이나 안은월을 짜 이룬다. <‘체1’ 앞에 놓인 내용인 것처럼 하기도 하고, ‘체2’ 앞에 놓인 내용인 것처럼 하기도 함>의 뜻을 나타낸다.

　‘듯’도 월에서 수의적으로 되풀이되어 통사적 짜임새, ‘듯…듯’을 짜 이루었다. ‘듯…듯’은 ‘듯’과는 말본적 특성과 뜻에서 차이를 보이기 때문에 최소의 말본형으로 설정되었다. ‘듯…듯’에서 ‘듯1’ 앞에는 매김꼴인 ‘움직씨 뿌리+-는/은/을’이 통합될 수 있으며, ‘듯2’ 앞에는 일반적으로 ‘마는/만/말’이 통합된다. ‘듯1’과 ‘듯2’ 앞의 매김씨끝은 때매김이 같아야 한다. <‘듯1’ 앞에 놓인 내용일 것 같기도 하고, ‘듯2’ 앞에 놓인 내용일 것 같기도 함>의 뜻을 나타낸다.

　보편성 매인이름씨 ‘데’가 수의적으로 되풀이되어 최소 말본형인 통사적 짜임새, ‘데…데’를 짜 이루었다. ‘데…데’에서 ‘데1’과 ‘데2’ 앞에는 매김꼴인 ‘움직씨 뿌리+-을’만이 결합될 수 있다. ‘데2’ 앞에는 주로 ‘데1’ 앞에 놓인 움직씨의 부정형이 오며, ‘데2’ 뒤에는 자리토씨와 도움토씨 일부가 결합될 수 있다. 형태적 짜임새로 바뀐 ‘데…데’에서의 ‘데’는 그림씨인 ‘온데간데없다’, ‘올데갈데없다’, ‘간데온데없다’의 낱말 구성 요소 중 하나일 뿐 낱말로서의 자격을 가지지 못한다.

　‘겸’은 이름씨 사이에 놓여 이름씨를 이어 주기도 하고, 움직씨 사이에 쓰이되, 앞자리 움직씨는 매김씨끝 ‘-을’로 꼴바꿈한 모습으로 쓰어 앞마디와 뒷마디를 이어 주는 구실을 한다. 되풀이되어 ‘겸…겸’, ‘-을 겸…-을 겸’을 짜 이루지만, 긴밀한 짜임새를 이루는 것은 아니기 때문에 최소 말본형에 해당하지는 않았으며, <앞자리에 놓이는 것과 동시에 아울러>의 의미적 기능을 나타낸다.

같은 낱말 되풀이 요구 최소 말본형의 되풀이법

1. 들머리

말본 요소 중에는 앞과 뒤에 같은 낱말의 되풀이를 요구하는 것들이 있다. 이를테면, 통사적 구성 '-고…-은'은 같은 그림씨 뿌리의 되풀이를 요구하며,1) <힘줌>의 뜻을 덧보태어 강조법을 실현한다. 토씨 '에'와 '을'은 '에…을'이란 짜임새를 이루어, 같은 이름씨의 되풀이를 요구하며, '-고… -은'과 마찬가지로 <힘줌>의 뜻을 덧보태어 강조법을 실현한다.

    (1) ㄱ. <u>넓</u>고 <u>넓</u>은 운동장이 텅 비어 있다.
        ㄴ. <u>만전</u>에 <u>만전</u>을 다 하라.

위와 같이 같은 낱말의 풀이씨와 이름씨의 되풀이를 요구하는 말본 요소로는 통사적 짜임새를 비롯해서 형태적 짜임새인 씨끝과 토씨의 결합형 따

---

1) 겉짜임에서 '-고…-은'이 모두 같은 낱말로 되풀이되는 것은 아니다. 곧 '깨끗하고 좋은'은 앞과 뒤가 다른 낱말이지만 적격하다. 그러나 이는 '깨끗하고 좋다'가 매김꼴로 끝바꿈한 것으로 이 글에서 다루고자 하는 '-고…-은' 짜임새에 해당하지 않는다. '-고…-은'의 짜임새인 '넓고 넓은'은 '넓고 넓다'의 매김꼴로 쓰인 것으로 보지 않는다.

위가 있다.

풀이씨 되풀이를 요구하는 통사적 짜임새로는 '씨끝…씨끝'으로 짜인 '-고…-은', '-으나…-은', '-디…-은', '-으면…-을수록', '-으면…-었지'가 있으며, '씨끝…매인이름씨'로 짜인 '-을 대로', '-을 만큼', '-을 테면'이 있다. '씨끝＋토씨'로 짜인 '-기는'도 풀이씨의 되풀이를 요구한다.

(2) ㄱ. 철수는 높<u>고</u> 높<u>은</u> 산을 올랐다.
ㄴ. 높<u>으나</u> 높<u>은</u> 나뭇가지에 새가 집을 지었다.
ㄷ. 넓<u>디</u>넓<u>은</u> 방안에 살림이 하나도 없다.
ㄹ. 산은 높<u>으면</u> 높<u>을수록</u> 아름답다.
ㅁ. 차라리 죽<u>으면</u> 죽었<u>지</u> 굴복은 하지 않겠다.
ㅂ. 설악산 단풍이 붉<u>을 대로</u> 붉었다.
ㅅ. 아침을 먹<u>을 만큼</u> 먹었다.
ㅇ. 내 주먹을 막<u>을 테면</u> 막아 봐.
ㅈ. 아침을 먹<u>기는</u> 먹는다.

이름씨 되풀이를 요구하는 통사적 짜임새로는 '(토씨)가…인지라', '(토씨)는…이(다)', '(토씨)는…대로', '이란…는', '(토씨)에…를'이 있으며, '(이다의 끝바꿈꼴)이면…이면'이 있다.

(3) ㄱ. 직업<u>이</u> 직업<u>인지라</u> 명절에도 근무한다.
ㄴ. 철수가 애<u>는</u> 애<u>이다</u>.
ㄷ. 너무 말라서 몸<u>은</u> 몸<u>대로</u> 논다.
ㄹ. 공휴일이라 은행<u>이란</u> 은행<u>은</u> 모두 문을 닫았다.
ㅁ. 실패<u>에</u> 실패<u>를</u> 거듭했다.
ㅂ. 철수는 공부<u>면</u> 공부, 운동<u>이면</u> 운동, 못하는 게 없다.

이 장에서는 낱말 되풀이를 요구하는 이들 말본 요소를 선정하여, 되풀이법의 최소 말본형으로 설정하고, 각각의 형태·통사적 특성과 아울러 의미 기능에 관하여 논의하기로 한다.

2. 같은 풀이씨 되풀이를 요구하는 씨끝의 통사적 짜임새

2.1. '-고⋯-은'2)

이음씨끝 '-고'와 매김씨끝 '-은'은 서로 긴밀한 통사적 짜임새를 이루어, 최소의 말본형인 '-고⋯-은'을 짜 이루었다. 곧 앞자리에 '-고'가 놓이면 뒷자리에는 매김씨끝 중에 '-은'이 놓여 짜임새를 이루어, 주로 그림씨 되풀이를 요구하게 되며, 바탕소인 '-고' 앞에 놓인 풀이씨의 뜻을 힘주어 나타내는 기능을 하게 된다. 뒷자리에는 매김씨끝이더라도 '-을'은 놓일 수 없는 제약이 따르게 된다.

> (4) ㄱ. **넓고 넓은** 바다를 찾아보자.
>   ㄴ. ***넓고 넓을** 바다를 찾아보자.

'-고⋯-은'에는 주로 그림씨가 되풀이되지만, (5)에서와 같이, '쌓이다, 바라다, 믿다' 따위의 일부 움직씨가 되풀이되기도 한다. 이들 움직씨의 되풀이인 경우에도 끝에는 매김씨끝 '-은'으로 고정되며, '-는'이나 '-을'은 놓일 수 없다.

> (5) ㄱ. 밤새 **쌓이고 쌓인** 눈을 쓸었다.
>   ㄴ. **바라고 바란** 일이 드디어 이루어졌다.
>   ㄷ. **믿고 믿은** 사람한테서 배신을 당했다.

'-고'는 일부 풀이씨 뿌리에 결합되며, 때매김씨끝을 앞세울 수 없다. 주체가 높임의 대상이면, 주체높임의 '-으시-'를 앞세울 수 있지만, 앞뒤에 다 결합되든가, 뒤에만 결합되는 것이 자연스럽다. '-고' 뒤에는 도움토씨 중에

---

2) '-고⋯-은'은 결합되는 그림씨 뿌리의 끝이 닿소리냐 홀소리냐에 따라 /-고⋯-은/과 /-고⋯-ㄴ/으로 실현된다.

'도'가 결합될 수 있다. '도'가 결합되면 그 뜻을 더욱 <강조>하게 된다.

<blockquote>
(6) ㄱ. 높으<u>시</u>고 높으신 아버님의 뜻을 잊지 말자.
　　ㄴ. 높고 높으<u>신</u> 아버님의 뜻을 잊지 말자.
　　ㄷ. *높으<u>시</u>고 높은 아버님의 뜻을 잊지 말자.
　　ㄹ. 높고<u>도</u> 높으신 아버님의 뜻을 잊지 말자.
</blockquote>

'-은' 앞에는 '-고' 앞의 풀이씨 뿌리가 되풀이되며, 때매김씨끝 중 '-더-'를 앞세울 수 있지만 '-었-'은 앞세울 수 없다. '-었-'은 '-더-'를 뒤에 결합하는 경우에 한하여 결합될 수 있다. '-겠-'은 결합될 수 없으며, 주체가 높임의 대상인 경우 '-으시-'는 결합될 수 있다.

<blockquote>
(7) ㄱ. 쌓이고 쌓이<u>던</u> 눈이 이제 녹기 시작했다.
　　ㄴ. 쌓이고 쌓<u>였던</u> 눈이 다 녹았다.
　　ㄷ. 할머니는 쌓이고 쌓이<u>신</u> 한을 풀지 못하고 돌아가셨다.
</blockquote>

'-고…-은' 뒤에 결합 가능한 요소는 없다. 어떤 종류의 토씨도 결합되지 않는데, 이는 매김씨끝의 일반적 제약에 해당한다. '-고…-은' 뒤에는 임자씨가 통합되며, '-고…-은' 짜임새는 월에서 매김말 역할을 한다.

<blockquote>
(8) ㄱ. 철수는 [멀고 먼]_{매김말} **나라**로 여행을 떠났다.
　　ㄴ. [길고 긴]_{매김말} **여름방학**이 시작되었다.
</blockquote>

'-고…-은'에 그림씨가 되풀이되면 주로 바탕소의 상태나 성질 따위를 <강조함>의 의미 기능을 나타내고, 움직씨가 되풀이되면 바탕소의 행위를 <강조함, 거듭됨> 따위의 의미 기능을 나타낸다.

되풀이되는 풀이씨의 씨끝이 반드시 '-은'이 아니더라도 '-고' 자체가 동일 풀이씨의 되풀이를 요구하는 경우도 있다. 이 경우의 '-고'도 '-고…-은'의 '-고'와 동일한 것으로, 최현배(1971 : 512)는 이를 같은 말을 거듭하여 그 뜻을 세게 하는 "힘줌꼴(強勢形)" 씨끝이라 하고 "이에는 '-나, -디, -고'가 있느니라."하고 다음 보기를 들었다.

> (9) ㄱ. 갈 길이 멀**고** 멀다.
> ㄴ. 예쁘**고** 예쁘다, 나의 동생.
> ㄷ. 방바닥이 차**고** 차 견딜 수가 없다.[3]

위와 같이 '-고' 자체만으로도 되풀이 풀이씨를 요구하는 경우도 있으나, 이는 극히 드문 편에 해당하고, 대체로 뒤에 '-은'과 통합되어 '-고⋯-은'의 짜임새로 쓰이게 된다.

2.2. '-으나⋯-은'[4]

이음씨끝 '-으나'와 매김씨끝 '-은'은 서로 긴밀한 통사적 짜임새를 이루어, 최소 말본 형인 '-으나⋯-은'을 짜 이루었다. 곧 앞자리에 '-으나'가 놓이면 뒷자리에는 매김씨끝 중에 '-은'이 놓여, 통사적 짜임새를 이루어, 일부 그림씨 되풀이를 요구하게 되며, 바탕소인 '-으나' 앞에 놓인 그림씨의 뜻을 힘주어 나타내는 기능을 하게 된다. 뒷자리에는 '-은'만 놓일 수 있을 뿐 '-을'은 놓일 수 없는 제약이 따른다.

> (10) ㄱ. 높**으나** 높은 부모님의 은혜를 어찌 다 갚겠는가?
> ㄴ. *높**으나** 높을 물가에 대비하자.

'-으나⋯-은'에는 모든 그림씨가 되풀이될 수 있는 것이 아니라 극히 일부 그림씨만이 되풀이될 수 있기 때문에 결합과정을 거쳐 한 낱말로 생성된

---

3) 이 보기는 허웅(1995 : 964)에서 든 것이다.
4) '-으나⋯-은'은 결합되는 그림씨 뿌리의 끝이 닿소리냐 홀소리냐에 따라 /-으나⋯-은/과 /-나⋯-ㄴ/으로 실현된다.

것으로 처리하여, 붙여 쓰기도 한다.

> (11) ㄱ. 머**나 먼** 고향에 무사히 도착했다.
> → **머나먼** 고향에 무사히 도착했다.
> ㄴ. 어젯밤에 **크나 큰** 소동이 벌어졌다.
> → 어젯밤에 **크나큰** 소동이 벌어졌다.

『우리말큰사전』(1992)이나 『표준국어대사전』(1999), 『연세한국어사전』(2001)에서는 한 낱말로 녹아 붙어 생성된 것으로 처리하여, 으뜸꼴로 '머나멀다, 크나크다, 기나길다' 따위를 올림말로 실었다.[5] 그러나 이들은 씨끝바꿈에서 제약이 심하여, 매김씨끝 '-은'이 결합되는 경우 이외에 다른 씨끝과 결합하는 일이 별로 없다. 따라서 '-으나…-은'이 일부 그림씨의 되풀이에 의해 통사적 짜임새를 이루었다가 결합과정을 거쳐 형태적 짜임새로 바뀌어 '머나먼, 크나큰, 기나긴' 따위의 매김씨를 생성한 것으로 보는 것이 합리적이다. 그러나 이 글에서는 '-으나…-은'이 결합 가능한 그림씨에 제약이 따르더라도 이 밖에도 여러 그림씨와 결합될 수 있는 가능성이 있기 때문에 형태적 짜임새로 보지 않고 통사적 짜임새로 간주한다.

'-으나' 앞에는 극히 일부의 그림씨 뿌리만이 결합될 수 있으며, 주체가 높임의 대상인 경우라도 '-으시-'는 결합될 수 없으며, 어떠한 때매김씨끝도 결합될 수 없는 제약이 있다. '-은' 앞에는 '-으나' 앞에 되풀이된 그림씨 뿌리만이 결합될 수 있다. 주체가 높임의 대상이면, '-으시-'가 결합될 수 있다. 때매김씨끝 중에 '-더-'가 결합될 수 있으며, '-었-'은 그대로 '-은'에 결합될 수는 없지만 뒤에 '-더-'가 뒤따르는 경우에는 결합될 수 있다.

> (12) ㄱ. 높으나 높으**신** 선생님 명성에 누를 끼쳤다.

---

5) 사전적 처리가 꼭 일치하지는 않는다. 『연세한국어사전(2001)』에는 '크나크다'가 올림말로 실려 있지 않으며, 『우리말큰사전(1992)』에는 '기나길다'다 실려 있지 않은 대신에 매김씨로 '기나긴'이 실려 있는 등 차이를 보이는 면이 있다.

ㄴ. 높으나 높**던** 산도 발아래에 놓여 있다.
ㄷ. 높으나 높**았던** 산도 발아래에 놓여 있다.

'-으나' 뒤에는 어떤 토씨도 결합될 수 없으며, '-은' 뒤에도 어떤 종류의 토씨도 결합되지 않는데, 이는 매김씨끝의 일반적 제약에 해당한다. '-으나…-은' 뒤에는 임자씨가 통합되며, 월에서 매김말 역할을 한다.

(13) ㄱ. 그는 [머나 먼]_{매김말} **산길**을 걸어서 고향에 도착하였다.
ㄴ. [기나 긴]_{매김말} **겨울**도 이제 다 지나갔다.

'-으나…-은'은 되풀이된 그림씨의 매김꼴을 <강조>하는 뜻을 나타낸다. 곧 '머나 먼'은 '먼'의 강조로 <아주 먼>의 뜻을, '기나 긴'은 '긴'의 강조로 <아주 긴>의 뜻을 나타낸다.

되풀이되는 풀이씨의 씨끝이 반드시 '-은'이 아니더라도, (14)에서와 같이, '-으나' 자체가 동일 풀이씨의 되풀이를 요구하는 경우도 있다. 이 경우의 '-으나'도 '-으나…-은'의 '-으나'와 동일한 것이지만, 이런 쓰임은 극히 드문 편이고, 대체로 뒤에 '-은'과 통합되어 쓰이게 된다.

(14) ㄱ. 뫼는 높**으나** 높고, 물은 기**나** 길다.
ㄴ. 갈 길이 머**나** 멀다.

'-으나…-은'은 앞에 놓이는 그림씨 뿌리에 제약이 심하며, '으나' 앞에 때매김씨끝과 주체높임의 '-으시-'가 결합될 수 없다. 'A으나'와 'A은' 사이에 어떤 요소도 통합될 수 없는 점에서, 통사적 짜임새였던 것이 결합과정을 거쳐 형태적 짜임새로 바뀌어 한 낱말로 굳어진 것으로 볼 수도 있다.

2.3. '-으면…-을수록'[6)]

이음씨끝 '-으면'과 '-을수록'이 서로 긴밀한 통합관계를 이루어 최소의 말본형 '-으면…-을수록'을 짜 이루며, 반드시 같은 풀이씨가 되풀이되어야 하는 특성을 가진다.

'-으면' 앞에는 움직씨, 그림씨, 잡음씨 뿌리가 결합될 수 있으며, '-을수록' 앞에는 당연히 '-으면' 앞에 결합된 풀이씨가 되풀이되기 때문에, '-을수록' 앞의 풀이씨 뿌리는 '-으면'에 구속받는다.

    (15) ㄱ. 산에 <u>오르</u>면 <u>오르</u>수록 공기가 희박하다.
         ㄴ. 산이 <u>높</u>으면 <u>높</u>을수록 좋다.
         ㄷ. 우등생<u>이</u>면 우등생<u>일</u>수록 더 열심히 공부해야 한다.

'-으면' 앞에는, 월의 주체가 높임의 대상이면, '-으시-'는 결합될 수 있다. '-으시-'가 결합되면, 되풀이 풀이씨 뿌리 다음에도 '-으시-'가 결합되어야 적격해진다. '-으면' 앞에 '-으시-'가 결합되지 않더라도 되풀이 풀이씨 뿌리 다음에 결합되면 적격한 월이 된다.

    (16) ㄱ. 할아버지도 운동을 하<u>시</u>면 하<u>실</u>수록 건강해집니다.
         ㄴ. *할아버지도 운동을 하<u>시</u>면 할수록 건강해집니다.
         ㄷ. 할아버지도 운동을 하면 하<u>실</u>수록 건강해집니다.

'-으면' 앞에 때매김씨끝은 결합될 수 없으며, '-으면' 뒤에는 토씨가 결합될 수 없다. '-을수록'도 '-으면'에서와 꼭 같은 제약이 따른다. '-으면'과 '-을수록' 사이에는 '-으면' 앞에서 이를 꾸미는 어찌말이나 매김말('이름씨+이면'을 꾸미는 경우에 한함)이 있는 경우에 이 월조각이 되풀이될 수 있

---

6) '-으면…-을수록'은 결합되는 그림씨 뿌리의 끝이 닿소리냐 홀소리냐에 따라 /-으면…-을수록/과 /-면…-ㄹ수록/으로 실현된다.

다. 물론 되풀이되지 않더라도 적격한 월이 된다. 이때 꾸밈의 기능은 '-으면⋯-을수록' 전체로 확대된다.

(17) ㄱ. 밥을 **빨리** 먹으면 **빨리** 먹을수록 체하기 쉽다.
　　　→ 밥을 **빨리** 먹으면 먹을수록 체하기 쉽다.
　　ㄴ. **자주** 만나면 **자주** 만날수록 가까워진다.
　　　→ **자주** 만나면 만날수록 가까워진다.
　　ㄷ. **똑똑한** 학생이면 **똑똑한** 학생일수록 학업에 더 열심히 정진해야
　　　한다.
　　　→ **똑똑한** 학생이면 학생일수록 학업에 더 열심히 정진해야 한다.

그러나 '-으면' 앞의 어찌말이 부정의 '안'과 '못'이라면 반드시 되풀이되어야 한다.

(18) ㄱ. 밥을 **안** 먹으면 **안** 먹을수록 건강에 해롭다.
　　　→*밥을 **안** 먹으면 먹을수록 건강에 해롭다.
　　ㄴ. **못** 사면 **못** 살수록 너만 손해다.
　　　→***못** 사면 살수록 너만 손해다.

'-을수록' 앞에는, '-으면' 앞의 월조각이 되풀이되는 경우를 제외하면, 다른 요소가 끼어들어 통합될 수는 없다. '-을수록' 뒤에는 토씨가 결합되지 않으며, 뒷마디나 풀이말이 통합된다.

'-으면⋯-을수록'은 최소 말본형이 되어, <'-으면⋯-을수록'에 놓인 내용이 더해 감에 따라 '-으면⋯-을수록' 뒤에 놓인 내용이 더 하거나 덜해 감을 나타냄>의 의미 특성을 나타낸다.

2.4. '–으면…–었지'7)

이음씨끝 '–으면'과 '–었지'8)가 서로 긴밀한 통합관계를 이루어 최소의 말본형 '–으면…–었지'를 짜 이루며, <단호한 거부의 태도>의 의미적 특성을 나타낸다. '–으면' 앞과 '–었지' 앞에는 반드시 같은 풀이씨가 되풀이되어야 하는 특성을 가진다.

'–으면' 앞에는 움직씨 뿌리가 결합될 수 있으며, '–었지' 앞에는 당연히 '–으면' 앞에 결합된 풀이씨가 되풀이된다.

> (19) ㄱ. <u>죽</u>으면 <u>죽</u>었지 굴복은 하지 않겠다.
> ㄴ. <u>굶</u>으면 <u>굶</u>었지 도둑질은 하지 않겠다.

'–으면' 앞에는 월의 주체가 높임의 대상이면 주체높임의 '–으시–'는 결합이 가능하다. '–으면' 앞에 '–으시–'가 결합되면, 되풀이 풀이씨 뿌리 다음에도 '–으시–'가 결합되어야 적격해진다. '–으면' 앞에는 '–으시–'가 결합되지 않더라도 되풀이 풀이씨 다음에 결합되면 적격한 월이 되지만 그리 자연스럽지는 않다.

> (20) ㄱ. 할아버지께서 노<u>시</u>면 노<u>셨</u>지 그런 일을 안 하실 거야.
> ㄴ. *할아버지께서 노<u>시</u>면 놀았지 그런 일을 안 하실 거야.
> ㄷ. 할아버지께서 놀면 노<u>셨</u>지 그런 일은 안 하실 거야.

'–으면' 앞에 때매김씨끝은 결합될 수 없으며, '–으면' 뒤에는 토씨가 결합될 수 없다. '–었지'도 '–으면'에서와 꼭 같은 제약이 따른다. '–으면'과

---

7) '–으면…–었지'에서 '–으면'은 결합되는 풀이씨의 끝이 닿소리냐 홀소리냐에 따라, /–으면/, /–면/으로 실현되고, '–었지'에서의 '–었–'은 앞 환경에 따라 '–었–'의 변이형태로 실현된다.

8) 마침씨끝 '–지'만이 아니라 이음씨끝 '–지'도 있다. '해가 지면 어두워지<u>지</u> 환해지지 않는다.'에서의 '–지'가 이에 해당한다. '–었–'과 '–지'가 결합된 형태를 최소형으로 본 까닭은 항상 이들이 결합되어 쓰여야 하기 때문이다. '–었–' 자리에 '–겠–'이나 '–더–' 따위가 대치될 수 없는 점도 '–었지'를 최소형으로 보게 되는 까닭이다.

'-었지' 사이에는 '-으면' 앞에서 이를 꾸미는 어찌말이 있는 경우 부정의 '안'과 '못'은 반드시 되풀이되어야 한다.

> (21) ㄱ. <u>안</u> 사면 <u>안</u> 샀지 값을 깎지는 않겠다.
> → *<u>안</u> 사면 샀지 값을 깎지는 않겠다.
> ㄴ. 시험을 <u>못</u> 보면 <u>못</u> 보았지 부정행위는 하지 않겠다.
> → *시험을 <u>못</u> 보면 보았지 부정행위는 하지 않겠다.

'-었지' 앞에는 '-으면' 앞의 월조각이 되풀이되는 경우를 제외하면 다른 요소가 끼어들어 통합될 수는 없다. '-었지' 뒤에는 토씨가 결합되지 않으며, 바로 뒷마디가 통합된다. 뒷마디는 주로 부정의 내용이 놓이게 된다. '-으면…-었지'는 바로 부정의 뒷마디에 대한 〈단호한 거부의 태도〉를 나타낸다. 월 앞자리에 어찌말 '차라리'가 놓일 수 있으며, 그렇게 되면 뜻이 더욱 분명해진다.

3. 같은 풀이씨 되풀이를 요구하는 씨끝의 형태적 짜임새

3.1. '-기는[씨끝+토씨]'9)

이름꼴 씨끝 '-기'와 도움토씨 '는'이 결합되어 최소의 말본형 '-기는'을 짜 이룬다. '-기는'의 앞과 뒤에는 반드시 같은 풀이씨가 되풀이되어야 하는 제약이 따른다. '-기는'은 뜻이나 쓰임의 차이 없이 '-긴'으로 줄어들기

---

9) 허웅(1999 : 266)에서는 '-기' 뒤에 도움토씨 '는'만이 아니라 '도', '까지', '조차', '나', '부터', '야' 따위가 되풀이되어 풀이씨가 되풀이되기도 한다고 하였다. 그러나 '-기'에 붙어 가장 생산성이 크고 쓰임에 별다른 제약이 따르지 않는 것은 '는'이기 때문에 '-기는'을 같은 풀이씨 되풀이를 요구하는 최소형으로 삼았다.

도 한다.

되풀이 풀이씨를 요구하는 '-기는'은 뒤에 물음말이 놓이는 경우와 그렇지 않은 경우가 있다. 이 둘은 뜻과 쓰임에서 차이를 보이기 때문에 각각 살피기로 한다.

'-기는' 다음에 물음말 없이 되풀이되는 경우를 보면, '-기는' 앞에는 움직씨, 그림씨, 잡음씨 뿌리가 결합될 수 있다.

(22) ㄱ. 철수가 학교에 **가**기는 간다.
　　 ㄴ. 순이가 **예쁘**기는 예쁘다.
　　 ㄷ. 철수가 어린이**이**기는 어린이이다.

'-기는' 앞에는, 월의 주체가 높임의 대상이면, '-으시-'는 결합이 가능하다. '-으시-'가 결합되면, 되풀이 풀이씨 뿌리 다음에도 '-으시-'가 결합되어야 적격해진다. '-기는' 앞에 '-으시-'가 결합되지 않더라도 되풀이 풀이씨 다음에 결합되면 적격한 월이 되지만 그리 자연스럽지는 않다.

(23) ㄱ. 선생님께서 바쁘**시**기는 바쁘**시**다.
　　 ㄴ. *선생님께서 바쁘**시**기는 바쁘다.
　　 ㄷ. 선생님께서 바쁘기는 바쁘**시**다.

'-기는' 앞에 때매김씨끝은 결합될 수 없으며, '-기는' 뒤에 되풀이된 풀이씨 뿌리 다음에는 때매김씨끝이 결합될 수 있다.

(24) ㄱ. 철수가 밥을 먹기는 먹**었**다.
　　 ㄴ. 철수가 밥을 먹기는 먹**겠**다.
　　 ㄷ. 철수가 밥을 먹기는 먹**더**라.

'-기는' 앞에서 풀이씨를 꾸미는 어찌말이 있는 경우 되풀이될 수도 있고 안 될 수도 있어 수의적이지만, 부정의 '안'과 '못'은 반드시 되풀이되어야 한다.

> (25) ㄱ. 날씨가 **매우** 덥기는 **매우** 덥다.
>   → 날씨가 **매우** 덥기는 덥다.
>   ㄴ. 철수가 학교에 **안/못** 가기는 **안/못** 간다.
>   → *철수가 학교에 **안/못** 가기는 간다.

‘–기는’ 뒤에는 다른 토씨가 결합되지 않고, 앞의 풀이씨(풀이씨 앞에 이를 꾸미는 어찌말이 있는 경우에는 이를 포함)가 되풀이되어 통합되며, ‘–기는’과 되풀이 풀이씨 사이에는 다른 요소가 끼어들어 통합될 수는 없다.

‘–기는’이 쓰인 월은 의향법에 제약이 따르지 않는다. 곧 풀이말이 움직씨이면 서술, 물음, 꾀임, 시킴법이 다 실현될 수 있다. 그림씨와 잡음씨이면 이들의 일반적 제약에 따라 서술법과 물음법만 실현된다.

> (26) ㄱ. 학교에 가기는 간다.
>   ㄴ. 학교에 가기는 가니?
>   ㄷ. 학교에 가기는 가자.
>   ㄹ. 학교에 가기는 가거라.

‘–기는’ 뒤에서 되풀이된 풀이씨는 대용풀이씨 ‘하다’로 갈아 넣을 수 있다.[10] 그렇게 하더라도 뜻과 쓰임에서 별다른 차이가 없다. (22)에서 되풀이된 풀이씨를 ‘하다’로 갈아 넣으면 (27)이 된다.

> (27) ㄱ. 철수가 학교에 **가기는 한다**.

---

10) 김석득(1992 : 708~9)에서는 ‘하다’로 갈아 넣은 ‘–기는 하다’에서 ‘하다’를 시인도움풀이 씨로 보았다. 그러나 의미상으로 보면 앞선 풀이씨를 다시 한 번 갈음(대신)하여 쓰이는 갈음풀이씨(대용서술어)이기도 하다고 하며 이에 해당하는 보기를 다음과 같이 들었다.
그가 가기는 **한다**. ← 그가 가기는 **간다**.
그가 좋기는 **하다**. ← 그가 좋기는 **좋다**.
그가 선생님이기는 **하다**. ← 그가 선생이기는 **선생이다**.

ㄴ. 순이가 **예쁘**기는 **하다**.

ㄷ. 철수가 어린이**이**기는 **하다**.

‘-기는’ 뒤의 되풀이된 부분은 줄일 수 없다. 만일 줄어들게 되면 적격한 월이 되더라도 뜻과 쓰임에서 달라진다. 곧 (22)에서 되풀이된 부분이 줄어들면 (22)의 뜻으로 해석되지 않게 된다.

(28) ㄱ. 철수가 학교에 **가**기는 간다.

　　　→*철수가 학교에 **가**기는.

　　ㄴ. 순이가 **예쁘**기는 예쁘다.

　　　→*순이가 **예쁘**기는.

　　ㄷ. 철수가 어린**이**기는 어린이이다.

　　　→*철수가 어린**이**기는.

(28)에서는 ‘-기는’의 뒷부분이 줄어들 수 없음을 보여주지만, 줄어든 월 자체만 보면 부적격한 월은 아니다. 이들 줄어든 월은 다음에 살필 물음말이 있는 ‘-기는’ 월에 해당한다.

물음말이 통합되지 않는 ‘-기는’은 <앞의 내용이 사실임을 전제하지만 다른 조건 따위가 덧붙을 수 있음>의 뜻을 나타낸다. ‘정말로, 과연, 틀림없이’ 따위의 어찌말과 함께 쓰이게 되면 <힘줌>을 나타내게 된다.

‘-기는’ 다음에 물음말이 반드시 통합되어 되풀이되는 경우를 보면, 의향법에서 반드시 물음법이어야 하는 제약이 따른다. 그러므로 이 월의 짜임새는 다음과 같다.11)

(29) [… Vst1＋-기는 물음말 … Vst1-＋물음법 마침씨끝]s

위 짜임새 월은 항상 반어법을 실현하며, 아무런 전제 없는 신정보를 전

---

11) 이 월 짜임에 관한 자세한 논의는 한길(2005 : 147~159)에서 이루어졌다. 여기서는 간략하게 이 월 짜임새의 쓰임과 뜻을 살피기로 한다.

달하는 경우에는 쓰이지 않고, 전제 발화나 상황에 대하여 부정적 반응을
나타내는 경우에 사용되는 특성을 보인다. 월 끝에는 대부분의 물음법 마침
씨끝이 놓일 수 있으며, 물음말(누가 / 언제 / 무엇이 / 왜 / 어떻게 / 어디서 따위)은
전제 발화의 성격에 따라 결정된다.

‘-기는’ 앞에는 움직씨, 그림씨, 잡음씨 뿌리가 결합될 수 있어, 풀이씨와
의 결합에 관한 제약은 따르지 않는다.

(30) ㄱ. **먹**기는 무엇을 **먹**어?
  ㄴ. **예쁘**기는 누가 **예뻐**?
  ㄷ. 우등생**이**기는 누가 우등생**이**야?

‘-기는’ 앞에는 월의 주체가 높임의 대상이면 주체높임의 ‘-으시-’는 결
합이 가능하다. ‘-으시-’가 결합되면, 되풀이 풀이씨 뿌리 다음에도 ‘-으시-’
가 결합되어야 적격해진다. ‘-기는’ 앞에 ‘-으시-’가 결합되지 않더라도 되
풀이 풀이씨 다음에 결합되면 적격한 월이 되지만, 그리 자연스러운 월은
아니다.

(31) ㄱ. 할아버지가 서울에 가**시**기는 왜 서울에 가**시**니?
  ㄴ. *할아버지가 서울에 가**시**기는 왜 서울에 가니?
  ㄷ. 할아버지가 서울에 가기는 왜 서울에 가**시**니?

‘-기는’ 앞에 때매김씨끝은 결합될 수 없으며, ‘-기는’ 뒤에 되풀이된 풀
이씨 뿌리 다음에는 때매김씨끝이 결합될 수 있다.

(32) ㄱ. 철수가 가기는 어딜 **갔**습니까?
  ㄴ. 철수가 가기는 어딜 가**겠**습니까?
  ㄷ. 철수가 가기는 어딜 가**던**가요?

‘-기는’ 앞에서 풀이씨를 꾸미는 어찌말이 있는 경우, 어찌말도 함께 되

풀이되어야 한다. '-기는' 다음에 물음말이 없는 경우는 어찌말의 되풀이가 수의적인데, 여기서는 필수적인 점에서 차이를 보인다. '-기는' 앞의 통합된 부정의 '안'과 '못'도 반드시 되풀이되어야 한다.

(33) ㄱ. 철수가 <u>매우</u> 똑똑하기는 뭐가 <u>매우</u> 똑똑하니?
　　　→*철수가 <u>매우</u> 똑똑하기는 뭐가 똑똑하니?
　　ㄴ. 철수가 <u>안/못</u> 먹기는 무엇을 <u>안/못</u> 먹니?
　　　→*철수가 <u>안/못</u> 먹기는 무엇을 먹니?

'-기는' 뒤에는 다른 토씨가 결합되지 않으며, 앞의 풀이씨(풀이씨 앞에 이를 꾸미는 어찌말이 있는 경우에는 이를 포함)가 되풀이되어 통합된다.

'-기는' 뒤에서 되풀이된 풀이씨는 '하다'로 갈아 넣을 수 없다. '-기는' 다음에 물음말이 없는 경우는 되풀이된 풀이씨를 '하다'로 갈아 넣을 수 있는 점에서 차이를 보인다. (30)에서 되풀이된 풀이씨를 '하다'로 갈아 넣으면 (34)와 같이 부적격한 월이 된다.

(34) ㄱ. *<u>먹</u>기는 무엇을 해?
　　ㄴ. *<u>예쁘</u>기는 누가 해?
　　ㄷ. *우등생<u>이</u>기는 누가 해?

'-기는' 뒤의 되풀이된 부분은 줄일 수 있다. 줄이더라도 줄어들기 전과는 쓰임과 뜻에서 별 차이를 보이지 않는다. (30)에서 되풀이된 부분이 줄어들면 (35)가 된다.

(35) ㄱ. <u>먹</u>기는 무엇을?
　　ㄴ. <u>예쁘</u>기는 누가?
　　ㄷ. 우등생<u>이</u>기는 누가?

되풀이된 부분만이 줄어들 수 있는 것은 아니고 물음말을 포함한 '-기는'

뒷부분이 모두 삭제되어도 적격한 월이 된다. (30)에서 '-기는' 뒷부분이 모두 삭제되면 (36)과 같다.

> (36) ㄱ. **먹**기는?
> ㄴ. **예쁘**기는?
> ㄷ. 우등생**이**기는?

줄어들기 전 월이 들을이를 높이는 월이라면 줄어든 월 끝에 들을이높임 토씨 '요'가 결합되어야 하며, 되풀이된 풀이씨에 때매김씨끝이 결합되어 있다면 줄어든 월의 '-기는' 앞으로 자리를 옮겨야 한다. '-더-'만은 '-기는' 앞으로 자리를 옮길 수 없다.

> (37) ㄱ. 먹기는 무엇을 먹습니까?
> → 먹기는**요**?
> ㄴ. 먹기는 무엇을 먹**었**니? / 먹**겠**니? / 먹**던**가?
> → 먹**었**기는? / 먹**겠**기는? / *먹**더**기는?

이 짜임새는 반어법으로 쓰이며, 축어적 의미와 내재적 의미 사이에 모순관계나 반대관계를 나타내면서 힘줌의 뜻을 더한다.

> (38) ㄱ. 죽**기는 누가** 죽었**어**?
> 내재적 의미 : [아무도 안 죽었어.]강조
> ㄴ. 바쁘**기는 뭐가** 바빠?
> 내재적 의미 : [안 바빠.]강조

이와 같이 '-기는'은 같은 풀이씨의 되풀이를 요구하지만, 뒤에 물음말이 놓이느냐 안 놓이느냐에 따라 형태·통사적 특성과 의미에서 차이를 보임을 확인하였다.

3.2. '-디'

앞에서 살핀 '-고'와 '-으나'는 매김꼴 '-은'과 통합관계를 이루어 되풀이되었으나, '-디'는 '-은'으로만 한정되지 않더라도 되풀이되는 특성을 보인다. 곧 되풀이 그림씨 뿌리에는 매김씨끝만이 아니라 이음씨끝과 마침씨끝이 놓일 수 있다.

> (39) ㄱ. 그는 슬프디 슬<u>픈</u> 표정을 지었다.
>   ㄴ. 이 약이 쓰디 <u>**써서**</u>, 아무도 먹으려고 하지 않는다.
>   ㄷ. 물이 차디 차<u>다</u>.

되풀이 그림씨 뿌리에 매김씨끝이 결합되는 경우에는 '-고', '-으나'에서와 마찬가지로 '-은'만이 가능하고 '-을'은 불가능하다.

> (40) ㄱ. 밝디 밝<u>은</u> 눈으로 바라본다.
>   ㄴ. *밝디 밝<u>을</u> 눈을 가지게 될 것이다.

'-디'에는 모든 그림씨가 되풀이될 수 있는 것이 아니라, 일부 그림씨만이 되풀이될 수 있기 때문에 결합과정을 거쳐 한 낱말로 생성된 것으로 처리하여 붙여 쓰기도 한다. 곧 (39)에서는 '-디'에 의해 되풀이된 풀이씨를 통사적 짜임새로 보아 띄어 썼지만, 결합과정을 거쳐 한 낱말로 생성된 것으로 보아 (41)과 같이 붙여 쓰기도 한다.

> (41) ㄱ. 그는 <u>**슬프디슬픈**</u> 표정을 지었다.
>   ㄴ. 이 약이 <u>**쓰디써서**</u>, 아무도 먹으려고 하지 않는다.
>   ㄷ. 물이 <u>**차디차다**</u>.

곧 『우리말큰사전』(1992)과 『표준국어대사전』(1999)에서는 '슬프디슬프다, 쓰디쓰다, 차디차다'를 한 낱말로 녹아 붙어 생성된 것으로 처리하였으며,

『연세한국어사전』(2001)에서는 '-디'를 '단어 연결 어미'라 하여 마찬가지로 이들을 한 낱말로 처리하였다.

비록 '-디'가 결합관계에 놓이는 그림씨에 제약이 따르더라도 어느 정도 생산성을 가지는 점에서 통사적 구성으로 보기로 한다. 아울러 새로운 낱말이 생성되면 뜻에서도 새로운 의미를 얻게 되지만, 이 경우에는 되풀이되기 전의 의미에 단지 <강조>의 의미만 더하기 때문에 '-디'에 의해 되풀이되는 짜임새를 강조법을 실현하는 통사적 구성으로 보기로 한다.

'-디' 앞에는 일부의 그림씨 뿌리만이 결합될 수 있으며, 주체높임의 '-으시-'를 비롯하여 어떠한 때매김씨끝도 결합될 수 없는 제약이 있다. 되풀이 그림씨 뿌리에 매김씨끝 '-은'이 결합된 경우에는 '-으시-'와 때매김씨끝 '-더-'가 결합될 수 있으며, '-었-'은 그대로 '-은'에 결합될 수 없지만 뒤에 '-더-'가 뒤따르는 경우에는 결합될 수 있다.

> (42) ㄱ. 할머니는 슬프디 슬프**신** 표정을 지으셨다.
> ㄴ. 곱디 곱**던** 손이 어느새 억세졌구나.
> ㄷ. 곱디 고**왔던** 손이 어느새 억세졌구나.

되풀이 그림씨 뿌리에 마침씨끝이 결합되는 경우에는 '-디' 때문에 나타나는 주체높임 '-으시-'나 때매김씨끝 제약은 따르지 않는다. 곧 주체가 높임의 대상이면 '-으시-'가 결합될 수 있으며, 마침씨끝이 서술법과 물음법에 해당하면 때매김씨끝도 제약 없이 결합될 수 있다.

> (43) ㄱ. 할머니는 마음씨가 넓디 넓**으시**다.
> ㄴ. 철수는 눈이 맑디 맑**았**다.
> ㄷ. 철수는 눈이 맑디 맑**겠**다.
> ㄹ. 철수는 눈이 맑디 맑**더**라.

'-디' 뒤에는 토씨가 결합될 수 없으며, 바로 되풀이 그림씨가 통합되어,

월에서 매김말, 어찌말, 풀이말 역할을 한다.

> (44) ㄱ. [넓디 넓은]_{매김말} 세계로 나아가자.
>   ㄴ. 그는 [쓰디 쓰게]_{어찌말} 입맛을 다셨다.
>   ㄷ. 물이 아직 [뜨겁디 뜨겁다]_{풀이말}.

'-디'는 되풀이된 그림씨를 <강조>하는 뜻을 나타낸다. 곧 '넓디 넓은'은 '넓은'의 강조로 <아주 넓은>의 뜻을 나타내고, '쓰디 쓰게'는 '쓰게'의 강조로 <아주 쓰게>의 뜻을 나타내며, '뜨겁디 뜨겁다'는 '뜨겁다'의 강조로 <아주 뜨겁다>의 뜻을 나타낸다.

'-디'는 앞에 놓이는 그림씨 뿌리에 제약이 심하며, '-디' 앞에 때매김씨끝과 주체높임의 '-으시-'가 결합될 수 없고, 'A디'와 'A-' 사이에 어떤 요소도 통합될 수 없는 점에서, 통사적 짜임새가 결합과정을 거쳐 형태적 짜임새로 바뀌어 한 낱말로 굳어진 것으로 볼 수도 있다.[12]

4. 같은 풀이씨 되풀이를 요구하는 매인이름씨의 통사적 짜임새

4.1. '-을 대로'[13]

매인이름씨 가운데 일부는 앞에 놓인 매김말을 이루는 풀이씨의 되풀이를 요구한다. 매인이름씨 '대로'[14]도 특정한 매김씨끝과 통사적 짜임새를

---

12) 최현배(1971 : 512~3)와 허웅(1995 : 965)에서는 통사적 짜임새로 처리하여 띄어 썼다.
13) '-을 대로'는 풀이씨 뿌리의 끝이 닿소리냐 홀소리냐에 따라 /-을 대로/와 /-ㄹ 대로/로 실현된다.
14) 임자씨 뒤에 붙는 '대로'는 토씨에 해당한다.
   주동자들을 법**대로** 처리하십시오.

이루어, 매김씨끝 앞의 풀이씨가 되풀이되어 쓰이는 일이 있다.

　일반적으로 '대로' 앞에는 때매김에 따라 매김씨끝 '-는/-을/-은'이 통합된다. '-는/-을/-은'과 통합된 '대로'가 모두 풀이씨의 되풀이를 요구하는 것은 아니다.

　　(45) ㄱ. 날이 밝<u>는</u> 대로 떠납시다.
　　　　 ㄴ. 단풍이 붉<u>을</u> 대로 붉었다.
　　　　 ㄷ. 들<u>은</u> 대로 이야기하겠습니다.

　위 보기에서와 같이 '-는 대로'와 '-은 대로'는 같은 풀이씨의 되풀이를 요구하지 않지만, '-을 대로'는 같은 풀이씨가 되풀이되었다. 그러나 '-는 대로'와 '-은 대로'가 같은 풀이씨가 되풀이될 수 없는 것은 아니며, '-을 대로'도 항상 같은 풀이씨가 되풀이되는 것은 아님이 (46)을 통해 확인된다.

　　(46) ㄱ. 제가 <u>쓰</u>는 대로 <u>쓰</u>십시오.
　　　　 ㄴ. 내가 <u>읽</u>은 대로 <u>읽</u>어라.
　　　　 ㄷ. 선생님 <u>좋</u>으실 대로 <u>하</u>십시오.

　'-는 대로'와 '-은 대로'에 같은 풀이씨가 되풀이될 수는 있지만 이런 경우는 드물고 대체로 다른 풀이씨가 쓰이게 된다. 또한 같은 풀이씨가 되풀이되는 경우에, '대로'와 되풀이된 풀이씨 사이에 다른 요소가 통합될 수 있으며, '대로' 앞의 임자말과 뒤의 임자말이 다를 수 있다.

　　(47) ㄱ. <u>제가</u> <u>쓰</u>는 대로 <u>선생님도</u> <u>쓰</u>십시오.
　　　　 ㄴ. <u>내가</u> <u>읽</u>은 대로 <u>너도</u> <u>읽</u>어라.

　'-을 대로'는 반드시 같은 풀이씨가 되풀이되는 것은 아니지만, 특수한

　나는 <u>나대로</u> 살 길을 찾아야지.

경우를 제외하고는 같은 풀이씨가 되풀이된다. ‘대로’와 되풀이된 풀이씨 사이에 다른 요소가 통합될 수 없으며, ‘대로’ 앞의 임자말과 뒤의 임자말이 다를 수 없다. 이런 점에서 ‘-을 대로’에서 같은 풀이씨 되풀이는 ‘-는 대로’와 ‘-은 대로’에서의 같은 풀이씨 되풀이와 차이를 보인다. 그러므로 같은 풀이씨의 되풀이를 요구하는 매인이름씨의 통사적 짜임새로는 ‘-을 대로’만이 해당된다. 따라서 ‘-을 대로’는 수의적으로 풀이씨 되풀이를 요구하는 통사적 짜임새에 해당한다.

‘-을 대로’ 앞에는 일부 움직씨와 그림씨 뿌리가 결합될 수 있으며, 월의 주체가 높임의 대상이면 주체높임의 ‘-으시-’는 결합이 가능하다. ‘-으시-’가 결합되면, 되풀이 풀이씨 뿌리 다음에도 ‘-으시-’가 결합되어야 적격해진다. ‘-을 대로’ 앞에 ‘-으시-’가 결합되지 않더라도 되풀이 풀이씨 다음에 결합되면 적격한 월이 된다.

> (48) ㄱ. 할아버지께서 지치**실** 대로 지치**셨**다.
>   ㄴ. *할아버지께서 지치**실** 대로 지쳤다.
>   ㄷ. 할아버지께서 지칠 대로 지치**셨**다.

‘-을 대로’ 앞에 때매김씨끝은 결합될 수 없으며, ‘-을’ 뒤에 어떤 토씨도 결합될 수 없을 뿐 아니라 ‘-을’과 ‘대로’ 사이에 어떤 요소도 끼어들 수 없다. ‘-을 대로’ 뒤에는 되풀이 풀이씨가 곧바로 통합되며, 그 사이에 다른 요소가 끼어들 수 없다. ‘대로’ 앞의 매김말에 꾸미는 어찌말이 있더라도, 그 어찌말은 되풀이되지 않는다.

> (49) ㄱ. *아이들이 **몹시** 야윌 대로 **몹시** 야위었네.
>   ㄴ. 아이들이 **몹시** 야윌 대로 야위었네.

‘-을 대로’는 풀이씨의 상태가 <대단히 심하거나 극한 상황에 다다름>의 의미적 특성을 나타내다.

4.2. '–을 만큼'15)

매인이름씨 '만큼'16)도 특정한 매김씨끝과 통사적 짜임새를 이루어, 매김
씨끝 앞의 풀이씨가 되풀이되어 쓰이는 일이 있다.

일반적으로 만큼' 앞에도 때매김에 따라 매김씨끝 '–는/–을/–은'이 통합
된다. '–는/–을/–은'과 통합된 '만큼'이 모두 풀이씨의 되풀이를 요구하는
것은 아님을 다음 보기를 통해 확인할 수 있다.

    (50) ㄱ. 주<u>는</u> 만큼 받아먹었다.
        ㄴ. 방인은 숨소리가 들<u>릴</u> 만큼 조용했다.
        ㄷ. 노력<u>한</u> 만큼 대가를 얻었다.

'–는 만큼', '–을 만큼', '–은 만큼' 중에, 주로 같은 풀이씨의 되풀이를
요구하는 짜임새는 '–을 만큼'이다. '–을 만큼'이 반드시 같은 풀이씨 되풀
이를 요구하는 것은 아니기 때문에 같은 풀이씨 되풀이가 수의적이다. 여기
서는 같은 풀이씨 되풀이를 요구하는 '–을 만큼'에 관하여 논의하기로 한다.
'–을 만큼' 앞에는 움직씨와 그림씨 뿌리가 결합될 수 있다. 잡음씨 뿌리
는 결합될 수 없는 제약이 따른다.

    (51) ㄱ. <u>먹</u>을 만큼 <u>먹</u>어라.
        ㄴ. 지금까지 <u>더울</u> 만큼 <u>더웠</u>다.

'–을 만큼' 앞에는, 월의 주체가 높임의 대상이면, '–으시–'는 결합이 가
능하다. '–으시–'가 결합되면, 되풀이 풀이씨 뿌리 다음에도 '–으시–'가 결

---

15) '–을 만큼'은 풀이씨의 끝이 닿소리냐 홀소리냐에 따라 /–을 만큼/과 /–ㄹ 만큼/으로 실현
    된다.
16) 임자씨와 토씨 다음에 결합되어 쓰이는 '만큼'은 토씨에 해당한다.
    나도 너<u>만큼</u> 키가 컸으면 좋겠다.
    너한테<u>만큼</u>은 진실을 말하고 싶었다.

합되어야 적격해진다. '-을 대로' 앞에 '-으시-'가 결합되지 않더라도 되풀이 풀이씨 다음에 결합되면 적격한 월이 된다.

  (52) ㄱ. 할아버지께서 사실 만큼 사셨다.
     ㄴ. *할아버지께서 사실 만큼 살았다.
     ㄷ. 할아버지께서 살 만큼 사셨다.

  '-을 만큼' 앞에 때매김씨끝은 결합될 수 없으나, 되풀이된 풀이씨에는 때매김씨끝에 대한 제약은 따르지 않는다. 곧 '-을 만큼'으로 인해 생기는 뒷부분의 때매김제약은 일어나지 않는다. '-을' 뒤에는 '은, 만' 등 일부 도움토씨가 결합될 수 있지만, '-을'과 '만큼' 사이에는 어떤 요소도 통합될 수 없다. '-을 만큼' 뒤에는 되풀이 풀이씨가 곧바로 통합되며, 그 사이에 일부 도움토씨를 제외한 어떤 요소도 끼어들 수 없다.

  (53) ㄱ. 먹을 만큼만 먹어라.
     ㄴ. 할아버지께서 사실 만큼은 사셨다.

  움직씨와 그림씨의 되풀이를 요구하는 통사적 짜임새 '-을 만큼'은 되풀이되는 풀이씨의 내용과 같은 <정도나 한도>의 의미적 특성을 나타낸다.

4.3. '-을 테면'

  매인이름씨 '터'는 매김씨끝 '-을' 뒤에 통합되어 <추측, 의도, 예정>의 의미적 특성을 나타내기도 하고, '-은/는' 뒤에 통합되어 <처지, 상황>의 의미적 특성을 나타내기도 한다.
  '-을 터' 다음에 잡음씨 '이다'의 끝바꿈꼴 '이면'이 결합되어 줄어들면, 통사적 짜임새 '-을 테면'이 생성되는데, '-을 테면'은 한 몸처럼 작용하여 고유의 말본적 특성과 의미적 기능을 나타낸다. '-을 테면'의 앞에는 움직씨 뿌리가 결합되며, 뒤에는 반드시 앞에 놓였던 움직씨가 되풀이되어야 하는 특성을 보인다. 따라서 '-을 테면'은 동일 풀이씨의 되풀이를 요구하는 통사적 짜임새에 해당한다.

> (54) ㄱ. 저를 **막**을 테면 **막**으십시오.
> ㄴ. 유학을 **떠날** 테면 **떠나**라.

위와 같이 '-을 테면'의 앞에 결합될 수 있는 것으로는 움직씨인 경우에만 적격하며 그림씨이거나 잡음씨인 경우에는 부적격하므로 '-을 테면'은 동일 움직씨의 되풀이를 요구하는 통사적 짜임새이다.

'-을 테면'은 움직씨 뿌리에 직결되며, 사이에 주체높임의 '-으시-'는 결합될 수 있으나 때매김씨끝은 결합될 수 없는 제약이 따른다. '-을 테면' 뒤에는 어떤 토씨도 결합될 수 없으며, 앞에 결합되었던 움직씨가 되풀이되어 통합된다. 되풀이 움직씨는 '-을 테면' 뒤에 잇달음 꼴로 되풀이될 수도 있고 떨어짐 꼴로 되풀이 될 수도 있다.

> (55) ㄱ. 집에 **갈** 테면 **가**라.
> ㄴ. 집에 갈 테면 **빨리** 가라.

(55)에서 ㄱ은 되풀이 움직씨가 '-을 테면' 뒤에 바로 되풀이되었고, ㄴ은 되풀이 움직씨가 앞에 어찌말을 앞세워 떨어짐 꼴로 되풀이되었지만 모두 적격한 월이 되었다.

'-을 테면'은 의향법에도 제약을 미쳐, 서술법, 물음법, 꾀임법을 제한하고 시킴법만을 허용한다.

> (56) ㄱ. *집에 갈 테면 간다.
> ㄴ. *집에 갈 테면 가니?
> ㄷ. *집에 갈 테면 가자.
> ㄹ. 집에 갈 테면 가거라.

매김씨끝 '-을' 뒤에 통합되는 '터'는 <추측, 의도, 예정>의 의미적 특성을 나타내지만, '-을 테면'에서의 '터'는 <의도>의 의미적 특성으로 한정된다.

5. 같은 이름씨 되풀이를 요구하는 토씨의 통사적 짜임새

5.1. 'N(oun)1+가 N1+인지라'

임자자리토씨 '가'는 잡음씨의 끝바꿈꼴인 '인지라'와 긴밀한 통사적 짜임새를 이루어 같은 이름씨의 되풀이를 요구하는 최소의 말본형 'N1+가 N1+인지라'를 짜 이룬다. '가' 앞에는 일부 이름씨가 결합되고, 그 이름씨가 '인지라' 앞에 되풀이된다.

> (57) ㄱ. <u>직업</u>이 <u>직업</u>인지라 명절에도 쉴 수가 없다.
> ㄴ. <u>상황</u>이 <u>상황</u>인지라 아무도 이의를 제기하지 않았다.
> ㄷ. <u>시절</u>이 <u>시절</u>인지라 영 장사가 안 된다.

'N1+가'와 'N1+인지라' 사이에는 어떤 요소가 끼어들어 결합되거나 통합될 수 없다. 이 짜임새에서는 수의적으로 같은 이름씨가 되풀이된다.[17] 'N1+가 N1+인지라'는 뒷마디의 내용에 대하여 <이유나 원인이 되는 근거(이름씨)를 강조함>의 뜻을 나타낸다. 곧 (57ㄱ)은 '명절임에도 쉴 수가 없음'의 이유나 원인이 되는 근거가 '직업'임을 강조하는데, 이런 역할이 바로 'N1+이/가…N1+인지라'의 짜임새로 말미암는다.

---

17) 곧 '가' 앞의 이름씨와 '인지라' 앞의 이름씨가 다르더라도 다음과 같이 적격하게 쓰이는 경우가 있다.
<u>철수</u>가 <u>우등생</u>인지라 명문 대학에 합격할 거야.

5.2. 'N1+는 N1+이(다)'

도움토씨 '는'이 잡음씨 '이(다)'와 통사적 짜임새를 이루어[18], 수의적으로 같은 이름씨의 되풀이를 요구하는 최소의 말본형을 짜 이룬다. '이(다)'의 뿌리에는 서술법과 물음법 마침씨끝이 결합되어 월을 끝맺을 수도 있고, 이음씨끝이 결합되어 앞마디를 짜 이루어 뒷마디와 이은겹월을 이룰 수도 있다.

(58) ㄱ. 저분이 선생님은 선생님<u>이다</u>. / <u>입니다</u>. / <u>이오</u> / <u>이에요</u> / <u>이야</u>. …
    ㄴ. 저분이 선생님은 선생님<u>이니</u>? / <u>입니까</u>? / <u>이오</u>? / <u>이에요</u>? / <u>이야</u>? …
    ㄷ. 저분이 선생님은 선생님<u>인데</u> / <u>지만</u> / <u>이더라도</u> / <u>일지라도</u> / <u>어서</u> /
       <u>므로</u>, …

'이름씨+는' 앞에 이름씨를 꾸미는 매김말이 있으면 그 매김말도 함께 되풀이되어야 적격한 월이 된다. 매김말이 되풀이되지 않는다면 부적격한 월이 된다.

(59) ㄱ. 저분이 <u>훌륭한</u> 선생님은 <u>훌륭한</u> 선생님이다.
    ㄴ. *저분이 <u>훌륭한</u> 선생님은 선생님이다.

'N1+는…N1+이(다)' 짜임새는 <앞의 이름씨 내용이 사실임을 전제하지만 다른 조건 따위가 덧붙을 수 있음>의 뜻을 나타낸다.

5.3. 'N1+는 N1+대로, N2+는 N2+대로'

'N1+는'이 'N1+대로'와 통사적 짜임새 'N1+는 N1+대로'를 짜 이루어 '임자씨1'의 되풀이를 요구하며, 또한 같은 짜임새인 'N2+는 N2+대

---

18) 이 짜임새는 'N1는 N2이(다)'의 짜임새와는 전혀 다르다. 이 짜임새에서는 동일한 N이 되풀이될 수 없다.

로'의 되풀이를 요구한다.

> (60) ㄱ. 너무 말라서 **몸**은 **몸**대로, **교복**은 **교복**대로 논다.
>   ㄴ. **어머니**는 **어머니**대로, **아버지**는 **아버지**대로 가정에 충실하다.
>   ㄷ. **너**는 **너**대로, **나**는 **나**대로 하자.

(60)에서는 뒤의 '대로' 뒷부분이 앞의 '대로'로 뒤에서 줄어든 것으로 이해된다. 줄어들기 전으로 돌이키면 (61)과 같다.

> (61) ㄱ. 너무 말라서 **몸**은 **몸**대로 (놀고), **교복**은 **교복**대로 논다.
>   ㄴ. **어머니**는 **어머니**대로 (가정에 충실하고), **아버지**는 **아버지**대로 가정에 충실하다.
>   ㄷ. **너**는 **너**대로 (하고), **나**는 **나**대로 하자.

'N1+는 N1+대로, N2+는 N2+대로'는 <'N1'과 'N2'가 서로 구별되어 따로따로>의 뜻을 나타낸다.

5.4. 'N1+에 N1+를'

어찌자리토씨 '에'는 부림자리토씨 '를'과 통사적 짜임새인 'N1+에 N1+를'을 짜 이루어 같은 '이름씨'의 되풀이를 요구하기도 한다.[19] 'N1+에'와 'N1+를' 사이에는 어떤 요소가 끼어들어 결합되거나 통합될 수 없다. 'N1' 자리에는 일부 이름씨가 결합되어 되풀이될 수 있다.

> (62) ㄱ. **만전**에 **만전**을 다 하라.
>   ㄴ. **실패**에 **실패**를 거듭했다.
>   ㄷ. **노력**에 **노력**을 기울이다.

---

19) 이 짜임새는 'N1에 N2를'과는 전혀 다르다. 'N1에'와 'N2를'은 통사적으로 의의 있는 짜임새를 이루는 것이 아니다.

‘N1+에 N1+를’은 되풀이되는 이름씨의 내용이 <되풀이 강조됨>의 뜻을 나타낸다.

5.5. ‘N1+이란 N1+는’

도움토씨 ‘이란’은 도움토씨 ‘는’과 통사적 짜임새 ‘N1+이란 N1+는’을 짜 이루어, 같은 ‘이름씨’의 되풀이를 요구하기도 한다. ‘N1+이란’과 ‘N1+는’ 사이에는 어떤 요소가 끼어들어 결합되거나 통합될 수 없다.

> (63) ㄱ. 날씨가 더워서 <u>문</u>이란 <u>문</u>은 다 열어 놓았다.
> ㄴ. <u>돈</u>이란 <u>돈</u>은 다 은행에 예금하였다.
> ㄷ. <u>사람</u>이란 <u>사람</u>은 모두 일하러 나갔다.

‘N1+이란 N1+는’은 월 안에서 임자말과 부림말로 쓰이는데, 임자말로 쓰이는 경우 ‘는’을 임자자리토씨로 갈아 넣을 수 없으며, 부림말로 쓰이는 경우에도 ‘는’을 부림자리토씨로 갈아 넣을 수는 없다.

> (64) ㄱ. *날씨가 더워서 <u>문</u>이란 <u>문</u>을 다 열어 놓았다.
> ㄴ. *<u>돈</u>이란 <u>돈</u>을 다 은행에 예금하였다.
> ㄷ. *<u>사람</u>이란 <u>사람</u>이 모두 일하러 나갔다.

‘N1+이란 N1+는’은 <그 이름씨에 해당하는 것 모두를 강조함>의 뜻을 나타낸다.

5.6. ‘N1+이면 N1, N2+이면 N2’

이음토씨 ‘이면’은 그 앞과 뒤에 같은 이름씨의 되풀이를 요구하며, 또한 ‘이면’ 자체가 필수적으로 되풀이되어 다른 이름씨의 되풀이를 요구하기 때문에 통사적 짜임새 'N1+이면 N1, N2+이면 N2'를 짜 이루게 된다.

(65) ㄱ. 철수는 <u>공부</u>면 <u>공부</u>, <u>운동</u>이면 <u>운동</u>, 못하는 게 없다.
ㄴ. 철수는 <u>소설</u>이면 <u>소설</u>, <u>수필</u>이면 <u>수필</u>을 닥치는 대로 읽었다.

'이면'의 되풀이는 두 번만이 아니라 세 번 이상도 가능하다.

(66) ㄱ. 철수는 <u>공부</u>면 <u>공부</u>, <u>운동</u>이면 <u>운동</u>, <u>노래</u>면 <u>노래</u>, 못하는 게 없다.
ㄴ. 철수는 <u>공부</u>면 <u>공부</u>, <u>운동</u>이면 <u>운동</u>, <u>노래</u>면 <u>노래</u>, <u>그림</u>이면 <u>그림</u>, 못하는 게 없다.

'N1+이면 N1, N2+이면 N2'는 <N1과 N2를 지정하여 드러내면서 강조함>의 뜻을 나타낸다.

6. 마무리

이 장에서는 풀이씨와 이름씨의 되풀이를 요구하는 말본 요소를 찾아, 되풀이법의 최소 말본형으로 설정하고, 이에 관한 형태·통사적 특성과 의미 기능을 살폈다. 풀이씨의 되풀이를 요구하는 말본 요소로는 씨끝들의 통사적 짜임새, 씨끝만으로 풀이씨의 되풀이를 요구하는 형태적 짜임새, 매인이름씨가 주가 되는 통사적 짜임새 등이 있다.

이음씨끝 '-고'와 매김씨끝 '-은'은 서로 긴밀한 통사적 짜임새를 이루어, 최소 말본형인 '-고…-은'을 짜 이루며, 주로 그림씨 되풀이를 요구한다. 이음씨끝 '-으나'와 매김씨끝 '-은'도 최소 말본형인 '-으나…-은'을 짜 이루며, 일부 그림씨 되풀이를 요구한다. 이음씨끝 '-으면'과 '-을수록'도 최소 말본형인 '-으면…-을수록'을 짜 이루며, 반드시 같은 풀이씨가 되풀이되어야 하는 특성을 보인다. 이음씨끝 '-으면'과 '-었지'가 서로 통합 관계를 이루어 최소의 말본형 '-으면…었지'를 짜 이루며, 반드시 같은 풀이씨가 되풀이되어야 한다.

이름꼴 씨끝 '-기'와 도움토씨 '는'이 결합되어 최소 말본형인 '-기는'을 짜 이루며, '-기는'의 앞과 뒤에는 반드시 같은 풀이씨가 되풀이되어야 하는 특성을 보인다. '-고'와 '-으나'는 매김씨끝 '-은'과 통합관계를 이루어 되풀이되었으나, '-디'는 매김씨끝 '-은'으로만 한정되지 않더라도 풀이씨의 되풀이를 요구하는 특성을 보인다.

'-을 대로'는 반드시 같은 풀이씨가 되풀이되는 것은 아니지만, 특수한 경우를 제외하고는 같은 풀이씨가 되풀이된다. '대로'와 되풀이된 풀이씨 사이에 다른 요소가 통합될 수 없으며, '대로' 앞의 이름씨와 뒤의 이름씨는 같아야 한다. '-을 만큼'은 반드시 같은 풀이씨 되풀이를 요구하는 것은 아니기 때문에 같은 풀이씨 되풀이가 수의적이다. '-을 만큼' 앞에는 움직씨와 그림씨 뿌리가 결합될 수 있다. '-을 테면'은 같은 움직씨의 되풀이를 요구하는 통사적 짜임새로, 의향법에도 제약을 미쳐, 시킴법만을 허용한다.

이름씨의 되풀이를 요구하는 말본 요소로는 토씨들의 통사적 짜임새가 있다. 임자자리토씨 '가'는 잡음씨의 끝바꿈꼴인 '인지라'와 통사적 짜임새를 이루어 같은 이름씨의 되풀이를 요구하는 최소 말본형인 'N1＋가 N1＋인지라'를 짜 이루었다. '가' 앞에는 일부 이름씨가 결합되고 그 이름씨가 '인지라' 앞에 되풀이된다. 도움토씨 '는'은 잡음씨 '이(다)'와 통사적 짜임새를 이루어, 필수적으로 같은 이름씨의 되풀이를 요구한다. '이(다)'의 뿌리에는 서술법과 물음법 마침씨끝이 결합되어 월을 끝맺을 수도 있고, 이음씨끝이 결합되어 앞마디를 짜 이루어 뒷마디와 이은겹월을 이룰 수도 있다.

'N1＋는'은 'N1＋대로'와 통사적 짜임새 'N1＋는 N1＋대로'를 짜 이루어 이름씨의 되풀이를 요구하며, 또한 같은 짜임새인 'N2＋는 N2＋대로'의 되풀이를 요구한다. 어찌자리토씨 '에'는 부림자리토씨 '를'과 통사적 짜임새인 'N1＋에 N1＋를'을 짜 이루어 같은 '이름씨'의 되풀이를 요구하기도 한다. 'N1+에'와 'N1+를' 사이에는 어떤 요소가 끼어들어 결합되거나 통합될 수 없다. 도움토씨 '이란'은 도움토씨 '는'과 통사적 짜임새 'N1+이란 N1+는'을 짜 이루어 같은 '이름씨'의 되풀이를 요구하기도 한다. '이름씨+이란'과 '이름씨+는' 사이에는 어떤 요소가 끼어들어 결합되거나 통합될 수 없다. 이음토씨 '이면'은 그 앞과 뒤에 같은 이름씨의 되풀이를 요구하며, 또한 '이면' 자체가 필수적으로 되풀이되어 다른 이름씨의 되풀이를 요구하기 때문에 통사적 짜임새 'N1+이면 N1, N2+이면 N2'를 짜 이루었다.

월의 되풀이법

1. 들머리

담화 중에서 말할이가 자신이 발화한 앞선 월이나 상대방[들을이]이 발화한 앞선 월, 또는 제3자[말할이와 들을이 외]가 발화한 앞선 월을 전부, 또는 일부를 그대로 되풀이하거나 약간 손질하여 되풀이하는 경우가 있다. 이런 방식에는 여러 가지가 있을 수 있으나,[1] 가장 일반적으로 쓰일 수 있는 것 가운데 하나로, 특정한 복합형의 마침씨끝을 들 수 있다. 곧 마침씨끝 중 일부 복합형이 말할이 자신이나 들을이, 또는 제3자의 앞선 월을 되풀이하는 데 사용된다.

(1) ㄱ. A → B : 비가 오니?
　　　B → A : 뭐라고?
　　　A → B : <u>비가 오냐고?</u>
　　ㄴ. A → B : 비가 오니?

---

1) 직접따옴월이나 건너따옴월의 방식이 전형적인 되풀이 방식에 해당하지만, 이에 관한 것은 이 장에서 다루지 않고 마침씨끝에 의해 이루어지는 월 되풀이법에 한정하여 논의하기로 한다.

> B→A : <u>비가 오냐고?</u>
> ㄷ. C→A : 너는 내 동생 같다.
>   A→B : <u>C는 내가 자기 동생 같다나.</u>

(1)에서 ㄱ의 '비가 오냐고?'는 A가 자신이 발화한 월인 '비가 오니?'를 되풀이한 것이고 ㄴ의 '비가 오냐고?'는 말할이인 B가, A가 발화한 월인 '비가 오니?'를 되풀이한 월이다. 이와 같은 되풀이가 실현될 수 있는 것은 마침씨끝 '-냐고'에 의해서다. ㄷ은 'C는 내가 자기 동생 같다나.'의 말할이 A가, 제3자가 발화한 앞선 월인 '너는 내 동생 같다.'를 되풀이하여 들을이 인 B에게 발화하였다. 이들 되풀이 월 자체는 앞선 월에 <확인, 강조, 못마땅함> 따위 의미를 더해 주는 역할을 담당한다. 이와 같이 특정의 말본적 요소인 마침씨끝에 의해 앞선 월의 되풀이가 이루어지는 것을 월 되풀이법 이라 하기로 한다.

월 되풀이법은 복합형의 마침씨끝 밖에도 단순형 마침씨끝인 '-어'에 의 해서 실현되기도 한다. '-어'는 되풀이 월의 마침씨끝으로만 쓰이는 것은 아니지만, (2)와 같이 앞선 월을 마침씨끝 '-어'로 되풀이함으로써 앞선 월 을 <강조>하거나 <재확인>하는 용법으로 쓰인다. 이때 앞선 월과 되풀이 월 사이에는 긴밀한 이음 관계가 형성된다.

> (2) ㄱ. 철수가 밥을 먹는다. 철수가 밥을 먹<u>어</u>.
>   ㄴ. 철수가 밥을 먹니? 철수가 밥을 먹<u>어</u>?
>   ㄷ. 밥을 먹자, 밥을 먹<u>어</u>.
>   ㄹ. 밥을 먹어라. 밥을 먹<u>어</u>.

월의 되풀이를 요구하는 마침씨끝은 '-어'를 제외하고는 마침씨끝 중화 형에 씨끝이 결합되어 이루어진 복합형들이다. 이들 마침씨끝에 의해 짜여 진 월은 발화에서 아무런 전제 없는 상황에서는 쓰이지 않고, 항상 앞선 월 이 전제된 상황에서 그 월을 되풀이하여 쓰이는 제약을 보인다.

(1)에서의 되풀이 월은 앞선 월의 말할이가 잇달아 발화하는 것이 아니라, 들을이나 제3자의 앞선 월을 되풀이한 것이다. 앞선 월과 되풀이 월의 말할이가 같더라도 연달아 발화하는 것은 아니다. (2)에서는 앞선 월과 되풀이 월의 말할이가 같으며, 앞선 월에 잇달아 되풀이 월이 발화되는 특성을 보인다.

월 되풀이법은 한 월 안에서 일어나는 되풀이 현상이 아니고, 월과 월 사이의 관계이기 때문에 통사론의 영역을 벗어나, 담화의 영역인 화용론에 해당한다. 월의 되풀이는 월의 영역을 벗어나는 월 사이의 관계에 해당하며, 동일한 말할이에 국한하는 것이 아니라 말할이 이외의 인물과도 관련을 맺기 때문에 동일한 말할이가 사용한, 한 월 안의 요소에 국한하여 연구하는 말본에서는 연구의 대상으로 간주하지 않았다. 그러나 월 되풀이에서는 월과 월 사이에 뜻에서의 관련성 이외에도 형식적 걸림 관계가 이루어지는 경우가 있기 때문에 말본에서도 이에 관한 연구의 필요성이 제기된다.

이 장에서는 월의 되풀이에 관여하는 마침씨끝들을 선정하고, 이들 마침씨끝에 의해 어떤 양상으로 월 되풀이가 이루어지는가를 살피기로 한다. 아울러 월 되풀이 요구 마침씨끝들은 각각 어떤 형태·통사적 특성과 의미 기능을 보이는가를 밝히기로 한다.

2. 월의 되풀이 양상

월의 되풀이 방식으로는 여러 가지가 상정될 수 있다. 장석진(1985 : 133~5)에서 지적한 바와 같이 월의 되풀이는 언어학적으로 의의가 있는 것과 의의가 없는 것으로 가를 수 있다. 장석진(1985 : 134)은 "話者들간의 의사전달, 의사소통을 바탕으로 하는 話行에 적격인 反復表現을 유의적인 것으로 규정할 수 있겠다."고 하고, 유의적 반복표현으로 메아리 질문(echo question)[2]과 반문에 대해 전에 한 말을 되풀이하여 확인해 주는 형식을 들었다. 의의가 없는 반복표현으로는 어학 공부에서의 반복 연습, 만세삼창을 한 사람의 선창에 따라 다른 사람들이 되풀이하는 따위의 언어행위, 선생이 학생에게 받아쓰기를 시키는 경우에 학생이, 선생이 부르는 말을 적으면서 되풀이하는 언어행위 등이 해당한다고 하고,[3] 이들이 반복표현에 해당하지 않는 까닭으로, 이들은 대화나 담화를 구성하는 상황으로 볼 수 없다는 점을 들었다. 한편 장석진(1985 : 134~5)은 의의 있는 것으로 볼 수도 있고 없는 것으로 볼 수 있는 것으로, 대화에서 상대방 말을 그대로 인칭이나 화계를 조절함이 없이 기계적으로 되풀이하는 경우[4]를 들었으나, 연구 대상에서는 제외하였다.

이와 같이 앞선 월을 그대로 되풀이하거나 특별한 되풀이 요구 장치 없이 되풀이되는 경우에는 되풀이법에서 제외된다. 월 되풀이법에 포함되기 위해서는 되풀이를 요구하는 말본적 요소가 있어야 하며, 앞선 월에서 가리킴과 들을이높임법, 마침씨끝 따위에서 조정이 되어야 한다.

월 되풀이법은 일부 마침씨끝에 의해 실현되지만, 그 밖에도 다른 방식에 의해 실현될 수도 있다. 예컨대 형식상 부정형의 '–지 않아'가 월 되풀이에 관여하기도 한다.[5]

---

2) 장석진(1985 : 134)은 '메아리 질문'은 한 화자의 말을 확인하기 위해서 그 말을 되풀이해서 묻는 형식이라 하였다.

3) 장석진(1985 : 134)에 따르면, Sadock(1969 : 333)는 이런 표현을 "앵무새 표현(parroting)"이라 부른다고 하였다.

4) 장석진(1985 : 134)에서 인칭이나 화계 조절 없이 그대로 반복한 경우로 든 보기는 다음과 같다.

   (1) A : 난 몰라.

      B : 난 몰라?

   (2) A : 누가 가라고 했습니까?

      B : 누가 가라고 했습니까?

위에서 B는 A의 발화를 그대로 반복함으로써 A에게 반발하는 B의 태도를 나타내는 언어 행위라고 하였다.

5) 이 밖에도 통사적 짜임새 중에 '–는단 말이다 / –느냔 말이다 / –잔 말이다 / –으란 말이다'도 다음 보기와 같이 월 되풀이를 요구한다.

철수가 학교에 갔어. 철수가 학교에 갔**단 말이야**.

    (3) ㄱ. A→B : 철수가 학교에 갔다.

          B→A : …

          C→B : 철수가 학교에 갔다**지 않**아.

      ㄴ. A→B : 철수가 학교에 갔니?

          B→A : …

          C→B : 철수가 학교에 갔냐**지 않**아.

(3)에서는 부정형의 통사적 짜임새인 '–지 않아'가 말할이 C가 제3자인 A의 앞선 월을 B에게 재확인하여 주는 되풀이 월을 짜 이루게 하는 역할을 하였다. '–지 않아'가 항상 되풀이 월을 짜 이루는 것은 아니지만, (3)에서와 같이 월 되풀이를 실현시키는 요인으로 작용하기도 한다.

이 장에서는 월의 되풀이를 요구하는 말본적 요소로, 마침씨끝에 국한하여 논의하기로 한다. 따라서 위에서 언급한 월의 되풀이 양상은 연구 대상에서 제외된다.

복합형의 마침씨끝 '–냐니까'는 말할이가 자신이 발화한 물음월에 대하여 (4)에서와 같이 되풀이를 요구한다.

    (4) A→B : 철수가 학교에 갔니?

        B→A : …

        A→B : 철수가 학교에 갔**냐니까**?

곧 '–냐니까'는 자신의 앞선 발화인 물음월을 재확인하기 위하여 물음월로 되풀이할 때 쓰이게 된다. (4)에서 들을이높임 등분을 보면, 앞선 물음월은 마침씨끝이 물음법의 '–니'로, 아주낮춤에 해당하는 반면, 되풀이 월에서는 마침씨끝이 '–냐니까'로, '요'가 결합될 수 있기 때문에 반말[안높임]에 해당하여, 들을이높임의 정도에서 조정되었음을 알 수 있다. (4)에서는 앞선

철수가 학교에 갔니? 철수가 학교에 갔**느냐 말이야**.

학교에 가자. 학교 **가잔 말이야**.

학교에 가거라. 학교에 **가란 말이야**.

월의 마침씨끝을 제외하면, 되풀이 월에서 앞선 월이 그대로 되풀이되었다.

한편 물음법의 마침씨끝 '–는다고'는 상대방(A)이 발화한 서술월을, (5)에서와 같이, 되풀이를 요구할 때 쓰인다.6)

　　(5) A→B : <u>내</u>가 <u>너</u>를 돕겠다.
　　　　B→A : <u>네</u>가 <u>나</u>를 돕겠<u>다고</u>?

곧 '–는다고'는 말할이 B가 상대방 A의 발화인 서술월을 물음월로 되풀이할 때 쓰이게 된다. (5)에서는 앞선 월과 되풀이 월 사이에 들을이높임의 정도에서 조정되었을 뿐만 아니라 가리킴말에서도 조정되었음을 알 수 있다. 앞선 월과 되풀이 월 사이에 말할이와 들을이의 역할이 바뀜에 따라 앞선 월의 첫째가리킴은 둘째가리킴으로, 둘째가리킴은 첫째가리킴으로 바뀌게 되었다.

마침씨끝에 의한 월 되풀이법에서는 말할이가 자신의 앞선 월이나 상대방의 앞선 월의 되풀이만이 아니라 제3자의 앞선 월을 되풀이하는 데 쓰이기도 한다. 물음법의 마침씨끝 '–는다며'는 (6)에서와 같이 말할이 B가 제3자인 C의 월을 되풀이하는 역할을 담당한다.

　　(6) C→A : <u>내가</u> 그 일을 했다.
　　　　B→A : C가 <u>자기가</u> 그 일을 했<u>다며</u>?

여기에서도 앞선 월과 되풀이 월 사이에는 들을이높임의 정도에서 조정되었을 뿐만 아니라 가리킴말에서도 조정되었다.

되풀이 대상의 월은 의향법에서 제약을 받지 않는다. 모든 되풀이 요구 마침씨끝에 의해 어떤 의향법 월이든지 다 되풀이될 수 있는 것은 아니지만, 의향법의 종류에 관계없이 특정의 되풀이 마침씨끝에 의해 되풀이될 수

---

6) '–는다고'가 항상 상대방의 앞선 월만을 되풀이하는 것은 아니다. 말할이 자신이나, 제3자의 앞선 월을 되풀이하는 데 쓰이기도 한다. 이에 관한 자세한 논의는 3.2.에서 하기로 한다.

있다. (4)에서는 '-느냐고'가 물음월을 되풀이하였고, (5)에서는 '-는다고'가 서술월을 되풀이하였다. (7)에서는 '-자고'가 꾀임월을, (8)에서는 '-라고'가 시킴을을 되풀이하였다.

(7) A→B : 학교에 갑시다.
    B→A : 학교에 가<u>자고</u>?

(8) A→B : 학교에 가십시오.
    B→A : 학교에 가<u>라고</u>?

되풀이 요구 마침씨끝에 의해 되풀이된 월은 의향법에 제약이 따른다. 서술법과 물음법 되풀이 월은 가능하지만 꾀임법과 시킴법 되풀이 월은 불가능하다. (1), (4)에서 (7)의 되풀이 월은 물음법에 해당한다. (9)의 되풀이 월은 서술법에 해당한다. 곧 되풀이 대상 월의 의향법이 무엇이든 상관없이 되풀이 월의 의향법은 서술법과 물음법에 해당한다.

(9) ㄱ. A→B : 철수가 학교에 간다.
       B→A : 뭐라고?
       A→B : 철수가 학교에 <u>간다고</u>
    ㄴ. A→B : 철수가 학교에 갔니?
       B→A : 뭐라고?
       A→B : 철수가 학교에 <u>갔냐고</u>
    ㄷ. A→B : 학교에 가자.
       B→A : 뭐라고?
       A→B : 학교에 <u>가자고</u>
    ㄹ. A→B : 학교에 가거라.
       B→A : 뭐라고?
       A→B : 학교에 <u>가라고</u>

위에서 살핀 바와 같이, 월 되풀이를 요구하는 마침씨끝은 의향법에 따라 서술법과 물음법 마침씨끝으로 나뉘며, 되풀이 대상 월의 의향법에 따라 서술월, 물음월, 꾀임월, 시킴월을 되풀이하는 마침씨끝으로 가를 수 있다. 또한 말할이 자신의 앞선 월을 되풀이하는 마침씨끝, 상대방의 앞선 월을 되풀이하는 마침씨끝, 말할이나 상대방이 아닌, 제3자의 앞선 월을 되풀이하는 마침씨끝으로 가를 수 있다.

앞선 월과 이의 되풀이 월은 대체로 같은 장소에서 순차적으로 발화되지만, 경우에 따라서는 (10)과 같이 다른 장소에서 시간적인 간격을 두고 발화되기도 한다.

> (10) 장소(학교) 선생님 → 어머니 : 아드님이 요즘 통 공부를 안 해요.
>   장소(집) 어머니 → 아들 : (선생님이 그러시는데) 네가 요즘 통 공부
>   를 안 <u>한다면서</u>.

(10)은 말할이인 어머니가 집에서 들을이인 아들에게, 학교에서 선생님이 발화한 앞선 월을 되풀이한 보기로 상정할 수 있는데, 발화 장소가 다르며, 앞선 월과 되풀이 월 사이의 시간적 간격이 많이 벌어질 수 있다.

3. 월 되풀이 마침씨끝의 말본적 특성과 의미 기능

월 되풀이에 관여적인 마침씨끝은 대부분이 복합형 마침씨끝이며, 단일형 마침씨끝으로는 '-어'가 있다. 월 되풀이에 관여하는 복합형의 마침씨끝은 모두 마침씨끝 중화형에 씨끝이 결합되어 이루어진 것들로, '-고'[7] 결합형인 '-는다고 / -냐고 / -자고 / -으라고'가 있으며, '-어도' 결합형인 '-는대

---

7) '-고'는 따옴자리 토씨로 보는 논저가 많지만, 여기서는 안음월을 이루는 씨끝으로 보기로 한다. '-고'를 씨끝으로 처리한 논저 중 권재일(1992 : 279)은 완형 동사구 내포어미로 다루었다.

도/-내도/-재도/-으래도'가 있다. 또한 '-니까' 결합형인 '-는다니까/-냐니까/-자니까/-으라니까'가 있으며, '-니' 결합형인 '-다니/-냐니/-자니/-으라니'가 있다. 그리고 '-면서' 결합형인 '-는다면서/-자면서/-으라면서'가 있으며, '-나' 결합형인 '-는다나/-자나/-으라나'가 있다. 이 장에서는 이들 마침씨끝에 관하여 말본적 특성과 의미적 기능, 화용적 쓰임에 관하여 살피기로 한다.

3.1. '-어'[8)]

들을이높임의 등분이 반말로, [안높임]에 해당하는 '-어'는 의향법에서 서술법, 물음법, 꾀임법, 시킴법의 마침씨끝으로 쓰인다. 각 의향법의 '-어'는 되풀이 월의 마침씨끝으로도 쓰일 수 있어, '-어'는 수의적으로 되풀이 월을 요구하는 마침씨끝에 해당한다. '-어'로 끝맺는 되풀이 월은 말할이가 발화한 앞선 월을 바로 되풀이할 때 쓰이므로 잇달음법에 해당한다. 곧 앞선 월이 끝나자마자 바로 동일인이 앞선 월을 되받아 되풀이하는 경우에 사용되는 특성을 보이고, 앞선 월과 되풀이 월 사이에 상대방(들을이)의 발화가 끼어들 수 없으므로 떨어짐법 되풀이는 불가능하다.

> (11) ㄱ. 철수가 밥을 먹었**다**. 철수가 밥을 먹었<u>어</u>.
> ㄴ. 철수가 밥을 먹었**니**? 철수가 밥을 먹었<u>어</u>?
> ㄷ. 같이 밥을 먹**자**. 같이 밥을 먹<u>어</u>.
> ㄹ. 철수야, 밥 먹<u>어</u>**라**. 철수야 밥 먹<u>어</u>.
> ㅁ. 철수가 밥을 먹<u>었</u>**군**. 철수가 밥을 먹었<u>어</u>.

(11)에서와 같이, 되풀이 월의 마침씨끝 '-어'의 의향법은 앞선 월의 의향법과 동일하여야 한다. 앞선 월과 되풀이 월은 비록 두 월에 해당하지만, 단순히 벌여 있는 월 사이의 관계와 달리 이들 사이에는 긴밀한 이음 관계

---

8) 앞자리에 놓이는 요소에 따라, 변이형태 /-어/, /-아/, /야/로 실현된다.

로 맺어져 있다. 두 월 사이의 이어짐이 긴밀하며, 되풀이 월의 마침씨끝이 '-어'로 고정되고, 앞선 월과 되풀이 월의 의향법이 같아야 하는 등 두 월 사이에 구속성이 따른다.

각 의향법의 되풀이 마침씨끝 '-어'는 앞선 월의 들을이높임 정도에 따라 [+높임]에 해당하는 경우에는 들을이높임 토씨 '요'가 결합되고, [-높임]인 경우, 곧 예사낮춤이나 아주낮춤, 반말이면 그대로 '-어'로 실현된다.

(12) ㄱ. 철수가 밥을 먹었**다**. / 먹었**네**. / 먹었**지**. 철수가 밥을 먹었<u>어</u>.
　　　ㄴ. 철수가 밥을 먹었<u>**습니다**</u>. 철수가 밥을 먹었<u>어요</u>

앞선 월의 마침씨끝이 '-어'인 경우에는 '-어'로 되풀이되지 않는다. 서술, 물음, 시킴, 꾀임월에서 공통적으로 적용된다. 되풀이 월인 경우에는 앞 월과 뒤 월 사이에 긴밀한 이음 관계를 맺고 있어야 한다. 마침씨끝이 '-어'인 월이 잇달아 쓰인 경우에는 서로 긴밀한 이어짐 관계가 없이 단순히 두 월로 벌여 있는 경우에 해당한다.

(13) ㄱ. 눈이 내려. 눈이 내려.
　　　ㄴ. 눈이 내려? 눈이 내려?
　　　ㄷ. 같이 해. 같이 해.
　　　ㄹ. 공부해. 공부해.

곧 (13)에서 뒤 월은 앞 월이 되풀이된 월로 이해되지 않고, 단지 똑같은 월을 벌여 놓은 두 월에 해당한다.

앞 월이 '-어요'인 경우에는 (14)와 같이 '-어'로 되풀이될 수 있지만 '-어요'로는 되풀이되지 않는다.

(14) ㄱ. 철수가 집에 왔<u>어요</u>. 철수가 집에 왔<u>어</u>.
　　　ㄴ. 철수가 어디에 있<u>어요</u>? 철수가 어디에 있<u>어</u>?

뒤 월도 '-어요'이면 (15)에서와 같이 되풀이된 월로 이해되지 않고, 단지 긴밀한 이어짐 없이 똑같은 월을 벌여 놓은 두 월로 이해된다.

> (15) ㄱ. 철수가 집에 왔<u>어요</u>. 철수가 집에 왔<u>어요</u>.
>   ㄴ. 철수가 어디에 있<u>어요</u>? 철수가 어디에 있<u>어요</u>?

앞선 월이 '-어'에 의해 되풀이될 때, 앞선 월의 때매김씨끝 '-었-'과 '-겠-'은 되풀이 월에 그대로 되풀이되기도 하고 되풀이되지 않기도 하지만, 둘 다 적격한 월이 된다. 그러나 앞선 월의 '-더-'는 되풀이 월에 실현되지 않는다. 따라서 앞선 월에 '-더-'가 결합된 경우에는 되풀이 월에서는 '-더-'가 실현될 수 없다.

> (16) ㄱ. 어제 비가 왔다. 어제 비가 왔어./와.
>   ㄴ. 내일 눈이 오겠다. 내일 눈이 오겠어./와.
>   ㄷ. 밖에 비가 오더라. 밖에 비가 와.

앞선 월의 풀이말 종류에 관계없이 '-어' 월로 되풀이될 수 있다. 곧 (16)에서와 같이 움직씨이건, (17)에서와 같이 그림씨(ㄱ)이건, 잡음씨(ㄴ)이건 가리지 않고 되풀이된다.

> (17) ㄱ. 기분이 <u>좋다</u>. 기분이 <u>좋아</u>.
>   ㄴ. 여기가 서울<u>이다</u>. 여기가 서울<u>이야</u>.

이와 같이 '-어' 되풀이 월은 앞선 월의 마침씨끝을 제외한 부분을 그대로 되풀이하며, 앞선 월에 잇달아 되풀이되는 특성을 보인다. '-어'와 '-지'는 들을이높임에서 반말에 해당하는 점, 모든 의향법에서 두루 쓰이는 점에서 같지만, '-지'는 '-어'와 달리 되풀이 월을 요구하는 마침씨끝으로는 쓰이지 않는다.

3.2. '-는다고[9]/-느냐고[10]/-자고/-으라고[11]'

각 의향법 씨끝이 건너따옴월에서 중화형으로 실현되는 서술법의 '-는다', 물음법의 '-느냐', 꾀임법의 '-자', 시킴법의 '-으라'에, 안김씨끝 '-고'가 결합되어 마침씨끝 '-는다고', '-느냐고', '-자고', '-으라고'를 짜 이룬다.[12] 본디 이들 복합형 마침씨끝 다음에는 안음월의 풀이말이 있었지만, 풀이말이 줄어들면서 마침씨끝 중화형과 안음씨끝 '-고' 결합형이 마침씨끝이라는 새로운 쓰임으로 전용된 것이다. 서술법과 물음법의 '-는다고'의 보기를 들면, (18)과 같다.

(18) ㄱ. 철수가 밥을 먹는**다고** 했어.
　　　 → 철수가 밥을 먹는**다고**
　　 ㄴ. 철수가 밥을 먹는**다고** 했어?
　　　 → 철수가 밥을 먹는**다고?**

건너따옴월 형식인 '-는다고 하-'에서 항상 '하-' 부분이 줄어들어 마침씨끝으로 전용되는 것은 아니다. 그 까닭은 '하-' 부분이 줄어들면, 용법이 달라져 마침씨끝으로 전용되기 때문이다. 곧 건너따옴월의 용법으로 쓰이는 (19)에서는 '하-' 부분이 줄어들면 부적격한 월이 된다.

(19) ㄱ. 순이는 철수가 밥을 먹는다고 한다.
　　　 →*순이는 철수가 밥을 먹는**다고**
　　 ㄴ. 순이는 철수가 밥을 먹는다고 하니?
　　　 →*순이는 철수가 밥을 먹는**다고?**

---

9) 앞자리에 놓이는 환경에 따라, 변이형태 /-는다고/, /-ㄴ다고/, /-다고/, /-라고/로 실현된다.
10) 앞자리에 놓이는 환경에 따라, 변이형태 /-느냐고/, /-으냐고/, /-냐고/로 실현된다.
11) 앞자리에 놓이는 환경에 따라, 변이형태 /-으라고/, /-라고/로 실현된다.
12) 마침씨끝 '-는다고', '-느냐고', '-자고', '-으라고'의 형태·통사적 특성과 의미·화용적 특성에 대한 자세한 논의는 한길(2004 : 198~207)을 참조할 것.

이로 보아 마침씨끝으로 전용된 '-는다고'는 건너따옴월 형식인 '-는다고 하-'와는 관계를 끊고 새로운 용법으로 정착된 것이다.

이들 마침씨끝은 의향법에서 서술법과 물음법을 실현하며, 앞선 월을 되풀이하는 기능을 가진다. 이들 마침씨끝으로 끝나는 월은, 발화할 때 아무런 전제 없는 최초 발화에는 쓰이지 않고, 앞선 월이 있거나 앞선 월을 상정할 수 있는 상황(이를테면, 앞선 발화에 해당하는 월을 제3자한테서 다른 곳에서 들은 상황)이 전제되는 경우에 국한하여 사용되는 제약이 따른다.

이들 마침씨끝은 들을이높임 등분에서 반말에 해당하기 때문에 앞선 월의 들을이높임이 [-높임]에 해당하는 경우에 되풀이를 하게 되며, [+높임]에 해당하는 경우에는 이들 마침씨끝 다음에 들을이높임의 '요'가 결합되어야 한다.

서술법의 '-는다고', '-느냐고', '-자고', '-으라고'는 말할이가 자신이 발화한 앞선 월을, 마침씨끝을 제외한 부분을 그 대로를 되풀이할 때 쓰인다. 앞선 월이 서술법에 해당하는 경우, 들을이높임에서 [+높임]에 해당하지 않으면 마침씨끝의 종류에 관계없이 '-는다고'로 실현되고, [+높임]에 해당하면 '요'가 결합되어 '-는다고요'로 실현된다.

> (20) ㄱ. 철수가 밥을 먹<u>는다</u>. / 먹<u>네</u>. / 먹<u>어</u>.
>   → 철수가 밥을 먹<u>는다고</u>
>   ㄴ. 철수가 밥을 먹<u>습니다</u>. / 먹<u>으오</u> / 먹<u>어요</u>
>   → 철수가 밥을 먹<u>는다고요</u>

서술법의 '-는다고'와 결합관계를 이룰 수 있는 풀이씨 뿌리나 때매김씨끝 종류에는 제약이 따르지 않지만, 항상 앞선 월의 풀이씨와 때매김씨끝이 그대로 되풀이되어야 하는 제약이 따른다.

앞선 월이 물음법에 해당하는 경우, 들을이높임에서 [+높임]에 해당하지 않으면 마침씨끝의 종류에 관계없이 '-느냐고'로 실현되고, [+높임]에 해당하면 '요'가 결합되어 '-느냐고요'로 실현된다.

(21) ㄱ. 철수가 밥을 먹<u>니</u>? / 먹<u>는가</u>? / 먹<u>어</u>?
　　　　→ 철수가 밥을 먹<u>느냐고</u>
　　　ㄴ. 철수가 밥을 먹<u>습니까</u>? / 먹<u>으오</u>? / 먹<u>어요</u>?
　　　　→ 철수가 밥을 먹<u>느냐고요</u>

서술법의 '-느냐고'와 결합관계를 이룰 수 있는 풀이씨 뿌리나 때매김씨끝 종류에도 제약이 따르지 않지만, 항상 앞선 월의 풀이씨와 때매김씨끝이 그대로 되풀이되어야 하는 제약이 따른다.

앞선 월이 꾀임법에 해당하는 경우, 들을이높임에서 [+높임]에 해당하지 않으면, 마침씨끝의 종류에 관계없이, '-자고'로 실현되고, [+높임]에 해당하면 '요'가 결합되어 '-자고요'로 실현된다.

(22) ㄱ. 같이 밥을 먹<u>자</u>. / 먹<u>세</u>. / 먹<u>어</u>.
　　　　→ 같이 밥을 먹<u>자고</u>
　　　ㄴ. 같이 밥을 먹<u>읍시다</u>. / 먹<u>으오</u> / 먹<u>어요</u>
　　　　→ 같이 밥을 먹<u>자고요</u>

앞선 월이 시킴법에 해당하는 경우, 들을이높임에서 [+높임]에 해당하지 않으면 마침씨끝의 종류에 관계없이 '-으라고'로 실현되고, [+높임]에 해당하면 '요'가 결합되어 '-으라고요'로 실현된다.

(23) ㄱ. 밥을 먹<u>어라</u>. / 먹<u>게</u>. / 먹<u>어</u>.
　　　　→ 밥을 먹<u>으라고</u>
　　　ㄴ. 일을 하<u>십시오</u> / 하<u>오</u> / 해<u>요</u>
　　　　→ 일을 하<u>라고요</u>

서술법의 '-는다고', '-느냐고', '-자고', '-으라고'는 말할이가 자신이 발화한 앞선 월을 잇달아 되풀이하는 용법으로도 쓰일 수 있다. 곧 앞선 월과 되풀이 월 사이에 다른 발화가 끼어들지 않고 앞선 월에 연속적으로 되풀이하여, 앞선 월에 대한 강조법을 실현한다. 다시 말해 되풀이된 월은 앞선 월의 내용을 강조하는 역할을 하게 된다.

(24) ㄱ. 철수가 밥을 먹<u>어</u>. 철수가 밥을 먹<u>는다고</u>
　　　　<철수가 밥을 먹어.>강조
　　ㄴ. 철수가 밥을 먹<u>니</u>? 철수가 밥을 먹<u>느냐고</u>
　　　　<철수가 밥을 먹니?>강조
　　ㄷ. 밥을 먹<u>자</u>. 밥을 먹<u>자고</u>
　　　　<밥을 먹자.>강조
　　ㄹ. 밥을 먹<u>어라</u>. 밥을 먹<u>으라고</u>
　　　　<밥을 먹어라.>강조

서술법의 '-는다고', '-느냐고', '-자고', '-으라고' 월의 또 다른 용법으로는, 상대방이 못 알아들었거나 잘못 듣고 질문하는 경우, 또는 반응이 없을 때, 앞선 월을 재확인하는 경우에 사용된다. 이 용법에서는 말할이가 앞선 월에 대하여 잇달아 되풀이하는 것이 아니고, 상대방의 발화나 태도가 반영된 다음에 되풀이되는 특성을 보인다.

(25) ㄱ. A → B : 철수가 밥을 먹는다.
　　　　B → A : 뭐라고?/ …13)
　　　　A → B : 철수가 밥을 먹<u>는다고</u>
　　ㄴ. A → B : 철수가 밥을 먹니?
　　　　B → A : 뭐라고?/ …
　　　　A → B : 철수가 밥을 먹<u>느냐고</u>
　　ㄷ. A → B : 같이 밥을 먹자.
　　　　B → A : 뭐라고?/ …
　　　　A → B : 같이 밥을 먹<u>자고</u>
　　ㄹ. A → B : 밥을 먹어라.
　　　　B → A : 뭐라고?/ …
　　　　A → B : 밥을 먹<u>으라고</u>

---

13) '…'는 반응이 없는 상황을 나타낸다.

이와 같이 서술법 마침씨끝 '-는다고', '-느냐고', '-자고', '-으라고'가 쓰인 월은 말할이가 자신의 앞선 월을 잇달아 되풀이하여 앞선 월의 내용을 강조하기도 하며, 말할이가 자신의 앞선 월 다음에 상대방의 발화나 태도가 반영된 다음 되풀이하여, 앞선 월의 내용을 재확인하기도 한다.

물음법의 '-는다고', '-느냐고', '-자고', '-으라고'는 말할이가 상대방[=들을이]이 발화한 앞선 월을 되풀이할 때 쓰인다.14) 서술법의 '-는다고', '-느냐고', '-자고', '-으라고'와는 달리 말할이 자신의 앞선 월을 되풀이하는 것이 아니라 상대방의 앞선 발화를 되풀이하여 확인코자 물을 때, 곧 되풀이 확인 물음에 사용된다.

물음법 '-는다고'의 쓰임을 보면, 되풀이 월의 끝에는 올림(↗)의 말가락이 놓이는 경우, 상대방의 앞선 서술월을 확인하기 위해 물을 때 쓰인다.

  (26) A→B : 철수가 밥을 먹는다.
     B→A : 철수가 밥을 먹<u>는다고</u>?(↗)

물음법 '-는다고' 월 끝에 급히 올림(↑)의 말가락이 놓이게 되면, 상대방의 앞선 서술월을 강하게 부정 서술하는 내재적 뜻을 나타내어 반어법 월에 해당한다.

  (27) A→B : 철수가 밥을 먹는다.
     B→A : 철수가 밥을 먹<u>는다고</u>?(↑)
        → 내재적 의미 : <철수가 밥을 안 먹는다.>강조

물음법 '-는다고' 월이 상대방의 앞선 월을 되풀이하는 경우에, 앞선 월

---

14) 물음법의 '-는다고'는 말할이가 상대방[=들을이]만이 아니라 다음 보기와 같이 제3자의 앞선 월을 되풀이하기도 한다.
  A→B : C가 내일 미국에 갑니다.
  B→C : (A가 그러던데) 네가 내일 미국에 **간다고**?
  위 보기에서 '-는다고' 월은 말할이 B가 상대방(=들을이) C에게 제3자인 A의 앞선 월을 되풀이하였다.

과 되풀이 월의 말할이와 들을이 관계가 바뀌기 때문에 앞선 월의 사람가리킴 대이름씨가 첫째가리킴이면, 둘째가리킴으로 바뀌어야 하고, 둘째가리킴이면 첫째가리킴으로 바뀌어야 하며, 되풀이 월을 발화하는 사람과 상대방의 높임 관계에 따라 적절한 등분의 대이름씨로 바뀌어야 한다. 또한 상대방이 높임의 대상이라면, '-는다고' 뒤에 '요'가 결합되어야 한다. 셋째가리킴인 경우에는 그대로 셋째가리킴대이름씨가 쓰이지만, 되풀이 월을 발화하는 사람과 셋째가리킴 해당자의 높임 관계에 따라 적절히 바뀌어야 하는 제약이 따른다. 이 제약이 적용될 수 있는 보기를 상정해 보면 (28)과 같다.

(28) ㄱ. A→B : <u>내</u>가 밥을 먹는다.
　　　 B→A : <u>네</u>가 밥을 <u>먹는다고</u>?(↗)
　　　　　　 : <u>자네</u>가 밥을 <u>먹는다고</u>?(↗)
　　　　　　 : <u>당신</u>이 밥을 <u>먹는다고</u>?(↗)
　　　　　　 : <u>할머니</u>[15]께서 진지를 잡수<u>신다고요</u>?(↗)
　　 ㄴ. A→B : <u>네</u>가 박사다.
　　　 B→A : <u>내</u>가 박사<u>라고</u>?(↑)
　　　　　　 : <u>제</u>가 박사<u>라고요</u>?(↑)
　　 ㄷ. A→B : <u>쟤</u>가 밥을 먹는다.
　　　 B→A : <u>쟤</u>가 밥을 <u>먹는다고</u>?(↗)
　　　　　　 : <u>저분</u>이 진지를 잡수<u>신다고요</u>?(↗)[16]

　　물음법의 '-는다고'와 결합관계를 이룰 수 있는 풀이씨 뿌리나 때매김씨끝 종류에는 제약이 따르지 않지만, 항상 되풀이 대상인 앞선 월의 풀이씨와 때매김씨끝이 그대로 되풀이되어야 하는 제약이 따른다.

　　물음법의 '-느냐고' 월은 상대방의 앞선 월을 되풀이하기 때문에 사람가리킴 대이름씨의 가리킴과 높임의 정도에서 적절하게 바뀌어야 하며, 그 밖

---

15) 상대방이 높임의 대상이면 그분을 가리키는 가리킴말로 바뀌게 되지만, 여기서는 대표로 상대방이 '할머니'인 경우를 보기로 들었다.
16) 높임의 정도에서 A>제3자>B인 경우에 가능하다.

의 가리킴 대이름씨들도 상황에 따라 조정되어야 한다.

　물음법 '-느냐고'의 쓰임을 보면, 되풀이 월의 끝에는 올림(↗)의 말가락이 놓이는 경우, 상대방의 앞선 물음월을 확인하기 위해 되물을 때 쓰인다.

> (29) A→B : 철수가 밥을 먹니?
> 　　　B→A : 철수가 밥을 먹<u>느냐고</u>?(↗)

　물음법 '-느냐고' 월 끝에 급히 올림(↑)의 말가락이 놓이게 되면, 상대방의 앞선 물음월을 강하게 부정 서술하는 내재적 뜻을 나타내어 반어법 월에 해당한다.

> (30) A→B : 철수가 밥을 먹니?
> 　　　B→A : 철수가 밥을 먹<u>느냐고</u>?(↑)
> 　　　　→내재적 의미 : <철수가 밥을 안 먹는다.>강조

　곧 '철수가 밥을 먹<u>느냐고</u>?(↑)'는 꼴에서는 긍정의 물음월에 해당하지만 내재적으로는 강한 부정의 서술월로 이해되어 반어법을 실현하였다. 결과적으로는 '철수가 밥을 먹<u>는다고</u>?(↑)'와 같은 의미를 실현하였다. 이런 쓰임은 앞선 월이 가부 물음월인 경우에 해당하고 설명 물음월인 경우에는 해당되지 않는다.

　물음법의 '-느냐고'와 결합관계를 이룰 수 있는 풀이씨 뿌리나 때매김씨 끝 종류에는 제약이 따르지 않지만, 항상 되풀이 대상인 앞선 월의 풀이씨와 때매김씨끝이 그대로 되풀이되어야 하는 제약이 따른다.

　물음법 '-자고'의 쓰임을 보면, 되풀이 월의 끝에는 올림(↗)의 말가락이 놓이는 경우, 상대방의 앞선 꾀임월을 확인하기 위해 되물을 때 쓰인다.

> (31) A→B : 밥을 먹자.
> 　　　B→A : 밥을 먹<u>자고</u>?(↗)

　물음법 '-자고' 월 끝에 급히 올림(↑)의 말가락이 놓이게 되면, 상대방의

앞선 꾀임월을 강하게 부정 서술하는 내재적 뜻을 나타내어 반어법 월에 해당한다.

    (32) A→B : 밥을 먹자.
         B→A : 밥을 먹<u>자고</u>?(↑)
            →내재적 의미 : <밥을 안 먹는다.>_{강조}

곧 꾀임월인 앞선 월을 되풀이한 월인 '밥을 먹<u>자고</u>?(↑)'는 꼴에서는 긍정의 물음월에 해당하지만 내재적으로는 강한 부정의 서술월로 이해되어 반어법을 실현하였다.

물음법 '-으라고'의 쓰임을 보면, 되풀이 월의 끝에는 올림(↗)의 말가락이 놓이는 경우, 상대방의 앞선 시킴월을 확인하기 위해 되물을 때 쓰인다.

    (33) A→B : 밥을 먹어라.
         B→A : 밥을 먹<u>으라고</u>?(↗)

물음법 '-으라고' 월 끝에 급히 올림(↑)의 말가락이 놓이게 되면, 상대방의 앞선 시킴월을 강하게 부정 서술하는 내재적 뜻을 나타내어 반어법에 해당한다.

    (34) A→B : 밥을 먹어라.
         B→A : 밥을 먹<u>으라고</u>?(↑)
            →내재적 의미 : <밥을 안 먹는다.>_{강조}

곧 '밥을 먹어라'의 되풀이 월인 '밥을 먹<u>으라고</u>?(↑)'는 꼴에서는 긍정의 물음월에 해당하지만, 내재적으로는 <밥을 안 먹는다.>란 강한 부정의 서술월로 이해되어 반어법을 실현하였다.

위에서 살핀 바와 같이, 마침씨끝이 '-는다고', '-느냐고', '-자고', '-으라고'인 월은 말가락의 종류에 따라 쓰임이 다름을 확인하였다.

3.3. '-는대도[17)]/-느내도[18)]/-재도/-으래도[19)]'

각 의향법 씨끝의 중화형 '-는다', '-느냐', '-자', '-으라'에 이음씨끝 '-어도'가 결합되어 마침씨끝 '-는대도', '-느내도', '-재도', '-으래도'를 짜 이루었다. 이들 마침씨끝은 본디 중화형과 '-어도' 사이에 '-고 하-'가 놓였으며, '-어도' 뒤에도 뒷마디가 놓였던 것이었지만, '-고 하-'가 줄어들고 '-어도' 뒤의 뒷마디가 삭제되면서 결합과정을 거쳐 마침씨끝으로 뜻과 쓰임이 바뀌었다. 따라서 이들 마침씨끝은 본디의 모습으로 돌이킬 수 없게 되었다.

이들 마침씨끝은 들을이높임 등분에서 반말에 해당하기 때문에 앞선 월의 들을이높임이 [-높임]에 해당하는 경우에 되풀이를 하게 되며, [+높임]에 해당하는 경우에는 이들 마침씨끝 다음에 들을이높임의 '요'가 결합되어야 한다.

'-는대도'는 본디 '-는다고 하여도'에서 '-고 하-'가 줄어든, 서술법 마침씨끝 중화형 '-는다'와 이음씨끝 '-어도'가 축약되어 결합된 복합형으로, 본디 꼴과 줄어든 꼴 사이에 쓰임과 뜻에서 차이를 보이지 않는 경우가 있다.

(35) ㄱ. 나는 밥을 안 먹<u>는다고 하여도</u> 어머니는 자꾸만 먹으라고 하신다.
ㄴ. 나는 밥을 안 먹<u>는대도</u> 어머니는 자꾸만 먹으라고 하신다.

곧 (35ㄴ)의 '-는대도'는 본디 꼴인 (35ㄱ)의 '-는다고 하여도'로 뜻과 쓰임에서 아무런 차이 없이 회복될 수 있다. 이 경우의 '-는대도'는 당연히 마침씨끝에 해당하지 않고, '-는다고 하여도'의 줄임말에 해당한다.

그러나 다음 보기에서는 '-는대도'가 '-는다고 하여도'로 회복될 수 없다. 이 경우의 '-는대도'가 '-는다고 하여도'와 관련을 끊고 새로운 쓰임과

---

17) 앞자리에 놓이는 환경에 따라, 변이형태 /-는대도/, /-ㄴ대도/, /-대도/, /-래도/로 실현된다.
18) 앞자리에 놓이는 환경에 따라, 변이형태 /-느내도/, /-으내도/, /-내도/로 실현된다.
19) 앞자리에 놓이는 환경에 따라, 변이형태 /-으래도/, /-래도/로 실현된다.

뜻으로 전용된, 월 되풀이 요구 마침씨끝에 해당한다.

    (36) ㄱ. 철수가 밥 먹어. 철수가 밥 <u>먹는대도</u>
        ㄴ. ≠[20]철수가 밥 먹어. 철수가 밥 <u>먹는다고 하여도</u>

곧 (36ㄱ)의 '-는대도'는 (36ㄴ)에서와 같이 '-는다고 하여도'로 회복되지 않으며, 회복된다고 하더라도 뜻과 쓰임에서 차이를 보인다. (36ㄱ)의 '-는대도'는 앞선 서술월을 되풀이하며 강조법을 실현하는 마침씨끝으로 전용되었기 때문에 '-는다고 하여도'와는 뜻과 쓰임에서 달라졌다. 그러므로 월 끝에 놓이는 '-는대도'를 월 되풀이를 요구하는 마침씨끝으로 설정하였다. '-는대도'는 의향법에서 서술법을 실현한다.

서술법의 '-는대도'와 결합관계를 이룰 수 있는 풀이씨 뿌리나 때매김씨끝 종류에는 제약이 따르지 않지만, 항상 되풀이 대상인 앞선 월의 풀이씨와 때매김씨끝이 그대로 되풀이되어야 하는 제약이 따른다.

'-느내도'는 본디 '-느냐고 하여도'에서 '-고 하-'가 줄어든, 물음법 마침씨끝 중화형 '-느냐'와 이음씨끝 '-어도'가 축약되어 결합된 복합형으로, 본디 꼴과 줄어든 꼴 사이에 쓰임과 뜻에서 차이를 보이지 않는 경우가 있다. 이 경우의 '-느내도'도 당연히 마침씨끝에 해당하지 않고, '-느냐고 하여도'의 줄임말에 해당한다.

    (37) ㄱ. 밥을 <u>먹느냐고 하여도</u> 대답을 하지 않는다.
        ㄴ. 밥을 <u>먹느내도</u> 대답을 하지 않는다.

(37)에서 ㄱ과 ㄴ은 뜻과 쓰임에서 차이가 없기 때문에 '-느내도'는 본디 '-느냐고 하여도'의 줄임말임이 확실하다.

그러나 다음 보기에서는 '-느내도'가 '-느냐고 하여도'로 회복될 수 없으며, 뜻과 쓰임에서 차이를 보인다. 이 경우의 '-느내도'가 '-느냐고 하여도'

---

20) ≠는 위의 내용과 일치하지 않음을 표시한다.

와 관련을 끊고 새로운 쓰임과 뜻으로 전용된, 월 되풀이 요구 마침씨끝에 해당한다.

  (38) ㄱ. 밥을 먹었니? 밥을 먹었느내도?
     ㄴ. ≠밥을 먹었니? 밥 먹었<u>느냐고 하여도</u>?

 곧 (38ㄱ)의 '-느내도'는 (38ㄴ)에서와 같이 '-느냐고 하여도'로 회복되지 않고, 회복된다고 하더라도 뜻과 쓰임에서 차이를 보인다. (38ㄱ)의 '-느내도'는 앞선 물음월을 되풀이하며 강조법을 실현하는 마침씨끝으로 전용되었기 때문에 '-느냐고 하여도'와는 뜻과 쓰임에서 달라졌다. 그러므로 월 끝에 놓이는 '-느내도'를 월 되풀이를 요구하는 마침씨끝으로 설정하였다. '-느내도'는 의향법에서 물음법을 실현한다.
 물음법의 '-느내도'와 결합관계를 이룰 수 있는 풀이씨 뿌리나 때매김씨끝 종류에는 제약이 따르지 않지만, 항상 되풀이 대상인 앞선 월의 풀이씨와 때매김씨끝이 그대로 되풀이되어야 하는 제약이 따른다.
 '-재도'는 본디 '-자고 하여도'에서 '-고 하-'가 줄어든, 꾀임법 마침씨끝 중화형 '-자'와 이음씨끝 '-어도'가 축약되어 결합된 복합형으로, 본디 꼴과 줄어든 꼴 사이에 쓰임과 뜻에서 차이를 보이지 않는 경우가 있다.

  (39) ㄱ. 밥을 먹<u>자고 하여도</u> 시간이 없단다.
     ㄴ. 밥을 먹<u>재도</u> 시간이 없단다.

 (39)에서 ㄱ과 ㄴ은 뜻과 쓰임에서 차이가 없기 때문에 '-재도'는 본디 '-자고 하여도'의 줄임말임이 확실하다. 따라서 이 경우의 '-재도'는 마침씨끝에 해당하지 않고, 단순히 '-자고 하여도'의 줄임말에 해당할 뿐이다.
 그러나 다음 보기에서는 '-재도'가 '-자고 하여도'로 회복될 수 없으며, 뜻과 쓰임에서 차이를 보인다.

(40) ㄱ. 밥을 먹자. 밥을 먹<u>재도</u>
　　ㄴ. ≠밥을 먹자. 밥을 먹<u>자고 하여도</u>

(40ㄱ)의 '-재도'는 (40ㄴ)에서와 같이 '-자고 하여도'로 회복되지 않고, 회복된다고 하더라도 뜻과 쓰임에서 차이를 보인다. (40ㄱ)의 '-재도'는 앞선 꾀임월을 되풀이하며 강조법을 실현하는 마침씨끝으로 전용되었기 때문에 '-자고 하여도'와는 뜻과 쓰임에서 달라졌다. 그러므로 월 끝에 놓이는 '-재도'를 월 되풀이를 요구하는 마침씨끝으로 설정하였다. '-재도'는 의향법에서 꾀임법을 실현한다. 꾀임법의 아주낮춤 '-자'와 비교해 보면, '-자'는 주체높임의 '-으시-'와 결합될 수 없는데 비해, '-재도'는 '-으시-'와 결합될 수 있다. '-으시-'와 결합되는 경우에는 들을이높임의 '요'가 결합되어야 한다. 따라서 '-재도'의 들을이높임 정도는 반말[안높임]에 해당한다.
　'-으래도'는 본디 '-으라고 하여도'에서 '-고 하-'가 줄어든, 시킴법 마침씨끝 중화형 '-으라'와 이음씨끝 '-어도'가 축약되어 결합된 복합형으로, 본디 꼴과 줄어든 꼴 사이에 쓰임과 뜻에서 차이를 보이지 않는 경우가 있다.

(41) ㄱ. 밥을 먹<u>으라고 하여도</u> 영 먹지 않는다.
　　ㄴ. 밥을 먹<u>으래도</u> 영 먹지 않는다.

(41)에서 ㄱ과 ㄴ은 뜻과 쓰임에서 차이가 없기 때문에 '-으래도'는 본디 '-으라고 하여도'의 줄임말임이 확실하다. 따라서 이 경우의 '-으래도'는 마침씨끝에 해당하지 않고, 단순히 '-으라고 하여도'의 줄임말에 해당할 뿐이다.
　그러나 다음 보기에서는 '-으래도'가 '-으라고 하여도'로 회복될 수 없으며, 뜻과 쓰임에서 차이를 보인다.

(42) ㄱ. 밥을 먹어라. 밥을 먹<u>으래도</u>
　　ㄴ. ≠밥을 먹어라. 밥을 먹<u>으라고 하여도</u>

(42ㄱ)의 '-으래도'는 (42ㄴ)에서와 같이 '-으라고 하여도'로 회복되지 않고, 회복된다고 하더라도 뜻과 쓰임에서 차이를 보인다. (42ㄱ)의 '-으래도'는 앞선 시킴월을 되풀이하며 강조법을 실현하는 마침씨끝으로 전용되었기 때문에 '-으라고 하여도'와는 뜻과 쓰임에서 달라졌다. 그러므로 월 끝에 놓이는 '-으래도'를 월 되풀이를 요구하는 마침씨끝으로 설정하였다. '-으래도'는 의향법에서 시킴법을 실현하며, 시킴법의 '-어라'와 비교해 보면, '-어라'는 주체높임의 '-으시-'와 결합될 수 없는데 비해, '-으래도'는 '-으시-'와 결합될 수 있다. '-으시-'와 결합되는 경우에는 들을이높임의 '요'가 결합되어야 한다. 따라서 '-으래도'의 들을이높임 정도는 반말[안높임]에 해당한다.

서술법의 '-는대도', 물음법의 '-느내도', 꾀임법의 '-재도', 시킴법의 '-으래도'는 앞선 월에서 마침씨끝 부분만을 제외한 모든 것을 그대로 되풀이하는 월의 마침씨끝으로 쓰인다. 이 마침씨끝으로 끝나는 되풀이 월은 앞선 월에 잇달아 되풀이되어 앞선 월을 강조하는 기능을 나타낸다. 또한 앞선 월 다음에 상대방의 발화나 이에 상응하는 상황이 놓인 다음에 되풀이되어 강조법을 실현하기도 한다.

서술법의 '-는대도' 되풀이 월은 앞선 월이 서술월이고 그 월에 대한 상대방의 대답이 부정적이거나 아무런 반응이 없는 상황에서 앞선 월을 발화한 사람이 자신의 앞선 월을 되풀이하여 상대방에게 다그치며 확인 서술할 때 쓰인다.

> (43) A → B : 밖에 비가 <u>온다</u>.
>   B → A : 비가 오기는./ …
>   A → B : 밖에 비가 <u>온대도</u>

물음법의 '-느내도' 되풀이 월은 앞선 월이 물음월이고, 그 월에 대해 상대방이 못 알아들었거나 아무런 반응이 없는 상황에서 앞선 월을 발화한 사람이 자신의 앞선 월을 되풀이하여 상대방에게 다그쳐 확인하여 물을 때 쓰인다. 가부 물음월이나 설명 물음월에도 모두 적용된다.

(44) ㄱ. A → B : 밖에 비가 <u>오니</u>?
　　　 B → A : …
　　　 A → B : 밖에 비가 <u>오냬도</u>?
　　ㄴ. A → B : 언제 비가 <u>오니</u>?
　　　 B → A : …
　　　 A → B : 언제 비가 <u>오냬도</u>?

　꾀임법의 '-재도' 되풀이 월은 앞선 월이 꾀임월이고, 그 월에 대해 상대방이 부정적인 내용의 월을 발화하는 경우, 또는 못 알아들었거나 아무런 반응이 없는 상황에서 앞선 월을 발화한 사람이 자신의 앞선 월을 되풀이하여 상대방에게 다그쳐 확인 요청할 때 쓰인다.

(45) A → B : 밖에 나가<u>자</u>.
　　 B → A : 밖에 나가기 싫어./ …
　　 A → B : 밖에 나가<u>재도</u>.

　시킴법의 '-으래도' 되풀이 월은 앞선 월이 시킴월이고, 그 월에 대해 상대방이 부정적인 내용의 월을 발화하는 경우, 또는 못 알아들었거나 아무런 반응이 없는 상황에서 앞선 월을 발화한 사람이 자신의 앞선 월을 되풀이하여 상대방에게 다그쳐 확인하여 시킬 때 쓰인다.

(46) A → B : 밖에 나가<u>거라</u>.
　　 B → A : 나 바빠서 못 나가./ …
　　 A → B : 밖에 나가<u>래도</u>.

　앞에서 살핀 바와 같이, 서술법의 '-는대도', 물음법의 '-느냬도', 꾀임법의 '-재도', 시킴법의 '-으래도' 월은 모두 말할이 자신의 앞선 월을 그대로(마침씨끝은 중화형으로 바뀜) 되풀이하며, 앞선 월과 되풀이 월이 바로 이어지는 잇달음법과 앞선 월과 되풀이 월 사이에 다른 월이나 상황이 개입되는 떨어짐법 되풀이가 모두 가능하다.

3.4. '-는다니까[21]/-느냐니까[22]/-자니까/-으라니까[23]'

각 의향법 씨끝의 중화형 '-는다', '-느냐', '-자', '-으라'에 이음씨끝 '-니까'가 결합되어 마침씨끝 '-는다니까', '-느냐니까', '-자니까', '-으라니까'를 짜 이루었다. 이들 마침씨끝은 본디 중화형과 '-니까' 사이에 '-고 하-'가 놓였으며, '-니까' 뒤에도 뒷마디가 놓였던 것이었지만, '-고 하-'가 줄어들고 '-니까' 뒤의 뒷마디가 삭제되면서 결합과정을 거쳐 마침씨끝으로 뜻과 쓰임이 바뀌었다. 그러므로 이들 마침씨끝은 본디의 모습으로 돌이킬 수 없게 되었다.

이들 마침씨끝은 들을이높임 등분에서 반말에 해당하기 때문에 앞선 월의 들을이높임이 [-높임]에 해당하는 경우에 되풀이를 하게 되며, [+높임]에 해당하는 경우에는 이들 마침씨끝 다음에 들을이높임의 '요'가 결합되어야 한다.[24]

'-는다니까'는 본디 통사적 짜임새인 '-는다고 하니까'에서 '-고 하-'가 줄어들고 나서, 서술법 마침씨끝 중화형태 '-는다'와 이음씨끝 '-니까'가 결합되어 형태적 짜임새를 이룬 복합형으로, 본디 꼴과 줄어든 꼴 사이에 쓰임과 뜻에서 차이를 보이지 않는 경우가 있다.

    (47) ㄱ. 아들이 책을 읽**는다고 하니까** 어머니는 좋아하신다.
         ㄴ. 아들이 책을 읽**는다니까** 어머니는 좋아하신다.

---

21) 앞자리에 놓이는 환경에 따라, 변이형태 /-는다니까/, /-ㄴ다니까/, /-다니까/, /-라니까/로 실현된다.
22) 앞자리에 놓이는 환경에 따라, 변이형태 /-느냐니까/, /-으냐니까/, /-냐니까/로 실현된다.
23) 앞자리에 놓이는 환경에 따라, 변이형태 /-으라니까/, /-라니까/로 실현된다.
24) 복합형 마침씨끝인 '-는다니까', '-느냐니까', '-자니까', '-으라니까'의 형태·통사적 특성과 의미·화용적 특성은 한길(2004 : 206~210)을 참조할 것.

곧 (47ㄴ)의 '-는다니까'는 본디 꼴인 (47ㄱ)의 '-는다고 하니까'로 뜻과 쓰임에서 아무런 차이 없이 회복될 수 있다. 따라서 이 경우의 '-는다니까'는 마침씨끝에 해당하지 않고, 단순히 '-는다고 하니까'의 줄임말에 불과하다.

그러나 다음 보기에서는 '-는다니까'가 '-는다고 하니까'로 회복될 수 없으며, 만일 회복된다고 하더라도 뜻과 쓰임에서 차이를 보인다.

(48) ㄱ. 아이가 책을 읽어. 아이가 책을 읽**는다니까**.
  ㄴ. ≠아이가 책을 읽어. 아이가 책을 읽**는다고 하니까**.

(48ㄱ)의 '-는다니까'는 (48ㄴ)에서와 같이 '-는다고 하니까'로 회복되지 않으며, 만일 회복된다고 하더라도 뜻과 쓰임에서 차이를 보인다. (48ㄱ)의 '-는다니까'는 '따옴'의 뜻과 쓰임을 나타내지 않고, '힘줌'의 뜻과 쓰임을 나타낸다. 곧 (48ㄱ)의 '-는다니까'는 앞선 서술월을 되풀이하며 강조법을 실현하는 마침씨끝으로 전용되었기 때문에 '-는다고 하니까'와는 뜻과 쓰임에서 달라졌다. 따라서 월 끝에 놓이는 '-는다니까'는 '-는다고 하니까'와는 관계가 끊어진, 월 되풀이를 요구하는 마침씨끝으로 설정하였다. '-는다니까'는 의향법에서 서술법을 실현한다.

'-느냐니까'는 본디 통사적 짜임새인 '-느냐고 하니까'에서 '-고 하-'가 줄어든, 물음법 마침씨끝 중화형 '-느냐'와 이음씨끝 '-니까'가 결합되어 형태적 짜임새를 이룬 복합형으로, 본디 꼴과 줄어든 꼴 사이에 쓰임과 뜻에서 차이를 보이지 않는 경우가 있다.

(49) ㄱ. 밥을 먹**느냐고 하니까** 대답을 하지 않는다.
  ㄴ. 밥을 먹**느냐니까** 대답을 하지 않는다.

(49)에서 ㄱ과 ㄴ은 뜻과 쓰임에서 차이가 없기 때문에 '-느냐니까'는 본디 '-느냐고 하니까'의 줄임말임이 확실하다.

그러나 다음 보기에서는 '-느냐니까'가 '-느냐고 하니까'로 회복될 수 없으며, 회복된다고 하더라도 뜻과 쓰임에서 차이를 보인다.

    (50) ㄱ. 밥을 먹었니? 밥을 먹었<u>느냐니까</u>?
        ㄴ. ≠밥을 먹었니? 밥 먹었<u>느냐고 하니까</u>?

  (50ㄱ)의 '-느냐니까'는 (50ㄴ)에서와 같이 '-느냐고 하니까'로 회복되지 않고, 회복된다고 하더라도 뜻과 쓰임에서 차이를 보인다. (50ㄱ)의 '-느냐니까'는 앞선 물음월을 되풀이하며 강조법을 실현하는 마침씨끝으로 전용되었기 때문에 '-느냐고 하니까'와는 뜻과 쓰임에서 달라졌다. 그러므로 월 끝에 놓이는 '-느냐니까'를 월 되풀이를 요구하는 마침씨끝으로 설정하였다. '-느냐니까'는 의향법에서 물음법을 실현한다.

  '-자니까'는 본디 통사적 짜임새인 '-자고 하니까'에서 '-고 하-'가 줄어든, 꾀임법 마침씨끝 중화형 '-자'와 이음씨끝 '-니까'가 결합되어 형태적 짜임새를 이룬 복합형으로, 본디 꼴과 줄어든 꼴 사이에 쓰임과 뜻에서 차이를 보이지 않는 경우가 있다.

    (51) ㄱ. 밥을 먹<u>자고 하니까</u> 시간이 없단다.
        ㄴ. 밥을 먹<u>자니까</u> 시간이 없단다.

  (51)에서 ㄱ과 ㄴ은 뜻과 쓰임에서 차이가 없기 때문에 '-자니까'는 본디 '-자고 하니까'의 줄임말임이 확실하다.

  그러나 다음 보기에서는 '-자니까'가 '-자고 하니까'로 회복될 수 없으며, 회복된다고 하더라도 뜻과 쓰임에서 차이를 보인다.

    (52) ㄱ. 밥을 먹자. 밥을 먹<u>자니까</u>.
        ㄴ. ≠밥을 먹자. 밥을 먹<u>자고 하니까</u>.

  (52ㄱ)의 '-자니까'는 (52ㄴ)에서와 같이 '-자고 하니까'로 회복되지 않

고, 회복된다고 하더라도 뜻과 쓰임에서 차이를 보인다. (52ㄱ)의 '-자니까'
는 앞선 꾀임월을 되풀이하며 강조법을 실현하는 마침씨끝으로 전용되었기
때문에 '-자고 하니까'와는 뜻과 쓰임에서 달라졌다. 그러므로 월 끝에 놓
이는 '-자니까'를 월 되풀이를 요구하는 마침씨끝으로 설정하였다. '-자니
까'는 의향법에서 꾀임법을 실현한다.

'-으라니까'는 본디 통사적 짜임새인 '-으라고 하니까'에서 '-고 하-'가
줄어든, 시킴법 마침씨끝 중화형 '-으라'와 이음씨끝 '-니까'가 결합되어
형태적 짜임새를 이룬 복합형으로, 본디 꼴과 줄어든 꼴 사이에 쓰임과 뜻
에서 차이를 보이지 않는 경우가 있다.

> (53) ㄱ. 밥을 먹<u>으라고 하니까</u> 배가 부르다고 한다.
>   ㄴ. 밥을 먹<u>으라니까</u> 배가 부르다고 한다.

(53)에서 ㄱ과 ㄴ은 뜻과 쓰임에서 차이가 없기 때문에 '-으라니까'는 본
디 '-으라고 하니까'의 줄임말임이 확실하다.

그러나 다음 보기에서는 '-으라니까'가 '-으라고 하니까'로 회복될 수 없
으며, 회복된다고 하더라도 뜻과 쓰임에서 차이를 보인다.

> (54) ㄱ. 밥을 먹어라. 밥을 먹<u>으라니까</u>.
>   ㄴ. ≠밥을 먹어라. 밥을 먹<u>으라고 하니까</u>.

(54ㄱ)의 '-으라니까'는 (54ㄴ)에서와 같이 '-으라고 하니까'로 회복되지
않고, 회복된다고 하더라도 뜻과 쓰임에서 차이를 보인다. (54ㄱ)의 '-으라
니까'는 앞선 시킴월을 되풀이하며 강조법을 실현하는 마침씨끝으로 전용되
었기 때문에 '-으라고 하니까'와는 뜻과 쓰임에서 달라졌다. 그러므로 월
끝에 놓이는 '-으라니까'를 월 되풀이를 요구하는 마침씨끝으로 설정하였
다. '-으라니까'는 의향법에서 시킴법을 실현한다.

서술법의 '-는다니까', 물음법의 '-느냐니까', 꾀임법의 '-자니까', 시킴

법의 '-으라니까'는 앞선 월에서 마침씨끝 부분만을 제외한 모든 것을 그대로 되풀이하는 월의 마침씨끝으로 쓰인다. 이 마침씨끝으로 끝나는 되풀이월은 앞선 월에 잇달아 되풀이되어 앞선 월을 강조하는 기능을 나타낸다. 또한 앞선 월 다음에 상대방의 발화나 이에 상응하는 상황이 놓인 다음에 되풀이되어 강조법을 실현하기도 한다.

서술법의 '-는다니까' 되풀이 월은 앞선 월이 서술월이고 그 월에 대한 상대방의 대답이 부정적인 내용이거나 아무런 반응이 없는 상황에서 앞선 월을 발화한 사람이 자신의 앞선 월을 되풀이하여 상대방에게 힘주어 서술할 때 쓰인다.

(55) A→B : 철수가 학교에 **온다**.
　　 B→A : 철수가 학교에 오기는./ …
　　 A→B : 철수가 학교에 **온다니까**.

물음법의 '-느냐니까' 되풀이 월은 앞선 월이 물음월이고, 그 월에 대해 상대방이 못 알아들었거나 아무런 반응이 없는 상황에서 앞선 월을 발화한 사람이 자신의 앞선 월을 되풀이하여 상대방에게 힘주어 물을 때 쓰인다. 가부 물음월이나 설명 물음월에도 모두 적용된다.

(56) ㄱ. A→B : 집에 **가니**?
　　　 B→A : …
　　　 A→B : 집에 **가냐니까**?
　　 ㄴ. A→B : 언제 집에 **가니**?
　　　 B→A : …
　　　 A→B : 언제 집에 **가냐니까**?

꾀임법의 '-자니까' 되풀이 월은 앞선 월이 꾀임월이고, 그 월에 대해 상대방이 부정적인 내용의 월을 발화하는 경우, 또는 못 알아들었거나 아무런 반응이 없는 상황에서 앞선 월을 발화한 사람이 자신의 앞선 월을 되풀이하여 상대방에게 힘주어 요청할 때 쓰인다.

    (57) A → B : 같이 운동하<u>자</u>.
        B → A : 같이 운동하기 싫어./ …
        A → B : 같이 운동하<u>자니</u>까.

시킴법의 '-으라니까' 되풀이 월은 앞선 월이 시킴월이고, 그 월에 대해 상대방이 부정적인 내용의 월을 발화하는 경우, 또는 못 알아들었거나 아무런 반응이 없는 상황에서 앞선 월을 발화한 사람이 자신의 앞선 월을 되풀이하여 상대방에게 힘주어 시킬 때 쓰인다.

    (58) A → B : 빨리 좀 **오너라**.
        B → A : 다리가 아파서 못 가./ …
        A → B : 빨리 좀 오<u>라니</u>까.

위에서 살핀 바와 같이, 서술법의 '-는다니까', 물음법의 '-느냐니까', 꾀임법의 '-자니까', 시킴법의 '-으라니까' 월은 모두 앞선 월을 그대로(마침씨끝은 중화형으로 바뀜) 되풀이하며, 잇달음법과 떨어짐법 되풀이가 모두 가능하다.

3.5. '-다니[25)]/-느냐니[26)]/-자니/-으라니[27)]'

'-다니'의 '-다'가 비록 서술법 마침씨끝의 중화형 '-는다'와 약간의 차이를 보고 있으나 대체로 같으며, '-다니'와 계열관계를 이루는 '-느냐니', '-자니', '-으라니'에서의 '-느냐', '-자', '-으라'가 각 의향법 마침씨끝의

---

25) 앞에 놓이는 환경에 따라 변이형태 /-다니/, /-라니/로 실현된다. '-다니'는 앞에 결합되는 환경이 움직씨 뿌리인 경우에도 /-는다니/나 /-ㄴ다니/로 실현되지 않고 /-다니/로 실현된다. /-는/ㄴ다니/는 그 자체가 마침씨끝이 아니고, '-는/ㄴ다고 하니'의 줄어든 꼴에 해당한다.

26) 앞자리에 놓이는 환경에 따라, 변이형태 /-느냐니/, /-으냐니/, /-냐니/로 실현된다.

27) 앞자리에 놓이는 환경에 따라, 변이형태 /-으라니/, /-라니/로 실현된다.

중화형이기 때문에 이들 마침씨끝은 각 의향법 중화형에 결합된 '-고 하니'에서 '-고 하-'가 줄어들고 씨끝 '-니'와 결합관계를 이루어 짜여진 것으로 보인다.[28]

'-다니'는 따옴 형식인 통사적 짜임새 '-다고 하니'에서 '-고 하-'가 줄어든 다음, 형태적 짜임새로 굳어진 것으로 추정되지만, 본디 꼴이 무엇인지 정확히 알기는 어렵다. '-다니'의 '-다'가 건너따옴월에서의 서술법 마침씨끝의 중화형과 같은 꼴을 하고 있지만, 꼭 같게 쓰이지는 않는다. 이를테면 건너따옴월에서의 서술법 마침씨끝은 풀이씨가 움직씨이고 때매김이 현재이면 '-는다/ㄴ다'로 중화되어 실현되지만, '-다니'에서는 꼭 같은 환경에서 '-다'로 실현되어 차이를 보인다.[29]

> (59) ㄱ. 철수가 밥을 먹<u>는다</u>고 한다.
>   ㄴ. 철수가 밥을 먹<u>다</u>니?

'-다니'의 '-니'는 아주낮춤 물음법 마침씨끝 '-니'와 꼴이 같지만, '-다니'의 뒤에는 들을이높임의 '요'가 결합될 수 있어, '요'가 결합될 수 없는 '-니'와는 차이를 보인다. 아주낮춤의 '-니'가 '-다'와 결합되면서 아주낮춤의 기능을 잃고, '-다니'로 결합됨으로 말미암아 들을이를 안 높이는 반말로 전용되었다.

> (60) ㄱ. *철수가 밥을 먹는다고 하니<u>요</u>?
>   ㄴ. 철수가 밥을 먹다니<u>요</u>?

이와 같이 '-다니'는 따옴 형식의 통사적 짜임새인 '-는다고 하니'가 줄어든 것으로 보기에는 무리가 따르는 점도 있지만, '-는다고 하니'가 '-다

---

28) 복합형 마침씨끝인 '-다니', '-느냐니', '-자니', '-으라니'의 형태·통사적 특성과 의미·화용적 특성은 한길(2004 : 184~190)을 참조할 것.
29) 이와 같은 까닭으로 기본형을 '-다니'로 설정하였다.

니'로 줄어들면서 뜻과 쓰임이 바뀐 것으로 보는 것이 가장 합리적이다.

'-다니'는 상대방의 발화인 서술월을 되풀이하는 월의 마침씨끝으로 쓰이며,[30] 상대방의 말에 부정하거나 의아해 함을 반어법으로 표현하는 물음월의 마침씨끝으로 쓰인다. 되풀이 용법으로 쓰이는 '-다니' 월은 축어적으로는 물음월이지만, 내재적으로는 축어적 의미와 모순관계나 대립관계에 놓이는 서술월로 해석되어 반어법의 범주에 포함된다.

    (61) ㄱ. A→B : 철수가 낮잠을 잡니다.
         B→A : 철수가 낮잠을 자**다니**?
            ＜철수가 낮잠을 자지 않는다.＞
            ＜철수가 낮잠을 잠이 믿어지지 않음.＞
       ㄴ. A→B : 철수가 낙제를 했습니다.
         B→A : 철수가 낙제를 했**다니**?
            ＜철수가 낙제를 하지 않았다.＞
            ＜철수가 낙제를 했음이 믿어지지 않음.＞

'-다니'는 말할이가 자신의 앞선 월을 되풀이하는 기능은 없기 때문에 잇달음법 되풀이는 불가능하고, 상대방의 앞선 서술월을 되풀이하되, 가리킴말은 말할이와 들을이 사이의 관계에 따라 적절히 바뀌어 되풀이되는 특성을 가진다.

'-느냐니'는 따옴 형식인 통사적 짜임새 '-느냐고 하니'에서 '-고 하-'가 줄어들어 결합된 마침씨끝으로 추정되지만, 본디 꼴인 '-느냐고 하니'에는

---

30) 되풀이법의 마침씨끝으로 쓰이는 '-다니'와는 같은 꼴로, 마침씨끝인 점에서도 같지만 뜻과 쓰임에서 차이를 보이는 것들이 있다. 이들은 되풀이법과 관계가 없다.
  ① ＜혼잣말로 쓰여, 놀람, 감탄, 분개 따위를 나타냄＞
    빚만 남기고 자살하**다니**.
    우리 아이가 이렇게 공부를 잘**하다니**.
    저런 하잘것없는 팀한테 지**다니**.
  ② ＜어떤 사실에 대하여 놀라거나 못마땅하게 여기며 의문을 나타냄＞
    네 아버지는 왜 매일 술을 드**신다니**?
    여름인데도 왜 이리 춥**다니**?

들을이높임의 '요'가 결합될 수 없는데 비해 '-느냐니'에는 '요'가 결합될 수 있어 들을이높임의 정도에서 차이가 난다. 또한 '-느냐고 하니'는 건너따옴의 기능을 수행하지만 '-느냐니'에는 건너따옴의 기능이 없다.

(62) ㄱ. 친구가 열심히 공부하**느냐고 하니**?
　　　→*친구가 열심히 공부하**느냐고 하니**요?
　　　→*친구가 열심히 공부하**느냐니**?
　　ㄴ. 지금 밥을 먹**느냐니**?
　　　→≠지금 밥을 먹**느냐고 하니**?
　　　→지금 밥을 먹**느냐니**요?

'-느냐니'는 상대방의 발화인 물음월을 되풀이하는 월의 마침씨끝으로 쓰이며, 상대방의 말에 부정하거나 의아해 함을 반어법으로 표현하는 물음월의 마침씨끝으로 쓰인다. 되풀이 용법으로 쓰이는 '-느냐니' 월은 축어적으로는 물음월이지만 내재적으로는 축어적 의미와 모순관계나 대립관계에 놓이는 서술월로 해석되어 반어법의 범주에 포함된다.

(63) ㄱ. A→B : 철수가 낮잠을 잡니까?
　　　 B→A : 철수가 낮잠을 자**느냐니**?
　　　　　＜철수가 낮잠을 자지 않는다.＞
　　ㄴ. A→B : 철수가 낙제를 했습니까?
　　　 B→A : 철수가 낙제를 했**느냐니**?
　　　　　＜철수가 낙제를 하지 않았다.＞

'-느냐니'는 말할이가 자신의 앞선 월을 되풀이하는 기능은 없기 때문에 잇달음법 되풀이는 불가능하고, 상대방의 앞선 물음월을 되풀이하되, 가리킴말은 말할이와 들을이 사이의 관계에 따라 적절히 바뀌어 되풀이되는 특성을 가진다.

'-자니'는 따옴 형식인 통사적 짜임새 '-자고 하니'에서 '-고 하-'가 줄

어들어 결합된 마침씨끝으로 추정되지만, 본디 꼴인 '-자고 하니'에는 들을
이높임의 '요'가 결합될 수 없는데 비해 '-자니'에는 '요'가 결합될 수 있어
들을이높임의 정도에서 차이가 난다. 또한 '-자고 하니'는 건너따옴의 기능
을 수행하지만 '-자니'에는 건너따옴의 기능이 없다.

(64) ㄱ. 철수가 학교에 가<u>자고 하니</u>?
　　　→*철수가 학교에 가<u>자고 하니</u>요?
　　　→ 철수가 학교에 가<u>자니</u>?
　　ㄴ. A→B : 학교에 갑시다.
　　　 B→A : 학교에 가<u>자니</u>?
　　　　→ 학교에 가<u>자니</u>요?
　　　　→*학교에 가<u>자고 하니</u>?

(64ㄱ)에서의 '-자니'는 '-자고 하니'의 줄임말로, '-니'가 아주낮춤의 물
음법 마침씨끝에 해당하지만 (64ㄴ)에서의 '-자니'는 '-자고 하니'로 회복
될 수 없으며, 그 자체가 복합형의 반말 물음법 마침씨끝에 해당한다. 곧
(64ㄴ)의 '-자니'는 '-자고 하니'에서 유래되었더라도 새로운 뜻과 쓰임으
로 전이되어 마침씨끝으로 자리 잡은 것으로 보는 것이 합리적이다.

'-자니'는 상대방의 발화인 꾀임월을 되풀이하는 월의 마침씨끝으로 쓰
이며, 상대방의 말에 부정하거나 의아해 함을 반어법으로 표현하는 물음월
의 마침씨끝으로 쓰인다. 되풀이 용법으로 쓰이는 '-자니' 월은 축어적으로
는 물음월이지만 내재적으로는 축어적 의미와 모순관계나 대립관계에 놓이
는 서술월로 해석되어 반어법의 범주에 포함된다.

(65) ㄱ. A→B : 자장면을 먹읍시다.
　　　 B→A : 자장면을 먹<u>자니</u>?
　　　　　 ＜나는 자장면을 먹지 않는다.＞
　　　　　 ＜자장면을 먹자는 제안이 믿어지지 않는다.＞
　　ㄴ. A→B : 영화 보러 가자.

> B →A : 영화 보러 가<u>자니</u>?
> <나는 영화 보러 가지 않는다.>
> <영화 보러 가자는 제안이 믿어지지 않는다.>

'–자니'는 말할이가 자신의 앞선 월을 되풀이하는 기능은 없기 때문에 잇달음법 되풀이는 불가능하고, 상대방의 앞선 꾀임월을 되풀이하되, 가리킴말은 말할이와 들을이 사이의 관계에 따라 적절히 바뀌어 되풀이되는 특성을 가진다.

'–으라니'는 따옴 형식인 통사적 짜임새 '–으라고 하니'에서 '–고 하–'가 줄어들어 결합된 마침씨끝으로 추정되지만, 본디 꼴인 '–으라고 하니'에는 들을이높임의 '요'가 결합될 수 없는데 비해 '–으라니'에는 '요'가 결합될 수 있어 들을이높임의 정도에서 차이가 난다. 또한 '–으라고 하니'는 건너따옴의 기능을 수행하지만 '–으라니'에는 건너따옴의 기능이 없다.

> (66) ㄱ. 철수가 자기만 믿<u>으라고 하니</u>?
> → *철수가 자기만 믿<u>으라고 하니</u>요?
> → 철수가 자기만 믿<u>으라니</u>?
> ㄴ. A →B : 그 책 좀 빌려 다오.
> B →A : 이 책을 빌려 달<u>라니</u>?
> → 이 책을 빌려 달<u>라니</u>요?
> → *이 책을 빌려 달<u>라고 하니</u>?

(66ㄱ)에서의 '–으라니'는 '–으라고 하니'의 줄임말로, '–니'가 아주낮춤의 물음법 마침씨끝에 해당하지만 (66ㄴ)에서의 '–으라니'는 '–으라고 하니'로 회복될 수 없으며, 그 자체가 복합형의 반말 물음법 마침씨끝에 해당한다. 곧 (66ㄴ)의 '–으라니'는 '–으라고 하니'에서 유래되었더라도 새로운 뜻과 쓰임으로 전이되어 마침씨끝으로 자리 잡은 것으로 보는 것이 합리적이다.

'–으라니'는 상대방의 발화인 시킴월을 되풀이하는 월의 마침씨끝으로 쓰이며, 상대방의 말에 부정하거나 의아해 함을 반어법으로 표현하는 물음

월의 마침씨끝으로 쓰인다. 되풀이 용법으로 쓰이는 '-으라니' 월은 축어적
으로는 물음월이지만 내재적으로는 축어적 의미와 모순관계나 대립관계에
놓이는 서술월로 해석되어 반어법의 범주에 포함된다.

> (67) ㄱ. A→B : 자장면을 먹어라.
>   B→A : 자장면을 먹으라니?
>   <나는 자장면을 먹지 않는다.>
>   <자장면을 먹으라는 것이 믿어지지 않는다.>
>   ㄴ. A→B : 철수를 도와주어라.
>   B→A : 철수를 도와주라니?
>   <나는 철수를 도와주지 않는다.>
>   <철수를 도와주라는 것이 믿어지지 않음.>

'-으라니'는 말할이가 자신의 앞선 월을 되풀이하는 기능은 없기 때문에
잇달음법 되풀이는 불가능하고, 상대방의 앞선 시킴월을 되풀이하되, 가리
킴말은 말할이와 들을이 사이의 관계에 따라 적절히 바뀌어 되풀이되는 특
성을 가진다.

위에서 살핀 바와 같이, 물음법의 '-다니', '-느냐니', '-자니', '-으라니'
월은 모두 말할이가 자신의 앞선 월을 되풀이하는 기능은 없고. 항상 상대
방의 앞선 월을 되풀이하는 기능만으로 쓰인다. 상대방의 앞선 월의 의향법
에 따라 이들 마침씨끝 중 하나가 결정되며, 상대방의 말에 부정하거나 의
아해 함을 반어법으로 표현하는 물음월로 쓰인다.

3.6. '-는다면서[31]/-자면서/-으라면서[32]'

이 계열의 마침씨끝들도 마침씨끝 중화형에 '-고 하면서'가 통합된 통사

---

31) 앞자리에 놓이는 환경에 따라, 변이형태 /-는다면서/, /-ㄴ다면서/, /-다면서/, /-라면서/로
   실현된다.
32) 앞자리에 놓이는 환경에 따라, 변이형태 /-으라면서/, /-라면서/로 실현된다.

적 짜임새였던 것이 '-고 하-'가 줄어들면서 마침씨끝 중화형과 이음씨끝 '-면서'가 결합과정을 거쳐 새로운 뜻과 쓰임의 마침씨끝 '-는다면서', '-자면서', '-으라면서'로 생성되었다. 그러나 '-느냐면서'만은 새로운 복합형 마침씨끝으로 생성되지 않았다.33)

'-는다면서'34)는 본디 통사적 짜임새인 '-는다고 하면서'에서 '-고 하-'가 줄어든, 서술법 마침씨끝 중화형 '-는다'와 이음씨끝 '-면서'가 결합되어 형태적 짜임새를 이룬 복합형으로, 본디 꼴과 줄어든 꼴 사이에 쓰임과 뜻에서 차이를 보이지 않는 경우가 있다.

> (68) ㄱ. 철수는 학교에 **간다고 하면서** 집을 나갔다.
> ㄴ. 철수는 학교에 **간다면서** 집을 나갔다.

곧 (68ㄴ)의 '-는다면서'는 본디 꼴인 (68ㄱ)의 '-는다고 하면서'로, 뜻과 쓰임에서 아무런 차이 없이 회복될 수 있기 때문에 이 경우의 '-는다면서'는 마침씨끝에 해당하지 않는다. 그러나 다음 보기에서는 '-는다면서'가 '-는다고 하면서'로 회복될 수 없으며, 회복될 수 있는 것과는 뜻과 쓰임에서 차이를 보인다.

> (69) A→B : C가 공부를 열심히 한다.
> B→C : ㄱ. (A가 그러는데)네가 공부를 열심히 한다면서?
> ㄴ. ≠(A가 그러는데)네가 공부를 열심히 한다고 하면서?

(69ㄱ)의 '-는다면서'는 (69ㄴ)에서와 같이 '-는다고 하면서'로 회복되지 않으며, 회복된다고 하더라도 뜻과 쓰임에서 차이를 보인다. '-는다면서'에는 '따옴'의 뜻과 쓰임이 없고 제3자한테 들은 앞선 월을 상대방에게 확인

---

33) 복합형 마침씨끝인 '-는다면서', '-자면서', '-으라면서'의 형태·통사적 특성과 의미·화용적 특성은 한길(2004 : 210~214)을 참조할 것.
34) '-는다면서'는 뜻과 쓰임에서 별다른 차이 없이 '-는다며'로 줄어들 수 있다.

하고자 묻는 뜻과 쓰임을 나타낸다. 곧 (69ㄱ)의 '-는다면서'는 A가 발화한 앞선 서술월을 되풀이하여 '확인 물음'을 실현하는 마침씨끝으로 전용되었기 때문에 '-는다고 하면서'와는 뜻과 쓰임에서 달라졌다. 그러므로 월 끝에 놓이는 '-는다면서'를 월 되풀이를 요구하는 마침씨끝으로 설정하였다. '-는다면서'는 의향법에서 물음법을 실현한다.

'-는다면서'는 마침씨끝으로 전이되어 쓰일 수 있지만 '-느냐면서'는 '-느냐고 하면서'의 줄어든 말로만 쓰일 수 있고 마침씨끝으로는 전용되지 않는다.

> (70) ㄱ. 배가 고프**냐고 하면서** 어머니는 부엌으로 가셨다.
> ㄴ. 배가 고프**냐면서** 어머니는 부엌으로 가셨다.

곧 '-느냐면서'는 항상 '-느냐고 하면서'로 회복되기 때문에 이의 축약형에 해당되며, '-느냐면서' 자체가 마침씨끝으로 쓰이는 일이 없다.

'-자면서'는 본디 통사적 짜임새인 '-자고 하면서'에서 '-고 하-'가 줄어든, 꾀임법 마침씨끝 중화형 '-자'와 이음씨끝 '-면서'가 결합되어 형태적 짜임새를 이룬 복합형으로, 본디 꼴과 줄어든 꼴 사이에 쓰임과 뜻에서 차이를 보이지 않는 경우가 있다.

> (71) ㄱ. 아버지는 빨리 가**자고 하면서** 뒤를 돌아보셨다.
> ㄴ. 아버지는 빨리 가**자면서** 뒤를 돌아보셨다.

(71)에서 ㄱ과 ㄴ은 뜻과 쓰임에서 차이가 없기 때문에 ㄴ의 '-자면서'는 본디 '-자고 하면서'의 줄임말임이 확실하다. 따라서 이 경우의 '-자면서'는 마침씨끝에 해당하지 않는다. 그러나 다음 보기에서는 '-자면서'가 '-자고 하면서'로 회복될 수 없다.

> (72) A → B : 같이 극장에 가자.
> 예기상황 : (A가 실행에 옮기지 않고 머뭇거림.)

> B→A : ㄱ. 같이 극장에 **가자면서**?
>
> ㄴ. ≠같이 극장에 **가자고 하면서**?

(72ㄱ)의 '-자면서'는 (72ㄴ)에서와 같이 '-자고 하면서'로 회복되지 않고, 회복된다고 하더라도 뜻과 쓰임에서 차이를 보인다. (72ㄱ)의 '-자면서'는 상대방의 앞선 꾀임월을 되풀이하며 확인하고자 질문하는 마침씨끝으로 전용되었기 때문에 '-자고 하면서'와는 뜻과 쓰임에서 달라졌다. 그러므로 월 끝에 놓이는 '-자면서'를 월 되풀이를 요구하는 마침씨끝으로 설정하였다. '-자면서'는 의향법에서 물음법을 실현한다. '-자면서'는 물음법 마침씨끝이지만 꾀임월을 되풀이하기 때문에 앞자리에 결합되는 환경은 꾀임법에서와 같다.

'-으라면서'는 본디 통사적 짜임새인 '-으라고 하면서'에서 '-고 하-'가 줄어든, 시킴법 마침씨끝 중화형 '-으라'와 이음씨끝 '-면서'가 결합되어 형태적 짜임새를 이룬 복합형으로, 본디 꼴과 줄어든 꼴 사이에 쓰임과 뜻에서 차이를 보이지 않는 경우가 있다.

(73) ㄱ. 어머니는 많이 먹<u>으라고 하면서</u> 반찬을 연신 떼어주셨다.

ㄴ. 어머니는 많이 먹<u>으라면서</u> 반찬을 연신 떼어주셨다.

(73)에서 ㄱ과 ㄴ은 뜻과 쓰임에서 차이가 없기 때문에 ㄴ의 '-으라면서'는 본디 '-으라고 하면서'의 줄임말임이 확실하여 마침씨끝에 해당하지 않는다. 그러나 다음 보기에서는 '-으라면서'가 '-으라고 하면서'로 회복될 수 없으며, 뜻과 쓰임에서 차이를 보인다.

(74) A→B : 이 책 철수 주어라.

예기상황 : (A가 책을 넘겨주지 않고 머뭇거림.)

B→A : ㄱ. 이 책 철수 **주라면서**?

ㄴ. ≠이 책 철수 **주라고 하면서**?

(74ㄱ)의 '-으라면서'는 (74ㄴ)에서와 같이 '-으라고 하면서'로 회복되지 않으며, 회복된다고 하더라도 뜻과 쓰임에서 차이를 보인다. (74ㄱ)의 '-으라면서'는 상대방의 앞선 시킴월을 되풀이하며 확인하고자 질문하는 마침씨끝으로 전용되었기 때문에 '-으라고 하면서'와는 뜻과 쓰임에서 달라졌다. 그러므로 월 끝에 놓이는 '-으라면서'를 월 되풀이를 요구하는 마침씨끝으로 설정하였다. '-으라면서'는 의향법에서 물음법을 실현한다. '-으라면서'는 물음법 마침씨끝이지만 시킴월을 되풀이하기 때문에 앞자리에 결합되는 환경은 시킴법에서와 같다.

물음법의 '-는다면서', '-자면서', '-으라면서'는 상대방의 앞선 월에서 마침씨끝 부분만을 제외한 모든 것을 그대로 되풀이하는 것은 아니고 말할이와 상대방, 제3자 사이의 관계를 나타내는 가리킴말을 적절하게 바꾸어 되풀이하는 월의 마침씨끝으로 쓰인다. 이 마침씨끝으로 끝나는 되풀이 월은 말할이가 자신의 발화를 되풀이하지 않고 상대방의 발화를 되풀이하기 때문에 자신의 앞선 월에 잇달아 되풀이되지는 않는다. 그러므로 잇달음법 되풀이는 불가능하다. 이들 마침씨끝은 상대방의 발화에 대하여 되풀이함으로써 상대방의 발화를 확인하여 묻는 기능을 수행한다.

마침씨끝이 '-는다면서'인 월은 (69)와 같이 제3자한테서 들은 서술월을 상대방에게 확인하여 묻는 데 쓰이기도 하며, (75)와 같이 상대방의 서술월에 대하여 확인하여 묻는 데 쓰이기도 한다.

> (75) A→B : 저는 오늘부터 공부만 하겠습니다.
>   예기상황 : (A가 실행하지 않음.)
>   B→A : 너는 오늘부터 공부만 하겠**다면서**?

마침씨끝이 '-자면서'와 '-으라면서'인 월은 상대방의 꾀임월과 시킴월을 되풀이함으로써 상대방의 발화를 확인하여 묻는 데만 쓰이고, 제3자의 발화인 꾀임월이나 시킴월을 되풀이함으로써 상대방에게 확인하여 묻는 데는 쓰이지 않는다. ‘-자면서’와 ‘-으라면서’는 뜻과 쓰임에서 별다른 차이 없이 ‘-자며’와 ‘-으라며’로 줄어들 수 있다.

3.7. ‘-는다나[35)/-자나/-으라나[36)’

이 계열의 마침씨끝들은 마침씨끝 중화형에 ‘-고 하나’가 통합된 통사적 짜임새였던 것이, ‘-고 하-’가 줄어들면서 마침씨끝 중화형과 마침씨끝 ‘-나’가 결합과정을 거쳐 새로운 뜻과 쓰임의 마침씨끝 ‘-는다나’, ‘-자나’, ‘-으라나’로 생성되었다. 그러나 ‘-느냐나’만은 새로운 복합형 마침씨끝으로 생성되지 않았다.[37) 곧 ‘-느냐’에는 ‘-나’가 결합될 수 없어 마침씨끝으로의 ‘-느냐나’는 없다.

‘-는다나’는 본디 통사적 짜임새인 ‘-는다고 하나’에서 ‘-고 하-’가 줄어들고 ‘-는다’와 ‘-나’가 결합과정을 거쳐 형태적 짜임새인 마침씨끝 ‘-는다나’가 생성된 것으로 보이지만, 되풀이법과 관련된 ‘-는다나’는 ‘-는다고 하나’로 회복되지 않는다. ‘-는다고 하나’로 회복될 수 있는 ‘-는다나’는 그 자체가 마침씨끝에 해당되지 않고 ‘-나’만이 예사낮춤의 물음법 마침씨끝에 해당된다.

> (76) ㄱ. 철수는 어느 대학에 가겠다**나**?
> → 철수는 어느 대학에 가겠다고 하**나**?
> ㄴ. 철수는 내가 밥을 너무 많이 먹는**다나**.
> → *철수는 내가 밥을 너무 많이 먹<u>는다고 하나</u>.

(76ㄴ)에서와 같이 ‘-는다나’는 ‘-는다고 하나’로 회복될 수 없기 때문에

---

35) 앞자리에 놓이는 환경에 따라, 변이형태 /-는다나/, /-ㄴ다나/, /-다나/, /-라나/로 실현된다.
36) 앞자리에 놓이는 환경에 따라, 변이형태 /-으라나/, /-라나/로 실현된다.
37) 복합형 마침씨끝인 ‘-는다나’, ‘-자나’, ‘-으라나’의 형태·통사적 특성과 의미·화용적 특성은 한길(2004 : 191~198)을 참조할 것.

'-는다나'는 '-는다고 하나'와 연관성을 끊고 새로운 마침씨끝으로 생성된 것으로 보인다. '-는다나'가 마침씨끝으로 쓰인 월은 건너따옴월의 짜임새를 이루는 특성을 보여서 '-는다'가 안김월의 마침씨끝이고 '-나'가 안음월의 마침씨끝으로 간주될 수 있지만, '-는다고 하나'로 회복될 수 없는 점에서 '-는다나' 전체를 마침씨끝으로 간주하였다. '-는다나'는 되풀이법을 실현하는 서술법 마침씨끝에 해당한다.

'-는다나'는 제3자의 앞선 서술월을 말할이가 별 관심이 없거나, 못마땅하거나, 확신성이 없는 태도로 되풀이하여 들을이에게 서술하는 월의 마침씨끝으로 쓰인다. '-는다나'에는 '요'가 결합될 수 있기 때문에 반말의 마침씨끝에 해당한다.

> (77) C→A : 네가 내 친동생 같다.
> 　　 A→B : C는 내가 자기 친동생 같<u>다나</u>(요).

곧 (77)에서 '-는다나' 월은 말할이 A가 제3자인 C의 서술월 "네가 내 친동생 같다."를 되풀이하여 B에게 발화하되, C의 말에 별 관심이 없거나, 못마땅하거나, 비꼬는 태도로 서술하는 뜻을 포함한다.

'-는다나'는 말할이가 자신의 앞선 월을 되풀이하는 기능은 없기 때문에 잇달음법 되풀이는 불가능하고, 제3자의 앞선 서술월을 되풀이하되, 가리킴말은 말할이와 들을이 사이의 관계에 따라 적절히 바뀌어 되풀이되는 특성을 가진다.

'-자나'는 본디 통사적 짜임새인 '-자고 하나'에서 '-고 하-'가 줄어들면서 '-자'와 '-나'가 결합과정을 거쳐 형태적 짜임새인 마침씨끝 '-자나'가 생성된 것으로 보이지만, 되풀이법과 관련된 '-자나'는 '-자고 하나'로 회복되지 않는다. '-자고 하나'로 회복될 수 있는 '-자나'는 그 자체가 마침씨끝에 해당되지 않고, '-나'만이 예사낮춤의 물음법 마침씨끝에 해당된다.

(78) ㄱ. 철수가 무엇을 먹자나?
　　　→ 철수가 무엇을 먹자고 하나?
　　ㄴ. 철수가 나한테 온천에나 가자나?
　　　→*철수가 나한테 온천에나 가자고 하나?

(78ㄴ)에서와 같이 '-자나'는 '-자고 하나'로 회복될 수 없기 때문에 '-자나'는 '-자고 하나'와 연관성을 끊고 새로운 마침씨끝으로 생성된 것으로 보인다. '-자나'가 마침씨끝으로 쓰인 월은 건너따옴월의 짜임새를 이루는 특성을 보여서 '-자'가 안김월의 마침씨끝이고 '-나'가 안음월의 마침씨끝으로 간주될 수 있지만, '-자고 하나'로 회복될 수 없는 점에서 '-자나' 전체를 마침씨끝으로 간주하였다. '-자나'는 되풀이법을 실현하는 물음법 마침씨끝에 해당한다.

'-자나'는 제3자의 앞선 꾀임월을 말할이가 별 관심이 없거나, 못마땅하거나, 비꼬는 태도로 들을이에게 묻는 월의 마침씨끝으로 쓰인다. '-자나'에는 '요'가 결합될 수 있기 때문에 반말의 마침씨끝에 해당한다.

(79) C→A : 저녁에 라면이나 끓여 먹자.
　　A→B : C가 저녁에 라면이나 끓여 먹자나(요)?

곧 (79)에서 '-자나' 월은 말할이 A가 제3자인 C의 꾀임월 "저녁에 라면이나 끓여 먹자."를 되풀이하여 B에게 발화하되, C의 말에 별 관심이 없거나 못마땅하거나, 비꼬는 태도로 묻는 뜻을 포함한다.

'-자나'는 말할이가 자신의 앞선 월을 되풀이하는 기능은 없기 때문에 잇달음법 되풀이는 불가능하고, 제3자의 앞선 꾀임월을 되풀이하되, 가리킴말은 말할이와 들을이 사이의 관계에 따라 적절히 바뀌어 되풀이되는 특성을 가진다.

'-으라나'는 본디 통사적 짜임새인 '-으라고 하나'에서 '-고 하-'가 줄어들고 '-으라'와 '-나'가 결합과정을 거쳐 형태적 짜임새인 마침씨끝 '-으라나'가 생성된 것으로 보이지만, 되풀이법과 관련된 '-으라나'는 '-으라고 하나'로 회복되지 않는다. '-으라고 하나'로 회복될 수 있는 '-으라나'는 그 자체가 마침씨끝에 해당하지 않고 '-나'만이 예사낮춤의 물음법 마침씨끝에 해당한다.

(80) ㄱ. 누가 자네에게 이 일을 하<u>라나</u>?
→ 누가 자네에게 이 일을 하라고 하<u>나</u>?
ㄴ. 나나 조용히 하<u>라나</u>?
→ *나나 조용히 하<u>라고 하나</u>?

(80ㄴ)에서와 같이 '-으라나'는 '-으라고 하나'로 회복될 수 없기 때문에 '-으라나'는 '-으라고 하나'와 연관성을 끊고 새로운 마침씨끝으로 생성된 것으로 보인다. '-으라나'가 마침씨끝으로 쓰인 월은 건너따옴월의 짜임새를 이루는 특성을 보여서 '-으라'가 안김월의 마침씨끝이고 '-나'가 안음월의 마침씨끝으로 간주될 수 있지만, '-으라고 하나'로 회복될 수 없는 점에서 '-으라나' 전체를 마침씨끝으로 간주하였다. '-으라나'는 되풀이법을 실현하는 물음법 마침씨끝에 해당한다.

'-으라나'는 제3자의 앞선 시킴월을 말할이가 별 관심이 없거나, 못마땅하거나, 비꼬는 태도로 들을이에게 묻는 월의 마침씨끝으로 쓰인다. '-으라나'에는 '요'가 결합될 수 있기 때문에 반말의 마침씨끝에 해당한다.

(81) C→A : 너나 얌전하게 굴어라.
A→B : C가 나나 얌전하게 굴<u>라나</u>(요)?

곧 (81)에서 '-으라나' 월은 말할이 A가 제3자인 C의 시킴월 "너나 얌전하게 굴어라."를 되풀이하여 B에게 발화하되, C의 말에 별 관심이 없거나 못마땅하거나, 비꼬는 태도를 가지고 묻는 뜻을 포함한다.

'-으라나'는 말할이가 자신의 앞선 월을 되풀이하는 기능은 없기 때문에 잇달음법 되풀이는 불가능하고, 제3자의 앞선 시킴월을 되풀이하되, 가리킴 말은 말할이와 들을이 사이의 관계에 따라 적절히 바뀌어 되풀이되는 특성을 가진다.

위에서 살핀 바와 같이, 물음법의 '-는다나', '-자나', '-으라나' 월은 모두, 말할이가 자신이나 상대방(들을이)의 앞선 월을 되풀이하는 기능은 없고. 항상 제3자의 앞선 월을 되풀이하는 기능만으로 쓰인다. 제3자의 앞선 월에 대하여 별 관심이 없거나, 못마땅하거나, 비꼬는 태도로 들을이에게 되풀이할 때 쓰인다.

4. 마무리

말할이가 자신의 월이나 상대방의 월을 전부, 또는 일부를 되풀이하는 경우를 월 되풀이법이라고 하였다. 이 장에서는 월의 되풀이에 관여하는 마침씨끝에는 어떤 것이 있으며, 어떤 양상으로 월 되풀이가 이루어지는가, 되풀이 요구 마침씨끝은 어떤 형태·통사적 특성과 의미 기능을 보이는가를 밝히고자 하였다.

마침씨끝에 의한 월 되풀이법에서는 말할이가 자신의 앞선 월이나 상대방의 앞선 월의 되풀이만이 아니라 제3자의 앞선 월을 되풀이하는 데 쓰이기도 하였다. 말할이가 자신의 앞선 월을 되풀이하는 경우에는 마침씨끝을 제외한 부분이 같은 꼴로 되풀이되며, 잇달음법으로 되풀이될 수도 있다. 상대방이나 제3자의 앞선 월을 되풀이하는 경우에는, 가리킴말이 말할이와 들을이 사이의 관계에 따라 적절히 바뀌어 되풀이되며, 잇달음법으로 되풀이되지 않는다.

앞선 월의 되풀이를 요구하는 마침씨끝으로는 단순형으로 '-어'가 있으며, 복합형으로는 마침씨끝 중화형에 씨끝이 결합되어 이루어진 것들이 있

다. 이들 복합형의 마침씨끝들은 각 의향법의 마침씨끝 중화형과 씨끝 사이
에 '-고 하-'가 줄어든 형식을 취하고 있지만, 쓰임과 뜻에서 관련을 지을
수 없기 때문에 그 자체가 월 되풀이 요구 마침씨끝으로 설정된다.

'-어'는 의향법에서 서술법, 물음법, 꾀임법, 시킴법의 마침씨끝으로 쓰이
는데, 각 의향법의 '-어'는 되풀이 월의 마침씨끝으로도 쓰일 수 있다. '-어'
로 끝맺는 되풀이 월은 말할이가 발화한 월을 바로 다시 되풀이할 때 쓰인
다. 곧 앞선 월이 끝나자마자 바로 자신이 발화한 앞선 월을 되받아 되풀이
하는 경우에 사용되는 특성을 보여, 앞선 월과 되풀이 월 사이에 상대방(들
을이)의 발화가 끼어들 수 없다.

중화형으로 실현되는 서술법의 '-는다', 물음법의 '-느냐', 꾀임법의 '-자',
시킴법의 '-으라'에 안김씨끝 '-고'가 결합되어 마침씨끝 '-는다고', '-느
냐고', '-자고', '-으라고'를 짜 이룬다. 이들 마침씨끝은 의향법에서 서술
법과 물음법을 실현하며, 앞선 월을 되풀이하는 기능을 한다.

서술법의 '-는다고', '-냐고', '-자고', '-으라고'는 말할이가 자신이 발
화한 앞선 월을 잇달아 되풀이하는 용법으로도 쓰일 수 있다. 앞선 월과 되
풀이 월 사이에 다른 발화가 끼어들지 않고 앞선 월에 연속적으로 되풀이되
어 강조법을 실현한다. 되풀이된 월은 앞선 월의 내용을 강조하는 역할을
한다. 이들 마침씨끝의 다른 용법으로는 상대방이 못 알아들었거나 잘못 듣
고 질문하는 경우에 앞선 월을 재확인할 때 사용된다. 이 용법에서는 말할
이가 앞선 월에 대하여 잇달아 되풀이하는 것이 아니고, 상대방의 발화나
태도가 반영된 다음에 되풀이되는 특성을 보인다.

물음법의 '-는다고', '-느냐고', '-자고', '-으라고'는 월의 끝에는 올림
(↗)의 말가락이 놓이는 경우, 말할이가 상대방이 발화한 앞선 월을 되풀이
하면서 상대방의 앞선 발화를 되풀이하여 확인코자 물을 때, 곧 되풀이 확
인 물음에 사용된다. 월 끝에 급히 올림(↑)의 말가락이 놓이게 되면, 상대방
의 앞선 월을 강하게 부정 서술하는 내재적 뜻을 나타내어 반어법으로 사용
된다.

서술법의 '-는대도', 물음법의 '-느내도', 꾀임법의 '-재도', 시킴법의 '-으래도'는 앞선 월에서 마침씨끝 부분만을 제외한 모든 것을 그대로 되풀이하는 월의 마침씨끝으로 쓰인다. 이 마침씨끝으로 끝나는 되풀이 월은 앞선 월에 잇달아 되풀이되어 앞선 월을 강조하는 기능을 나타낸다. 또한 앞선 월 다음에 상대방의 발화나 상황이 놓인 다음에 되풀이되어 강조법을 실현하기도 한다. 서술법의 '-는대도', 물음법의 '-느내도', 꾀임법의 '-재도', 시킴법의 '-으래도' 월은 모두 앞선 월을 그대로(마침씨끝은 중화형으로 바뀜) 되풀이하며, 잇달음법과 떨어짐법 되풀이가 모두 가능하다.

서술법의 '-는다니까', 물음법의 '-느냐니까', 꾀임법의 '-자니까', 시킴법의 '-으라니까' 월은 모두 앞선 월을 그대로(마침씨끝은 중화형으로 바뀜) 되풀이하며, 잇달음법과 떨어짐법 되풀이가 모두 가능하다.

'-다니'는 상대방의 서술월을, '-느냐니'는 상대방의 물음월을, '-자니'는 상대방의 꾀임월을, '-으라니'는 상대방의 시킴월을 되풀이하는 월의 마침씨끝으로 쓰이며, 상대방의 말에 부정하거나 의아해 함을 반어법으로 표현하는 물음월의 마침씨끝으로 쓰인다.

'-는다면서'는 상대방의 서술월을, '-자면서'는 상대방의 꾀임월을, -으라면서'는 상대방의 시킴월을 되풀이하며, '확인 물음'을 실현하는 마침씨끝으로, 상대방의 발화에 대하여 되풀이함으로써 상대방의 발화를 확인하여 묻는 기능을 한다. 마침씨끝이 '-는다면서'인 월은 제3자한테서 들은 서술월을, '-자면서'와 '-으라면서'인 월은 상대방의 꾀임월과 시킴월을 되풀이함으로써 상대방의 발화를 확인하여 묻는 데 쓰인다.

마침씨끝의 중화형 중에 '-는다 / -자 / -으라'에는 '-나'가 결합되어 복합형의 마침씨끝 '-는다나 / -자나 / -으라나'를 짜 이루었다. '-는다나'는 제3자의 서술월을, '-자나'는 제3자의 꾀임월을, '-으라나'는 제3자의 시킴월을 말할이가 별 관심이 없거나, 못마땅하거나, 비꼬거나, 확신성이 없는 태도로 들을이에게 서술하거나 묻는 월의 마침씨끝으로 쓰인다.

제 9 장

맺음말

되풀이 현상은 월을 이루고 있는 모든 요소에 나타나는 보편적 현상으로, 아무런 원칙 없이 무질서하게 일어나는 것이 아니라 일정한 질서와 원리 아래 체계적으로 일어나며, 되풀이 자체가 새로운 기능을 만들어 내기 때문에 되풀이법으로 설정하였다.

우리말의 되풀이법 연구는 우리말을 이루고 있는 요소들 가운데 되풀이되어 쓰이는 모든 것들을 선정하여 그 쓰임의 특성과 의미적 기능을 밝히는 것이다. 언어 요소 자체가 되풀이되는 것은 아니더라도 되풀이를 요구하는 것들도 연구 대상에 포함된다.

제2장은 월을 짜 이루는 기본 단위인 월조각의 되풀이법에 관한 논의이다. 한 월 안에서 어떤 월조각에 대하여 그것과 기능이 동일하며, 꼴에서도 같거나 비슷한 월조각을 되풀이하는 일이 있는데, 이를 '월조각의 되풀이법'이라고 하였다. 월조각이 되풀이될 때에는 월조각마다 일정한 질서와 원리에 따라 이루어지는 바, 이 장에서는 이에 관하여 체계적으로 규명하고자 하였다.

월조각의 되풀이법은 되풀이 실현 모양에 따라 '같은 꼴 되풀이법'과 '비슷한 꼴 되풀이법'으로 나뉘며, 연결 방식에 따라 '잇달음법'과 '떨어짐법'으로 구분된다. 월조각 되풀이법의 기능은 일차적으로 <강조>이며, '뜻 강화', '관심 집중이나 주의 환기', '아름다움 추구', '적당한 말거리를 찾고자 함'이다.

월조각에 따른 되풀이법의 구조적 특성에서는 월조각마다 되풀이법이 어떤 방식으로 실현되는가, 잇달음법과 떨어짐법, 같은 꼴과 비슷한 꼴 되풀이법이 적용될 때 어떤 제약이 따르는가, 왜 그런 제약이 따르는가를 규명하고자 하였다.

풀이말의 되풀이법은 잇달음법만 적용될 수 있을 뿐이고, 극히 제한된 환경에서만 같은 꼴 되풀이법이 실현될 수 있으며, 일반적으로 비슷한 꼴 되풀이법이 적용된다. 되풀이 풀이말의 마침씨끝은 반드시 반말의 '-어'이어야 하는 제약이 따른다.

임자말과 부림말의 되풀이법은 같은 꼴 되풀이법만 적용될 수 있으며, 잇달음법과 떨어짐법이 모두 적용될 수 있지만, 적용 가능성의 정도에서 차이를 보인다.

기움말의 되풀이법은 잇달음법과 떨어짐법이 모두 적용될 수 있지만, 제약의 정도에서 차이가 난다. 잡음씨가 '이다'냐 '아니다'냐에 따라 되풀이법 적용에 차이를 보인다. '이다'인 경우에는 다른 월조각의 되풀이법에서 찾아볼 수 없는 특이한 형태의 되풀이가 가능하다.

매김말의 되풀이법은 잇달음법과 같은 꼴 되풀이법만 적용될 수 있다. 떨어짐법이 적용될 수 없는 까닭은 매김말이 자립성이 없기 때문이다.

어찌말의 되풀이법은 같은 꼴 되풀이법만 적용 가능하며, 잇달음법은 제약 없이 적용될 수 있으나, 떨어짐법은 월 꾸밈 어찌말과 풀이말 꾸밈 어찌말에만 적용되는 제약이 따른다.

홀로말의 되풀이법은 같은 꼴 되풀이법만 적용 가능하며, 부름말에서만 잇달음법과 떨어짐법에 제약이 없이 적용될 수 있고, 보임말·느낌말·이음말에서는 잇달음법만 가능하다.

　제3장은 되풀이에 관여하는 서술법과 물음법 마침씨끝에 관한 논의이다. 서술법 마침씨끝 가운데, 되풀이되어 월을 짜 이룰 수 있는 마침씨끝은 '-지', '-어', '-것다', '-는다'뿐이다. '-지', '-어', '-것다'는 되풀이되어 맞섬관계의 마디를 짜 이루지만 그 자체로 월을 이루지 못하고 뒷마디와 어울려 이은겹월의 앞마디를 이룬다.

　'-지', '-어', '-것다'는 두 번만 되풀이되는 것이 아니라 세 번 이상의 되풀이도 가능하며, 의향법과 들을이높임법에 제약이 따르지 않는다. 끝마디의 의향법은 이들 되풀이 마디에 영향을 미치지 않으나, 들을이높임의 등분은 영향을 미쳐, 되풀이 마디의 본디 등분은 사라지고 끝마디 등분의 해석을 받게 된다. 되풀이 마디 사이에 월 짜임새는 맞섬관계의 동일한 짜임새인 경우가 가장 자연스럽지만, 반드시 동일한 월 짜임새일 필요는 없다. 되풀이 마디 사이의 임자말, 풀이말, 때매김 따위에서 특별한 제약 현상은 나타나지 않는다.

　'-지'는 명제 내용에 대한 <확인>의 의미 특성을 가지고 맞섬관계의 마디를 짜 이루며, 끝마디에 대해서는 <이유나 원인의 확인>을 나타낸다. '-어'는 맞섬관계의 마디를 짜 이루며, 끝마디의 <이유나 원인>을 나타내는 특성을 보인다. '-것다'는 명제에 대한 <확인(다짐) 강조>의 의미 특성을 가지고 맞섬관계의 마디를 짜 이루며, 끝마디의 <이유나 원인의 확인(다짐) 강조>를 보이는 특성을 보인다.

　'-는다'도 되풀이되어 맞섬관계의 마디를 이루지만 그 자체가 월을 이루지 못하는 점에서는 -지', '-어', '-것다'와 동일하다. '-는다' 되풀이 마디는 안김마디로 안기기 때문에 전체 월은 안은겹월에 해당한다. 안김마디 안의 '-는다1' 마디와 '-는다2' 마디는 온전한 월의 짜임새로, 이음 장치(이음씨끝이나 토씨 등)에 의하지 않은 특수한 이은겹월의 짜임새를 이룬다. '-는다'도 세 번 이상 되풀이될 수 있지만 뒤에는 항상 '-고 하-' 꼴이 놓이게 된다.

되풀이 물음법 마침씨끝은 되풀이 전의 물음법 마침씨끝과 한 몸처럼 작용하여 선택 물음월과 반어법 물음월을 짜 이루는 역할을 한다. 한 월에 두 물음법 마침씨끝이 쓰여서 겉짜임에서 보면 두 월의 형식을 이루고 있으나, 속짜임에서 보면, 앞의 마침씨끝 부분까지가 앞마디를 이루며 뒷부분은 뒷마디를 이루는 이은겹월로, 이음장치에 의하지 않은 특수한 경우에 해당한다.

선택 물음월은 앞마디와 뒷마디 사이에 쉼이 놓이지 않고 올림(／)의 말가락이 놓이면서 뒷마디에 바로 이어지며, 뒷마디 끝에는 내림(＼)의 말가락이 놓인다. 앞마디와 뒷마디는 모두 가부물음월 형식이어야 하며, 물음말이 포함되면 부적격한 월이 된다. 앞마디와 뒷마디가 동일한 짜임새를 이루되, 주로 한 월조각의 낱말에서 맞섬관계를 이루는 특성을 보인다. 앞마디와 뒷마디의 맞섬관계는 긍정 대 부정의 관계도 가능하지만, 때매김의 맞섬관계는 허용되지 않는다. 선택 물음월은 주로 두 가지 질문항으로 이루어지고, 하나의 질문항을 응답으로 선택하지만, 세 가지 이상의 질문항으로 이루어지기도 한다. 질문항이 여럿이더라도 응답으로는 하나의 질문항만을 선택하게 된다.

반어법 물음월은 선택 물음월과 동일한 짜임새를 이루되, 월 끝에 올림(／)의 말가락이 놓이는 점에서 차이를 보인다. 반어법 물음월은 겉짜임에서 두 가지 질문항으로 이루어지지만, 내재적으로는 서술법의 모순관계나 반의관계를 나타낸다. 반어법 물음월도 앞마디와 뒷마디가 모두 가부 물음월 형식이어야 하며, 맞섬관계를 이루어야 한다. 반어법 물음월에서는 앞마디와 뒷마디의 긍정-부정의 맞섬관계는 허용되지 않으며, 때매김의 맞섬관계도 허용되지 않는다. 반어법 물음월에서도 세 가지 이상의 질문항으로 이루어지는 경우도 가능하며, 내재적 의미로는 각 마디마다 모순관계나 반의관계의 서술법으로 해석된다.

제4장은 되풀이에 관여하는 이음씨끝과 안김씨끝에 관한 논의이다. 이음씨끝 가운데 필수적으로 되풀이되거나 수의적으로 되풀이되는 되풀이 이음씨끝과 안김씨끝 가운데, 필수적으로 되풀이되거나 수의적으로 되풀이되는

되풀이 안김씨끝에 관하여 그 종류와 형태·통사적 특성에 관하여 논의하였다.

되풀이 이음씨끝으로는 '-으나…-으나', '-거나…-거나', '-든지…-든지', '-고…-고', '-으며…으며', '-다가…-다가', '-느니…-느니', '-거니 -거니', '-으랴…-으랴', '-자마자(-자…-자)', '-는지…-는지', '-을는지…-을는지', '-을지…-을지'가 있고, 되풀이 안김씨끝으로는 '-으락…-으락', '-느니…-느니', '-거니…-거니', '-고…-고', '-다가…-다가', '-든지…-든지', '-거나…-거나', '-을락…-을락'이 있다. 되풀이 이음씨끝과 안김씨끝 가운데 같은 꼴로 이루어진 것으로는 '-거나…-거나', '-든지…-든지', '-고…-고', '-다가…-다가', '-느니…-느니', '-거니 -거니'가 있다.

되풀이 이음씨끝과 안김씨끝은 그 자체가 최소의 말본적 단위로서 각각 독특한 형태·통사적 특성과 의미적 기능을 나타내는 바, 4장에서는 이를 규명하고자 하였다.

제5장은 이음토씨와 도움토씨의 되풀이법에 관한 논의이다. 필수적 되풀이 이음토씨와 수의적 되풀이 이음토씨의 판별 기준에 따르면, 필수적 되풀이 이음토씨에는 '에…에', '하며…하며', '이고…이고', '이든지…이든지', '이거나…이거나', '인가…인가', '인지…인지', '이든가…이든가', '이야…이야', '이다…이다', '이랴…이랴', '이니…이니'가 있으며, 수의적 되풀이 이음토씨로는 '이나…(이나)', '하고…(하고)', '과…(과)', '이랑…(이랑)', '이며…(이며)', '이라든지…(이라든지)', '이라든가…(이라든가)'가 있다.

되풀이 도움토씨 '도…도'는 임자씨나 토씨 다음에 결합되어, <'도1' 앞에 놓인 내용과 '도2' 앞에 놓인 내용을 똑같이 아우름>을 나타낸다.

5장에서는 위에서 설정한 되풀이 이음씨끝과 도움토씨가 가지는 형태·통사적 특성과 의미 기능을 규명하였다.

제6장은 매인이름씨 가운데 되풀이되어 되풀이 매인이름씨를 짜 이루는 것들에 관한 논의이다. 되풀이 매인이름씨는 월 안에서 반드시 되풀이되어야 하느냐, 되풀이될 수도 있고 되풀이되지 않을 수도 있느냐에 따라 필수

적 되풀이 매인이름씨와 수의적 되풀이 매인이름씨로 갈랐다. 6장에서는 이들 매인이름씨에 관하여 형태·통사적 특성을 밝히고 의미 기능도 기술하였다. 각각의 되풀이 매인이름씨는 뜻과 쓰임에서 공통된 점을 보이기도 하였지만, 각각 고유의 특성을 가지고 있음이 확인된다.

되풀이 매인이름씨로는 '둥…둥', '듯…듯', '체…체', '데…데', '겸…겸'이 설정되었다. 이 가운데 '둥…둥'만이 분포상 제약이 심하지 않았으며, 그 밖에 것은 극심한 제약이 따라, 일부는 결합과정을 거쳐 낱말로 생성된 것들도 있었다. 이 장에서는 위에서 설정한 되풀이 매인이름씨마다 형태·통사적 특성과 의미 기능을 규명하였다.

제7장은 풀이씨와 이름씨의 되풀이를 요구하는 최소 말본형에 관한 논의이다. 풀이씨와 이름씨의 되풀이를 요구하는 말본 요소를 찾아, 되풀이법의 최소 말본형으로 설정하였다. 풀이씨의 되풀이를 요구하는 말본 요소로는 씨끝들의 통사적 짜임새, 씨끝만으로 풀이씨의 되풀이를 요구하는 형태적 짜임새, 매인이름씨가 주가 되는 통사적 짜임새 등이 있다.

이음씨끝 '-고'와 매김씨끝 '-은'은 최소 말본형인 '-고…-은'을 짜 이루며, 주로 그림씨 되풀이를 요구한다. 이음씨끝 '-으나'와 매김씨끝 '-은'도 최소 말본형인 '-으나…-은'을 짜 이루며, 일부 그림씨 되풀이를 요구한다. 이음씨끝 '-으면'과 '-을수록'도 최소 말본형인 '-으면…-을수록'을 짜 이루며, 반드시 같은 풀이씨가 되풀이되어야 한다. 이음씨끝 '-으면'과 '-었지'도 최소 말본형 '-으면…-었지'를 짜 이루며, 반드시 같은 풀이씨가 되풀이되어야 한다.

이름꼴 씨끝 '-기'와 도움토씨 '는'이 결합되어 최소 말본형인 '-기는'을 짜 이루며, '-기는'의 앞과 뒤에는 반드시 같은 풀이씨가 되풀이되어야 한다. -고'와 '-으나'는 매김꼴 '-은'과 통합관계를 이루어 되풀이되었으나, '-다'는 '-은'으로만 한정되지 않더라도 되풀이되는 특성을 보인다.

'-을 대로'는 반드시 같은 풀이씨가 되풀이되는 것은 아니지만, 특수한 경우를 제외하고는 같은 풀이씨가 되풀이된다. '-을 만큼'은 반드시 같은 풀이씨 되풀이를 요구하는 것은 아니기 때문에 같은 풀이씨 되풀이가 수의적이다. '-을 테면'은 같은 움직씨의 되풀이를 요구하는 통사적 짜임새로, 의향법에도 제약을 미쳐, 시킴법만을 허용한다.

이름씨의 되풀이를 요구하는 말본 요소로는 토씨들의 통사적 짜임새가 있다. 임자자리토씨 '가'는 잡음씨의 꼴바꿈꼴인 '인지라'와 최소 말본형인 'N1+가 N1+인지라'를 짜 이룬다. 도움토씨 '는'은 잡음씨 '이(다)'와 통사적 짜임새를 이루어, 수의적으로 같은 이름씨의 되풀이를 요구한다. 'N1+는'은 'N1+대로'와 통사적 짜임새 'N1+는 N1+대로'를 짜 이루며, 같은 짜임새인 'N2+는 N2+대로'의 되풀이를 요구한다. 어찌자리토씨 '에'는 부림자리토씨 '를'과 통사적 짜임새인 'N1+에 N1+를'을 짜 이룬다. 도움토씨 '이란'은 도움토씨 '는'과 통사적 짜임새 'N1+이란 N1+는'을 짜 이루어 같은 이름씨의 되풀이를 요구하기도 한다. 이음토씨 '이면'은 그 앞과 뒤에 같은 이름씨의 되풀이를 요구하며, 또한 '이면' 자체가 필수적으로 되풀이되어 다른 이름씨의 되풀이를 요구하기 때문에 통사적 짜임새 'N1+이면 N1, N2+이면 N2'를 짜 이룬다.

7장에서는 위에서 설정한 풀이씨와 이름씨의 되풀이를 요구하는 최소 말본형마다 그 형태·통사적 특성과 의미 기능을 규명하였다.

제8장은 월의 되풀이를 요구하는 마침씨끝에 관한 논의이다. 월 되풀이법은 말할이가 자신의 월이나 상대방의 월을 전부, 또는 일부를 되풀이하는 방식이다. 월의 되풀이에 관여하는 마침씨끝을 선정하고, 이들 월 되풀이 요구 마침씨끝의 형태·통사적 특성과 의미·화용적 기능을 밝혔다.

앞선 월의 되풀이를 요구하는 마침씨끝은 단순형으로, '-어'가 있으며, 복합형으로, 마침씨끝 중화형에 씨끝이 결합되어 이루어진 것들이 있다. 이들 복합형의 마침씨끝들은 각 의향법의 마침씨끝 중화형과 씨끝 사이에 '-고 하-'가 줄어든 형식을 취하고 있지만, 쓰임과 뜻에서 관련을 지을 수 없기 때문에 그 자체가 월 되풀이 요구 마침씨끝으로 설정된다.

중화형으로 실현되는 서술법의 '-는다', 물음법의 '-느냐', 꾀임법의 '-자',

시킴법의 '-으라'에 안김씨끝 '-고'가 결합되어, 월 되풀이 요구 마침씨끝인 '-는다고', '-느냐고', '-자고', '-으라고'를 짜 이루며, '-어도'가 결합되어 서술법의 '-는대도', 물음법의 '-느내도', 꾀임법의 '-재도', 시킴법의 '-으래도'를 짜 이룬다. 또한 '-니까'가 결합되어 '-는다니까', '-느냐니까', '-자니까', '-으라니까'를 짜 이루며, '-니'가 결합되어 '-다니', '-느냐니' '-자니', '-으라니'를 짜 이룬다. 그리고 '-면서'가 결합되어 '-는다면서', '-자면서', -으라면서'를 짜 이루며,'-느냐'를 제외한 마침씨끝의 중화형에 '-나'가 결합되어 복합형의 마침씨끝 '-는다나', '-자나', '-으라나'를 짜 이룬다.

낱말이나, 낱말 자격이 모자라는 뿌리가 되풀이되어 낱말, 혹은 뿌리를 생성하는 되풀이법과 한자말 되풀이법도 이 글의 연구 범위에 포함되지만, 이에 대한 논의는 한길(2009ㄱ)에서 이미 이루어졌기 때문에 이에 대한 상세한 언급은 하지 않았다.

참고
문헌

강기진(2005), 『국어학 논고1, 2』, 역락.
고영근(1989), 『국어형태론연구』, 서울대학교출판부.
고영근·구본관(2008), 『우리말 문법론』, 집문당.
국립국어연구원(1999), 『표준국어대사전』, 두산동아.
권재일(1985), 『국어의 복합문 구성 연구』, 집문당.
권재일(1992), 『한국어통사론』, 민음사.
권재일(1994), 『한국어 문법의 연구』, 서광학술자료사.
금성판(1992), 『국어대사전』, 금성출판사.
김계곤(1996), 『현대국어의 조어법 연구』, 박이정.
김기혁(1995), 『국어 문법 연구』, 박이정.
김봉주(1984), 『형태론』, 한신문화사.
김봉주(1988), 『개념학』, 한신문화사.
김석득(1992), 『우리말 형태론』, 탑출판사.
김수태(2006), "물음법 씨끝의 체계", 한글 274, 한글학회.
김승곤(1992), 『한국어의 토씨와 씨끝』, 서광학술자료사.
김승곤(1996), 『현대 나라 말본』, 박이정.
김영석(1992), 『영어형태론』, 한신문화사.
김영석·이상억(1998), 『현대형태론』, 학연사.
김윤섭(1982), 『언어예술작품론』, 대방출판사.
김진수(1987), 『국어 접속조사와 어미 연구』, 탑판사.
남기심(1993), 『국어 조사의 용법』, 서광학술자료사.
남기심(1994), 『국어 연결어미의 쓰임』, 서광학술자료사.
남기심(1996), 『국어 문법의 탐구 Ⅲ』, 태학사.
남기심(2001), 『현대 국어 통사론』, 태학사.
남기심·고영근(1985), 『표준국어문법론』, 탑출판사.
민현식(1999), 『국어 문법 연구』, 역락.
박동근(2008), 『한국어 흉내말의 이해』, 역락.

서정수(1994), 『국어문법』, 뿌리깊은나무.

서태룡(1988), 『국어 활용어미의 형태와 의미』, 탑출판사.

성기철(2007), 『한국어 문법 연구』, 글누림.

심재기(1982), 『국어어휘론』, 집문당.

안상철(1998), 『형태론』, 민음사.

연세대학교 언어정보개발연구원(2001), 『연세한국어사전』, 두산동아.

왕문용·민현식(1993), 『국어 문법론의 이해』, 개문사.

윤평현(1992), 『국어의 접속어미 연구』, 한신문화사.

이석주(1989), 『국어형태론』, 한샘.

이을환·이철수(1981), 『한국어문법론』, 개문사.

이익섭(1983), "현대 국어의 반복 복합어의 구조", 국어학연구, 신구문화사.

이익섭·임홍빈(1983), 『국어문법론』, 학연사.

이익섭·채완(1999), 『국어문법론강의』, 학연사.

이희승(1974), 『국어학개설』, 민중서관.

장석진(1981), "국어의 반복 표현", 말 6, 연세대학교 한국어학당.

장석진(1985), 『화용론 연구』, 탑출판사.

장석진(1993), 『정보기반 한국어 문법』, 언어와 정보.

정원수(1992), 『국어의 단어 형성론』, 한신문화사.

전상범(역)(1987), 『생성형태론』, 한신문화사.

전상범(1995), 『형태론』, 한신문화사.

정동환(1993), 『국어 복합어의 의미 연구』, 서광학술자료사.

채 완(1986), 『국어 어순의 연구』, 탑출판사.

최현배(1937), 『우리말본』, 정음사.

최현배(1971), 『우리말본』, 정음사.

하치근(1989), 『국어 파생형태론』, 남명문화사.

한글학회(1992), 『우리말큰사전』, 어문각.

한 길(1991), 『국어 종결어미 연구』, 강원대학교출판부.

한 길(1993), "월조각의 되풀이법 연구", 한글 221, 한글학회.

한 길(2002), 『현대 우리말의 높임법 연구』, 역락.

한 길(2004), 『현대 우리말의 마침씨끝 연구』, 역락.

한 길(2005), 『현대 우리말의 반어법 연구』, 역락.

한 길(2006), 『현대 우리말의 형태론』, 역락.

한 길(2007), "물음법 되풀이 마침씨끝 월의 특성", 강원인문논총 제18집, 강원대학교
        인문과학연구소.

한 길(2008), "서술법 되풀이 마침씨끝 월의 특성", 한글 279, 한글학회.

한 　길(2009ㄱ), 『우리말의 낱말 생성 되풀이법 연구』, 강원대학교출판부.
한 　길(2009ㄴ), "우리말의 되풀이 매인이름씨에 관한 연구", 정신문화연구 제32권 제2
　　　　　호(통권 115호), 한국학중앙연구원.
허 　웅(1975), 『우리 옛말본』, 샘문화사.
허 　웅(1981), 『언어학』, 샘문화사.
허 　웅(1983), 『국어학』, 샘문화사.
허 　웅(1995), 『20세기 우리말의 형태론』, 샘문화사.
허 　웅(1999), 『20세기 우리말의 통어론』, 샘문화사.
후지사와 후미또(1996), 『현대 한국어의 형태론』, 계명대학교출판부.

저자 소개

한 길

연세대학교 문과대학 국어국문학과 마침(76)
같은 대학교 대학원 문학석사(78), 문학박사(87)
미국 슬리퍼리 록 대학교 교환교수(91~92)
미국 브리검 영 대학교 객원교수(98~99)
일본 천리대학 초빙교수(04~05)
강원대학교 인문대학 국어국문학과 교수(81~)

저서 『국어 종결어미 연구』(1991, 강원대학교출판부)
　　 『현대 우리말의 높임법 연구』(2002, 역락)
　　 『현대 우리말의 마침씨끝 연구』(2004, 역락)
　　 『현대 우리말의 반어법 연구』(2005, 역락)
　　 『현대 우리말의 형태론』(2006, 역락)
　　 『우리말의 낱말 생성 되풀이법 연구』(2009, 강원대학교출판부) 외 다수

논문 「월조각의 되풀이법 연구」 외 다수

현대 우리말의 되풀이법 연구

초판 인쇄　2009년 8월 25일
초판 발행　2009년 8월 30일

지은이　한 길
펴낸이　이대현
편 집　이소희
펴낸곳　도서출판 역락
　　　　서울 서초구 반포4동 577-25 문창빌딩 2층
　　　　전화 02-3409-2058(영업부), 2060(편집부)
　　　　팩시밀리 02-3409-2059
　　　　이메일 youkrack@hanmail.net
　　　　등록 1999년 4월 19일 제303-2002-000014호

ISBN　978-89-5556-723-6 93710
정 가　22,000원

* 잘못된 책은 교환해 드립니다.